本成果为国家社科基金项目（09BZS041）

受到中国人民大学
"统筹推进世界一流大学和一流学科建设"
专项经费的支持

黄河上游区域城市研究
(1644—1949)

赵 珍 著

中国社会科学出版社

图书在版编目（CIP）数据

黄河上游区域城市研究：1644~1949／赵珍著．—北京：中国社会科学
出版社，2016.10
ISBN 978 – 7 – 5161 – 8859 – 0

Ⅰ.①黄…　Ⅱ.①赵…　Ⅲ.①黄河流域—上游—城市经济—经济史—
研究—1644~1949　Ⅳ.①F299.27

中国版本图书馆 CIP 数据核字（2016）第 213303 号

出 版 人　赵剑英
责任编辑　耿晓明
责任校对　闫　萃
责任印制　李寡寡

出　　　版　中国社会科学出版社
社　　　址　北京鼓楼西大街甲 158 号
邮　　　编　100720
网　　　址　http://www.csspw.cn
发 行 部　010 – 84083685
门 市 部　010 – 84029450
经　　　销　新华书店及其他书店

印　　　刷　北京君升印刷有限公司
装　　　订　廊坊市广阳区广增装订厂
版　　　次　2016 年 10 月第 1 版
印　　　次　2016 年 10 月第 1 次印刷

开　　　本　710×1000　1/16
印　　　张　27
插　　　页　2
字　　　数　445 千字
定　　　价　98.00 元

序

　　清代以来近三百年的历史离我们的时间最近，和现实的关系最为密切。今天城市的发展，都要返回到以往的历史中去审视。因此，只有研究清代以来城市（镇）发展的情况，才能够深刻地认识今天城市的现状。应该说，城市（镇）浓缩了人类文明成就的精华，是区域社会发展的标识。

　　黄河上游的甘青宁三省（区）位居丝绸之路上的重要地带，历来为兵家争夺之地。这里的自然环境、气候条件、资源蕴藏、交通运输以及社会制度、民族成分、宗教信仰、传统习惯等多种因素影响着历史发展进程，包括城市（镇）的发展程度以及自身特点。清代以来对黄河上游区域行政管控范围扩大和治理程度的加强，一方面推进了这里社会安定，经济繁荣，另一方面，推动了以城市（镇）为中心的人们活动场所的建设速度与发展程度。

　　随着近代新的技术、新的思想在中国的传布发展，黄河上游区域城市（镇）也出现了新的因素、新的文化事业、新的社会力量，其发展达到了前所未有的规模。省市级别的城市增加，府州县级不同规模的城镇得以扩展。

　　诚然，此间与发展程度较高的内地沿海城市相比，还存在差距，也有差异，但毕竟踏上了近代的历程，融入了中国城市发展的行列。而通过多学科交叉渗透，创造出对现实富有意义的城市研究成果，是十分必要的，也将会使我们增强和坚定建设西北，实现大发展的信心和决心。

赵珍是我带的博士，她的新著《黄河上游城市研究（1644—1949)》即将付梓刊出，是值得高兴的一件事！赵珍为学有韧劲，勤奋努力，好学多问，笔耕不辍。我愿意在她的书里签名，只是我已年届九十，无暇阅览全书，略书数言，以为序。

戴逸

2016 年 5 月

目　录

导　论 ……………………………………………………………（1）

第一章　城市格局的环境基础 ………………………………（17）
　一　城市分布与流域、行政建置 ………………………………（18）
　　（一）黄河兰州 …………………………………………………（29）
　　（二）泾渭上游 …………………………………………………（34）
　　（三）黄河宁夏 …………………………………………………（39）
　　（四）河湟地区 …………………………………………………（43）
　二　城市格局的资源环境基础 …………………………………（46）
　　（一）城市与地理气候环境 ……………………………………（47）
　　（二）城市与水资源 ……………………………………………（50）
　　（三）城市与森林资源 …………………………………………（55）
　　（四）城市与矿产资源 …………………………………………（58）
　　（五）城市与畜牧渔业等特产 …………………………………（63）
　　（六）城市与人文资源 …………………………………………（66）

第二章　城市体系构成 ………………………………………（70）
　一　交通网络体系 ………………………………………………（70）
　　（一）陆路 ………………………………………………………（71）
　　（二）水路 ………………………………………………………（77）
　二　空间距离特征 ………………………………………………（82）
　　（一）中心地与宁夏地区城镇、堡寨 …………………………（83）
　　（二）以兰州为中心的城镇空间格局 …………………………（92）

（三）主要城镇与堡寨空间分布 …………………………（95）

三　城市体系形成与完善 …………………………………（109）

　　（一）城镇体系的寺院特征 ………………………………（109）

　　（二）城镇堡寨转型的综合特征 …………………………（116）

　　（三）府城体系形成的个案 ………………………………（126）

第三章　城市形态与结构 …………………………………（145）

一　清承明城和筑城制度 …………………………………（147）

　　（一）清承明城 …………………………………………（147）

　　（二）筑城制度 …………………………………………（156）

二　城墙形态构建 …………………………………………（163）

　　（一）省城规模 …………………………………………（163）

　　（二）府州所在附郭城规模 ……………………………（181）

　　（三）县城规模 …………………………………………（187）

三　街道布局 ………………………………………………（233）

第四章　城市内部立体构架 ………………………………（250）

一　公共设施 ………………………………………………（250）

　　（一）行政机构综合布局 ………………………………（251）

　　（二）学校文教中心 ……………………………………（264）

　　（三）城区及周边主要桥梁建筑 ………………………（282）

二　庙坛建筑空间分布 ……………………………………（286）

三　宗教建筑分布 …………………………………………（293）

　　（一）佛寺道观分布 ……………………………………（296）

　　（二）藏传佛教寺院建筑 ………………………………（301）

　　（三）伊斯兰教的清真寺 ………………………………（305）

　　（四）基督教等教堂建筑 ………………………………（313）

第五章　市镇与居民 ………………………………………（317）

一　商业市场 ………………………………………………（317）

　　（一）城内街市 …………………………………………（319）

（二）乡镇集市 ……………………………………………（334）

二　商贸与商业化 ………………………………………（349）

（一）商行会馆及金融机构 ………………………………（349）

（二）商业贸易 ……………………………………………（357）

三　城市与人口规模 ……………………………………（369）

（一）城内各民族分布 ……………………………………（369）

（二）人口规模 ……………………………………………（377）

（三）从业人口构成 ………………………………………（389）

结　语 ………………………………………………………（399）

征引文献 ……………………………………………………（403）

后　记 ………………………………………………………（418）

图目录

图 1　黄河上游区域城市范围 ……………………………………………（3）

图 1－1　黄河上游区域城镇分布格局 ……………………………………（18）

图 1－2　民国时期青海丹噶尔城的货运贸易 ……………………………（64）

图 2－1　黄河上的羊皮筏子 ………………………………………………（78）

图 2－2　黄河上游区域主要渡口示意图 …………………………………（79）

图 2－3　清代宁夏地区堡寨至城治里程图示 ……………………………（90）

图 2－4　夏河拉卜楞寺 ……………………………………………………（111）

图 2－5　民国宁夏吴忠市场 ………………………………………………（123）

图 2－6　清代西宁府城体系图示 …………………………………………（127）

图 3－1　乾隆年间新修满城图 ……………………………………………（179）

图 3－2　满人四门官花园地之图 …………………………………………（180）

图 3－3　平凉县城图示 ……………………………………………………（183）

图 3－4　灵台县城图示 ……………………………………………………（209）

图 3－5　清末平远县城图示 ………………………………………………（220）

图 3－6　康熙年间隆德县城图 ……………………………………………（221）

图 3－7　清至民国黄河上游区域主要城镇规模及形态概图 ……………（222）

图 3－8　兰州老城门 ………………………………………………………（240）

图 3－9　1947 年兰州市街区示意图 ……………………………………（241）

图 3－10　宁夏街衢结构图 …………………………………………………（244）

图 3－11　民国宁夏城鼓楼东大街 …………………………………………（246）

图 3－12　黄河宁夏主要城垣街衢布局示意图 ……………………………（248）

图 4－1　清代黄河上游主要城镇行政官署布局示意图 …………………（261）

图 4 - 2　清代镇远桥 ································· (282)

图 4 - 3　同治年间的黄河浮桥 ······················ (283)

图 4 - 4　民国时期的韦州清真寺 ···················· (313)

图 4 - 5　兰州城内的教堂(1933) ··················· (314)

图 5 - 1　民国时期的西宁城内街道 ·················· (325)

图 5 - 2　宁夏府城主要街市分布示意图 ·············· (329)

图 5 - 3　黄河上游的羊皮筏运输 ···················· (364)

图 5 - 4　民国时期黄河上的皮筏与羊毛运输 ·········· (367)

图 5 - 5　乾隆四十五年宁夏北部主要城镇人口柱状示意图 ··· (379)

图 5 - 6　宣统元年宁夏地区主要城镇人口示意图 ······· (381)

图 5 - 7　20 世纪 30 年代宁夏主要城市人口柱状示意图 ······· (383)

表格目录

表1-1 清代至民国黄河上游行政建置与城治详表…………………(20)

表1-2 20世纪50年代至今黄河上游地区市级城概表…………(27)

表1-3 清代至民国黄河上游河流流域与城治详表…………………(28)

表1-4 1913年黄河上游地区产盐量 …………………………(60)

表2-1 清末至民国时期中卫渡口概表……………………………(80)

表2-2 光绪年间洮水洮州厅渡口概表……………………………(81)

表2-3 宁夏地区城治的空间距离偏离指数概表……………………(86)

表2-4 宁夏地区堡寨空间分布概表………………………………(87)

表2-5 黄河上游各府城与省城兰州间距离概表……………………(93)

表2-6 光绪年间洮州城外堡寨分布简况……………………………(97)

表2-7 民国大通县堡寨 ……………………………………………(99)

表2-8 河州卫屯寨 ……………………………………………(100)

表2-9 靖远城周堡寨空间分布与占地规模 …………………………(101)

表2-10 清代黄河宁夏区主要军事营堡及占地规模…………………(102)

表2-11 康熙四十六年(1707)河州城外里甲分布 …………(105)

表2-12 丹噶尔城周四乡空间分布 …………………………(106)

表2-13 清代西宁府(道)辖属驻防城堡 …………………………(117)

表3-1 明代黄河上游重要城镇及规模 …………………………(149)

表3-2 清初城镇修葺概表 ……………………………………(161)

表3-3 清代至民国黄河上游区域城镇规模及变动概表 …………(188)

表3-4 清代至民国兰州城部分街巷概表 …………………………(237)

表3-5 宁夏府城街巷概表 ……………………………………(245)

表 4-1 乾隆三十年前黄河上游区域儒学设置空间

分布概表 …………………………… (265)

表 4-2 清代宁夏主要城镇书院分布概表 …………… (269)

表 4-3 清代以来黄河上游区域主要城镇文庙空间

分布概表 …………………………… (272)

表 4-4 1930 年西宁中等学校调查概况 …………… (274)

表 4-5 民国时期湟源城及周边学校分布状况 ………… (275)

表 4-6 晚清至民国宁夏建省前各县城小学教育

布局状况 …………………………… (277)

表 4-7 1932 年甘肃省教育概况 ………………… (279)

表 4-8 民国时期宁夏地区城镇社会教育机构分布状况表 …… (281)

表 4-9 民国时期永登城周庙坛空间分布 …………… (292)

表 4-10 府州层级城及周边民间信仰建筑布局概表 ………… (294)

表 4-11 清前期循化藏传佛教寺院 ……………… (299)

表 4-12 1948 年临夏城关八坊、韩家集清真寺空间分布 …… (306)

表 4-13 1943 年黄河上游甘肃地区清真寺分布 ………… (307)

表 4-14 清代至民国循化城周清真寺分布略表 ………… (308)

表 4-15 清代至民国宁夏地区部分城市清真寺一览表 ………… (311)

表 4-16 1934 年青海城市教堂分布 …………… (315)

表 5-1 清代至民国时期中卫县城主要商号店铺

概表 …………………………… (330)

表 5-2 清代以来黄河上游区域部分城镇街市概表 ………… (331)

表 5-3 民国时期黄河上游城镇周边乡镇集市空间

分布概表 …………………………… (334)

表 5-4 清代以来会宁县市镇空间分布及变化概表 ………… (347)

表 5-5 临潭一地货物中转运输概表 …………… (361)

表 5-6 甘肃西南部贸易额进出口比较 …………… (362)

表 5-7 民国时期河湟西宁部分民族人口数与分布 ………… (373)

表 5-8 20 世纪 40 年代宁夏地区各县及城镇回族

人口 …………………………… (376)

表5-9　乾隆四十一年甘肃城镇人口估测 ……………………（378）

表5-10　乾隆四十五年宁夏北部主要城镇人口估算概表………（379）

表5-11　宣统元年宁夏主要城镇人口估算表 …………………（380）

表5-12　20世纪30年代宁夏主要城市人口统计概表 …………（382）

表5-13　20世纪30年代宁夏省城户口统计表 …………………（384）

表5-14　1928年、1947年宁夏南部各县人口统计表 …………（385）

表5-15　1930年青海各县人口职业百分比 ……………………（391）

表5-16　青海各城镇人口概况表(1930年) ……………………（392）

表5-17　抗日战争时期马鸿逵家族经营的宁夏工业…………（395）

导　论

　　城市是人类在自然界创建的为满足自己活动的人工生态系统，也被许多研究城市起源的学者看成人类历史上继农业生产之后的第二个意义重大的创造。有了城市以后，人们可以建造更加复杂的能满足不同生活方式需求的物质环境。[①] 所以，依照自然地理差异，划定区域而讨论人们所创造的城市环境，并考察其形成体系，已经是十分普遍的一种方法。正如加拿大城市史学研究者吉尔伯特·斯蒂尔特在《城市史的区域结构》中提出："在区域的背景下对城市进行研究，是一种系统的研究方法"。这种研究的意义又在于将城市作为一种复杂的关系来看待，而其"关系基础并不是反对具体的研究，而是对具体研究的一种补充"[②]。更何况清代以来，黄河上游干支流区域城市发展步入新的进程，并形成城市体系雏形，对这一区域的社会发展影响至深，尤其在中国城市化发展炽热的今天，讨论 300 年间黄河上游区域的城市，具有极强的历史和现实意义。

　　选题界定和意义　　此处所界定的相关问题包括研究区域的划定，城市、城镇词语的含义及使用，行政区划与建置等方面。黄河，自西向东分别流经青海、四川、甘肃、宁夏、内蒙古 9 个省区。清代至民国时期，黄河流域范围的城市约有 236 个，[③] 在上游干流分别流经甘青宁三

---

　　① 瑞典学者斯乔伯格（Gideon Sjoberg），在其《工业化之前的城市》（1960）中提出。

　　② Gilbert A. Stelter, "A Regional Framework for Urban History," in *Urban History Review*, Vol. XIII, No. 3, February 1985。参见姜芃《城市史研究中的都市——地区理论》，《史学理论研究》1997 年第 4 期，第 80 页。文中的"地区"可理解为"区域"。

　　③ 城市数量随行政建置而变。城市数量统计参见水利电力部水管司等编《清代黄河流域洪涝档案史料》，中华书局 1993 年版，第 5—7 页。

省区的城则有兰州、宁夏 2 个省会城市，以及共和、贵德、循化、永靖、靖远、中卫、吴忠、平罗等 11 个县级城市。[①] 其中，兰州是唯一一座由黄河穿城而过的省城，建于黄河流经的皋兰山北面稍西的地方。黄河穿城而过的还有永靖县城。而临洮、临夏、金县、永靖、兰州、民和、靖远、永登诸城市，自南至北，左右并排，逐层分布于黄河周边，构成了黄河上游城市群分布的内部界线，同时也是本区域东、西两部相互沟通的结合带。

现代严格意义上的黄河上游，指自青海省境的玛多至内蒙古自治区的托克托河口镇。全长 3139.3 公里，流域面积 3.47 × 105 平方千米。本研究所探讨的黄河上游流域，东部是指将地图上的黄河自"几"字形"一撇"处隔开的宁夏回族自治区的碛口以西的广大部分，西部是指阿尼玛卿山以东，以黄河干流为主体及其几大支流流经的范围。而此区域正好归属于施坚雅对 19 世纪中国地区城市化研究中所划分的九大地区之"西北区"中，[②] 有研究认同和回应的必要。除了黄河干流外，分布在本区域主要城市附近及与城市发展较为密切的河流较多，自西北而东南有庄浪河、大通河、湟水、大夏河、洮水、清水河、祖厉河及泾渭水上游诸河流。

为行文的方便，本研究依照本区域河流流域的地理和行政特点，将这里的城市划分成不同河流名称的地区，即河湟地区、黄河兰州中心地区、黄河宁夏地区以及泾渭水上游地区。从行政隶属上看，主要指甘青宁三省区的西宁、兰州、宁夏、庆阳、平凉府与泾州的全部以及凉州、巩昌府与秦州邻近黄河的地方。其中除了兰州在 1929 年甘、青、宁分省前，为省会城市外，其余为府（直隶州/厅）级和所辖属的县级城，分省后，省会城市数量也随之增加。尽管一些城镇并不是临河而建，其形成与发展却均或多或少地以黄河干支流为依托。

当然，本研究既以黄河上游区域为主加以考察，就不能拘泥于当下

---

① 据谭其骧主编《中国历史地图集·清时期》统计，中国地图出版社 1975 年版，第 28—29 页。

② ［美］施坚雅主编：《中华帝国晚期的城市》，叶光庭等译，中华书局 2000 年版，第 244 页。

行政区划的完整性。所以，白龙江、嘉陵江流域所在的甘肃省巩昌府属、阶州辖境城镇，则不包括在本选题讨论的主要内容之中，河西走廊永登以西的城镇与本研究所讨论的流域范围脱离，青海西部邻近黄河上游的一些城镇，其形成受本文选定时间断线的限制，亦不在讨论范围内。主要讨论的大致地理和行政辖属范围，详见图1。

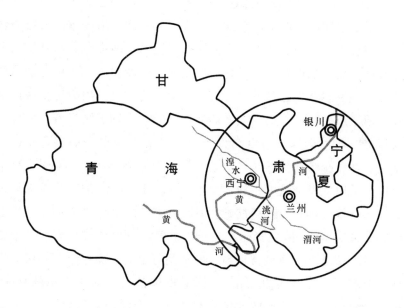

图1 黄河上游区域城市范围

底图来源：谭其骧主编：《中国历史地图集·清时期·甘肃省》，第28—29页。

众所周知，黄河上游区域的城市发展有明显的滞后性，与江南、沿海城市不可相提并论。一般概念而言，与其说清代至民国时期，这里出现了规模不等的城市，倒不如说是有了一批因军事、民族等主要因素影响而出现的城镇，具有强烈的地域文化特性。由是，在研究内容展开之前，我们必须首先清楚城市的概念和含义。

关于城市、城镇词语的使用和混用，是必须加以强调的方面。关于词义，城市学研究者早已提出并予以解答。按照现代城市学的概念，城市与城镇是联系密切，又"有严格区分的两个概念"。广义的城市，指既包含市又有建制镇,狭义概念只有市不含镇。而城镇的广义是指含有市、建制镇以及自然集镇,狭义只包括市、建制镇。除了上述的区分,从行政的角度也有界定,即"城市是指经国家批准设有市建制的城镇,不够设市条件的建制镇称为镇,市和镇的总称叫城镇或市镇"。所以,大部分的时候,或者说"在不严密的情况下,两者可以混称,以至于在很多情况下,两者的混用已难以扭转"①。

鉴于上述现代城市学、政区建置管理的原理,对城市、城镇的含义界定难有固定之规,那么,再回溯至历史的范畴去考察其具体的定义,其难度更可想而知。不过,在历史地理学者看来,历史时期的城市研究,不仅要有自己的研究方法,概念也要明确。因为历史城市地理着重于城市兴起、发展、演变的地理空间,有别于重视城市发展历史过程的一般性研究,所以在关于"何为历史城市"的解释上,普遍采用定性和行政建置相加的办法。即如马正林指出,"由于当代世界各国所采用的可计量的指标在历史上缺乏统计和记载,除少数城市外,大部分城市都难以获得准确的具体数据",故而"多只能采用定性的办法来确定"。陈桥驿也指出,"中国的历史城市研究者,常常采用一种不得已的历史城市标准,即凡是历史上曾经作为县一级政府驻地的聚落,就作为历史城市"。同时也承认占地面积很小的县城,也应该看成历史城市,尽管这种行政标准"存在明显的缺陷"。然而"在统计资料十分缺乏的古代,要在数量庞大的县邑之中区别哪些是历史城市,哪些不是历史城市,现在看来,这是很难做到的"②。

缘于此,再考虑到清代至民国时期黄河上游区域的政区演变关系,本书的城市研究采用广义的城市与城镇概念的含义,即包括民国时期甘青宁三省会城的"市"建制,也包括明清以来行政建置演变过程中出现的府城、县城、州城以及与其密切关联的自堡寨墩层级发展起来的建制镇。同时也遵循传统的定性原则和以县级衙署建置为标准来判断历史城市。在城市一词的表述上,尽量做到对 1929 年甘肃分省之前的府

---

① 周一星:《城市地理学》,商务印书馆 1995 年版,第 32 页。
② 马正林:《中国城市历史地理·序》,山东教育出版社 1998 年版,第 5—6 页。

（直隶州/厅）县级城，均称"城镇"，分省后及建置转换后的 20 世纪
40 年代起，则用"城市"相称，总体研究用"城市"表述。

就具体研究内容而言，本研究大致包括（1）清代以前建城。简
单回溯明代所建城址，以及对清初城镇格局的影响等。（2）清代以
来城址。主要详细考察和论述"城市"与"乡镇"空间"点"位的
区分界定，具体到城镇格局分布的条件，如自然气候、资源环境、军
事位置、河道交通、治理基础、人口密度等，进而探讨其合理性、异
质性等。（3）城市外部形态和内部结构功能。考察城市平面布局形
态，包括占地面积，府州厅县城的分级。城市内部结构主要涉及职能
机构、设施、场所的建筑，以及制约和影响城市形态、结构功能变迁
的因素，诸如外形、街道、城墙、规模、衙署、庙学、祠祀、市场
等。这一部分内容，由于除了王朝正统的儒学外，佛教、伊斯兰教等
亦占有一定的份额，其象征性的载体在城市空间布局上占有一定的比
例。因此，与全国其他区域的城市研究相比较，其特殊性则较为突
出。（4）城市类型与地位。包括组成类型、构成地位的几大要素动
态关系及其社会发展演变。如城市人口，相关涉的人口数量、外来移
民、民族成分、社会阶层、从业状况等。还如城市经济规模，主要是
商业市场、资源贸易变化，以及宗教、文化、习俗和生产方式等多方
面的影响等。（5）城市管理。涉及区划建置演变、行政调控、城墙
维护修葺，尤其是与河流流域相关的城垣修葺重建、城的兴衰治乱之
因果等方面。上述各问题的处理则以宏观论述、微观分析、个案处理
等相互穿插的办法解决。

当然，不可回避的是，黄河上游的甘青宁三省区所谓的城市也
好，城镇也罢，不论是在清代还是在民国时期，乃至在当下，城市发
展的水平和其所处地位，与中国内地和东部地区城市相比，都存在较
大差距。从城市分类而言，也只能称之为"边远城市"，尤其在城市
经济发展的进程中，其一直滞后的状态，不得不被正视。因而，在本
研究中，充分利用和遵循已有城市理论进行考察和研究，能否有效且
符合史实，如何与中国一般城市在同一平台上予以描述，使结论更符
合区域实际状况，是必须要重视的方面，同时在学术方面也是使黄河

上游城市能否跻身中国一般城市研究行列的基本条件。否则，一定会被人质问，黄河上游区域也有城市乎？所以，还必须要回答的是，这里的城市发展的一些成分与独特的自然地理环境和人文因素有关，有着历史积淀和原生成长的足迹，也有些则完全是自外部移植及外力冲击的结果。无论怎样，在中国一体化及城市化形成与发展的进程中，黄河上游城市有自身独具特色的经历。

与黄河上游城市发展十分密切的行政区划和建置，有两个明显的变化时期，一是在清初的康雍乾时期，以"陕甘分治"为节点，二是1929年的"甘肃分省"。康熙二年（1663）以前，这一地区归属陕西布政使司。是年，陕西布政使司分为左、右二司。与本研究区关联的是右布政使司，治巩昌府，管辖着后来属于甘肃省的巩昌、平凉、庆阳、临洮4府及陕西都司所领的宁夏卫及宁夏中、后共3卫和靖远1卫，陕西行都司所领的甘州5卫及山丹、凉州、永昌、镇番、西宁、肃州、庄浪7卫。康熙六年，陕甘分治，陕西右布政使司改为甘肃布政使司，仍治巩昌府。两年后，甘肃省会徙驻临洮府属兰州。乾隆三年（1739）徙临洮府治于兰州，改府名为兰州。

雍正年间，行政建置变动较大。雍正二年（1724），在原兰州、平凉、巩昌、庆阳府的基础上，改明卫所，置西宁、宁夏、凉州、甘州府及秦、阶等直隶州。至乾隆年间，除了直隶厅州的变化较为频繁外，省属各府所辖县级政区变化也较大。至清末，形成8府、6直隶州、1直隶厅的政区格局。① 兰州仍为甘肃省会城市。直到1928年，这一格局被彻底打破，是年9月5日，国民党中央政治会议第153次会议作出甘肃分省的决定，设立青海省。② 10月17日，第159次会议，继153次会议决议的甘肃分治案，设立宁夏省。③ 次年1月1日起实行。由是，原甘肃省分置为甘肃、青海和宁夏，省市级城、县级城相应得以设置和调整。

---

① 庆阳、平凉、巩昌、宁夏、兰州、西宁、凉州、甘州8府，泾、秦、阶、固原、肃、安西6州，化平川1直隶厅。

② 青海省志编纂委员会编：《青海历史纪要》，青海人民出版社1987年版，第307页。

③ 吴忠礼、刘钦斌主编：《宁夏通史·近现代卷》，宁夏人民出版社1993年版，第102页。

　　考察清代至民国300多年间黄河上游区域的城市问题，主要基于以下的考虑：（1）黄河上游的甘青宁是西北中心。汉代以来就是通西域的要冲，军事地理位置十分重要，尤其是清代新疆建省，这里由边缘而内地，城市的沟通作用凸显，城市有了超前发展。民国分省、西部开发，这里迈出近代化的步伐，农牧经济相互补充发展中，推进了城市的扩展进程，城市体系粗具规模，直接影响到今天城市化。（2）黄河上游的甘青宁是典型的多民族聚居区。由于民族问题，历代治政者们时常在"弃"与"守"这一方土地的问题上展开论战，但最终以"城多完牢"而将其牢牢纳入中央管理体系并强化管理。当然，由于民族构成和分布格局直接影响到城市布局、类型、管理等诸多方面。研究其的历史和现实意义显而易见。（3）城市的辐射性和控制功能。研究清代至民国黄河上游区域的城市，可以清楚地认识城市在经济、文化、宗教习俗等多维度、多方面所具有的延伸扩展和控制功能，从某种程度上讲，远远大于政治管控。治城，有利于社会稳定，显示今天西部大开发的战略意义。当然，也可以弥补学术界区域城市研究的不平衡。

　　学术研究前沿　回溯学界关于城市研究成果极其丰硕。不仅有通论通史性的全国城市的整体研究成果，区域城市研究的成果也指不胜屈，既有以城市形态与内部结构等为内容的内涵式研究，也有以城市为中心包括周边地区的外延式研究，城市学、城市史、城市地理、城市环境等学科和方向的各种成果，层累出较为成熟的理论与方法。尤其是20世纪80年代以来，随着城镇快速兴起与城市化步伐的加快，城市研究备受关注，重大理论问题的讨论成为焦点，城市研究学科和相关学科的新兴、细化，均对城市研究的全面展开与深入提供了基础。

　　就国内而言，城市史研究异彩纷呈，其中比较有代表性研究可以分为：中国总体性的城市史研究、断代的城市研究与不同类型城市研究，[①] 以及以区域城市体系或城市群为对象的研究，这后一种的成果比

---

①　同济大学城市规划教研室：《中国城市建设史》，中国建筑工业出版社1982年版。何一民：《中国城市史纲》，四川大学出版社1994年版。韩大成：《明代城市研究》，中国人民大学出版社1991年版。包伟民：《宋代城市研究》，中华书局2014年版。魏瀛涛：《中国近代不同类型城市综合研究》，四川大学出版社1998年版。

较多，或以城市起源，或以商业贸易，或以交通运输等为角度，侧重点各有不同，主要成果却都以长江中下游和东南沿海城市为重心，包括如明清江南城市、城市与近代化等内容，少量涉及黄河中游城市问题的研究。[①] 均是在该领域所进行的行之有效的研究。

当然，城市研究中，有关中国古都的研究，是基础扎实、成就最为突出的方面，学界前辈陈桥驿、史念海、侯仁之等人的成果，均从历史地理学的高度，对都城空间内在逻辑和布局等相关问题展开讨论，且做了统一的定性的开拓性研究，奠定了都城研究的历史地理学模式。[②] 应该说，都城研究的论文数不胜数，新作也不断涌现，尤其是近些年来，传统大城市扩展改造进程的加快，一批关于都城研究的学位论文如雨后春笋般涌现。[③]

从现代城市地理、历史城市地理入手的研究，也是成果累累。周一星、顾朝林、马正林、李孝聪等的成果值得借鉴，前两位主要从现代城市学的角度，讨论研究理论、内容等的方面，后两位从历史地理学的视角，阐明了对城市的认知，主张历史地理学的研究应该把握的内容和方向，就是要研究和解决城市职能、结构、规模、风貌、总体布局与地理条件之间的矛盾，即城市兴起、发展、演变的地理基础。[④] 当然，这些

---

① 参见相关论著论文：张仲礼：《东南沿海城市与中国近代化》，上海人民出版社 1996 年版。包伟民：《江南市镇及其近代命运——（1840—1949）》，知识出版社 1998 年版。樊树志：《明清江南市镇探微》，复旦大学出版社 1990 年版；《江南市镇——传统的变革》，复旦大学出版社 2005 年版。张仲礼、熊月之等主编：《长江沿江城市与中国近代化》，上海人民出版社 1996 年版。刘石吉：《明清时代江南市镇研究》，中国社会科学出版社 1987 年版。王卫平：《明清时期江南城市史研究：以苏州为中心》，人民出版社 1999 年版。刘金声、曹洪涛等：《中国近现代城市的发展》，中国城市出版社 1998 年版。王社教：《明清陕西地区城镇的发展》，《西北大学学报》2007 年第 4 期；戴鞍钢：《港口·城市·腹地——上海与长江流域经济关系的历史考察（1843—1913）》，复旦大学出版社 1998 年版。

② 陈桥驿：《中国六大古都》，中国青年出版社 1991 年版；史念海：《中国故都和文化》，中华书局 1998 年版；侯仁之、唐晓峰主编：《北京城市历史地理》，北京燕山出版社 2000 年版；侯仁之：《北京城的生命印记》，三联书店 2009 年版。

③ 史红帅的明清西安城市地理就是在其博士论文基础上推出的新作，通过多角度分析，探讨明清两代西安城市空间格局的变化特征，包括文教、宗教信仰、商贸空间等城市功能区以及坊里街巷、人口规模的发展变迁，同时兼及城市水利设施与水环境问题，较有新意。参见其《明清时期西安城市地理研究》，中国社会科学出版社 2008 年版。

④ 马正林：《中国城市历史地理》，第 2 页。

观点的提出，无一不与中国历史城市地理研究的奠基者——侯仁之的主张相关。侯仁之认为，历史城市地理就是要研究城址的起源与演变、城市职能的形成与演变、城市面貌的形成及特征、位置的转移及其规律，地区开发与城市兴衰的地理因素等。① 就城市形态方面，李孝聪对唐宋时期运河城市城址选择和形态的研究值得借鉴。② 成一农通过对具体城市形态的考察，提出了城市形态研究的要素分析法。③

　　国外学者的研究成果也很丰硕，在历史城市地理学研究方面影响较大的有施坚雅、凯文·林奇等人的成果。④ 最值得一提的是城市环境研究的成果，为我们提供了新的视野。当然，城市环境史的发轫，在西方学者中有一场争论。在此，仅就城市环境史研究者的主要观点加以阐述。在威廉·克罗农（William Cronon）看来，必须重视如工业生产这样的其他经济生产方式，不能忽视城市公路、贫民窟、医院、企业以及军事基地这些塑造了当今人类城市世界的地点。因而，有针对性地对环境史学初期发展中的一些荒野情结以及批判人类中心主义的观点提出质疑与批评，焦点集中于环境史中城市或者说人工环境的地位问题上。萨缪尔·海斯（Samuel P. Hays）则认为要理解人类社会对自然的影响，历史学家就必须研究历史上人们自我组织起来影响环境的所有因素，其中包括科学、政治、法规、大众文化等，尤其强调了还包括城市在环境演变中的角色。⑤ 另外，马丁·麦乐西（Martin V. Melsi），在讨论城市于环境史中的地位时认为，历史学家应该向其他社会科学的前辈们学习，在他们的概念和理论基础上发展出对城市成长和城市体系扩展进行生态分析的新概念和新理论，以研究人工环境及其对自然环境的影响。

---

　　① 侯仁之：《城市历史地理的研究与城市规划》，《地理学报》第 34 卷 1979 年第 4 期。

　　② 见李孝聪《唐、宋运河城市城址选择和形态的研究》，《环境变迁研究》第四辑，1993 年，及《唐代地域结构与运作空间》（北京大学盛唐研究丛书），上海辞书出版社 2003 年版。

　　③ 成一农：《古代城市形态研究方法新探》，社会科学文献出版社 2009 年版。

　　④ ［美］施坚雅主编：《中华帝国晚期的城市》，叶光庭等译，中华书局 2000 年版，［美］凯文·林奇：《城市形态》，林庆怡等译，华夏出版社 2001 年版，及《城市意象》，方益萍、何晓军译，华夏出版社出版 2001 年版。

　　⑤ Samuel P. Hays, "From the History of the City to the History of the Urbanized Society," *Journal of Urban History*, 1993, 19（August）.

在该文中，其还对人工环境相关研究进行了认真回顾，指出了三大问题：城市在环境史中的地位没有得到很好的定位和解释，理论基础薄弱以及过于注重城市内在论的研究。[①]

而城市环境史研究者乔尔·塔尔（Joel Tarr）认为，城市对自然环境施加大规模影响，随之自然环境也深深地塑造了城市形态。城市环境史是环境史的亚领域，主要研究人造或人为结构即人工环境和技术如何塑造和改变城市区域的自然环境，以及此种改变对城市和城市居民的反作用。提出并确定了研究内容的主要方面：第一，分析历史上城市对自然环境的影响；第二，分析自然环境对城市的影响；第三，研究人类社会对上述影响的反应以及为减轻环境问题所做的努力；第四，人工环境在作为自然环境组成部分的人类生活中的作用和地位。继之，又加以丰富与发展，提出了6个主要方面的内容。（1）研究人工环境和城市居民活动对自然环境的影响；（2）研究人类社会对上述影响的反应及其为缓解环境问题所作的努力；（3）探讨自然环境对城市生活的影响；（4）分析城市同广大周边之间的关系；（5）调查同环境事件相关的性别、阶级和种族问题；（6）研究诸如城市政治经济学与环境服务提供的关系、政治经济力量对环境决策和考量环境正义问题的影响。[②]

无论如何，上述学术成果在理论和方法上为本研究的展开提供了极高的应用价值，拓宽了思路。一些成果的内容和形式，也或多或少涉及黄河上游区域城市问题。但是，与本研究区域密切相关的成果还是相对缺乏的，仅有的成果侧重点和视角各异。代表性的专著有：赵荣、杨新军《西北地区城市发展研究》（2001），对西北地区城市等级和地域结构特点作了长时段研究，并对未来的发展趋势作了预测。刘景纯《清代黄土高原地区城镇地理研究》（2005），主要从历史地理学的角度对

---

① Martin V. Melsi, "The Place of the City in Environmental History," *Environmental History Review*, 1993, 17 (1). 相关问题参见包茂红《马丁·麦乐西与美国城市环境史研究》，《中国历史地理论丛》2004 年第 4 期。

② Joel A. Tarr, ed., *Devastation and Renewal: An Enviromental History of Pittsburgh and Its Region*, Pittsburgh: University of Pittsburgh Press, 2003. 相关问题参见王栎《美国环境史学家乔尔·塔尔的城市环境史研究》，《北方民族大学学报》2009 年第 1 期。

清代与本区相关的甘肃区域不同等级城镇数量变化的考察分析，从宏观上反映出该区域城镇体系的发展规律。① 此外，还有金钰铭《兰州历史地理研究》、② 朱士光、吴宏岐的《西北地区农村产业结构调整与小城镇发展》，③ 以及吴忠礼、鲁人勇等《宁夏历史地理变迁》，④ 均对与本研究区域相关联的一些主要城市的历史沿革、行政等级变迁及产业结构、城市发展趋势等作了系统的研究。

相关论文则较多，亦各有侧重，有的从城市历史进程的一般性入手，有的则从地理空间出发加以讨论。鲜肖威以兰州为个案，通过对兰州地区地质、地貌条件、河道变迁和渡口选择等自然环境和人为因素的探讨，阐述对城市聚落发展的作用与影响。⑤ 叶骁军、石培基、李鸣骥和李建国等，对西北地区城镇的兴衰过程及特点进行了探讨。⑥ 此外，还有王守春、李宗植、王非、赵荣、黎仕明等，均以西北或甘青宁三省为研究对象，讨论城市发展进程。⑦

探讨城市社会经济职能的成果，有刘景纯的《清前中期黄土高原地区沿边军事城镇及其功能的变迁》，⑧ 表明了明清西北地区城市具有军事供应和若干社会经济功能的特征。商业贸易和市场往往依托城市而存在，王致中的《明清西北城市若干社会经济功能特征试探》和《清

---

① 赵荣、杨新军：《西北地区城市发展研究》，陕西人民出版社 2001 年版；刘景纯：《清代黄土高原地区城镇地理研究》，中华书局 2005 年版。

② 金钰铭：《兰州历史地理研究》，兰州大学出版社 1999 年版。

③ 朱士光、吴宏岐主编：《西北地区农村产业结构调整与小城镇发展》，西安地图出版社 2003 年版。

④ 吴忠礼、鲁人勇、吴晓红：《宁夏历史地理变迁》，宁夏人民出版社 2008 年版。

⑤ 分别见氏著《兰州城市聚落的形成与发展》，《经济地理》1982 年第 2 期；《自然环境、人文因素演变与城市聚落发展的关系——以兰州河谷盆地为例》，《地理科学》1983 年第 4 期。

⑥ 参见叶骁军《历史时期西北城市的发展规律与特点》，《中国历史地理论丛》1988 年第 3 期；石培基、李鸣骥《历史时期西北城市发展简论》，《人文地理》2000 年第 3 期；李建国《论近代西北地区城市的特点及其影响》，《西北民族大学学报》2004 年第 1 期。

⑦ 见王守春《论西北地区的城市发展》，《陕西师范大学学报》1997 年第 1 期；李宗植《近代甘肃的城镇开发》，《开发研究》1993 年第 1 期；王非、赵荣《人文地理》1999 年第 4 期；黎仕明《近代视野下西部民族地区的城市发展——以甘宁青区域为考察对象》，《贵州民族研究》2006 年第 4 期，及《农业演进与 20 世纪上半叶的中国区域城市发展——以甘宁青地区为例》，《中国农史》2006 年第 3 期。

⑧ 刘景纯：《清前中期黄土高原地区沿边军事城镇及其功能的变迁》，《中国历史地理论丛》2003 年第 2 辑。

代甘宁青市场地理考》,① 分别考察了兰州、银川、西宁、庆阳等地方
贸易市场和丹噶尔、平罗等民族贸易市场,突出市场所在城市的社会经
济职能。类似的研究还有魏丽英、向达之、岱宗、陈新海的成果。② 李
艳则从近代教育、交通、通信、金融及社会福利等方面论述了兰州以及
甘肃地区的城市近代化进程。③ 也有的则从城乡之间的市场及其等级和
联系入手,探讨相互关系。④

此外,荣宁强调了明清青海城镇的宗教文化职能,认为宗教文化是
青海城镇文化的一大特色,且反映在城镇建筑和宗教节日活动上。⑤ 刘
景纯从城镇文化景观入手,对清代陕甘等区域的城镇书院、祠庙等按照
等级和分布特点进行了研究和比较,并对该区域的城镇工商业、民俗文
化作了介绍,突出城镇的文化职能研究。⑥

近几年来,有了一批关于黄河上游地区城市专题性研究的硕博论
文,或以小区域为整体,或以区域内某一小中心城市为核心研究,或在
二者的基础上做时间的断限,界定在一定的时段内加以讨论。方法上,
或采取历史地理学的讨论,或以社会史的理论为主导。主要有:李鸣骥
(2001)从城市地理学角度对黄河上游地区的城市化特征、城市的形成
及演变、城镇及城镇群形成与发展的动力机制、带状城镇群在空间上的
整体组合结构进行了研究。刘洋(2005)对明清时期平凉地区的城镇
数量、规模、人口分布特点和影响因素进行了考察和分析,认为边镇得

---

① 王致中:《明清西北城市若干社会经济功能特征试探》,《兰州学刊》1987 年第 1 期;
《清代甘宁青市场地理考》,《西北史地》1986 年第 2 期。
② 见魏丽英《明清时期西北城市的商帮》,《兰州学刊》1987 年第 2 期;《论近代西北市场的
地理格局与商路》,《甘肃社会科学》1996 年第 4 期。向达之《清末至民国前期的兰州商业》,《兰州
学刊》1987 年第 4 期。岱宗《明清西北城市的市民社会经济生活》《兰州学刊》1989 年第 1 期。陈
新海《清代青海的城市建设与商业经济》,《青海民族学院学报》1997 年第 2 期。
③ 李艳:《清末民初甘肃的城市近代化》,《兰州学刊》2004 年第 6 期。
④ 见杜常顺《明清黄河上游地区的民族贸易市场》,《民族研究》1998 年第 3 期;樊如
森《民国时期西北地区市场体系的构建》,《中国经济史研究》2006 年第 3 期;马宗正、吴静
《明清时期宁夏集市发展初论》,《宁夏社会科学》2005 年第 6 期;黄正林《近代甘宁青农村
市场研究》,《近代史研究》2004 年第 4 期。
⑤ 荣宁:《明清青海城镇宗教与习俗文化述略》,《青海民族研究》1999 年第 4 期。
⑥ 刘景纯:《城镇景观与文化 —清代黄土高原地区城镇文化的地理学考察》,中国社
会科学出版社 2008 年版。

到一定的发展是明清时期平凉地区的特点。赵鹏（2012）从历史城市地理角度出发，对明清时期宁夏北部地区城镇发展的历史过程、城镇分布特点、空间演化规律以及城镇发展与环境变迁之间的关系进行了探讨。王永飞（2003）对抗战时期西北地区城市发展状况、原因及存在问题进行了研究。①

有的硕博论文，在讨论甘青宁商业经济时，不可避免地触及了关于城市、人口的信息。如与城市有关的是安瑛（2002）、王婷梅（2009）、靳瑞明（2009）的研究。② 赵天福在讨论宁夏市场数量、等级和分布状况时，同时也论述了城市和人口的分布状况。也有就河西走廊城镇发展为核心展开讨论的，尽管严格从河流流域划分不属于本区，但从城市辐射圈的外延而论，还是有提出的必要，如于光建就对清代河西走廊城镇体系的空间演化作了较为细致的研究。③

也有的硕博论文研究内容均是围绕甘青宁城市展开的。如黎仕明的硕士论文探讨了 20 世纪中等城市的变迁历程、城市与城市之间以及城市与区域之间的互动关系，而其博士论文则将研究时间前推，内容涉及清代一朝甘肃城市的空间分布、规模体系、城市形态及内部结构的发展与演变，包括甘肃城市社会管理、居民构成及其社会生活、城市文化的发展与早期现代转型等。④

以黄河上游兰州为中心的研究较为丰富，时段上各有侧重。如党瑜围绕兰州城市兴起的地理基础展开，对这里独特的地理位置、交通条件及民族交往等方面加以阐述。⑤ 牛晓燕、孙长龙、孙晓东则对不同时期

---

① 李鸣骥：《黄河上游带状城市群发展研究》，西北师范大学硕士学位论文，2001 年；刘洋：《明清平凉地区城镇体系与内部结构初步研究》，陕西师范大学硕士学位论文，2005 年；赵鹏：《明清时期宁夏中北部地区城镇地理研究》，西北师范大学硕士学位论文，2012 年；王永飞：《抗日时期西北城市发展研究》，西北大学硕士学位论文，2003 年。

② 分别为安瑛《清前期甘青区域的商业贸易》，西北师范大学硕士学位论文，2002 年；王婷梅《近代甘宁青地区城市发展研究》，西北师范大学硕士学位论文，2009 年；靳瑞明《近代甘宁青商路与市镇分布研究》，兰州大学硕士学位论文，2009 年。

③ 于光建：《清代河西走廊城镇体系及规模空间结构演化》，西北师范大学硕士学位论文，2008 年。

④ 黎仕明的《20 世纪甘宁青中等城市与区域发展研究》，四川大学硕士学位论文，2004 年，及《清代甘肃城市发展与社会变迁》，四川大学博士学位论文，2007 年。

⑤ 党瑜：《兰州城市兴起的地理基础》，陕西师范大学硕士学位论文，1990 年。

兰州城市的职能转化、城市形态和城市近代化进行了梳理，论及兰州成为甘肃省会乃至西北的政治、经济和文化中心的各项因素。[①]

值得一提的是，硕博论文成果的总体特点是涉及面广，搜求材料丰富，但是，由于时间短促，打磨不足，也囿于研究能力，理论分析和归纳欠缺，相关问题的讨论上，碎片化现象明显，不仅不能深入挖掘，也割裂了区域城市体系的系统性，对寻求区域城市地理空间分布规律等无益。

理论基础与研究问题　历史城市地理学的对象就是要"解决城市职能、结构、规模、风貌、总体布局与地理条件之间的矛盾，即城市兴起、发展、演变的地理基础。地理空间是城市兴起的基本条件。城市地理学研究的对象，正是各类城市兴衰的地理特征"[②]。本研究围绕这一宗旨，并遵循已有理论成就，利用其方法，就相关问题入手，对黄河上游区域城市进行个案分析与系统综合的研究。

关于城市建址格局和行政层级问题。清初求社会稳定，故而城市建址格局和行政层级等因革承袭前代，少有变化。康雍乾时期，西北用兵，建址格局和行政层级多从军事地理位置的重要性出发，变动较大，新建和增补城池为主要趋向，城市的政治军事功能凸显。另外，清廷制定城垣保护办法，修茸、扩展、补建，亦是这一时期的主要特征。近代至民国时期，城市社会经济地位增强，形态和结构功能演变，城市空间格局初具规模。需要说明的是，在黄河上游区域，施坚雅模式的政区等级与城镇等级是否存在一致性，是需要回应的话题。尽管，政区与城镇二者之间不存在绝对的对应关系的研究已经比比皆是，但经过我们考察的结论会是如何，尤其是需要明白亮出的。

另外，要具体围绕城市发展的环境基础、城市规模和体系形成、城市内部空间架构与公共设施等问题，考察本区域城市空间发展进程的差异。清代至民国时期，黄河上游区域城市尽管步入一个基本形成和发展期，但是与全国其他地区相比较仍然处于缓慢和落后的阶段。这种发

---

① 牛晓燕：《清至民国时期兰州城市发展与地域影响》，西北师范大学硕士学位论文，2008年；孙长龙：《兰白地区明清时期城市地理研究》，西北师范大学硕士学位论文，2011年；孙晓东：《民国时期兰州城市空间变迁与社会发展研究》，青海师范大学硕士学位论文，2013年。

② 马正林：《中国历史城市地理》，第2页。

展态势，与这里人们社会的历史进程、自然环境状况、脆弱生态、灾害多发以及多民族聚居等方面无不关系，故而其城市建设、发展不平衡性十分明显，区位重要性低，纷争、战火不断，社会控制和管理难度大。所有这些，均制约了这里城市规模和体系的完备，发展呈低速缓进趋势。由是，其研究也相对滞后，对相关问题的研究也需要深入。

比如城市职能与地理环境的关系问题。城市职能的改变，很多时候与社会进程相关，但也与地理环境条件改变密不可分。黄河上游城市在300年的演进中，有几个历史节点，对这里城市发展的影响、城市格局奠定的作用颇大。表现在：其一，清初，在西北用兵的客观影响以及完善行政体系的实践活动中，新筑和修葺城池运动兴起，而城址选择，或为军事交通地理的要道，或为民族聚居的集中地带，或为农牧经济过渡边界，均成为城镇形成和发展的重要基础。其二，19世纪末20世纪初的近代羊毛贸易，充分利用了黄河水运的交通优势，以至于原有的城镇贸易市场成为交易活跃的中心地，且带动了一些市镇向城镇的过度，进而成为事实上的城镇。其三，抗战时期，伴随人口与相关物资的西移，带来了本区域城市的空前发展，各种类型城镇自萌芽转而成型，使这里城市化程度初显。这些是本研究的重点，也是结论。

一般认为，多个城市的空间相互作用的产生与聚散效应、邻近效应、传输效应、自组织效应等有关。卢德耐里（Rondinlli）就把引起城镇群空间变化的这种复杂联系系统具体分为7种类型：物质联系（公路、铁路网，水网、生态相互联系）；经济联系（市场形式、行业结构及地区间商品流动，包括资金、原料、产品、消费和收入等的流动）；人口移动联系（临时与永久移民、通勤）；技术联系（技术相互依赖，灌溉、通信系统）；社会作用联系（访问形式，仪式、亲戚、宗教行为、社会团体）；服务联系（能量、信息、金融、教育、医疗、商业、交通服务形式）；政治、行政组织联系（结构关系、权力预算、组织相互依赖、行政区间交易形式，非正式的政治决策联系）。① 尽管，这是

---

① Rondinelli Dennis A., *Applied Methods of Regionl Anaylsis: The Spatial Dimension of Development Policy*, Boulder: Westview Press, 1985. 参见［加拿大］马昂主（A. M. Marton）《区域经济发展和城乡联系——研究亚洲发展中地区空间经济转变的新理论框架》，《城市问题》1993年第5期。

从现代城市学的角度，架构出城市在空间演变的主要联系的几种类型，那么，在中国传统城市体系形成与发展进程中，其中的哪些因素，或者说有没有哪些因素，对城市体系的构成起过重要作用，并以此为依据，回溯清代以来的黄河上游区域城市体系的建构和演变，到底是哪种类型所起作用的可能性更大，均需要做出判断和检验。

第一章 城市格局的环境基础

中国古代城市的兴起发展与政区体制有着十分密切的关系，在学术界已成为不争的事实。即如施坚雅所说："国家的行政等级区划自然而然地成了他们描述空间的唯一框架。"① 这尽管是针对中国城市研究中方法、模式单一的有缺陷的评论，却是中国城市发展的真实写照，符合城镇兴起的实情。这一点在黄河上游的城市发展中十分明显，这里城市格局的形成发展与官僚机构、政区体制的逐渐建立相伴而生，只不过这种城市格局并不是脱离空间的或者说无结构的混乱，相反，是以这里自然、人文环境为基础而架构，具有不同层次、不同职能，形成一个复杂动态的城市系统。

在谭其骧主编的《中国历史地图集·清时期·甘肃省》图上，所展现的聚落、城镇和交通道路沿河流空间分布，城镇格局效果更直观（详见图1-1）。城镇和聚落基本密集分布在以黄河主干道及支流湟水、大通河、大夏河、洮水、清水，及泾渭水上游等河流流域，而且交通道路网络也沿河流分布，不论是陆路，还是水运，以及以河流流域为主的地理空间距离上的优势，形成独特的城镇空间体系。又由于黄河源头区域的主要居民是以从事游牧经济为主的蒙藏民族，设有青海办事大臣，其靠近农业区边缘的地方，对本区域城镇的兴起与发展有着一定的支撑作用，尤其是畜牧产品对城镇贸易经济发展的支撑作用又是不可忽视的重要方面，也是该区域城镇兴起与发展不同于全国其他地方的重要特点。当然，这种现象在宁夏的西北部、甘肃的西南部等地方也同样存在，如石嘴山、包头、碛口和夏河县的拉卜楞等地方，地处农牧产品贸易交换区，其交易活动的直接影响，不仅使本地城镇得以发展，就是对

---

① ［美］施坚雅主编：《中华帝国晚期的城市》，第1页。

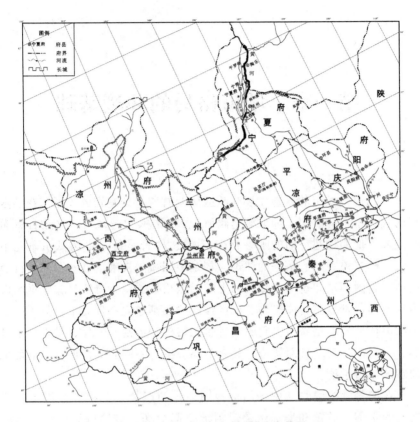

图 1-1　黄河上游区域城镇分布格局

底图来源：谭其骧主编：《中国历史地图集·清时期·甘肃省》，第 28—29 页。

整个黄河上游聚落城镇的形成也起了十分重要的作用和支撑。

一　城市分布与流域、行政建置

　　纵观世界文明的发源地，基本都处于大河流域的河谷或三角洲地带。有学者分析研究了世界文化发源地的分布规律，认为世界上最早的城市就产生于黄河流域、尼罗河流域以及两河流域，可以说是河流孕育了城市和城市文化。① 黄河上游城市的形成，与黄河干流及其支流的关

---

　　①　［英］莫里斯（A. E. J. Morris）：《城市形态史》，成一农等译，商务印书馆 2011 年版。

系十分密切，河流孕育了这里的城市。按照德国地理学家 W. 克里斯泰
勒（W. Christaller）最先提出的城市中心地理论，城市作为商业服务中
心，对周围地区提供货物和服务。中心地等级越高，所提供的货物种类
和服务越多，所担负的职能越广，各项职能随着距离增大而减少。而行
政、市场、交通是支配城市中心地形成的三大原则。依此，中心地呈现
不同的网络结构，与市场区大小有着严格的等级规定。施坚雅对此理论
的实践，就是着眼在中国城市规模与行政等级之间的关系问题。因而，
讨论黄河上游区域的城市，有必要了解本区域行政区划的变化。这也是
当下学界研究城市体系的一个重要理论依据。当然，也正如陈桥驿所言
的县级政府驻地聚落就是历史城市的缘故。清代以来，黄河上游城市沿
河流流域在空间分布上构建成体系，且不断变化和扩展，与不同时期行
政建置的变化有着密切的关系。可以说，行政级别的改变，影响了城市
发展的程度和体系结构，但不一定影响城池规模，城池占地面积与行政
等级没有直接必然的关联。

　　清初，继承明代以来军事为主指导方针的同时，加强了对黄河上游
区域的行政控制，且根据地理位置、经济发展、人口构成等因素，将以
往的卫所升级为府县直隶州厅，以益于城镇的发展。总体而言，清初承
袭明制的府县直隶州有 4 个，雍正年间建置的有 4 个，乾隆年间 1 个，
同治年间 2 个。其中不属于本研究所讨论的有甘州府、肃州直隶州、安
西直隶州、阶州直隶州的全境以及巩昌府、凉州府和秦州直隶州的部分
地区。

　　民国时期，行政建置变动大致分三个时期，其中 1927 年时分为 6
个行政区，因时间短暂，除去不计。[①] 一般以民国初期和后期两部分而
论。民国初期指省道县建置，后期指省区县建置，均为三级建置。民国
初期废府设 7 道，分省、道、县三级，1914 年时黄河上游区域所辖 6
道，即兰山道、泾源道、西宁道、宁夏道和渭川道及甘凉道的部分地
区。其中兰山道驻兰州，领县 15，渭川道驻天水，领县 14，泾源道驻

　　① 即兰山、渭川、泾源、西宁、宁夏、安肃区，黄河上游区域包括除去安肃道及渭川
道、甘凉道部分在外的区，据郭卿友的《中华民国时期军政职官志》整理，甘肃人民出版社
1990 年版，第 790 页。

· 19 ·

平凉，领县17，西宁道驻西宁，领县7，宁夏道驻宁夏，领县8，甘凉道驻武威，领县9，与本论题有关县1，另有驻酒泉的安肃道，领县7。[①]

　　行政建置变动反映在城市体系上，即是省级城市得以增扩。1929年，原甘肃省一分为三，始有甘青宁省级城各1个，20世纪40年代，市级城增为3个。黄河上游地区始出现了省级城市体系格局。

　　若不考虑行政建置变动的各项因素，以今天城市所在地的名称呈现城镇分布概况，那么，清代至民国时期，与黄河上游相关的府县所辖城镇，则大致为：兰州、临洮、景泰、永登、临夏、安定、洮沙、靖远、榆中、渭源、陇西、临潭、会宁、岷县、天水、秦安、清水、通渭、武山、甘谷、平凉、华亭、静宁、隆德、庄浪、庆阳、宁县、正宁、合水、环县、泾川、崇信、镇原、灵台、固原、海原、化平、漳县、夏河、和政、康乐、永靖、广和、西宁、湟中、大通、化隆、乐都、循化、贵德、湟源、民和、门源、互助、共和、同仁、银川、吴忠、中卫、中宁、宁朔、灵武、盐池、平罗、同心、磴口、永宁、惠农、陶乐。[②] 总共城镇69个。其中，清代有府城10个，包括直隶州厅，县城45个。1928年甘肃分省之前，有省级城1个、道级城5个、县级城55个。分省后至20世纪40年代，有省会市级城3个，县级城66个。不同时期，各有增减，总体呈现增加趋势。详见表1-1《清代至民国黄河上游行政建置与城治详表》。

表1-1　　　　　清代至民国黄河上游行政建置与城治详表

城镇	清行政级别	民国行政级别	今址	建置时间及重大变动
兰州	兰州府	甘肃省（市）	甘肃兰州市（县城及郊）	康熙八年，自省府临洮改徙，乾隆三年，改为兰州府，1929年2月允准设市，1941年5月改为市
西宁	西宁府	青海省（市）	青海西宁市城区	雍正二年，裁卫置府；民国为西宁县，1929年为省会，1945年筹备；1946年6月正式撤县改市

---

① 民国《甘肃省志》，《稀见方志》第33卷，第124页。
② 王金绂编：《西北地理》，北平立达书局发行，1932年，第404—405页。

城镇	清行政级别	民国行政级别	今址	建置时间及重大变动
银川	宁夏府	宁夏省（市）	宁夏银川市（城东北、东南）	雍正二年，裁卫置府；民国为宁夏县，1929 年为省会；1941 年改县名为贺兰；1945 年撤县改市称银川
陇西	巩昌府附郭	兰山道第一区	甘肃陇西城关镇	康熙八年，省会徙兰州，道光九年裁漳县来属；1913 年 4 月裁府留县
平凉	平凉府	泾源道第二区	甘肃平凉	康熙六年；1913 年 4 月撤府留县；1958 年撤县并入平凉市
庆阳	庆阳府	泾源道第三区	甘肃庆阳	康熙六年；1913 年撤府留县，将董志塬分县并入，1914 年改安化名为庆阳；1936 年夏属陕甘宁边区
泾川	泾州直隶州	泾源道第三区	甘肃泾川	乾隆四十二年，自平凉府属升；1913 年撤直隶州为县，名泾县，1914 年改为泾川县
固原	固原直隶州	泾源道第三区	宁夏固原	同治十三年，自平凉府属升；1913 年撤直隶州为县，将硝河城分县并入；1958 年 10 月划宁夏自治区
泾源	化平川直隶厅	泾源道第二区	宁夏泾源	同治十年，自平凉府华亭县析出；1913 年撤直隶州留县，名化平；1950 年改为泾源县，旋划宁夏回族自治区
天水	秦州直隶州	渭川道第四区	甘肃天水	雍正六年，① 自巩昌府属升直隶州；1913 年 4 月撤州设县，名天水，并将三岔分州同时入县；1958 年撤县并市
临洮	兰州府狄道州	兰山道第九区	甘肃临洮	乾隆三年，自临洮府附郭首县改为州；1913 年改狄道州为狄道县，1928 年再名临洮
渭源	兰州府属县	兰山道第一区	甘肃渭源	清初属临洮府，乾隆三年，改隶兰州府；民国仍为渭源县

① 又说雍正七年，见乾隆《甘肃通志》卷 3《建置沿革》,《边疆丛书》第 2 辑第 26 册(1)，第 309 页。

续表

城镇	清行政级别	民国行政级别	今址	建置时间及重大变动
榆中	兰州府属金县	兰山道第九区	甘肃榆中	清初属临洮府，乾隆三年，改隶兰州府；1913 年改金州为金县，1919 年名榆中
临夏	兰州府属河州	兰山道第五区	甘肃临夏	康熙年间，设守备，隶陕西行都司，雍正四年裁河州卫；乾隆三年，属兰州府；1913 年改河州为导河县，1929 年名临夏
临潭	巩昌府属洮州厅	兰山道第一区	甘肃临潭	雍正八年自洮州卫来属；乾隆十六年裁卫置厅；1913 年改洮州厅为临潭县
夏河		兰山道第一区	甘肃拉卜楞	1926 年划临夏、临潭、循化地置拉卜楞设置局；1928 年 2 月名夏河
和政		兰山道第五区	甘肃临夏	1929 年 3 月自临夏、临洮析置，治临夏县宁河堡
康乐		兰山道第九区	甘肃康乐	1932 年 5 月划临洮县西部分地置洮西设置局；1933 年 2 月改名康乐设置局；1940 年 11 月改称康乐县
广和		兰山道第五区	甘肃广和	原名宁定县，1913 年析导河县太子寺地方置县，后改名广和
永靖		兰山道第五区	甘肃临夏莲花城	光绪二十六年河州北乡莲花城，周 400 步；[①] 1929 年 3 月自临夏县析置，治莲花城
景泰		兰山道直辖区	甘肃红水	1913 年改皋兰县属红水析出红水县；1933 年撤，并靖远北区景泰地置景泰县，治一条山镇
靖远	兰州府属县	兰山道直辖区	甘肃靖远	雍正三年，裁卫归厅，八年，复裁厅改县，隶巩昌府；乾隆三年，自巩昌府来属；民国为靖远县

---

① 王树民：《陇游日记》，《甘肃文史资料选辑》第 28 期，甘肃人民出版社 1988 年版，第 286 页。

城镇	清行政级别	民国行政级别	今址	建置时间及重大变动
华亭	平凉府属	泾源道第二区	甘肃华亭	华亭县
静宁	平凉府静宁州	泾源道第二区	甘肃静宁	1913 年改州为县
隆德	平凉府属	泾源道第二区	宁夏隆德	隆德县；1958 年划宁夏回族自治区
庄浪	平凉府属	泾源道第二区	甘肃庄浪水洛城镇	乾隆四十二年裁，属隆德；1913 年自隆德属庄浪析出，置庄浪县
合水	庆阳府属	泾源道第三区	甘肃合水东北	1949 年 9 月县治由老城镇迁往西华池镇
环县	庆阳府属	泾源道第三区	甘肃环县	环县
宁县	庆阳府属	泾源道第三区	甘肃宁县	1913 年改宁州为宁县
正宁	庆阳府属	泾源道第三区	甘肃正宁西南	原名真宁，雍正元年改正宁；民国仍为正宁县
灵台	泾州直隶州属	泾源道第三区	甘肃灵台	乾隆四十二年，由平凉府来属；民国为灵台县
崇信	泾州直隶州属	泾源道第二区	甘肃崇信	乾隆四十二年，由平凉府来属；民国为崇信县
镇原	泾州直隶州属	泾源道第三区	甘肃镇原	乾隆四十二年，由平凉府来属；民国为镇原县
同心	固原直隶州平远	宁夏道第二区	宁夏同心东北	同治十三年，由平凉府来属；原名平远，1914 年改名镇戎，1929 年再名豫旺；1938 年改为同心，划金积堡部分入
海原	固原直隶州海城	泾源道第二区	宁夏海原	原名盐茶厅，康熙十四年置，与固原同城，雍正八年辖于固原，同治十二年改厅为县，名海城，自平凉府来属；1913 年 4 月将打拉池分县并入，1914 年改名海原；1958 年划宁夏回族自治区
安定	巩昌府属	兰山道第九区	甘肃定西	原名安定，1914 年改名定西
会宁	巩昌府属	兰山道直辖区	甘肃会宁会师镇	会宁县
通渭	巩昌府属	渭川道第四区	甘肃通渭	康熙五十七年地震，山崩域圮，县治移驻西关，雍正八年移治安定监，乾隆十三年复还旧治

续表

城镇	清行政级别	民国行政级别	今址	建置时间及重大变动
武山	巩昌府属	渭川道第四区	甘肃宁远	1913年改原名宁远为武山①
甘谷	巩昌府属伏羌	渭川道第四区	甘肃甘谷	1929年改原名伏羌为甘谷
岷县	巩昌府属岷州	渭川道第一区	甘肃岷县	雍正八年置州，四年裁原卫置厅来属；1913年改岷州为岷县
漳县	巩昌府属	兰山道第一区	甘肃漳县	道光九年裁入陇西县；1913年4月自陇西县析出，分置彰县
秦安	秦州直隶州属	渭川道第一区	甘肃秦安	雍正六年，自巩昌府来属；民国为秦安县
清水	秦州直隶州属	渭川道第一区	甘肃清水	雍正六年，自巩昌府来属；民国为清水县
灵武	宁夏府属	宁夏道第一区	宁夏灵武	雍正二年，裁所置州；1913年改州置灵武县
宁朔	宁夏府属	宁夏道第一区	宁夏银川	雍正二年，裁右卫置县；初与宁夏同治一城，1913年县治移往宁夏县满城，始分治；后多次徙治；1960年撤，并入青铜峡市等
平罗	宁夏府属	宁夏道第三区	宁夏平罗	雍正二年，裁所置县；乾隆三年，新渠、宝丰来入；民国为平罗县；1929年析出地设置磴口县
磴口		宁夏道第三区	内蒙古阿拉善	1926年，由平罗县析置；1949年徙内蒙三盛公地方；1954年划甘肃；1956年划内蒙古
中卫	宁夏府属	宁夏道第二区	宁夏中卫	雍正二年，裁卫置县；民国为中卫。1913年属甘肃省朔方道，1929年属宁夏省
中宁		宁夏道第二区	宁夏中宁	1933年由中卫县析出，治宁安堡
金积	宁灵厅	宁夏道第一区	宁夏吴忠西南	同治十一年置；1913年由宁灵厅改金积县；1960年撤，入吴忠市
盐池	灵州属	宁夏道第二区	宁夏惠安堡	1913年，花马池分州为盐池县；1936年迁治惠安堡

① 民国《甘肃省志》，《稀见方志》第33卷，第55页；又说1914年，参见郑宝恒《民国时期政区沿革》，湖北教育出版社2000年版，第481—493页。

城镇	清行政级别	民国行政级别	今址	建置时间及重大变动
新渠	宁夏府属		宁夏平罗南	雍正四年置于察罕托辉，乾隆三年裁，入平罗
宝丰	宁夏府属		宁夏平罗东北	雍正六年置于省嵬营地，乾隆三年裁，入平罗
陶乐		宁夏道第三区	宁夏陶乐	1929 年由鄂托克析置陶乐设置局；1941 年升县，名陶乐
永宁		宁夏道第一区	宁夏永宁	1942 年，由宁夏、宁朔县析置，治杨和镇
惠农		宁夏道第三区	宁夏惠农	1942 年，由平罗县北部析置，治宝丰镇
碾伯	西宁府属	西宁道	青海乐都	雍正二年，裁所置县来属；1929 年更名乐都
民和		西宁道	青海民和	原为碾伯县属，1929 年自碾伯析出，称峡东；1930 年 4 月改名民和
大通	西宁府属	西宁道	青海大通西北	雍正二年于北川营置卫；乾隆九年徙治西北旧大通，二十六年裁卫置县；民国沿用
湟中		西宁道直辖区	西宁湟中鲁沙尔	1945 年，析西宁鲁沙尔地置，并改原西宁县名为湟中
互助		西宁道直辖区	青海互助威远镇	1930 年 8 月，划西宁县所属威远堡、沙塘川置县
门源		西宁道直辖区	青海大通县北区	初为卫地，乾隆九年，迁卫白塔城后置游击，称北大通营；1912 年裁绿营；1929 年建县，名门源
化隆	西宁府属巴燕戎格厅	西宁道直辖区	青海化隆	乾隆八年于摆羊戎置摆羊戎厅，四十三年改名巴燕戎格厅；1913 年裁厅改为巴戎县；1929 年名巴燕；1931 年更名化隆
贵德	西宁府属贵德厅	西宁道直辖区	青海贵德	乾隆五十六年裁归德所置厅；1913 年裁厅设县，名贵德

续表

城镇	清行政级别	民国行政级别	今址	建置时间及重大变动
循化	西宁府属循化厅	西宁道直辖区	青海循化	乾隆二十七年移河州同知于循化设厅，属兰州府；道光三年改属西宁府；1913 年裁厅设县
同仁		西宁道直辖区	青海隆务寺	乾隆年间，沿袭明制，置都司，辖保安十二族；1929 年撤营，4 月自循化厅析出，置设置局，7 月改县治为同仁县
湟源	西宁府属丹噶尔厅	西宁道直辖区	青海湟源	道光九年置丹噶尔厅；1913 年撤厅设县，名湟源
共和		西宁道第一区	青海海南州恰不恰	1929 年自西宁析出下郭密、湟源析出恰不恰置新县
永登	凉州府属平番	甘凉道直辖区	甘肃永登	原名平番，1913 年 4 月将西大通分县并入，1928 年改为永登

资料来源：道光《兰州府志》卷 1《地理志上·沿革》；牛平汉主编：《清代政区沿革综表》，第 464—473 页；郑宝恒：《民国时期政区沿革》，第 481—493 页；杨兴茂：《民国甘肃政区沿革概览》，《档案》1997 年第 3 期，第 43—44 页；王昱、李庆涛编：《青海风土概况调查集》的相关部分。

　　为了进一步加深与今天政区的联系，我们将论述的时间界限后延。即随着近三四十年来城市化和西部大开发的进行，黄河上游区域的政区体制变化很大，市级行政体制增多，县级合并，新城区建设加快，新的城市圈级链条诞生，一改清代以来城镇发展滞后的状况，跻身于中国城市化的路途。不得不承认，此时的城市含义与以往带有城垣的城的意境已经大不相同，城市仅成为一种行政区划意义上的表示，其占有面积多寡不一，少的 1 万平方千米，多的 2 万平方千米以上，传统封闭的城墙城市痕迹消逝无遗。在所构成的新的城市体系中，既有清代以来作为中心城市而合并邻近县级城发展起来的城市圈，又有自边缘的厅县城而一跃上升为市级城的卫星城市。如以兰州为中心的城市圈，辐射至西宁，又自西宁而延伸至大通、湟源等发展起来的卫星城。如此蔓延合并的结果，黄河上游区域市级以上城增加至 19 个，其中甘肃 8 个，宁夏 6 个，青海 5 个。详见 20 世纪 50 年代至今黄河上游区域市级城概表。

表 1 - 2　　　　20 世纪 50 年代至今黄河上游地区市级城概表

省别	市级城	辖县城	市级城所辖县城
甘肃省（省会城市兰州）	兰州市	3	兰州、永登、榆中
	定西市	8	定西、临洮、洮沙、渭源、陇西、岷县、通渭、漳县
	天水市	5	天水、秦安、清水、武山、甘谷
	白银市	3	景泰、靖远、会宁
	平凉市	6	平凉、华亭、静宁、庄浪、泾川、崇信
	庆阳市	7	庆阳、宁县、正宁、合水、环县、镇原、灵台
	临夏市	5	临夏、和政、康乐、永靖、广河
	甘南州	2	临潭、夏河
宁夏回族自治区（省会城市银川）	银川市	4	宁夏、永宁、灵武、陶乐（部分）
	中卫市	3	中卫、海原、中宁
	吴忠市	3	吴忠、盐池、同心
	青铜峡市	1	宁朔
	石嘴山市	3	平罗、惠农、陶乐（部分）
	固原市	3	隆德、固原、泾源
青海省（省会城市西宁）	西宁市	4	西宁、湟中、大通、湟源
	海东市	5	化隆、乐都、循化、民和、互助
	海南州	2	贵德、共和
	海北州	1	门源
	黄南州	1	同仁

附注：磴口县划拨内蒙古，为巴彦淖尔市下辖县。

为方便论述起见，我们以黄河上游干流和主要支流为线索，依据清代以来城镇在河流流域的分布加以考察。主要是黄河以兰州、宁夏为中心区、泾渭水上游、河湟地区四个部分 61 个城镇，详见表 1 - 3。

表 1 - 3 清代至民国黄河上游河流流域与城治详表

河流流域	所属区域	城镇分布
黄河干流	兰州中心	兰州、榆中、定西、景泰
祖厉河	兰州中心	靖远、会宁
大夏河	兰州中心	夏河、临夏、永靖
洮水	兰州中心	临洮、康乐、广河、和政、临潭、岷县
庄浪河	兰州中心	永登
渭水	渭水上游	渭源、陇西、天水、武山、彰县、甘谷
化川水	渭河上游	通渭
苦水	渭河上游	静宁、隆德
陇水	渭河上游	秦安
泾水	泾水上游	平凉、泾川、崇信、泾源、庄浪
马莲河	泾水上游	庆阳、环县、宁县、合水、正宁
阳晋水	泾水上游	镇原
达溪川水	泾水上游	灵台
汭水	泾水上游	华亭
黄河干流	河湟地区	贵德、循化
恰不恰	河湟地区	共和
隆务河	河湟地区	同仁
巴燕沟（巴燕河）	河湟地区	化隆
湟水	河湟地区	湟源、西宁、乐都、民和
大通河	河湟地区	大通、门源
黄河干流	黄河宁夏	银川、中卫、中宁、平罗、吴忠、灵武、新渠、宝丰
清水河	黄河宁夏	固原、海原、同心

资料来源：据谭其骧主编《中国历史地图集·清时期》整理。

不得不说的是，在黄河上游区域的城市格局中，以临洮、临夏、兰州、靖远、中卫和宁夏等城市自西南至东北沿黄河干流分布排开，构成一条明显的分界线，也成为沟通该界线东西两部城市的纽带。界线以东，是泾渭水流域的上游，覆盖了黄河上游区域面积的近一半，是路经西部的桥梁地带，也是历史时期以来开发较早和农业文明程度较高的地区。主要城市有陇西、岷县、天水、清水、崇信、灵台、庆阳、宁县、镇原、合水、环县、平凉、静宁等。该界线以西，为河湟地区，其西起日月山与青海湖水系相接，北依祁连山和河西走廊水系相邻，整个地区处于青藏高原与黄土高原交界地带。这里有湟水中下游的西宁、碾伯，大通河流域的大通，黄河干流的贵德、化隆、循化和日月山农牧交界处的湟源，另有与府县体制所对应的县城城池，大多是在雍乾年间建筑，包括永安、北大通、黑古城等十多座驻防堡寨型城镇。[①] 清代以来城镇在空间分布上的拓展与延伸，主要发生在该界限的南北两端和界限以西的部分。按照上述的立论，则各城市格局与政区、河流的关系可以分述如下。

（一）黄河兰州

城市与行政建置　黄河主干道沿岸的城市建筑分布，多在黄河的右岸，体现了自明以来的"城河上为塞"的布局理念。兰州是黄河上游城市的中心，行政建置属省级规模，是历代统治政权势力西行的交通枢纽。按照城市与行政层级关系，兰州在清代属于甘肃唯一的省级治所。1928 年，甘肃一分为三后，省级城市得以增加。本研究所设定的这一区域城镇包括兰州、金县、安定，兰州东北部的靖远、景泰及甘南地区的临洮、临夏、夏河、临潭、永靖等，凡民国时期于该区域析出的县份，还有兰州向西连接河西走廊东端的永登，兰州偏东南的会宁等城镇。这一区的城镇在行政区划上属于清代的兰州府、巩昌府、凉州府的辖境，民国时期为甘肃省城及辖属的兰山道和甘凉道。

甘肃府城兰州，清初属陕西省临洮府兰州卫，[②] 康熙六年（1667）七月，改驻巩昌之原陕西右布政使司为巩昌布政使司，置甘肃省。先是

---

① 即大通城、白塔儿城、永安城、康家寨城、巴燕戎城、甘都堂城、丹噶尔城、喇课城、黑古城、乩思观城、扎什巴城、河（哈）拉库托城（哈拉库图）、千户庄城、亦杂什城、循化营 15 个城。见乾隆《西宁府新志》卷 9《建置·城池》，青海人民出版社点校本 1988 年版，第 263—272 页；刘景纯在其《清代黄土高原地区城镇地理研究》（第 66 页）中列出除河州卫属循化营之外的 14 个。

② （康熙朝）《大清会典》第 19 卷，沈云龙主编：《近代中国史料丛刊三编》第 73 辑，第 722 册，第 749 页，文海出版社影印，1985 年。

以巩昌为省会，八年，改巩昌布政使司为甘肃布政使司，与甘肃按察使司皆移驻兰州，省会徙往临洮府属兰州。[①] 雍正三年（1725），"卫废，州名如故"[②]。乾隆年间，兰州府及附郭皋兰城的军政地位凸显。三年（1738）十一月，巡抚元展成请将临洮府知府及附府之狄道县，移驻兰州省治。原驻兰州之知州，移驻狄道，改狄道为州。原辖之金县、渭源及河州移驻兰州之靖远县，俱由驻兰州知府管辖，改府名为兰州。是为兰州设府之始，同时改州为皋兰县，为省会附郭。兰州府领州2县4。乾隆二十四年，陕甘总督衙署自西安移至兰州。直至民国时期，兰州即作为甘肃的省会，也是西北最大的城市，"为四方根本要枢之地"[③]。这也就是施坚雅之所以说"在道光二十三年（1843），黄河上游的西北地区只有兰州一个城市"的缘故。[④]

民国时期该区域的行政建置变化较大。1913年，废府州设道，道尹驻省会皋兰县。大致为兰山、甘凉道管辖。兰山道是兰州、巩昌二府所并，辖管皋兰、红水（景泰）、榆中（金县）、临洮（狄道）、导河（河州）、广和、康乐、永靖、夏河、洮沙、和政、渭源、定西（安定）、靖远、临潭、岷县、会宁17县。永登隶属于甘凉道。1927年，改道为行政督察区，道尹为行政长官。

兰州、巩昌府属州县城镇中，有的治地与行政建置变化不大，如金县于1919年改为榆中。安定县于1914年改名定西。民国时期，渭源、靖远、会宁一直为县治，名称如旧。凉州府的平番县，明以来为庄浪卫地，康熙三年（1664），降庄浪卫为所，雍正二年（1724），废所置县。后改称永登。

甘南地区的城镇治地与行政建置范围变化较大，主要表现在新置县增多。其中，分割河州县属地，析置行政建置的有循化、康乐、广和、永靖。河州在雍正四年（1726）前称河州卫，是年裁卫置县。[⑤] 乾隆二

---

① 光绪《甘肃新通志》卷4《舆地志·沿革表》，《稀见方志》第23卷，第391页。
② 光绪《重修皋兰县志》卷2《沿革》，《集成·甘肃府县志辑》第3册，第264页。
③ 光绪《甘肃新通志》卷8《舆地志·形胜一》，《稀见方志》第23卷，第495页。
④ ［美］施坚雅主编：《中华帝国晚期的城市》，第246—247页。
⑤ 道光《兰州府志》卷1《地理志上·沿革》，《方志丛书·华北地方》第564号，第62页。

十七年（1762），置循化厅附属，道光三年（1823），划于西宁府。1913 年，改河州为导河，基层行政组织依旧沿用清制，全县共设东南西北 4 乡 109 会 486 社，不包括康乐县境。1917 年，析东、南 2 乡 20 会 89 社置宁定县，治河州太子寺，后改名广和。1929 年，又分出永靖县，改名临夏。永靖治河州北乡之莲花城。康乐县是 1932 年 5 月自河州、狄道两部分以西地置洮西设置局，次年 2 月改名康乐设置局，1940 年 11 月改称康乐县。狄道州于 1913 年，改为县，仍名，1928 年，改称临洮。和政县治临夏县宁河堡，1929 年 3 月自临夏、临洮析置。另外，新增夏河、景泰、洮沙县。夏河县以拉卜楞寺院区域为中心，于 1926 年划临夏、临潭、循化地置拉卜楞设置局，1928 年 2 月改为夏河县。景泰县地属靖远北区一条山镇，1913 年改皋兰县属红水析出红水县，1933 年撤，合并景泰地置县。洮沙县原本为狄道北境的沙泥驿，于 1913 年置沙泥县，次年改名。

兰州中心所辖境，基本包括直辖区和第一、五、六、九区的范围。同年 11 月，撤区实行省市县制。而在此前的 1923 年，国民政府内政部以兰州地当孔道，外人前往游历者甚多，有将兰州划为特别市之举，1928 年分省时，议另设兰州市。[1] 1941 年 4 月，将皋兰县城郊划出，新设兰州市，与皋兰县同治兰州城关区。市区东起东梢门，西至七里河，南靠皋兰山，北至庙滩子，面积 16 平方千米，人口 17.2 万余人。1944 年，市区面积扩大，东自阳洼山，西至土门墩，不包括马滩，南到石咀子、八里窑、皋兰山，北至黄河沿岸滩地的东端盐场堡至西边十里店之间，面积约 146 平方千米。顺便一提的是，1949 年以来，兰州市建置几度变更，现辖城关、七里河、安宁、西固、红古五区及榆中、皋兰、永登三县。1956 年白银为县级市，两年后升为地级市，辖白银区、景泰和靖远部分，期间几度变更。至 1985 年时，辖靖远、会宁、景泰三县和白银、平川二区。

城市与流域　兰州中心政区范围内的城镇，又具体建筑于区域内不同的次级河流流域，分布在黄河干支流河谷川地。兰州不仅是黄河上游区域的中心，大体也是中国版图的几何中心，"据陇首，撩西倾，襟带

---

① 参见王金绂编《西北地理》，第 418 页。

关河"①，被清人看成自汉以来河西雄郡之最，②自然、人文地位重要。县城所在，地势平夷，有"长城之险要，皋兰峙其南，黄河经其北，界接羌戎"③，又因城治"枢机陇陕，控制新疆南北路万余里"，清代额设重兵弹压，"故甘肃兵视天下为最多，而兰州又为最精"④。更映衬出清代强固其"金城汤池"的重要目的。又由于兰州城固河为险，作为兰州南部屏藩的甘南地区，军事政治地位十分重要。"洮地三面临番，松潘连界，接蒙古边界，一墙之外，直通青海黄河，西控诸番，东屏两郡，南俯松叠，北蔽河湟，西南之要害也"，尤其是"洮阳奠磐石之安，秦陇保金汤之固"⑤。

凉州府的永登，是河西走廊东端的重镇，而河西走廊东界黄河，南跨青海，北据居延，"悬隔数千里，通西域，界羌狄"，为通西域之门户。境内的庄浪河是河西走廊唯一的外流河，是黄河右岸自最西北来汇的一级支流。该河源自祁连山脉冷龙岭东南麓、庄浪城西北 150 里的分水岭，北流向镇羌堡西绕而东南流，经岔口堡北、武胜堡东北，自庄浪城西流过，经大通堡南、红城堡南，汇入黄河。庄浪河流经途中汇入的主要支流和水泉有火石沟河、石门河、龙潭河、小川水、清水、苦水及转轮泉、衍谷泉、灵泉等。⑥流域的主要行政衙署在永登城，为连接兰州通走廊的咽喉。南接兰州，北控宁夏，西援西宁，北跨甘凉，广 400 余里，袤 300 余里。西南至古红城，西北至连城堡，皆土司住牧之所。扼制东西，联络南北。自雍正三年（1725）这里裁所设县，名平番，长期隶属于凉州府，1913 年改称永登县。⑦由于其地处于干旱半干旱区结合带，水资源宝贵，城池依水而建，或圈水于城池中。

---

① 《嘉庆重修大清一统志》卷 252《甘肃统部·兰州府·形势》，四库本，第 618 册，第264 页。

② 顾祖禹：《读史方舆纪要》卷 60《陕西九》，中华书局标点本 2005 年版，第 2871 页。

③ 《大明一统志》卷 36《临洮府》，三秦出版社标点本，第 472 册，第 900 页。

④ 道光《皋兰县续志》卷 6《武卫》，《稀见方志》第 34 卷，第 267 页。

⑤ 光绪《洮州厅志》卷 2《形胜》，《稀见方志》第 49 卷，第 293 页。

⑥ 乾隆《五凉考志六德集全志》第 5 卷《平番县志·地理志·平番县水利图说》，《方志丛书·华北地方》第 560 号，第 583 页。

⑦ 民国《永登县志》卷 1《地理志·沿革》，《方志丛书·华北地方》第 344 号，第5 页。

　　黄河在兰州西南的主要支流是大夏河、洮河，均在永靖县境与黄河相会，[①] 在其附近的城镇为夏河、临夏、临洮、永靖。黄河在临夏北自积石关入县界东流，有大夏河经县城北流来会。大夏河发源于夏河西南西倾山萨玛尔沼泽地，自西南向东北蜿蜒而流，有坝沟河、漠泥沟河来汇，继入临夏城区，经土门关，在临夏城南折而北流，有牛津河和红水河从东西两岸注入，再东北转而西北，于永靖城东莲花堡注入黄河。全长160多千米，流域面积7000平方千米。[②]

　　大夏河流域的临夏，夹于黄河、洮河之间。即"洮河绕于东，积石峙于西，南盘雪岭，北距黄河"[③]。夏河县城的发展与大夏河密切相关，更以拉卜楞寺的存在而得以迅速发展。县治即拉卜楞寺所在地，位于大夏河北岸，处地为一坝子，藏语名"扎西溪"。临洮、永靖城镇的发展也都是得益于洮河水资源的优势。洮水导源于青海河南蒙古县南部的西倾山脉支龙山东3000米处，东南流折而东北，在赛尔龙乡附近流入甘肃境，经岷县城北而西北流，曲折流经临潭县北，流至临洮县南，再自临夏东北100里的洮沙县入临夏境，于永靖县注入黄河，流向兰州。[④]

　　黄河在兰州东以及东北的主要支流为祖厉河、清水河等，城镇为金县、靖远、会宁和安定。黄河流经金县，在靖远西90里平滩堡入县界，于境内行凡300余里，东经县城北，接祖厉河。[⑤] 所以，在靖远注入黄河的还有自南而北流的祖厉河。祖厉河有三源。西南源为南河，出定西县东南，东源为南玉河，出会宁县东南，东北源为十字川，出会宁县东北。东源与东北源在会宁北境相会，北入靖远县北。西南源自西南来会，水势始盛，始称祖厉河。河再转向西北至靖远县西南，在鹯阴口汇入黄河。[⑥] 而西南源又连接定西城外的东、西二河。安定城濒于东、西

①　王树民：《陇游日记》，《甘肃文史资料选辑》第28期，第286页。
②　临夏县志编纂委员会编：《临夏县志》，兰州大学出版社1995年版，第126页。
③　康熙《河州志》卷1《形胜》，《稀见方志》第49卷，第531页。
④　王金绂编：《西北地理》，第57页；民国《甘肃通志稿·舆地志九·水道一》，《稀见方志》第27卷，第109—110页。
⑤　民国《甘肃通志稿·舆地志九·水道一》，《稀见方志》第27卷，第112页。
⑥　王金绂编：《西北地理》，第57页；又见青海省水制志编委会办公室编《青海河流》，青海人民出版社1995年版，第72页。

二河之间，城东南有东河出，沿城东而北流，称苦水河。城西南有西河出而北流，有甘水河之名。二水至城北会合，称为南河，为祖厉河之西南源。① 会宁、靖远城，均位于祖厉河流域，又与黄河交汇，有许多渡口。在会宁县北 270 里，黄河由金县来，北入靖远界。自靖远县界东出，至中卫县西境，有涧水河自南来入，西北有长流水来入。②

会宁为陇山以西的祖厉河流域重要邑镇之中心，为陕甘要道，商路辐辏，货商云集，"宅四山之中，冲边要邑。白草、碾子诸原，积为盗薮。地控两边，邑居四塞，层峦列峙，四水合流。巩临之右臂，秦拢（陇）之北门"③。

（二）泾渭上游

城市与河流　位于黄河上游区域东部的泾渭水是黄河上游最大的支流。渭水发源于甘肃省渭源县鸟鼠山，东流至陕西渭南潼关县汇入黄河。渭河流域包括渭水上游及北岸泾水、洛河等支流，南面有东西走向的秦岭横亘，北有六盘山屏障，整个流域分为东西二部，西为黄土丘陵沟壑区，东为关中平原区。与本论题相关的区域，主要指甘肃东部的黄土丘陵沟壑区。泾水是渭河的支流，发源于六盘山东麓，清代时的径流量仅次于黄河。泾水有南北二源，南源出化平县（泾源）西南 35 里马尾山的老龙潭，北源出自固原的大湾镇，在平凉八里桥汇合，东流经平凉县西。途中有暖水河，有自北而来的马莲河、蒲河，南面来的汭水、盘口河、达溪河汇入，诸水相会后，以泾水为干流，于陕西高陵县陈家滩南入渭河。④

渭水及其支流流经相应城镇时，又将该城镇所在地的次级支流汇入其中，继续奔流，使城镇及其辖境在河流吐纳的支脉网络中得到了很好发育。如渭水、清源水夹渭源县城南北而东流，再东南流至陇西之西，北流。渭水东南流至武山西 45 里处的沙湾入武山境，东南流过鸳鸯铺、山丹铺等处，有多水来汇，于涧滩入甘谷界。在鸳鸯铺，有漳河自西来

① 民国《甘肃省志》，《稀见方志》第 33 卷，第 46 页。
② 民国《甘肃通志稿·舆地志九·水道一》，《稀见方志》第 27 卷，第 113 页。
③ 顾炎武：《肇域志》卷 8《陕西五·会宁县》，四库本，第 593 册，第 331 页。
④ 民国《甘肃通志稿·舆地志九·水道一》，《稀见方志》第 27 卷，第 120—121 页。

入。漳河源于岷县之木寨岭，东北流，至漳县西45里处入境。

通渭有渭水支流牛谷水。该水源出县西80里之蟾母山，东流，途中有多水来会，曲折而流，南经甘谷界入渭水。渭水经宁远，在甘谷西北60里入界。曲折流经县西转而北流，多股来汇，再东经县城北而南流，东至石峡入天水界。渭水再东南流，至天水县西伏羌之雒家川入天水境，至城东北20里许，绕城而流，横贯全境，再自天水城北25里处，斜趋东南流。其间，南岸有艾家川水，东流40里入天水境。城南有温家沟、关门沟水来汇，东南有胡家沟水注入。

在天水附近注入渭水的还有苦水、牛头水等。苦水，也名陇水，流经静宁，于秦安县西入境，东南流，经天水三阳川入渭水。牛头水自陕西陇县来，流经清水县，经天水三岔界北流，至山门镇入境，折而西流。经县城北，东有汤浴水、洛水等，北有集翅水，西有清水等，皆会而经牛头山麓西流经天水，汇入渭水。

泾水及其干流的城镇，除了平凉外，还有泾川、崇信、灵台，其余如华亭、静宁、庄浪等城镇也分布在泾水的多条支流流域。泾水自平凉县城北10里东向奔流，有20多条支流汇入，主要有汭水、达溪川水、柴垛河、盘口河、葫芦河、马莲河、苦水河等。

泾水分两股入平凉县。一股出化平县西南老龙潭东流入境，另一股出六盘山，经蒿店，至薛家湾入县界，曲折流经城西，辗转北入泾川界。汭水在平凉县东南自崇信县关家堰东入平凉界，流经10余里，至王家寺东入泾川界。

泾水自平凉县往泾川县后，在县西40里曲坛沟入境，东流至县城西北。有自西南崇信县来之汭水，于泾川县西南35里枣林庄入境东流，又东逾县城西北而北入泾水。经崇信县境的汭水，自华亭县来，东北流至峡口子入崇信界，有多水汇入，折而东流至崇信城西，再折而北，近城折东至关家堰入平凉界。

华亭县城是汭水流域的主要城市，位于汭水上游，县境地势东南高、西北低，相关的主要河流有柴垛水、盘口河、苦水河，均由汭水汇入泾水。汭水有南北两源，都源于华亭县西大关山，东流经县城南，又东流，有柴垛水来会。柴垛水位于华亭县西30里，分三股东流会于新店镇南，再东流，至阳洼堰入崇信界，又东南经石堡子入汭水，再于泾川县城北自西南汇入泾水。

泾川县境的盘口河,即黑河,自华亭、崇信两县南流而来,在县西南45里的十八里庄入境,东流至陕西长武县入泾水。盘口河源出华亭县西南十八盘,有诸泉东流,分为两股,一股东南流,入崇信界。一股仍东流至什字路分为东北、东南二流,东北流者为武村川水,在红山堡入汭水,东南流者即为盘口河,至下关镇入崇信界,曲折而东流,有多水来会,继续东流入灵台县境。灵台有达溪川水,该水源出关山山脉,东流入县境,再东南流,入陕西境后汇入泾水。汇入泾水的还有镇原县境的茹水河。该河有数源,均在固原县东,经白杨城合而东流,至镇原巩家坪东南流,经县城南,继续东南流,多水会后入宁县界,汇入泾水。

在河流流域的城镇发展过程中,市镇也成为主要的一支力量。华亭县西北部的河流为汭水、柴坻水和盘口河,所立市镇也多在河流流域附近,以便利用相对发达的河运发展贸易。位于华亭县西北的主要有九龙镇、新店镇、马峡镇、山寨镇、主山镇和安良镇,对应的河流为汭河、柴坻川水、九龙川水和端沟水、店工峡水。北面的柴坻镇,有柴坻川水。东北砚峡镇,有柴坻川水和石堡河。东面红山镇,位于汭水。东南的下关镇,位于盘口河上游。南为上关镇和麻庵镇,位于秀水上游,有唐家河水。西南的龙眼镇和天王镇,有仙姑川水。

庆阳地区位于甘肃东部,东连子午岭,与陕西接壤,西临六盘山,与宁夏相邻。辖有庆阳、合水、环县、宁县、正宁、庄浪及灵武。主要河流为马莲河。马莲河上源为环水,自环县境南流,在庆阳北与环县东的东河汇合南流。在合水县,有合水自县东向东流,再西南入马莲河,又西南入宁县南流,有三水合流,又南入洛水。泾水在宁县南30里自泾川县来会,南流再折而西北,在政平镇会马莲河入陕西邠县。

流经庄浪县城周的河流主要有东、西两河,苦水川。东河源出龙家峡,绕县城东而西南流至静宁县入苦水。西河源出贾家岔,绕县城西流至城南与东河会。苦水川在县城西90里,自静宁县来,在雀家峡入境,又北流入静宁界。正宁县城周有罗水,也称正宁河,源自横岭,西南流至城东,有北来之二水汇入,又经县城南向西流,至姚家川入宁县界汇泾水。环县城西南100里有黑水河,源出固原县,东南流,入庆阳境,再经宁县注入泾水。①

　　渭水上游属宁夏南部山区的主要河流为苦水、马莲川水及陇水，这些河流流经山地，径流不大，成为黄土高原干旱区十分珍贵的水资源。其中苦水河，又名长源河。发源于海原县城南 7 里的宝山，南流经固原西南硝河城境，有诸涧水汇，再经隆德西北，南流至将台堡入县境，接东来之马莲川水，又曲折南流，有多水汇入，在张揭子西南入静宁界。苦水在静宁北高窑寺处南流，有红城河水自东来注。再经城西南 1 里处，又有陇水等多条河流自东来汇入，南流至锦带峡入秦安界。苦水再至天水入渭水。陇水，源出六盘山，又名六盘水，也名甜水河。西南流经隆德县北，经县东 70 里，复入隆德县，又西自司家河桥入静宁界，西流至二十里铺再入静宁县境，经城南入苦水。此处河水水名因水质甜苦区分，与所流经地地质条件有关。因地处下切黄土层下第三纪红色地层，溶解了大量的硫酸钠盐类，水质苦涩，不能灌溉。加之地下水位较低，又多苦水井，人畜饮用主要靠修水窖、储存天然雨水解决。

　　城市与行政建置　泾渭水及其支流流域是黄河上游区域农业文明程度较高的地区。入清以后，随着人口增加，生产活动区域扩展，所控辖境行政建置变动较大。康熙二年（1663），以陕西右布政使司分管临洮、巩昌、平凉、庆阳四府，驻巩昌府。五年，改右布政使司为甘肃布政使司，移驻兰州，甘肃巡抚随往。雍正三年（1725），分巩昌府地置秦州直隶州等。② 从清以来政区建置的角度看，这一地区主要指甘肃东部辖境以及后划归宁夏省属的南部山区，涉及城 24 个。即临洮府属渭源。巩昌府属陇西（附郭）、通渭、武山（宁远）、甘谷（伏羌）、岷县、彰县。③ 平凉府属平凉（附郭）、华亭、静宁、庄浪。庆阳府属庆阳（附郭）、合水、环县、宁县、正宁。秦州直隶州的天水、清水、秦

---

　　① 以上未注明出处，均见民国《甘肃通志稿·舆地志九·水道一》，《稀见方志》第 27 卷，第 121—122 页。

　　② 乾隆《甘肃通志》卷 3《建置沿革》，《边疆丛书》第 2 辑第 26 卷（1），文海出版社影印本，1966 年，第 166—167 页；又说是康熙六年改，参见光绪《甘肃新通志》卷 4《舆地志·沿革表》，《稀见方志》第 23 卷，第 391 页。

　　③ 通渭于雍正八年，移县治于安定；岷县于雍正八年，改卫为州，隶巩昌府；漳县于道光九年裁，入陇西县。

· 37 ·

安。① 泾州直隶州属泾川、崇信、镇原、灵台。② 而固原、隆德、灵武、化平（泾源）、海原、平远（同心）等城，在 20 世纪 50 年代先后划归宁夏。以上各府县建置治地即为城镇治所。

渭水上游流域的重要城市首数天水，为西北重镇。其"西倚天门，东扼陇坻，南连潘冢，北接凤凰，为兰河中间，关陇重镇"③。雍正初年，升为直隶州，领清水、秦安二县。1913 年，改秦州直隶州为县，名天水，并将三岔地方分隶州，同时入县。1958 年撤县并市。位于渭水流域的城市还有渭源、宁远、彰县、伏羌等。渭源在乾隆三年（1738）时，改隶兰州府，直至民国仍为县，为兰山道属。宁远于 1914年改称武山，隶属渭川道。彰县于道光九年（1829）裁，并入陇西。伏羌在 1929 年改称甘谷，属渭川道。

以中心城镇的概念而言，平凉为泾水流域各城镇的中心。府属县 7 州 3，即附郭平凉、华亭、隆德、灵台、崇信、镇原、庄浪县，固原、静宁和泾州。府州县属所在，即是城镇之治地。乾隆四十二年（1777），泾州升直隶州，析平凉府属之镇原、灵台、崇信三县之地来属。1913 年，裁州改称泾县，次年，改名泾川。镇原、灵台、崇信三县仍旧。其中镇原县在明初为州，洪武二年（1369）降为县，隶庆阳府，后改属平凉府。县城因镇原原州旧址，得镇戎州地并其东境，镇戎以西之境割入开城，即后来的固原州，仍属平凉府。后又改属泾州直隶州。民国初年，改隶泾原道，1926 年以后，直属甘肃省。庄浪县于乾隆四十二年（1777）裁，属隆德。1913 年，自隆德析出，置县。至清末时，平凉府辖州 1 县 3，即静宁州，平凉、华亭和隆德县。民国时期，改道设县，行政隶属辖区有所变化。而位居泾渭上游的其余各城镇，在行政区划上属宁夏南部地区。

总之，泾渭河区域为黄河上游地区城市自东向西辐射的过渡带，起到了对东西两侧文明相向传播的重要作用。

---

① 均为雍正六年自巩昌府来属。

② 静宁在乾隆中期以前为州，不领县，后改为县。宁县在乾隆中期以前为州，后改为县。泾州直隶州在乾隆中期以前领县。参见乾隆《甘肃通志》卷3《建置沿革》，《边疆丛书》第 2 辑第 26 卷（1），第 232—235 页。

③ 朱允明：《甘肃省乡土志稿》第一章，《稀见方志》第 30 卷，第 68 页。

（三）黄河宁夏

城市与河流 宁夏地区位于黄河上游宁夏平原中部。黄河绕其东，贺兰耸其西，西北以山为固，东南以河为险。[①] 自明至清，这里为边关要塞，北则左控河套，右引沙漠。南则左连延庆，右接固靖，屏蔽关中，控制蒙古，为甘肃之北门户，因黄河之利，"有丰年而无旱潦"，为"塞上江南"[②]。

黄河流经靖远后，在中卫县南黑山峡入宁夏境，经宁夏全境，有"天下黄河富宁夏"之说。本境北部主要城镇，均分布于黄河干流右岸。黄河在至中卫县西 40 里处流速始平缓，东北流至广武入青铜峡。再自青铜峡入金积境，西折而北流 30 余里入灵武境。继续北流，在宁朔县东南 90 里入县境。又北流，在宁夏县城东南 30 里自宁朔入境。继在平罗县东 20 里北流石嘴山。

黄河宁夏中心各城镇不仅周边农业经济发展受益于河流水资源，而且城镇本身就是随着引黄灌溉农业的发展而兴起的，尤其是北部地区的城镇更是如此。如秦时吴忠南境的富平，汉时的灵州、廉县，西夏时期位于今贺兰县的怀州、平罗县南的定州，都是著名的城镇。当然，各城镇的分布也受黄河河床摆动的影响，尤其是这里城镇中心位置的确定，受河流水文等特征的影响巨大。

宁夏北部地区沿黄河分布的城镇，具有沿河但不临河的特点。由于黄河流经宁夏北部平原时，河床变宽，河道弯曲，泥沙淤积河床，同时"黄河水量年内及年际间变化明显，经常导致黄河摆动改道，河床不稳定，这使位于黄河两岸的城镇不断受到威胁"[③]。所以，明代以前，随着宁夏平原引黄灌溉逐渐向北发展，城镇分布也随势北扩，尤其是城镇中心位置不断北移，即由秦汉时期的富平，移至唐代时的灵州，到了西夏，又自黄河东岸的灵州，转移到宁夏平原中部银川所在的兴庆府。明

---

① 乾隆《宁夏府志》卷2《地理·疆域一》，《稀见方志》第50卷，第224页。
② 梁份著，赵盛世、王子贞、陈希夷校注：《秦边纪略》卷5《宁夏卫》，青海人民出版社1987年版，第291页。
③ 李陇堂、米文宝：《宁夏城镇地貌初步分析》，《宁夏大学学报》（自然科学版）1995年第16卷第3期。

代以来，黄河河床摆动加大，致使中心城镇位移，如从洪武十七年（1384）至宣德三年（1428）的 40 余年间，黄河改道东移，灵州城址两次迁移。之后，河床相对稳定，直到今天，宁夏北部中心城镇地位没有改变。

清水河是宁夏境内黄河干流的一大支流，有两源，皆源于固原县境六盘山北麓，由南向北流经固原、海原、同心三县，至中宁、中卫交界处入黄河。清水河谷自古就是连接河套与关中的要道。

宁夏南部地区的主要城镇分布于清水河流域和河流出六盘山区进入河谷平原的过渡地带，城镇受河流水质与地形的影响明显。流经南部山区的河流，泥沙含量少，入黄土丘陵区后，泥沙含量增大。更由于受丘陵区地层及地下水补给影响，矿化度增高，水质苦咸，不能饮用和灌溉。所以，清水河在同心以南段为甜水区，以北段为苦水区。此即为主要城镇多集中分布在六盘山周边地区，而河流北向的河谷平原中、下游城镇则相对较少的缘故。

当然，宁夏南部山区城镇具体形成与发展除了受水质单一条件的限制外，也同时受包括水质等内在的复合地理条件的限制。如六盘山周围地处河谷平原，地势开阔，因而自古以来，便是军事要道，战略意义重要。另外，这里河流多为常年径流，矿化度低，水量稳定，水质较好，加之地下水位浅而丰沛，有益于城镇的形成和发展。又由于黄河流经此处时，恰是支流与主流交汇，河谷开阔，发育三角洲，地面平坦，水运交通便利。并且河流转弯的凸岸处流速慢、河水浅，凹岸为主河道，水深、泥沙淤积少。凹岸侵蚀、凸岸淤积的结果，人们选择将城镇建在位于河流的高河漫滩、阶地和比较安全的凸岸。如固原、西吉、彭阳、隆德等县城，均位于支流汇入主流的河流凸岸，泾源等县城，特别是固原旧城，位于清水河西岸紧靠河床的一、二级阶地上。[①] 因而，城镇建址，选择了适宜自己发育的地理环境。

城市与行政建置 清代以来，宁夏境地基本属甘肃所辖，其行政置所，即是城镇治地。北部平原，初沿明制，行政机构与军事五卫长官，

---

① 李陇堂、赵小勇:《影响宁夏城市（镇）形成和分布的地貌因素》,《宁夏大学学报》（自然科学版）1999 年第 20 卷第 2 期。

治同城，属陕西布政使司。顺治十五年（1658）卫所合并，康熙二年（1663）陕西右布政使司辖宁夏及宁夏中、后卫所，六年，改右布政使司为甘肃布政使司，宁夏各卫所地辖属甘肃。雍正二年（1724），裁卫升府，置宁夏、宁朔两附郭县，宁夏县治原宁夏左卫地，宁朔县治原宁夏右卫地，以原宁夏中屯地置中卫县，平虏守御千户置平罗县。又以灵州据宁夏之中，迫近黄河，其南与固原相接，地理位置重要，裁灵州千户所，置灵州。如此，宁夏府辖4县1州，宁夏、宁朔同城，为宁夏府城府郭。[①] 四年，自平罗县察汉拖辉，即古定远城置新渠县，六年，于平罗县丞地省嵬营置宝丰县。乾隆三年（1738），宁夏大地震，新渠、宝丰城俱毁，地并入平罗。同治十一年（1872），于灵州金积堡地，置宁灵厅。直到清末，宁夏府领4县1厅1州，即宁夏、宁朔、平罗、中卫县，宁灵厅和灵州。

1913年2月，仍归甘肃所辖的宁夏地区裁府设道存县，因道县同名，改称朔方，辖宁夏、宁朔、平罗、中卫、灵武、金积、盐池和镇戎8县及阿拉善、额济纳2旗。其中，灵武自灵州改，在灵州属花马池分州置盐池县，宁灵厅改为金积县。同年12月，又改朔方为宁夏。1926年，国民军冯玉祥部驻宁夏，在阿拉善东北边之磴口巴格设置磴口县，驻三盛公。1929年，改宁夏镇总兵为宁夏护军使，节制阿拉善和额济纳二旗。

宁夏行政辖区的扩展，主要是归并了泾渭水上游的固原及其以北的山地部分。固原县城位在清水河和泾河分水岭的北侧，成为连接宁夏南北部的重要地带，其北有海原、盐茶厅城署治地。这里的各城镇行政建置由卫所至府州县的变化较大。初归陕西布政使司管辖，明弘治十四年（1501），固原设镇，三边总制驻此。入清后，固原置州，隆德为县，为平凉府属。同治年间有大的变化。同治十年（1871），自平凉、华亭、固原、隆德四州县属地，析出化平川直隶厅，治今泾源县城，属平庆泾固化道辖。十三年，固原升直隶州，于固原州西北、宁灵厅西南的下马关地置平远县为属。另辖有盐茶厅、海原县。盐茶厅早于康熙十四年（1675），自固原州地析置，同城。雍正八年（1730）辖于固原。乾

---

① 乾隆《宁夏府志》卷2《地理·沿革》，《稀见方志》第50卷，第231—232页。

隆十三年（1748）迁治至海喇都城，仍属固原州辖。同治十二年（1873）改盐茶厅为县，名海城。1913 年，将打拉池分县并入海城。同年，撤化平川厅置县，名化平，后改称泾源。固原也撤州改县，划硝河城分县并入，又自隆德属庄浪析出庄浪县，自静宁州析出隆德县。1914年，将海城改名海原，同时，改平远为镇戎，1929 年，镇戎改为豫旺，1938 年，析金鸡堡部分地入，改名同心。1958 年，均划宁夏自治区属。[①]

宁夏建省后，行政建置调整频繁，尤其是立省设市，建制扩展，一定程度上影响到城市的发展。1929 年宁夏建省时，领 9 县 2 旗，即宁夏、宁朔、平罗、中卫、灵武、金积、盐池、镇戎、磴口和阿拉善、额济纳，约 60 万人，面积 1099638 平方市里，占全国总面积的 2.37%。[②]

宁夏建省的决议是在 1928 年 10 月 17 日国民党中央政治会议第 159 次会议上作出的，决定将宁夏道旧属 8 县和宁夏护军使辖地，即阿拉善、额济纳二旗地合并，建立宁夏省。19 日，国民政府行 189 号令，宣布次年元月一日正式成立宁夏省。[③] 新成立的宁夏省共辖 9 县 2 旗，辖属除固原地区以外的上述县旗和磴口县。磴口县是 1926 年自平罗县析置，1949 年徙治于内蒙古三盛公地方，1954 年划甘肃省辖，两年后划于内蒙古。

1933 年，将宁夏辖 9 县分为 1 市 12 县，原中卫县划分为中卫、中宁，两县以黄河为界，黄河以西为中卫；1941 年春，调整宁夏、宁朔、平罗 3 县辖境为 5 县，析增永宁、惠农县，同时更宁夏县名为贺兰县，陶乐设置局升为陶乐县。1939 年，豫旺县更名为同心县。1944 年 4 月，成立省城市政筹备处，次年元月，改设银川市，同时将灵武县属之吴忠镇改为吴忠市。

1945 年 3 月，宁夏省设行政专员督察区，分三个行政专员督察区管理，县属城镇基本不变，第一区为永宁、宁朔、金积、灵武；第二区

---

① 参见牛平汉主编《清代政区沿革综表》，中国地图出版社 1990 年版，第 454—456 页。

② 《国民政府公报》（宁·新号）第 2 号，民国十七年十月二十七日，参见吴忠礼编《宁夏近代历史纪年》，宁夏人民出版社 1987 年版，第 197 页。

③ 《国民政府公报》（宁）第 2 号（国民政府义官处，民国十七年十二月二十七日），参见吴忠礼、刘钦斌主编《宁夏通史·近现代卷》，宁夏人民出版社 1993 年版，第 102 页。

为中卫、中宁、盐池和同心；第三区为平罗、惠农、磴口、陶乐。直到
20 世纪 50 年代初期，政区有短暂变化，即 1954 年，撤销宁夏省，旋
将阿拉善旗、额济纳旗和磴口县划归内蒙古自治区。1958 年 10 月 25
日，宁夏回族自治区成立。

（四）河湟地区

城市与政区建置　河湟地区，一般指三山夹两河的河湟谷地。两河
指湟水、黄河，三山指祁连山、大坂山、积石山。这里的河湟地区指黄
河上游甘青段及其主要支流湟水、大通河流经的地区。行政隶属上指清
代西宁府和西宁办事大臣辖区，管辖青海东部湟水中下游地区，黄河以
南的今青海尖扎、贵德等地，以及青海西部牧业区。西宁办事大臣就是
为管理西部牧业区所设置的特殊的职官，全称为"钦差办理青海蒙古
番子事务大臣"，简称"青海办事大臣"①。雍正以后，通称为"西宁
办事大臣"。自乾隆五十六年（1791）起，管辖循化及贵德两厅所属 76
个"熟番"部落和 77 个"生番"部落。②

　　明时，在青海东部的湟水中下游地区设卫管理，由西宁兵备道辖，
领西宁卫、碾伯所，治西宁，属陕西行都司，清初沿袭。康熙六年
（1667），改属甘肃省。雍正二年（1724），议升卫为府，次年，置西宁
府，改西宁卫为县，县地为附郭。③改碾伯所为县，增设大通卫，辖 2
县 1 卫。乾隆年间以来，逐步增设厅县，完善政区管理体系。乾隆九年
（1741），在西宁西北的丹噶尔城设主簿，黄河南化隆地区设摆羊戎厅，
置通判。二十六年，改大通卫为大通县，在归德所置县丞。次年，移河
州同知于循化，设循化厅，隶兰州府，道光三年（1823）改隶西宁府。
摆羊戎厅于乾隆四十三年（1778）改为巴燕戎格厅。五十六年，改归

---

①　雍正三年，正式设立办事大臣，铸给关防印信，乾隆元年，在西宁府城设衙置署。

②　参见寄信档，寄谕陕甘总督勒保等著将贵德同知设为旗缺等事妥议具奏，乾隆五十
六年七月十三日，档号 03-140-5-016，JX/03-140-5-016（文中未注明出处，均自国家
清史工程数据库）；又文孚著，魏明章标注《青海事宜节略》，青海人民出版社 1993 年版，第
14 页。

③　《清世宗实录》卷 25，雍正二年十月二十六日，中华书局影印本 1985 年版，第
396 页。

德为贵德，设贵德厅，置抚番同知。至此，在湟水中下游地区形成了有史以来最完善的政区格局，西宁府辖3县4厅，即西宁、碾伯、大通县，丹噶尔、巴燕戎格、循化、贵德厅。

步入民国后，随着城镇人口增加，社会经济发展，去府存县改厅设道管理。1913年，西宁道仍辖西宁、大通、碾伯三县，原辖丹噶尔、巴燕戎格、贵德、循化四厅改县，并改丹噶尔名为湟源，巴燕戎格改为巴戎，其余二县仍沿旧名。如此，甘肃省西宁道属辖有7县，下设若干区村。

1929年青海自甘肃析出立省，分割原县行政区辖境，增设县级行政区，更改县名，县级城镇相应增加。新增县为湟中、互助、民和、门源、同仁、共和。其中1927年，析出循化县境南区之拉卜楞、黑错等地方，设夏河县。1929年，又在循化辖境西区保安、隆务等处置同仁县。[①] 析西宁属的下郭密、湟源属恰不恰地置共和县。在大通县北区的原北大通营地置门源县。自碾伯县属东析出峡东县，1930年4月改名民和，8月，析西宁县所属威远堡、沙塘川地置互助县。1945年，析西宁鲁沙尔地置湟中县。建省之时，改巴戎为巴燕，1931年更名化隆。1946年，以省垣周围正式成立西宁市，西宁城由府城而为市治。

与清代筑城规定所不同的是，民国时期所设新县治地不再新建城垣，而是均以人口较为密集的旧有堡镇而来，其中两个新县是以藏传佛教寺院所在城为治地。如湟中以塔尔寺所在鲁沙尔镇为中心，同仁以隆务寺镇为治所。另外，互助治城威远堡、民和治下川口镇，地属湟水流域的灌溉农业区，而共和所在的恰不恰镇、海晏县三角城的门源，地处农牧交界的牧业区，是为城市体系边缘辐射扩展的结果。

城市与河流　青海段的黄河，若自源头算起，流经曲玛莱、玛多、甘德、达日、久治、玛沁、河南蒙旗、同德、贵南、兴海，再流经清代以来有行政建置城的区域，即与本研究相关的共和、贵德、尖扎、化隆、循化、民和等城镇，共计16县境，流程1455多千米。

黄河在甘青交界的寺沟峡入甘肃省，向西南而东北穿越兰州府，折

---

① 王昱、李庆涛编：《青海风土概况调查集》，青海人民出版社1985年版，第111页。

而流向邻近的宁夏辖地。黄河在青海境，经同仁、贵德界，有多水来会。再自贵德厅境西，入宗务峡，有保安大河南来注入。在此段，黄河北为西宁、巴燕戎格厅境，河南则为贵德厅属之上隆布寨。黄河通过贵德县治北境，自西至东，凡600余里。有东河、西河自南至北，凡一百七八十里，汇入黄河。两河下游岸旁田地，赖其灌溉。黄河在境，向无水患。

黄河再由贵德县西界松巴峡入化隆县境，东北流至乙麻木庄出境，所经约170里。水势湍急，不能行舟。1930年时的测量，最深处2丈余，最浅处1丈余，宽度六七丈。由于黄河岸高水陡，周围农田无法灌田。[①]

黄河在贵德境皆东北流，在循化境皆东流。所以，黄河又东经康家寨，入循化境，流经查汗大寺工、苏只工，再北至掌教坊渡口。又经查家工北，有边都沟水南来注之。又经街子工北，循化城北。黄河流经循化境内时，还有清水河、街子河，宛如带形注入。[②]黄河为循化境内最大河流，横流全境，长140余里。"惟河甚低，不便灌溉，亦无他害"[③]。

在黄河上源注入的支流，还有隆务河、恰不恰河。隆务河为黄河右岸一级支流，源于青海黄南泽库东部多禾茂西北的夏德日。其上游流域两岸为高山草地，间有灌木林。该水经过本研究区域的同仁境隆务镇，经甘都堂堡（尖扎），在昂拉乡东南注入黄河。[④] 隆务河多礁石，一般情形下，不能行皮伐木排。只有夏间河水暴涨时，木商才雇水手零放木排。恰不恰河，发源于海南自治州共和北部青海南山哈土山南坡的达西尔岗，自西北向东南流后潜入地下，在恰不恰镇南以泉流形式露出，再汇合东南流，经上郭密之曲沟等庄，入于黄河。[⑤]

湟水是黄河上游流域最大的支流，处于黄河左岸。湟水流域西起日月山与青海湖水系相接，北依祁连山和河西走廊水系相邻，整个流域处

---

① 以上均见王昱、李庆涛编《青海风土概况调查集》，第200、109页。
② 乾隆《循化志》卷2《山川》点校本，青海人民出版社1980年版，第54页。
③ 王昱、李庆涛编：《青海风土概况调查集》，第114页。
④ 青海省水利志编委会办公室编：《青海河流》，第39—40页。
⑤ 王昱、李庆涛编：《青海风土概况调查集》，第177、180页。

于青藏高原与黄土高原交接地带。水自海北自治州海晏境内包呼图河北部的洪呼日尼哈发源后，由北向南流，在海晏三角城转而东流，进入本研究区域的湟源城，转而东向偏南流，绕西宁城北，往东流，经乐都南城外绕道再东流，入民和县界，汇大通河，再湾转东南入甘肃境，于永登傅子村注入黄河。[①]

大通河（古称浩门河、合门水），是黄河一级支流湟水左岸支流，也是其最大支流。发源于青海海西自治州天峻境内托莱南山的日哇阿日南侧。水自源头流出后，进入祁连山与刚察县的界河默勒河，始称大通河。自此由西北向东南流，经由门源、永安西北入境，再东流，顺大寒山而至仙米峡，再经永登，在乐都县东入境，绕城南东流。水势甚激，不能行舟。乐都居民有引水以灌田浇树者，"利益颇优"。大通河再经天堂寺东折而南，入甘肃境。所经长200余里中，"水势甚急，不能行舟"，"最深处一丈余，最浅处四五尺"。又经连城，西大通之南，折而西出，于青海民和享堂峡汇于湟水。在兰州西古城堡附近一并汇入黄河。[②] 大通县城西北面还有宝库河，东流至西宁长宁堡。在大通境有两条河汇入宝库河，即由黑林河入境的黑林河，在雪沟堡汇入，另一是由东北方大寒山发源的东峡河，在峡口汇入。[③]

二 城市格局的资源环境基础

中国城市的分布，不仅与行政区的划分紧密相连，也受资源环境条件限制。所以，包括水、森林、矿产、农牧以及人文在内的多样资源，是支撑城市存在与发展的环境基础，也是城市选址和得以发展的必要条件。可以说城镇在一定地域内的广泛分布与发展受限，取决于其所在地区自然地理条件的优势位程度。而这里的"位"，作为生态学的基本概念，是指特定自然环境下，植物种群分布广泛度与其对环境的适应能力

① 青海省水利志编委会办公室编：《青海河流》，第46—47页。

② 王昱、李庆涛编：《青海风土概况调查集》，第96、170、79、170页；又见青海省水利志编委会办公室编《青海河流》，第67—68页。

③ 王昱、李庆涛编：《青海风土概况调查集》，第79页。

及推广能力之间所存在的正相关。① 如黄河上游区域地理环境造就的农牧兼营及其二者的互补，具有优势位特征，也是这里城市所具有的基本特色。

黄河上游区域自然地理概貌多样，为高原、谷地、平原三大自然地理区的交会处。有黄土高原、河湟谷地、洮河谷地、泾渭谷地西段和宁夏平原等，土壤肥沃，水源较足，为城镇最主要的分布带。城市分布状态呈现南多北少，东多西少，主要集中在陇东南区，宁夏平原、湟水谷地。这样的格局，与清代对西北边地的开拓发展密切相关。清初沿袭明制，在此广设卫所。雍乾时期，各卫所相继升为府县。② 平定罗布藏丹津叛乱后，为加强对河湟地区的管辖，先后设置 1 府 3 县 4 厅，隶属甘肃。③ 同时，移民宁夏平原，修城郭，建室庐，④ 从事开垦。随着对西北边地的开拓，黄河上游城市分布逐渐扩展，且依托丰富的资源环境基础，最终形成以兰州中心，以西宁、宁夏为两翼的城市带。

（一）城市与地理气候环境

黄河上游区域在地形上属于自第一阶梯向东降级延伸的部分，为黄土高原、青藏高原和蒙古高原的交会地带。地势西高东低，地貌形态丰富，平川、河谷、山地、台地、丘陵、高原、沙漠、戈壁交错分布，类型多样。其中河流阶地多分布在青藏高原东北缘的河谷谷地和黄土高原西部丘陵沟壑区。西高东低的特殊地形，影响这里的河流走向和水文特征，气候干冷湿热变化而引起的降水，以及植被对河流水量、含沙量也起到影响，反过来又影响到河流过程和河流地貌。

河流冲积形成的平原以及山地地形，也由于纬度、季风等因素的影响，形成不同的社会生产和生活区域。如宁夏平原区，跨东部季风和西

---

① 李建国、马世骏：《扩展的生态位理论》，见马世骏主编《现代生态学透视》，科学出版社 1990 年版，第 54—112 页。

② 《清朝文献通考》卷 283，《舆地考十五·甘肃省》，浙江古籍出版社影印本 2001 年版，第 7331 页。

③ 《清朝续文献通考》卷 320，《舆地考十六·甘肃省》，浙江古籍出版社影印本 2001 年版，第 10604 页。

④ 乾隆《宁夏府志》卷首《序四》，《稀见方志》第 50 卷，第 185 页。

北干旱区。其中部地带，气温变化剧烈，雨量少，蒸发强烈。春秋季短促，夏季为 3 个月左右，冬季长达半年以上。虽然纬度较高，但受地形影响，内陆盆地气候明显，温度条件较好，适宜发展种植经济。而南部黄土高原，虽然纬度偏低，但地势较高，冬季气温高于北部，夏季则较为凉爽。降雨量 200 毫米左右，60% 集中于 7—9 月，灌溉农业普遍。宁夏平原北部，气候更为干燥，年降雨量仅 150—200 毫米，且多沙漠型降雨，降雨年际变化率较大。南部山地，因地势较高，山前坡地气候明显。六盘山以南和以东的泾源、隆德等县，位于迎风坡，受东面海洋季风的影响，降水较多，可达 400—600 毫米，六盘山以西以北的背风坡，年降雨量则在 200 毫米以下。迎风坡因河流水流切割作用显著，山高沟深，地形起伏较大，土质疏松，不合理的垦牧易破坏地表植被。[①]

尽管不同的地形、地貌条件受气候影响不同，但寒冷干旱多风是这里气候的总体特征。干冷气候，致使这里多沙尘天气与沙尘暴。甘南地区的洮州，清代为边陲之地，由于"气候过凉，每岁除三伏外，寒多热少"，"土人往往终岁披裘"。"秋夏之交，多疾风雹雨。其来甚骤，莫可预防"[②]。民国时期，到此处考察的王树民描述洮州的气候："今日之气候变化，颇有令人感兴者。初行时如常；过高楼时渐热，仅着夹衣；至黑松岭，忽乌云蔽日，狂风飘起，骤转寒如初冬，加毛衣后仍不耐；抵扁都时，则云散天晴，复酷热如初矣。温度随日光之有无及风向而变化，一日可兼数季也"[③]。砺山带河的兰州城，尽管城外树木耸翠，犹有幽静秀丽，但是，周边的"飞尘回扬"对城内街道和交通的影响不可小觑。以至于城内街道"落风三尺土，有雨一街泥"。人力车雨天反不适用，因泥深可没轮，轿车则可以利市三倍也。[④]

黄河上游的大部分地区，就是在炎热的夏季，气候依然十分凉爽。1934 年 8 月 17 日，陆亭林由湟源县东返经镇海保抵西宁，沿途经过山

①　胡序威、刘再兴等：《西北地区经济地理》，科学出版社 1963 年版，第 103 页。

②　光绪《洮州厅志》卷 1《星野·气候》，《稀见方志》第 49 卷，第 290 页。

③　王树民：《陇游日记》，《甘肃文史资料选辑》第 28 期，第 159—160 页。

④　以上参见何让《兰州实习调查日记》，萧铮主编：《地政丛刊·土地问题资料》，第 93681、93699 页。

峡，"气候寒凉，冷风袭人"。① 当然，飓风沙尘天气也影响到城镇周边农作物收成，"每于田禾将熟之际，疾风大作，屋瓦皆飞，沙尘蔽目，大木皆拔，农民转瞬有望之谷、粮，竟被损坏无余"②。

中卫县城西之沙碛，在康熙四十八年（1709）中，"忽大风十余日，沙悉卷空飞去，落河南永、宣两堡近山一带。"四十九年三月四日，"黄气自县城西起亘天，忽大风拔木，坏民居，无昼者四日"。乾隆二十二年（1757）六月六日，"黄气自西北起，大风，昼晦，室中燃灯，其风气触人皆郁热"③。道光十年（1830）三月二十八日，"天忽黑暗，室内燃灯"④。当时人将沙尘暴称作"黄气"，黄气均起自西方或西北方，即腾格里沙漠中。

由于黄河上游区域地形多样复杂，不仅干旱缺水，还多异常天气，雨雪雹灾严重。清末时，宁夏府平远（同心），"县境近上郡，常苦旱，稼稿多不畅茂，往往于五七月降黑霜，尤伤稼。冰雹间亦为灾。自冬徂（往）春，冰坚地裂，终日大风扬沙"⑤。1934 年 8 月，陆亭林在西宁考察时，记下一场冰雹。"8 月 12 日下午二时许，忽降雹雨，大如鸡卵，势极凶猛，约历半小时，被灾之区甚广。即城内各照相馆玻璃室均被打毁。西北地方冷气流积聚，每至夏秋之交，气候最热之时，稼禾将熟未及登场，而冰雹甚多，每日下午必有云从北起，或雨或雹，惟视气流之变化如何"。面对变化无常的天气，人们"或诵经，或鸣锣鼓，以谋驱散。甚至有用土炮向黑云轰击者"⑥。

一些建在山地河谷空地的城镇，因四面皆山，受山地气候影响，一遇狂风骤雨，山洪暴发，安危旦夕。位于湟水河谷谷地的西宁府城，西川有湟河，南川有麒麟河，北川有苏木莲河，东川有沙棠河，"四川之

---

① 陆亭林：《西宁等处实习调查日记》，萧铮主编：《地政丛刊·土地问题资料》，第 94688 页。
② 康天国编：《西北最近十年来史料》，西北学会铅印本，1931 年，第 25 页。
③ 乾隆《中卫县志》卷 2《建置考·祥异》，《方志丛书·塞北地方》第 5 号，第 119 页。
④ 道光《续修中卫县志》卷 8《祥异》，《稀见方志》第 53 卷，第 386 页。
⑤ 光绪《平远县志》卷 2《气候》，《稀见方志》第 52 卷，第 26 页。
⑥ 陆亭林：《西宁等处实习调查日记》，萧铮主编：《地政丛刊·土地问题资料》，第 94690 页。

民皆利赖之"。后因河流"渐趋而下，岸土疏漫，又易崩泻，不便修桔槔之属，故稍高之地，即弃为荒地"。除了河患外，府城四面皆山，每当淫雨霖潦，山水暴发，平地每冲为巨涧，危及府城官民之安全。① 所以，不能不说，清代以来，黄河上游城市发展较内地滞后，剧烈的气候变化和生态脆弱性也是影响因素之一。

(二) 城市与水资源

水源是城市发展的根本所在，是建城选址的必要条件。没有水，城市无法存在，居民无法生存。城内的水源，除了日常生活外，还要用于生产、防火等多方面。黄河上游的干支流为这里城镇的建立与发展提供了充足的水资源。同时，河流两岸的台地汲水便利，有利于周边作物的灌溉，为建城的理想场所，为城市发展提供了很多优越条件。当然，水资源也包括城内井泉，方便居民生活汲水。

距离河流较远的城镇用水是通过使用井水、泉水解决。因为黄河上游地区的气候条件并不能够保证每年有连续充足的降水。夏季受东南季风影响，时间短，降水少，冬季受西北季风影响大，时间长，气温变化剧烈，雨量少，蒸发强烈。更由于深居内陆，如贺兰山以东黄土高原区的大部分为干旱地区，仅有少部分地方因处于东亚季风的尾闾，雨泽稍多，为半湿润与半干旱地区。即便是河流密布的城镇周围，由于利用方式粗放，用水量增加，也依然缺水。②

清代以前，因人为活动与自然要素变化的双重影响，以河流为主体的湖泉井等水体环境，处于不断地变化中。入清之后，伴随人口增加，水资源开发力度加强，水运能力提高，水能动力增强，消耗量增大，各处河流井泉的用水情形不一。

甘南地区的洮州城内原本泉池甚多，至光绪年间时，"皆几经采

---

① 民国《甘肃通志稿·民政志四·水利二》，《稀见方志》第 28 卷，第 62 页。

② 半湿润地区年降水量一般为 500 毫米上下；半干旱地区则仅 250—350 毫米。除此外，水源极缺的干旱区和极端干旱区，降水量更少，干旱区仅有 150—200 毫米；极端干旱区，年降水量不到 50 毫米。参见中国自然地理编写组《中国自然地理》第四章第四节降水，高等教育出版社 1979 年版；又中国植被编辑委员会编《中国植被》第二章第二节气候，科学出版社1983 年版。

访，确确有据者"的泉水就有不少。如东门泉、红泉、冶海、云八竜池。其中东门泉，在城东门外，其水清冽，经冬不冻。当地人谓之南水。红泉，在厅治东10里，"每岁五月厌日，官亲致祭"。冶海在北乡冶泥关妙华山之半，宽约1里，长10里，水色靛碧，味咸。而妙华之水，色白，中流而下，近岸而上，海岸之下约半里许，大泉穴地飒涌下流，入冶木河。另外，当地人以水的色味、泉眼形状区别水体。在城内西北隅，有一泉，被当地人称为海眼。泉眼"呈椭圆形，周约里许，色碧，味咸，深不可测，居人谓之海眼"。在旧洮堡西北5里，还有云八龙池，为城周一大景观。尽管这里有如此丰沛的水资源优势，但因地处内陆，一遇到天旱，缺水依然难免。每逢天旱，乡人即往城北丛林大沟池祷雨，俗谓之大沟池林祈祷。①

陇西也缺水。向有"柴比粮贵，水比米贵"的说法。全城仅有井十余口，用于日常饮用，除此而外，均依赖导自山泉之沟渠，经城门引入城内，但由于"罗布道旁，秽杂并纳，于卫生之道殊为未合也"。乾隆年间，疏浚明代修之永济渠、新开陇西县水渠，以为陇西全城居民饮用之水源。至民国时，城内尚存之井，有如汪家井，在县府北，深达20丈，每汲水1桶需时2分钟，零售每担5分，30担1元。20世纪30年代后，由李姓包租，年纳租金200元。又如太白井，俗称大井，在西街路北，也是按桶出售。②

位于山地、半干旱区处所的城镇，对井泉的依赖更甚。六盘山南部的隆德县城内外，泉泽丰沛。如城内中学之南20步，有官泉，英武庙前有小水泉，北城根下有马郎泉，县东1里有莲花池，城东100步及旧隆德堡，俱有温泉，得胜坡下有龙泉，汤羊岭有线泉，底店有马跑泉，神林堡有涌泉，"颇多温暖，冬恒时不凝冻而又湫数处"③。河西走廊东端的永登，也依赖井泉，乾隆十四年（1749）时，永登境内有泉眼15

① 均见光绪《洮州厅志》卷2《泉池》，《稀见方志》第49卷，第298页。
② 有《新开永济渠碑记》《陇西县水渠记》碑记，参见王树民《陇游日记》，《甘肃文史资料选辑》第28期，第129页。
③ 康熙《隆德县志·河渠》，《稀见方志》第54册，第156页。

处，① 主要供给日常生活之用。如位于平番县城东南 45 里的回回墓泉、城西 70 里的犁耙沟泉，即供人们饮用。由于缺水，人们把位于城南 20 里处的灵泉设为专门的秋雨祈祷处。为解决缺水，人们还提出了"以大通河水补充庄浪河水"的设想，即"欲自分水岭之右，导大通之别支，以达庄河"②。当然，随着人口增加，城镇发展，用水量猛增，地下水超采成为不争的事实。据目前的用水统计，20 世纪 90 年代时，永登有井水 1017 处，泉水 191 处，窖水、涝池 1549 处。③ 超过了以往任何时代的利用量。

在没有泉水的地方，人们早已凿井取水。如会宁县城，自古城中无井，"居民日夕汲于南河"。可是，南河为季节河，"遇冬河冻则不流"，居民只得往八九里外取水，很不方便。明成化年间，打井取水渐兴，仅在城内凿井就有百余处。④ 会宁城南 10 里，有厉河，其水可饮，而祖河绕城南西汇于厉河，水苦不可饮。所以，城内用水主要引厉河。当然，人们所凿之井，也用于灌田。尤其是遇到连年旱灾时，缺水即会导致背井离乡，农业经济衰减。此也是山地、干旱区城镇发展受阻的重要因素。如 1934 年 8 月 1 日，陆亭林在《西北日报》上刊文道："近年以来，余乡大旱，水源匮竭，上下渠水地尽变为旱田，乡人以是不能安居，四处逃荒"⑤。

人们对城内流淌的河水的利用率极高，除了日用、灌田，还用于动力。西宁城南川有麒麟河，自南而北贯城西流，又北流，再与湟水

---

① 乾隆《五凉考志六德集全志》第 5 卷《平番县志·地理志·平番水利图说》，《方志丛书·华北地方》第 560 号，第 586 页。

② 乾隆《五凉考志六德集全志》第 5 卷《平番县志·地理志·平番水利图说》，《方志丛书·华北地方》第 560 号，第 582 页。

③ 据 1970 年代河西饮水情况调查资料。关于饮水困难的标准：1984 年 7 月 14 日《关于农村人畜饮水工作暂行规定》，取水单程距离超过 1—2 公里（甘肃 2 公里），高度超过 100 米（甘肃 150 米），即为饮水困难。黄河上游军事城堡的设置，并不存在与取水的便宜关系。每人每天 10 千克，大牲畜 20—50 千克，猪羊 5—20 千克。在干旱区和半干旱区达不到这个标准。

④ 道光《会宁县志》卷 11《艺文志·碑记·城中凿井记》，《集成·甘肃府县志辑》第 8 册，第 284 页。

⑤ 陆亭林：《西宁等处实习调查日记》，萧铮主编：《地政丛刊·土地问题资料》，第 94671 页。

合而东流。麒麟河水势旺盛，东西两岸"灌田十余万顷"，河上建有水磨若干，"时有不敷分布之虞"，"两岸绿柳葱茏"，居民徜徉两岸，一派风景旖旎的城市画卷。① 当然，一些城镇中，在水位低的地方，人们也利用水车浇灌农地。清中叶时，兰州城外段家滩南岸河道的水量还很大，能带动几十部水车，灌溉 3000 多亩水地。② 至 1949 年前夕，段家滩南的黄河河道水量已经大减，即无水车也无法灌溉，以致全部淤塞。③

充分利用水资源动力是区域城镇发展的一大特点。黄河上游的皮筏、木筏运输，是清代以来贸易经济兴盛的驱动力。黄河上设置官私渡口，造船摆渡，便利了人们生产与生活。20 世纪 30 年代时，自黄河八盘台渡河至达家川的摆渡，过河用时仅 10 分钟。④ 另外，利用水力机械动力也很普遍。清末时，位于洮州城外洮水上的水磨油房就有 677 轮。⑤

按照施坚雅对城市研究的观点，中国古代的城市多建于水道的两旁，这种判断也符合黄河上游城市分布的事实。水资源承载着城镇发展，人们依水而建城。当然，忽略水资源的一般水文规律特征，也会危害到人们居所城垣的牢固。兰州城北以黄河为天堑，水情直接影响城池安危。嘉庆十年（1813）六月二十日，西宁办事大臣玉宁在兰州城西门外巡察时，遇暴雨，黄河水势陡涨 2 丈有余。冲船断桥，"船只票（漂）没无存，大溜（流）中有冲下房屋木植"⑥。

光绪三十年（1904）六月一日至四日，兰州暴雨连宵，河水骤涨，下游桑园峡不能容，倒流至兰州城郊。洪涛浩瀚，尽没东十八滩，南浸

---

① 王昱、李庆涛编：《青海风土概况调查集》，第 50 页。
② 据光绪《重修皋兰县志》卷 10《山川》、卷 11《水利》统计，有段家湾、范家湾等处河道、水车和灌溉面积数。
③ 鲜肖威：《历史上兰州东平原的黄河河道变迁》，《兰州学刊》1982 年第 1 期。
④ 陆亭林：《西宁等处实习调查日记》，萧铮主编：《地政丛刊·土地问题资料》，第 94674—94675 页。
⑤ 光绪《洮州厅志》卷 4《田赋·附水磨油房》，《稀见方志》第 49 卷，第 342—343 页。
⑥ 朱批奏折，西宁办事大臣玉宁，奏为在兰州省城目击黄河陡长情形事，嘉庆十年六月二十一日，档号：04-01-05-0270-020。

校场，直驱风云雷雨坛。东郊以外，尽为泽国。^①又如发源于固原县六盘山的清水河，北流入中卫县境，注入黄河。也常"洪波巨浸，往往冲没人畜"^②。如此所述的情形在黄河上游区域不是特例，位居河流沿岸城镇之墙垣，均或多或少受水灾威胁。

当然，面对水患，人们注重城镇防河工程的修筑。宁夏在 1935—1936 年，大兴防河工程。修筑护卫中卫新墩各码头的长坝一道，于通丰村、永丰村，各修长堤一道。在中宁修筑大小码头的同时，也建筑护坝。如在大胜嘴的 3 座码头，修护卫石坝一道，长 30 余丈。宁朔也因决溃最甚，修筑长堤三道，^③主动趋利避害。

总之，黄河作为中华民族的母亲河，其上游区域的城市，尽管拥有水资源丰沛的优势，但利弊互见。不容忽视的是，上游水量利用多寡，又牵动着整个流域的发展。按照黄河流域现代水资源流量多年来径流量年平均值数据可知，兰州以上径流量为 323 亿立方米，青铜峡以上为 325 亿立方米，占到黄河径流量 574 亿立方米的 56.4%。人均用水量宁夏地区大于 1500 立方米，甘肃、青海为 600—300 立方米，而全国平均仅 435 立方米。^④按照国际通行标准，河流径流量可供开发的限度不能超过来水量的 40%，世界干旱地区的总水资源利用率一般在 30% 左右。问题是，上游区域因有着临近水资源的得天独厚的优势，耗水量大，用水量高于全国平均水平。再加之，黄河源头水资源涵养功能急剧下降，水体消逝严重。如号称千湖之县的玛多县境原有的 4077 个大小湖泊已经缩减至 2000 多个，近些年来，有名的扎陵湖、鄂陵湖的水位不断下降，年均 2 米以上。1972 年黄河首次发生断流，自此，断流频率加大，天数增多，断流河段变长。70 年代平均断流 15 天 242 公里，80 年代为 30 多天 356 公里，90 年代 107 天 427 公里。^⑤黄河上游区域城市所具有的水资源丰沛优势受到前所未有的挑战。

---

① 张维：《兰州古今注·水灾》，《史地文献》第 24 卷，第 42 页。
② 民国《甘肃省志》，《稀见方志》第 33 卷，第 82 页。
③ 马如龙：《宁夏省近年来之经济建设》，《实业部月刊》1937 年第 2 卷第 2 期。
④ 参见刘涛编《中国统计年鉴 1999》，中国统计出版社 1999 年版。
⑤ 梁吉义：《解决黄河断流问题的系统整体方略》，《中国软科学》1999 年第 9 期，第 5—9 页。

（三）城市与森林资源

木材是传统城市建筑和发展必不可缺的资源。黄河上游区域森林资源不仅供给本区人们生产、生活等多方面，还作为货物输出的大宗商品，并且以黄河河曲地带的木材销售最大。就木材资源分布而言，尽管宁夏地区主要植被为草地，尤其是"缓倾斜及平坦的台地原大致为草原地带"，但山地部分也"曾为苍翠大森林所覆盖"，在"山岭高处及深处会有一些森林"①。

甘肃多天然林，据民国时人统计，全省"公有之林木二十二万零八百余株，私有者，一百四十四万四千余株，共一百六十六万五千余株"②。抛开其数字总量，仅就森林的分布而言，虽不能说遍布全省，也呈现按区集中分布的特点。

在远离城垣的山林川原，具有丰富的森林资源。如清代前期，泾渭水上游的平凉地区各城镇所在府县辖境，山原多林木。庆阳安化的景山，林木茂盛。合水县的子午山，"松木槎枒"，丰崎山"上多林木"③。东山"草木多丛，生于两山之坳，人或不能到"④。正宁县西南1里处的太山，高阜巍然，柏林苍翠。县南的云寂山，苍松干霄，森林茂密。⑤ 平凉崆峒山谷崎岖，中富松柏樱髦。⑥ 灵台县的台山，又名荆山，"多奇木异鸟"，"而荆花尤茂"。苍山也是"柏林苍翠，蔚然可观"。隐形山则"苍松古柏，连抱参天"。离山更是"碧流独绕林"，"森森老树笼关禅"⑦。崇信县的唐毛山，因"自唐林木丛生如毛，可以取材，故名"。五龙山也"林木葱郁"⑧。

① 〔日〕马场锹太郎编：《新修支那省别全志·宁夏史料辑译》，和龔等译，北京燕山出版社 1995 年版，第 200 页。

② 王金绂编：《西北地理》，第 126 页。

③ 乾隆《新修庆阳府志》卷 7《山川》，《集成·甘肃府县志辑》第 22 册，第 232 页。

④ 乾隆《合水县志》上卷《形胜》，《稀见方志》第 44 卷，第 30 页。

⑤ 《嘉庆重修大清一统志》卷 261《庆阳府》，四库本，第 618 册，第 381 页。

⑥ 光绪《平凉县志·山川》，《稀见方志》第 43 卷，第 494 页。

⑦ 顺治《灵台志》卷 2《山川》，《稀见方志》第 42 卷，第 31—35 页。

⑧ 光绪《甘肃新通志·山川》，《稀见方志》第 23 卷，第 463 页。

另外，华亭县的桦岭山，"中有桦树"，美高山"多松竹"。① 泾州的回中山，"松柏各大数围，高数十仞"②。庄浪县的杏花岗，在城东 3 里，"高岗峻岭，树木森郁"③；静宁州的紫荆山，"以紫荆树遍山，故名"。兴龙山"树木荫浓"。孙家山"号称陆海林薮"。鱼咀山"入峡林树葱郁，樵径出入"。主山"松杉柏桧，翠竹名花，蔚蔚苍苍，青葱掩映"④。陇西的马鹿山、甘谷的天门山、秦州柏林山，均多柏树。⑤

洮水流域的岷州东 30 里有"黑松林"⑥。狄道州南 60 里有翠屏山，林木森郁，俨若翠屏；洮河所经之锁林峡，也因"林木森郁，苑若封固"而取该名。⑦ 另外，兰州东南 40 里的官滩山，林深箐密，"邑中薪炭及一切竹木器具皆取诸此"。兰州北的寿鹿山，崇冈隐天，深林蔽日。靖远县东 70 里的屈吴山，泉多林密。⑧

湟水流域西宁府属的山地与河谷低平之区，特别是寺庙附近山岭河湾处，森林分布甚多。清初因地处边鄙偏僻，人口较少，又有寺庙僧侣着意保护，所以森林生态相对较好。府西北丹噶尔城周境面积较大的林地颇多。曲卜炭小林，距城南 10 里的曲卜炭庄南山垠，占地十余亩。树木粗大茂密。拉莫勒林，距城南 30 余里白水河庄迤南，占地约 200 亩，松桦相杂。因系东科寺僧产，禁止偷采私伐，树林延蔓丛生。而距城南 50 余里的东科寺南山林，占地约 200 亩，松桦茂盛，有的树根直径粗达 2 尺余。距城西 30 余里，有扎藏寺小林，松桦千余株，禁止采伐。湟水冲积之磨林河柳林地，绿滩自然生长。合计丹噶尔厅地森林，有百余亩。⑨

丹噶尔境官民筑屋及一切器物所用材木，"皆取给予境内，每岁所

---

① 光绪《甘肃新通志·山川》，《稀见方志》第 23 卷，第 454 页。
② 乾隆《泾州志》上卷《山川》，《稀见方志》第 42 卷，第 272 页。
③ 乾隆《庄浪县志》卷 4《山川》，《方志丛书·华北地方》第 335 号，第 74—75 页。
④ 乾隆《静宁州志》卷 1《山川》，《集成·甘肃府县志辑》第 17 册，第 38—41 页。
⑤ 《嘉庆重修大清一统志》卷 255《巩昌府》，四库本，第 618 册，第 311—312 页。
⑥ 同上书，第 313 页。
⑦ 《嘉庆重修大清一统志》卷 252《巩昌府》，四库本，第 618 册，第 266—268 页。
⑧ 光绪《甘肃新通志》卷 6《舆地志·山川上》，《稀见方志》第 23 卷，第 454 页。
⑨ 光绪《丹噶尔厅志》卷 3《森林》，《稀见方志》第 55 卷，第 817—818 页。

伐至数千株"①。日常薪刍，或樵诸山林，或取诸禾稼之藁。城乡所需量，很难估算。不过，从木材售卖市场行情来看，每年约 10 万担。城内所需木炭，并不是完全自给。"又自西宁府属拉沙尔及拉尔宁各庄山林内烧成运来"，专资城内"铁工、银工炉火之需"。每年约 1000 担。而城内专资棺木所需柏木板，每年五六百叶，也自周边县份运来。如西自青海湖周围山地，南自贵德，东北自大通各山林运来。②

另外，黄河九曲两岸杉树成林，多为天然林。黄河南的完受寺、汪什科的先木多寺一带，天然林木极盛。至巷哇大河坝以及迤西之可可乌苏，为居力盖、丹巴、托力合部落之地，林木茂密，松柏杨柳之属中"皆巨室之材，千百年前之故物"。宗合受与巴隆之西南山，科尔录古之北山，以至台吉乃尔西南山，森林占地尤广。民国时期，林木买卖兴起，蒙古部落首领，"一任商贩采伐，日形减少"。近黄河处，"尤有濯濯之虞"③。

贵德辖境林地分布，距城由远而近，占地面积也多寡不一。距城越远，占地面积越大。距城 2 里的乜纳林区，面积 130 亩。距城 5 里的麻巴里林区，有 250 亩。距城 35 里的东山林区，面积 540 亩。距城 90里，有坎布拉、野里哇林区，分别为 730 亩、1000 余亩。110 里的官庄有 200 余亩。160 里的拉亦亥有 100 余亩，560 里的朱巴，有 10000 余亩。树种多为柳、桦与松、柏、枫等，均公私共有。④

在循化下龙布寨距厅治西 80 里，有宗务山，临黄河宗务峡，山广博，林木茂盛。乾隆时期的人写道："自建循化城，凡有兴作木植，皆资于此"。包括"城内外人日用材薪，亦取给焉"。更有以木材为生者"浮河作筏，顺流而下"。山中林木多是"高一二丈，围皆三四寸许"。商人在放木排，遇有"坚实不浮"的大木时，或"斧以斫之，悉供爨火"。或移至内地，"皆屋材也"⑤。

黄河河曲向来森林茂密，至民国时，包括循化在内的夏河、临潭一

①　光绪《丹噶尔厅志》卷 3《森林》，《稀见方志》第 55 卷，第 818 页。
②　光绪《丹噶尔厅志》卷 3《商务出产类》，《稀见方志》第 55 卷，第 847 页。
③　民国《青海志·森林》，《稀见方志》第 55 卷，第 120 页。
④　民国《甘肃通志稿·民族志八·实业》，《稀见方志》第 27 卷，第 64 页。
⑤　乾隆《循化志》卷 2《山川》，第 52—53 页。

带，均以木材为出口大宗，成为这里藏族依赖的利源之一。顺大夏河而下的木材，在永靖聚集，其中"小木来自夏河，大木来自循化"，均由黄河运至兰州。经营木商者，皆为汉回，以回族为多。大多供给本地及临夏建房筑屋、家具之用。①

由于常年砍伐，缺乏培植管理，至 1942 年前后时，洮河、大夏河两岸木材"已被摧残不堪，木材商人，唯利是图，因各地城市建筑材料之急激需要，往往多以'剃头式'之方法，竭泽而渔。附近居民，为取给燃料便利起见，任意采伐。且有若干不肖军人，利用其武力，罔顾国家资料，恣意克取"，"以至于大好森林，尽成童秃矣!"② 是为时人发出的感叹。

（四）城市与矿产资源

城市发展必将依赖所在区域重要的资源环境。按照城市发展与资源供给的关系原理，在城市发展的早期，主要以土地肥沃的传统农业区为支柱，而近代城市的形成，则以工业发展即需要以矿产、水力和原油等资源为基础。而资源的逐渐被认知和利用及扩大，对城市体系的影响十分重大。黄河上游区域城市发展同样遵循这样一个理路。支撑本区城市发展力度较大的矿产资源主要是盐、煤，有的矿产地还具备了资源型城镇的雏形。

盐在黄河上游区域城镇化中的作用不可低估。盐既是大宗商品，也是城镇人口必不可少的日常用品，成为官方严格控制的主要资源，且较为集中地分布在青海、宁夏的大部和甘肃的部分地方。

青海境内矿产以盐为主，境内池盐甚多，产地有柴达木逊淖尔、柴达木河及可可乌苏河赛什开、科录古及向力迭，所产分别为青色盐、黑泥盐、红盐三种，其中以柴达木逊淖尔为最大，广袤数百里。总产量年约三四百万斤，主要销往西宁附近及皋兰、南郑、西安等地。为方便运销，在湟源设榷局及产盐局，由私人包办。盐用皮袋装，每袋 30 余斤。

① 民国《夏河县志》卷之四《林业》，《方志丛书·华北地方》第 346 号，第 52—53 页。

② 《甘肃省西南部边区考察记》(1942)，《民俗文献》第 19 卷，第 135 册，第377 页。

商人以路远利微,多不运。"惟番族之贫者,每年运售,以赚微利"①。尤有"穷苦蒙古"用铁勺挖取,"运往丹噶尔、西宁、大通等处售卖"②。黄河河曲循化一带居民食盐,或自制土盐,或由西宁贩运青盐。土盐取自黄河以北诸山下沿河一带碱土,由当地回民经手。取土以水泡之,经夜去土将水入锅熬煮成盐,为方块。青盐,出于青海,被蒙古人驮运西宁,再由西宁转贩入境。青盐虽味佳,但自西宁至循化的路远脚价重,故来者少,民间多食土盐。③

甘肃盐分三种。产于苏武山、白土井、马连泉、盐池堡、红湾池、吟家嘴、小红井、白墩子、打拉池等地的称为池盐。皋兰西柳沟一带所产为页盐。产于彰县的为井盐。甘肃产盐虽多,但量并不够用,每年由宁夏的阿拉善、青海盐池用骆驼驮运。兰州一带居民多用宁夏盐,甘肃西部多用青盐。至1913年时,产盐量在45896担。其中为盐池堡的有红水白墩子,产量20272担,靖远小红井1714担,永登红湾池290担、吟家嘴2857担。④

宁夏著名产盐之地,为吉兰泰盐池。位于磴口西三四百里,俗称吉盐。又有二红湖,亦产盐,逊于吉兰泰。因在阿拉善王属境,故设有官盐局。开采者,每年缴租金1万元。盐局雇有工人80名,盐被捞取后由蒙古驼户运至磴口。年均产3万担左右。加上灵武之惠安池、盐池之花马池所产之盐,总产178000余担。其中惠安池年产148571担,皆运销于包头、归绥一带。

花马池内分六池,为花马大池、烂泥池、波罗池、莲花池、红崖池、娃娃池。⑤抗战初期,因战备物资供储的需要,花马池盐销量增加,运销附近各省。1939年秋,还在固原设立盐运分站,运盐业务繁忙,城内原有的过载店、车马店、单人店因运盐而增至近90家。详见表1-4,1913年黄河上游地区产盐量。

① 王金绂编:《西北地理》,第158—160页。
② 那彦成奏"移住蒙番等由折附善后清单",道光二年六月初二日,参见哲仓·才让辑编《清代青海蒙古族档案史料辑编》,青海人民出版社1994年版,第75页。
③ 乾隆《循化志》卷7《盐法茶法》,第284页。
④ 每担合100斤、133磅,参见王金绂编《西北地理》,第162—164页。
⑤ 王金绂编:《西北地理》,第164—165页。

表 1 - 4   **1913 年黄河上游地区产盐量**   单位：担

行政区	县名	产地	产盐量	采法
盐池	红水	白墩子	20272	池水直接煎制
兰山道	靖远	小红井	1714	
宁夏道	灵武	惠安池	148571	即花马小池
宁夏道	盐池	花马池		人工直探，不用煎晒
西宁道	西宁	青海池	68517	
甘凉道	平番	红湾池	290	
甘凉道	平番	吟家咀	2857	

资料来源：民国《甘肃省志》，《稀见方志》第 33 卷，第 162—163 页。

    黄河上游区域的煤矿，主要分布在甘肃、青海。甘肃煤矿分布几乎遍及全省。如固原之红沟煤窑、兰州城南三四十里的阿干（甘）镇煤矿，会宁城南 20 里处之炭山、黄土山，华亭、崇信一带的煤矿等。20 世纪 30 年代时的实业调查显示，甘肃已开煤矿 40 余处，有开采执照的矿区 40 余亩。阿甘镇煤窑、窑街等处，距城甚近，易于销售。[1] 阿甘镇的阿甘山，俗名煤炭山，"环山产煤，一县所赖"[2]。会宁煤炭自康熙十六年（1677）以来，持续开采。"城内燃料，全仰赖焉"[3]。

    甘肃城镇周边煤之运输工具，视境内地形而异。东部多山，役使牲畜驮运。有专门从事运煤业的脚夫，自备牲口数头，从产煤地点运至城里，转售于煤市。如平凉地区每头牲口可载煤一百七八十斤。在矿地运价五六百文，运至平凉往返须 3 日，可售两三千文。甘肃的西北一带，地多平坦大道，运煤皆用大车，每车可装煤四五百斤。用煤者大多自备车辆，赴煤窑装运。价格稍便宜。[4]

    从理论上说，甘肃煤应该以城市居家为消费的大宗，但实际上，"城市用量有限。冬日用洋炉生火者，为官场及富户。普通居民，皆用

---

   ① 王金绂编：《西北地理》，第 170—172 页。
   ② 光绪《甘肃新通志》卷 6《舆地志》，《稀见方志》第 23 卷，第 451 页。
   ③ 民国《甘肃省志》，《稀见方志》第 33 卷，第 37 页。
   ④ 王金绂编：《西北地理》，第 170—172 页。

碎煤屑和泥土及牛马粪,做成块状,以供燃料。至于极贫者,则每拾取道上牛马粪,晒干后作为燃料,也有的用来煨炕。距离煤窑较远之地,因运输困难,煤不易得,遂多用木柴、干草。距森林近者,则用木炭"。1930 年前后,由于交通限制,居民用煤量也少。"一矿之煤,所能供给"的区域,也仅限于煤窑附近二三百里之地。① 当然,除了供给城市居民外,主要用于新兴的近代工业。如兰州电灯局、织呢局、火柴厂等。这些工厂所用之煤,主要来自阿甘镇。②

青海以大通县所产煤为最多,矿在县城东南 35 里的樵渔堡地方,面积 5.3 亩,开煤井 12 个。汉回民合股开采,各占一半。每月约产煤 100 万斤。③ 除了销售于大通本境外,"西宁燃料皆取于此"④。也销往湟源、碾伯各处。⑤ 康熙年间,大通煤矿建立小型手工作坊,出现私窑。光绪二十一年 (1895),西宁镇总兵邓增投资白银 500 两,控制部分矿井。民国初,有私窑 12 个,日产量 192000 斤。至 20 世纪 20 年代时,增加到 274000 斤。1938 年,成立大通公平煤窑,私窑转而由官僚资本垄断。1947 年,原有的 12 个直井,废弃 7 个,新建平洞 1 个。⑥

黄河上游区域金矿分布主要在青海、甘肃。青海产金分块金、麸金、沙金三种,年产约 1 万英两(折合 313.035 千克),多售于内地,也销往英国。矿点多分布在黄河附近。如西宁府属之贡尔盖、密家户、郭密番地、米拉沟北山等处。巴燕辖属之科沿沟、尕洞沟,乐都的药草台、千户沟、大滨沟、米拉沟、十会峡,以及大通所属野牛沟、镇羌滩等地,均产沙金、块金。野牛沟位于大通县西北,称为上厂,镇羌滩在县城东南,地近甘肃永登,称为下厂。光绪三十三年 (1907),划归西宁镇署经营。⑦

清末时,柴达木金矿产量呈增长趋势。西宁矿产调查册记载,光绪

---

① 民国《甘肃省志》,《稀见方志》第 33 卷,第 142—143 页。
② 光绪《甘肃新通志》卷 6《舆地志》,《稀见方志》第 23 卷,第 447 页。
③ 王昱、李庆涛编:《青海风土概况调查集》,第 68 页。
④ 王金绂编:《西北地理》,第 177 页。
⑤ 王昱、李庆涛编:《青海风土概况调查集》,第 68 页。
⑥ 青海省志编纂委员会编:《青海历史纪要》,第 168—169 页。
⑦ 王昱、李庆涛编:《青海风土概况调查集》,第 69、109 页。

二十七年以前，柴达木金矿年产额仅 30 两有奇，是年后，岁产 75 两有奇。光绪三十二年至三十三年的两年，达到 120 余两。宣统元年（1909）为 320 余两。年有增加。民国时期，西宁金矿出产也旺。自 1916 年至 1919 年，每年所缴课金 250 两左右。祁连山一带矿点主产沙金，而以甘肃永登、庄浪（河西）境内金沙最多，永登邻近大通的镇羌滩最为著名，有矿 20 余处，年产 4000 两左右。①

另外，与城市发展相关的矿产资源还有银矿，其中以青海最多，冲隆阿银矿，银质洁白，年产约 1 万英两（折合 313.035 千克），皆运售于内地。此外，柴达木之铅矿，木勒拉香儿河之铜矿，格记界杂曲滨之翠玉，乌兰代克山玛尼图岭及哈喇哈精之铅等，也被挖掘取用，尤其是当地蒙古人采掘后"多运往边邑销售"②。甘肃的平凉城外，也有银，还有铅和石炭。石炭产自崆峒山附近，"土人肩担入市出售"③。固原、华亭、镇原有石油矿，镇原油矿在县西 30 里。④

清末新政，促使全国范围内矿务工作展开，黄河上游区域也有了新起色，有利于城市的发展。光绪三十三年（1907），遴派矿物议员署西宁镇总兵马福祥查全湟矿务，查得碾伯县属药草台、瞿昙寺等处金、煤各矿，"既旺且佳"⑤，遂派人办理开采事宜。但是，由于受风水等传统观念影响，药草台、瞿昙寺僧众，与当地百姓一起竞相阻挠，且纠众抗官。后"晓以开矿之利"，番僧感恩，事端平息。⑥ 可见，尽管西北的矿产在逐渐被认识和开发中，有利于这里城镇的发展，但于民国时期依然处于相对封闭状况，作用不大。时人评说："西北矿产尚未开发，且因交通梗塞之故，工商业尚在萌芽时代，人民除掉死守农业外，别无它业可图"⑦。

---

① 以上均见王金绂编《西北地理》，第 156、140—144 页。

② 同上书，第 179 页。

③ 民国《甘肃省志》，《稀见方志》第 33 卷，第 67 页。

④ 王金绂编：《西北地理》，第 152—154 页。

⑤ 朱批奏折，陕甘总督升允，奏为派员勘办碾伯县属药草台瞿昙寺等处金煤各矿番僧纠众抗官现拟筹办情形事，光绪三十三年十一月初四日，档号 04 - 01 - 36 - 0114 - 004。

⑥ 朱批奏折，陕甘总督升允，奏为勘明碾伯县属番境金煤各矿番僧等猜嫌尽释可由官择要开采事，光绪三十三年十二月十九日，档号 04 - 01 - 36 - 0114 - 005。

⑦ 康天国编：《西北最近十年来史料》，第 2 页。

清代以来，盐、煤两项是与居民日常关系较为紧密的主要矿产，矿源丰富，易于开采，方便利用。直到 20 世纪六七十年代，在西宁城街道，依然可以看到自大通煤矿运煤的马车，走街串巷，沿街兜售。不得不说的是，伴随城市的发展，居民生活中使用大量燃煤，以及一些主要城市近代工业兴起后用煤量加大。

（五）城市与畜牧渔业等特产

黄河上游区域中心城市边缘邻近牧业区的畜牧产品，丰富了城市商品贸易市场，并支撑着这里城市及其对外贸易经济的繁荣。青海丹噶尔城就位于农牧区的交界处，以西即为辽阔的牧业区，年产畜牧产品交易量相当可观。据民国时期的调查显示，年产马 12 万余匹，牛 20 万余头，羊 220 余万只。其中输出羊毛约 1000 万斤，均经周边城镇运销，提振各城经济。

近代皮毛贸易兴起后，"天津之羊毛商，咸集于此"。每年经丹噶尔销售的畜牧产品达 220 余万斤。[①] 尚不包括循化、夏河等处销售的一百二三十万斤，自鲁沙尔、上五庄运出者，约 150 万斤，大通、永安一带运出 100 万斤，贵德运出 100 万斤，永昌、黄城滩等处运出 50 余万斤，其余自河西走廊、西康、康定转出。年产羊羔皮，皆运售于甘肃及西康各地，牛马皮及野牛马皮，经张掖运销最多。

黄河河曲水草肥美，农牧兼营，贵德城所在各处马牛羊的产量不少。马 4975 匹，年增殖约 500 匹。牛 14083 头，年增殖约 1500 头。羊 210300 只，年增殖约 10 万只。年出产羊毛一百二三十万斤，羔皮八九万张。商人由牧区收购皮毛生货至城内，再转手运销汉口、陕西、天津、上海等处。[②] 宁夏中卫所产之滩羊皮更为珍品，集中于张家口外销，称为北口货，由此再运往天津出口。牛皮也是出口大宗。

甘肃的重要牧场分布在陇西之首阳山、临潭之卓尼、岷县之马坞，隆德之关山西北沟、泾川之川河庄，以及平凉、固原、环县一带。主产羊、牛、骆驼等。全省产羊地，除了本省西部外，还有兰州、靖远、庆

---

① 王金绂编：《西北地理》，第 201—202 页。
② 王昱、李庆涛编：《青海风土概况调查集》，第 205 页。

图1-2 民国时期青海丹噶尔城的货运贸易

(本书未注明出处的图片均来源于网络)

阳、陇西一带。羊之总产额 500 余万头,羊毛产量 1000 余万斤,羊皮五六百万张。牛产于皋兰、永靖、红水、永登等处,年产牛 400 余万头,输出牛皮 300 余万张。骆驼产于临夏、永登、皋兰等处,为本省之大宗,年产 50 余万斤,价 20 余万两。① 甘肃畜产品的份额在整个经济中几乎占到一半的比重。1933 年,甘肃全省出口皮张 3155 担,羊毛 42724 担,占当年全省出口总额的 43%。② 夏河每年出口额的 50 万元中,羊毛额为 17 万元,③ 占到三分之一。

另外,还有一些珍稀动物产品,如麋鹿产于临潭、岷县,鹿则产祁连山、岷山、鸟鼠山,鹿茸年产约 1000 架。虎产于本省东南部天水、武都等县,虎皮多运售于内地。青海每年所产之狐皮、狼皮、鹿茸、鹿筋、麝香、熊掌、山羊血等珍品,"多运至湟源县销售"④。据不完全统

① 王金绂编:《西北地理》,第 139、137 页。
② 甘肃省财政厅调查:《甘肃省近三年进出口货物调查比较表》,1935 年抄本,藏甘肃省图书馆。
③ 民国《夏河县志》卷之五《畜牧》,《方志丛书·华北地方》第 346 号,第 55 页。
④ 王金绂编:《西北地理》,第 137—138、150 页。

计，黄河上游地区年产狐皮 50 余万张，价 40 余万两。狼皮 10 余万张，价 40 余万两。熊皮 1000 余张，价二三十两。虎皮产额无定。猞猁皮数百张，价数万两。麝香 500 余斤，价 4000 余万两。鹿茸千余架，价两三万两。①

邻近牧区的一些城市，充分利用畜牧原料，开办加工厂。1926 年 9 月，贵德城内设平民工厂 1 处，分毛编、纺织二科，以羊毛为原料，年资本约 300 元。此外，城内多个体经营皮靴者，原料皆由县属四周牧区运来，制靴银线各物，由省外运来。各业工作人数约计 139 人，出产品一半售于本地，另一半售于牧区。② 还有如中兴肠厂，位在河曲黑错（合作），"设于蒙藏区中，收购而粗制之"羊肠线，可制网球拍等物品，全部出口。由于畜产品优质，羊肠线"有长至 9 丈者，极为洋人所喜"③。

以畜牧产品为原料的毛织物中，以褥毯、地毯、毛呢为主。褥毯销路最广，地毯次之，呢子又次之。开办于宣统二年（1910）的皋兰省垣第一工厂，初聘比利时人为技师，20 世纪 30 年代，"已尽易华人"。宁夏特产花毯、毛毡，产量亦大，以褐色者居多。青海毛织物亦以手套、毛袜为主，多用手工编织，"工作者强半为妇女"。还产一种褐子，系将羊毛捻成线，用线织成。④

除了畜牧产品外，还有一些名贵特产。尤其名贵中药材的产量很高，年产大黄 100 余万斤，价 10 余万两，当归四五百万斤，价 100 余万两。党参 100 余万斤，价 10 万两。甘草四五百万斤，价 10 万两。枸杞百余万斤，价七八十万两。⑤ 其中大黄也是销往海外的主要商品。另外，烟叶生产也盛。甘肃黄烟以临洮生产为大宗，生意兴盛时年产 5000 担，售 40 万元，年纯利 10 余万。一般年景有 3000 余担，最低时

---

① 民国《甘肃省志》，《稀见方志》第 33 卷，第 169—171 页。
② 王昱、李庆涛编：《青海风土概况调查集》，第 204 页。
③ 顾颉刚：《西北考察日记》，《甘肃文史资料选辑》第 28 期，甘肃人民出版社 1988 年版，第 77 页。
④ 王金绂编：《西北地理》，第 181—182 页。
⑤ 民国《甘肃省志》，《稀见方志》第 33 卷，第 171 页。

也有 2000 余担。① 全省年产水烟 500 余万担，每担 260 斤，价 100 余万
两。②

青海省河流湖泊众多，鱼类甚多。康熙帝亲征噶尔丹，赴宁夏期
间，就带领兵士，乘小船，在"河中网鱼而食"。皇十子允禵西征期
间，也在西宁造皮筏、拦网，往南索洛木池网鱼，一次"捕鱼三万余
尾有余"③。以鱼为生者，"多系汉人，土人亦有捕者，惟为数无多"。
湟源之汉族前往西部湖泊捕鱼者甚众，其中主要是往青海湖捕鱼，多运
售于西宁、兰州，成为城中居民盘中美餐。至民国时，所捕鱼之鱼，运
送市场出售，年达 40 余万尾④。所售之鱼，有两种，一为冰鱼，二为
干板鱼。春季所捕捞之鱼，剖腹晒干，然后出售，称为干板鱼。冰鱼是
指入冬后自冰窟窿中捞获，大约春节前后运往市场出售。当然，居于湖
周边的"穷苦蒙古"，由于宗教信仰的缘故，并不食鱼，但是，迫于生
计，也常常捕捉青海湖北布哈河之湟鱼，"运往丹噶尔、西宁、大通等
处售卖"，用于交换"口粮布匹等物"⑤。宁夏濒临黄河，亦盛产鲇鱼、
鲤鱼、鲫鱼、白条鱼等。多于隆冬捕捞，"俟其僵冻，然后运售他处"。

上述畜牧产品和珍贵特产，是黄河上游区域城市发展的物质基础，
推动了城市及其相互间经济发展和贸易往来。

（六）城市与人文资源

黄河上游区域是中国北方农耕区与北部和西部牧业区的交汇地带，
很早就是多民族聚居的多元文化交汇融贯、并行发展的区域，入清之际
更显示出各民族"大杂处、小聚居"的特点。依照当下的民族划分，
有汉、藏、蒙古、回、撒拉、东乡、保安、土、裕固等民族，其中汉、
藏、回民族分布地域最为广泛，连接成大网络大轮廓，蒙古、土、撒

---

① 顾颉刚：《西北考察日记》，《甘肃文史资料选辑》第 28 期，第 26 页。
② 民国《甘肃省志》，《稀见方志》第 33 卷，第 171 页。
③ 《抚远大将军允禵奏观渔猎情形折》，第一历史档案馆编《康熙朝满文朱批奏折全
译》，王小虹等编译，中国社会科学出版社 1996 年版，第 1457 页。
④ 王金绂编：《西北地理》，第 201 页。
⑤ 那彦成奏"移住蒙番等由折附善后清单"，道光二年六月初二日，参见哲仓·才让辑
编《清代青海蒙古族档案史料辑编》，第 75 页。

拉、东乡、保安、裕固族则散处其间而有迁移变动，为此，引起主客民族活动地域再变动。这就直接促成了居住地区民族格局的演进，奠定民族分布状况，并日趋稳定。① 多民族大分散小聚集的特点，反映在文化上，即是儒释道及伊斯兰文化的交汇复合，信仰多，人数众，宗教场所建筑别样，城市风格迥异。

清代以来，蒙古族主要分布在黄河沿岸至洮河边外洮河发源处的青海湖南和东南地区，以及宁夏边外贺兰山麓的阿拉善和额济纳两旗地。后融入城市主要为大通、丹噶尔、共和、同仁。藏族分布广泛，除了环青海湖居住外，还居于黄河绕积石山向东，经贵德、循化、兰州的河曲地带，融入的主要城市为贵德、夏河、循化、同仁、民和、永登等。土族是河湟流域多民族中人口较多的一个民族，广泛密布于以互助为中心、辐射至大通、天祝诸县，也是黄河上游区域最大且密集的土族聚居区。另外，还有民和三川和黄南同仁两大块。同仁土族的热贡艺术是藏传佛教艺术流派中的瑰宝，因居住地由五个自然村形成，即吴屯，季屯，上、下李屯和脱屯，也称为五屯艺术。

以上各民族信仰藏传佛教，境内寺院林立，几乎每个城中有主寺，城周方圆有小寺。位于多民族交错的农牧区边界城周的寺院就数不清，间距几里至几十里不等，史料中记载为"处处都有"寺院。② 因而发展出名声显著，规模宏大的寺院，仅藏传佛教六大寺院中就占了两个，即拉卜楞寺和塔尔寺。还有如丹噶尔的东科尔寺、大通的广惠寺等，均十分著名。

"回民"即指信仰伊斯兰教的回、撒拉、东乡、保安等民族。其大部分居于宁夏、洮河、河湟地区。其中"宁夏至平凉千余里，尽系回庄"，灵州、宁灵等城乡就是回民的集中聚居区，还包括盐茶、平远，仅固原州城就有"六坊回民七百余家，计男妇丁口尚有数千之众"③。均自同治回民起事后，自宁夏府城、金积堡、灵州迁移而来。至1948

---

① 参见赵珍《清代黄河上游地区民族格局演变浅探》，《青海民族研究》1997年第4期。

② 民国《大通县志》第2部《种族志·族类·附僧寺》，《稀见方志》第55卷，第699—700页；王昱、李庆涛编：《青海风土概况调查集》，第82页。

③ 《钦定平定陕甘新疆回（匪）方略（九）》卷95，《中国方略丛书》（1—4）第1辑第1号，成文出版社影印本1968年版，第4599页。

年时，回民以同心为最多，占到90%以上，其次为金积。灵武、惠农，占各县人口的40%，宁夏、平罗为35%，而中卫、中宁、磴口、陶乐、宁朔等则为20%—30%。总之，"宁夏的穆民，占全省人口二分之一弱，为数三十万，分布于全省各县乡，甚至于河边山崖，都是他们的足迹"①。

河湟地区的回民，和汉族杂处，与蒙藏为邻，主要分布在府城及东南关、西川、南川，以及大通、碾伯、巴燕戎格、循化、同仁等处。素有"小麦加"之称的河州，居住着不少汉、藏族，但较大而密集的回、东乡、保安族聚居区已基本形成。城内有回民8坊，清真大寺12座，相邻的狄道、洮州、岷州也都是伊斯兰教文化兴盛之地。狄道还有少量的汉藏等族，风俗习惯各异。县城西南与藏区相接壤，城西南为藏族主要居住区。回民全居于河西、城内及河东。民国时期，与汉族之间的分野不太分明。②一城之中，多种信仰并存。1943年，甘肃临泽"信仰佛教者占全县人口五分之二，信孔道耶各教者共五分之三"③。

西北最大的清真寺位于西宁东关，称东关清真大寺，洪武十三年（1380）前后敕建。撒拉族定居循化后，也修建了著名的街子清真大寺。兰州西关清真大寺，始建于康熙二十三年（1685），雍正年间加以扩建。向有小麦加之称的河州地区，清真寺最多。临夏清真老花寺即建于康熙年间，二十四年，重建临潭清真大寺和清真上寺。乾隆时又建了临夏南关清真大寺。宁夏的韦州清真寺也建于康熙四十三年（1704）。这些清真寺成为回、撒拉、东乡、保安等信仰伊斯兰教的民族活动的主要场所，构成民族精神支柱和文化的主要部分，构成和丰富了中华民族多元一体文化的内涵。

总之，人们以黄河干支流流域的各种资源为城镇发展的基础，尤其是以水资源为中心，在清代至民国的300年中建构了如上所述的黄河上游城市体系雏形。近三四十年来，这里的城市体系并没有脱离河流流域，相反，伴随着城市人口增加，水资源用量的加大，人们对其依赖越

---

① 马龙：《伊斯兰在宁夏》，《西北通讯》1948年第2期第8—9期。
② 民国《甘肃省志》，《稀见方志》第33卷，第44页。
③ 民国《临泽县志》卷2《民族志·宗教》，《方志丛书·华北地方》第557号，第121页。

来越强。主要表现有三：一是因地势而形成的河流落差，人们建造水利工程，改变河流水文特征，问题是水文改变又直接导致局部流域气候等自然生态因素的改变，进而影响到人们的生存环境。二是城市化加快，以及工农业生产用水量，是历史时期以来利用增长率最大的时期。三是就黄河整条流域而言，不仅要注意上游城市生活和生产需要，中下游的用量也要予以兼顾。水资源调控不周，就会产生一系列的社会问题，乃至矛盾冲突。缺水是城市发展的瓶颈，这已成为不可忽视的重大问题。自古以来，该区域依水而建并发展起来的城市体系，如何在有限的水资源状况下可持续发展，不仅是亟待探讨的学术问题，更是迫切需要加以解决的重大现实问题。

第二章　城市体系构成

所谓城市体系，是指在一定的地域范围内，由一系列规模不等、职能各异的城镇组成，且有一定的时空地域结构、相互联系的城镇网络的有机整体。[①] 而城镇格局是体系形成的前提。城镇格局的变化，一般而言，与新的行政区划的设置关系密切，也有的与人文因素的影响有关，更多的是受交通地理因素的影响。如果说行政建置的确立与完善，是黄河上游区域政治控制加强和一体化程度加快的表现，那么，建置确立与完善的另一个直接后果，就是一批新城垣的建筑，一些原本的堡寨市镇作为城镇的雏形得以扩展，显现出城镇的多功能、多类型特征，基本城市格局发生变化，城市体系形成。

一　交通网络体系

按照城市区域体系理论，交通条件也是城镇发展的重要驱动力。即如德国地理学家沃尔特·克里斯泰勒（W. Christaller）在其城市中心地理论中所强调的，交通是作为支配城市中心地形成的一大重要因素。而架构城与城之间的"空间距离"是由交通来维系的。交通运输的便利性由经济区域的中心地到远离中心的边缘地而急剧下降。因为城镇通常位于区域交通网络的连接点，即人流、物流、信息流的汇合之处，同时，由于城市本身在特定区域中的组织和导向作用，往往在不同程度上影响着周围地区的发展，城市的这种辐射作用使城市与周围地区形成一种相互联系，这种联系的密切程度与交通网络的通达性和交通方式直接

---

① 顾朝林：《中国城镇体系——历史、现状、展望·绪言》，商务印书馆 1992 年版。

关联。

一般来说，交通发达的地区，城市之间的联系会比较密切，货运物流畅通，商业繁荣。而交通欠发达地区，城市之间联系的机会相对较少，物流不畅，经济不济。因此，交通道路的畅通与交通网络的完善，使城市层级体系有扩展的可能，也进而影响城市人口规模乃至城市空间结构的改变，甚至直接关系着城市的发展以及城市新体系的形成。如人类学家艾丹·索撒尔所言：都市的集聚不以人口的集聚为最终方式，而是以交通方式与联系方式的现代性为第一特征。[①] 黄河上游区域交通网络的形成和发展，对本区城市体系的影响不容忽视。主要包括陆路和水路。其中部分城市的便利水道，使陆路交通更为便捷。而交通运输由畜力到机械化的出现，也与城市体系形成相互统一。

明清以来构建的驿站道路，是黄河上游区域早期的交通系统。设置驿站的初衷尽管在于"速于置邮而传命"，"断不可以赢敝致稽迟也"[②]。但在客观上起到了连接各城镇的作用，并为城市消费所需物资的传递开通道路。同时，中心控制势力向边界地带的不断推进，也标志着城市范围的辐射与体系的形成。如位于兰州西南的河州，在明代时设有24关，作为军事驻防沿积石山一字排开。至清代中后期时，军事地位趋弱，行政管理地位提升，已经新建城池，设官置县，实现了行政管理的有效推进。所以，诸如因受社会形势转化的这样一种趋势的影响，至抗战前后，以兰州为中心的西北交通网形成，为城镇的繁荣创造了条件。

（一）陆路

兰州处于黄河上游的中心，为核心城市。明清以来，其交通在原有驿站道路的基础上得以快速发展，步入清代，省会城市地位得以确立，交通枢纽的重要性和军事重镇的作用也有了更进一步提高，城镇交通在城市经济发展过程中得以延伸辐射。尤其是在经历了晚清兴盛的洋行贸

---

① ［美］艾丹·索撒尔：《城市理论与中国城市》，载阮西湖主编《都市人类学》，华夏出版社1991年版。

② 顺治《庆阳府志》，甘肃人民出版社2001年版，影印本，第540页。

易以及民国西部开发中货物运输量加大等因素的催化,城市交通由驿站道路、畜力大车道向机械公路发展的步伐加快。

兰州是自陕西通向西北的咽喉要道。自兰州逆湟水西行,接大通河流域,可进入青海西部。自兰州沿黄河东北行,可直达宁夏所在的河套平原。东南经河曲、沿洮河行,可达川北草原,向西北接永登,直通河西走廊,也可经青海南山,进入新疆。兰州的东部为渭水流域,是自中原通西北的结合部。以兰州为中心的黄河流域各城市间的交通网可分为三级:一级是连接兰州、西宁、宁夏三所城市的主干线,最初以官道,或者说大车道为主,是为构成黄河上游区域交通网的主要道路,民国以后逐步被汽车道柏油路所替代。二级是以这三个城市为原点向周围辐射的支路,基本以各省府为中心的省道,连接省级城市间交通。三级是以州县级别城市为中心,为连接驿站、城堡、市镇的道路交通。交通工具有骆驼、骡、马、牦牛。多以骆驼为主,有驼轿、驼车、驼载。牦牛为运输所必须工具。骡、马多用于代步。

第一、二级间区别太不明显,因为兰州作为四通八达的中央区,以其为中心的一级干道有两条:一是自东北经靖远入宁夏省境,二是向西入青海西宁。以西宁为中心所辐射的支路即属于二级,主要是自西宁向西南逾昆仑山,过鄂陵湖经玉树,再过当拉岭入西藏境,以达拉萨。自西宁向西绕青海,经都兰,至柴达木,自此而北达河西走廊的酒泉。复由柴达木西南渡黑水,达西藏。以宁夏为中心的支路两条。即由宁夏沿黄河南行,渡河经宁安堡,转东南入甘肃境。经同心城、固原,而至泾川。自宁夏向西北,达紫湖县。①

第三级道路是黄河上游各城市间交通的基础,驿站、堡寨、市镇各连接点支路网状密布。以永登为例,其支路有 2 条。② 一条由永登东北行 70 里,至平城驿(堡),再 50 里为松山驿(堡),50 里宽沟(驿),50 里三眼井驿(堡),120 里营盘水,与宁夏赴兰州之大路合,沿此路西行直通河西走廊。另一条自永登西南行,40 里至通远驿,60 里为塘

---

① 王金绂编:《西北地理》,第 212、222—223 页。
② 参见谭其骧《中国古代地图集·清时期》,第 28—29 页;王金绂编《西北地理》,第 220 页。

坊，20 里西大通，再渡浩亹河西行 50 里为冰沟驿，40 里老鸦堡驿，50 里碾伯，60 里平戎驿，70 里至西宁。基本连接了自兰州西向的湟水地区。

随着以畜产品贸易形式为主体经济的活跃，也带动了作为中心城市周边可以称为点的、一般城镇交通地位的凸显，如本区域西部的丹噶尔，西南的临洮、临夏，东北部的石嘴山等，均一度成为农牧区产品汇集外运的结合部。石嘴山就有直通兰州、平凉的便利交通。自兰州赴石嘴山，可由兰州东北行，370 里至靖远，再 340 里至中卫，再 400 里至宁夏，100 里至平罗，90 里至石嘴山。由平凉至石嘴山，可先自平凉行 90 里至瓦亭，再北折 90 里至固原，又北行 751 里至宁夏，100 里至平罗，90 里至石嘴山。①

实际上，在很长时期里，所设驿站之地，即所连接城、堡或寨的价值并不是体现在经济方面，而是一直担负着传递信息的功能。为了便于传递公文，道光以前，官方重视驿站建设。一般的驿站，设施较为齐全，有马王庙、房屋棚槽、马厂草场等，且以驿站交通的冲僻程度，配备数量不等的马夫、马匹。如会宁县，设有驿递 5 个，即保宁驿、青家驿、翟家所、干沟驿和郭城驿。其中保宁驿，位于城内县署西，由于其位置重要，传递信息事务繁重，于乾隆二十六年（1761），增添马夫马匹。青家驿，在东门内旧驿丞署，前临官街，后抵城。翟家所是乾隆四十二年（1777）添设的腰站，先租赁民房，道光十年（1830），又购置城内中街房屋一所。同时，由于会宁地位变化，将干沟驿、郭城驿分别改拨兰州、靖远管理。②

道光十三年（1833）之前，很多县城内均设有驿站，如兰州府城附郭皋兰，设兰泉驿，狄道州城设有洮阳驿，庆平驿设在渭源县城内，河州城内有凤林驿，靖远城内有古城驿。③ 位于兰州以西通河西走廊的永登城外的驿站，因地处偏僻，道路遥远，设置驿站 5 个，即本城驿、

---

① 民国《甘肃省志》，《稀见方志》第 33 卷，第 131 页。

② 道光《会宁县志》卷之三《建置志·驿递》，《集成·甘肃府县志辑》第 8 册，第 90 页。

③ 道光《兰州府志》卷 3《建置志·邮驿》，《方志丛书·华北地方》第 564 号，第 221—223 页。

东平城堡驿、西大通堡驿、通远堡驿、武胜堡驿,相距 30—70 里不等。从所设驿站居地的名称和位置来看,多为设在永登城边缘的"堡",而堡正是后来构成城镇之间的呈点状的卫星城。驿站以堡为据点,分别通往皋兰、碾伯、古浪等城镇。①

出入宁夏境及其境内驿道主要有 3 条:(1)长城沿线军事边堡所设的驿站,即自陕西定边西行入宁夏境,经花马池(盐池)、高平堡、安定堡、永兴堡、兴武营堡、毛卜剌堡、清水堡、红山堡,在横城渡黄河,西至宁夏张政,再至宁朔的大坝堡、广武营堡,连接宁夏大道。(2)自宁夏府城南下的大道,经中卫县渠口堡、枣园堡、石空寺营堡、胜金关、镇罗堡、向西经中卫、沙坡、长流水驿、三塘水驿等,入平番县。(3)由中卫南下的道路。自中卫渠口站南下,渡黄河至宁安堡,经沙泉驿,至固原,沿清水河岸堡寨所设驿站逆行,在瓦亭关连接东西横向的陕甘大道。此外,固原境及平凉府内驿路官道交错,形成了以固原州城为中心的交通网络,主要有三路:一是向北经三营驿、李旺堡驿分支,或向东北至韦州堡、惠安堡,或向西北经红寺堡、宁安堡至宁夏府城。二是向西北经海城县、乾盐池堡,入打拉池堡,向西至靖远县。三是向西南经开城、张义堡、马莲川和隆德等地,进入甘肃静宁州。

至民国时期,已有驿站站点被近代邮传所取代。如崇信因地僻事简,清初,不设驿马,仅以铺司传递公文。设铺三,即左城铺、拽兵铺、屯头铺。其中屯头铺北递华亭,南递陇州。乾隆年间,改隶泾州,废拽兵、屯头,由左城直递安定驿。1912 年,改驿归邮政,取销铺司,邮资由办公经费开支,邮路东通泾川,西达华亭,邮差 1 名,4 日一班,以泾川为管理局,县城设代办所,负责收发公文函件。"交通上极称便利"②。

不过,有些县城,则因地理条件限制,交通不便。如夏河境内,自最东端的土门关至拉卜楞寺,之间距离虽说仅为 80 千米,可是,由于

---

① 民国《永登县志》卷 2《建置志·驿传》,《方志丛书·华北地方》第 344 号,第 37—38 页。

② 民国《重修崇信县志》卷 2《经政志·驿传》,《方志丛书·华北地方》第 336 号,第 139 页。

道路崎岖，加之以骡马畜力为主要交通工具，日行不足 30 千米。而且货物出入需要陆路、水路接替进行。一般先将货物驮运至永靖河口，再用皮筏装载经黄河运往兰州、包头。1923 年成立三等邮局后，也用邮局包裹邮寄羔皮。①

直到 20 世纪 30 年代，驿路、大车道与新兴的汽车路同时并行。而各种陆路交通得到规模化整修，与国家重要的军事经济活动相关联。同治年间，左宗棠西征，整修大车道。因为军需，又是大军筑路，道路质量要求较高，所修路宽 3 丈左右，可供两辆大车并行，最宽的地方有 10 丈。对所筑路基状况十分重视，如在修筑从平凉至兰州的道路时，由于路经黄土高原山洪冲刷地带，地基不固，一旦遭遇洪水，很容易造成路基塌陷，阻塞交通。遂在平凉三关口开辟了一条长约 20 里的新路，三关口以西，沿泾河走向，修筑石块路面 40 多里。还修建了不少桥梁，仅在泾州至河西永登一线，就建筑木石砖桥 80 余座。② 同样，1938 年，为解决抗战运输，加强通往国内外的运力，一些城镇周边旧有的驿道、大车道才逐渐加以修整拓展。共整修驿道 8 条，总长 3351 千米。整修大车道 10 条，总长 4821 千米。③

所以说，公路交通是近代化的产物。1930 年后，公路的修建和汽车运输逐渐兴起，使城市间的距离缩短。经西宁的汽车路有 2 条，一是西宁循环路。由西宁起，北逾祁连山达武威，再由武威经古浪、红水、中卫而至宁夏。复由宁夏东南经固原、平凉、天水、陇西、渭源等地而至西宁，长 2750 里。至 1932 年时有些路段尚未完全修成。二是由湟源经西宁至兰州的兰湟汽车路。④

大致在民国三十四五年始，随着西部开发，畜力马路变汽车公路，公路规模有所发展。但仍以兰州为中心，主要向西北、西南方向辐射。1936 年，宁夏可通行的汽车公路计干线 3 条、支线 10 条，全长 1552 千

---

① 《夏河县志》卷之六《交通》，《方志丛书·华北地方》，第 346 号，第 69 页。
② 陈琦主编：《甘肃公路交通史》（甘肃省公路交通史编写委员会），人民交通出版社 1987 年版，第 133 页。
③ 王化机：《西北公路局概略》，《甘肃文史资料选辑》第 14 辑，甘肃人民出版社 1983 年版，第 127 页。
④ 王绂编：《西北地理》，第 227 页。

米。至 1949 年时，甘肃有公路 34 条，总长 5161.1 千米，实际通车能力仅限在西兰、甘青、兰宁等 19 条公路，总长 3279.8 千米。[1] 西北公路管理局所修西兰公路，"实际路线仍为旧基"，略加补筑桥梁、涵洞若干，通车后，汽车运输能力逐渐提高。

据建设所 1934 年统计，西宁"近两年来，商人经营之车已有 130 辆之多"，客运汽车"去年此时每位客座价为十四五元，每担货物价为七八元，而今则亦带二十公斤，座价二十六元三角五分，每车虽限十六人，但客多则加至二十人"[2]。1941 年，西北公路运输管理局宁平运输段，在固原、同心城、吴忠镇、宁夏城、三营、中宁设 6 个汽车站，开展客货营运。次年，增设平罗、石嘴山、三盛公、陕坝汽车站。从 1940 年以来至 1945 年，宁固绥运输段在宁夏的营运业务，每年客运约 5000 人次，140 万人每千米，货运约 2 万吨每千米。同年宁夏全省有公路 15 条，全长 1558 千米。[3]

尽管公路交通有了前所未有的发展，但与内地相对发达城市相比，通车能力依然受限。大部分的交通依旧沿用旧道，就连兰州城内的马路，大部分还是土路，一遇"天少雨，路即泥泞难行"[4]。人们抱怨不休。时人写到"城市间运输困难，住一宿，等行李 3 日"。因为运力较弱，平凉往兰州长途，单日开。"赴兰州汽车，仅抵平凉，西兰路车是双日开，平凉单日开，兰州开兰州（兰州对开），不但车基（路基）坚固，且有护路队"[5]。此为城市发展的*差异*在交通道路方面的体现。

公路通车后，由于路基本身太差，或由于道路周边*环境*，或异常天气而导致道路阻断，便会给城市居民生产生活带来不便。*西宁*城北部的

① 陈琦主编：《甘肃公路交通史》，第 290 页。
② 陆亭林：《西宁等处实习调查日记》，见萧铮主编《地政丛刊·土地问题资料》，第 94595 页。
③ 吴忠礼：《宁夏近代历史纪年》，第 299 页。
④ 张联渊：《甘肃实习调查日记》，见萧铮主编《地政丛刊·土地问题资料》，93909 页。
⑤ 何让：《兰州实习调查日记》（1936），见萧铮主编《地政丛刊·土地问题资料》，194 册，第 93665 页。

通济桥是青新、青藏两路的必经之路，城中西面有纸坊街，

是自南而北流淌的麒麟河。一遇洪水，就会影响居民日常正常生

1935 年 8 月 26 日起，"西宁阴雨连绵，连下 2 个月"，河水暴涨，

于"住在城市上的人，也害怕的叫苦连天。远在大通的煤渣，不能

时运到城里来，燃料已成了问题"。自 9 月下旬起，每天动员好几十

人，以解决城内燃料等生产生活问题。①

所以，尽管交通道路有所改善，但对于发展中的城市而言，似乎还不能满足其发展水平的需要，也由于城镇既有的发展程度，近代交通尚属刚刚起步。

（二）水路

黄河上游水运因地理条件的限制，通航河段主要在甘肃、宁夏境内，即自兰州东向至靖远，经靖远至玉佛寺至中卫、金积、灵武再而宁夏，继由宁夏北经罗平而至石嘴山、磴口等城镇，进入蒙古河套，直到包头。在兰州、靖远至上河沿，多为峡谷急流，只能通行皮筏和扎木筏运木材。1932 年，由中卫经宁夏、磴口、包头以下，逐步通行木船。大木船载货 5 万斤，小者 1 万斤。② 自水路行走的天数，中卫至包头需要十三四日，若由宁夏则 10 日可达，由平罗之石嘴镇上船，"只七八日耳"③。所以，长期以来，黄河上游水路的主要交通运输工具是皮筏、木筏。

皮筏是用羊皮或牛皮制成的，也称羊皮筏子，或牛皮筏子。由于其造价相对低廉，又便于航行，载重量也大，是黄河航运的一大特色。当然，也有木筏。主要在黄河、洮河、大夏河上"放运木材，连成木筏，兰州以下亦有于木筏之上运送货物和人客的"④。而由兰州上溯至西宁，

---

① 董廷楷：《从废墟中再建新青海》，《新青海》1935 年 3 月第 3 卷第 9 期，第 23 页。

② 王金绂编：《西北地理》，第 230—231 页。又民国《甘肃省志》，《稀见方志》第 33 卷，第 83—84 页。

③ 民国《甘肃省志》，《稀见方志》第 33 卷，第 132 页。

④ 张思温：《河州经济琐谈》，《临夏文史》第 2 辑，第 12 页，参见《张思温文集》，甘肃民族出版社 1999 年版。

，不能行船。西宁所出货物，多用皮筏运往兰州。^① 牛皮筏最大
量可达 20 余吨，羊皮筏载重量仅 1 吨左右，只适宜作短途运输。
兰州运往宁夏的货物，多用牛皮筏运至中卫，改换木船运输，而皮筏
则放气后由陆路运回，^② 周而复始。

图 2 - 1　黄河上的羊皮筏子

公路出现之前，黄河水运承担了绝大部分的运输任务，特别是清
末天津开埠后与京津地区贸易往来的大部分货物。据 1922 年统计，
"宁夏、甘肃和青海各地通过北路（兰州经宁夏至包头）运出的土特
产皮毛、药材、盐、碱和粮食，每年约 25000 吨，而由包头运回的工
业品布匹、茶叶、煤油等 7 万余件箱。这些进出口物资运输，全赖民
间承担，其中船筏运输占 70%"^③。由于黄河水运交通的逐步发展，
沿岸一些渡口城镇的地位稳固，如靖远、中卫、银川、吴忠、石嘴
山、横城等。

渡口是河流沿岸一定区域内人流、物流的汇集和中转中心。黄河
水运最便利和运输量大的区域为宁夏中心段各城镇，其所设渡口也最

---

① 王金绂编：《西北地理》，第 230—231 页。
② 胡序威、刘再兴等：《西北地区经济地理》，第 101 页。
③ 吴忠礼：《宁夏近代历史纪年》，第 178 页。

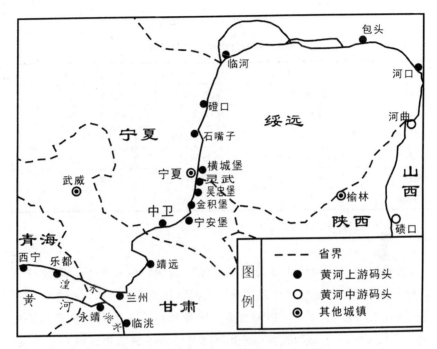

图 2 - 2　黄河上游区域主要渡口示意图

多，尤以中卫县最多，有渡口 11 个，灵武有渡口 3 个，金积有渡口 1
个，平罗设有若干渡口。平罗河东属鄂尔多斯地界，原无渡口，民国
时期，因河塌地多，隔在河中。光绪年间，绥远将军贻谷招民开垦，
在蒙古族所居五堆子至红崖子一带设置渡口。如李刚堡、头闸、红崖
子等处。还设有私渡口。① 在宁夏地区的所有渡口中，大多"列肆十
余，贸易尚盛"。如中卫的新墩"为黄河船只航运之起点"。灵武的横
城也是"西临大河，帆樯云集"，"凡由水道运往宁夏之货物，均于横
城对岸上路"②。

中卫的渡口，大多为晚清洋行贸易兴起后设立，且发展成为重要的
码头中转集运中心。据民国《朔方道志》记载，中卫有渡口 11 处，其
中影响较大的是炭场子、新墩和莫家楼。详见表 2 - 1。

---

① 民国《朔方道志》卷 5《渡口》，《集成·宁夏府县志辑》第 2 册，第 284—288 页。
② 叶祖灏：《宁夏纪要》，《史地文献》第 25 卷，第 531 页。

表 2 - 1   清末至民国时期中卫渡口概表

渡口名称	位置	渡口名称	位置
莫家楼房渡	城南 20 里	老鼠嘴渡	铁桶堡东
常乐渡	城南 5 里	张义渡	渡河至宁安堡
新墩南渡口	马路滩	青铜峡渡	渡河至金积、灵武
宁安堡渡	石空堡南距城 90 里	冰沟渡	
南渡口	田家滩通平固路	泉眼山渡	宁安堡
广武渡	广武东 20 里		

资料来源:民国《朔方道志》卷 5《建置志·渡口》。

石嘴山的水运地位也十分重要,依山营筑,西高东下。地处"阿拉善蒙古与宁夏道属平罗交界之地,黄河纵贯南北,大山回抱东西,形势一束,诚要隘也"[1]。为连接甘肃、宁夏和内蒙古包头的重要水路枢纽。近代以来,其一度成为宁夏重要的对外贸易城镇和区域中心市场。"有洋行三四家,皆设庄号以收皮毛货者。入口皮毛各货,皆于是处装载起运,沿河帆船停泊百余只"[2]。也有行商各行专在甘、青一带收买皮毛,集中于此,待梳净后包装,以骆驼或木船载赴包头。岁皮百万张,毛三千万斤左右。是一个十分重要的渡口城镇。

靖远也为黄河上游重要的渡口,黄河穿流而过,城北为黄河,城西南是黄河支流的祖厉河。靖远县官营的黄河渡口邻近县城的主要有三,即位于县西 10 里的虎豹口,县西北 5 里的红嘴子,索桥。[3] 其中索桥自明代以来一直存在,虎豹口、红嘴子为清代新设。

黄河上游的支流也设有许多渡口。如洮河顺流而入黄河河道,即沟通了巩昌府沿线城镇交通,沿洮河两岸设有许多便民交通的渡口。截至光绪三十二年 (1906),设在洮水上的洮州厅辖境渡口有 37 处,其中厅北 1 处,厅东 3 处,其余都在厅南或西南方向。均设置舟或筏,有舟的渡

---

① 陈赓雅:《西北视察记》,甘肃人民出版社 2001 年版,第 47 页。
② 督办运河总局编辑处:《调查河套报告书 (二)》,京华印书局 1923 年版,第 194 页。
③ 《甘肃新通志》卷 9《舆地志·关梁》,《稀见方志》第 23 卷,第 514 页。

口14个，有筏的23个。一俟冬月，各渡口俱冻冰，轿车、马车于冰上行走，往来十分方便。洮水洮州厅渡口详见表2-2。[①]

表2-2　　　　　　　　　　光绪年间洮水洮州厅渡口概表

渡口名称	工具	位置距离	渡口名称	工具	位置距离
武旗官渡[②]	舟	厅东60里	石门口渡	舟	厅东60里
蔡家崖渡	舟	厅东60里	巴截渡	筏	厅南60里
下川渡	筏	厅南60里	上川渡	筏	厅南50里
纳浪渡	筏	厅南50里	郑旗渡	筏	厅南50里
张雄寨渡	筏	厅南40里	温旗渡	筏	厅南40里
羊花渡	筏	厅南40里	窑头渡	筏	厅南35里
常旗渡	筏	厅南30里	新堡渡	筏	厅南25里
下琵琶渡	筏	厅南30里	上琵琶渡	筏	厅南30里
赀堡渡	筏	厅南30里	车尼渡	筏	厅南30里
索藏渡	舟	厅南40里	老虎湾渡	筏	厅西南50里
多落渡	筏	厅西南40里	加当多加渡	筏	厅西南40里
拉力沟渡	筏	厅西南40里	钮子渡	筏	厅西南40里
羊升潭渡	筏	厅西南60里	的卜沟渡	筏	厅西南60里
卡拉沟渡	筏	厅西南70里	洋巴滩渡	舟	厅西南80里
汤哈渡	舟	厅西南80里	陲巴寺渡	舟	厅西南90里
牙贯渡	舟	厅西南90里	扯巴沟渡	舟	厅西南120里
峪谷墩渡	舟	厅西南100里	楸子湾渡	舟	厅北120里
门楼市拉札口渡	舟	厅西南80里	牙当渡	舟	厅西南100里
梨园渡	舟	厅东60里			

资料来源：光绪《洮州厅志》卷3《建置·津梁》。

　　渡口不仅是区内人们往来的重要卡口，更是通向外界、沟通交通的要地。民国时期，共和县境恰卜恰镇居县治北部，为玉树、西藏往来之孔道，亦即全县交通之枢纽。县属西南之尕玛羊曲为四川、松潘、茂州

---

① 光绪《洮州厅志》卷3《建置·津梁》，《稀见方志》第49卷，第332—333页。
② 康熙年间洮州卫高公造。

等商人往来黄河之渡口。下郭密的贺尔加对岸是贵德、西宁、共和三地往来之渡口，中郭密的撒那庄地方，位近黄河渡口，属贵德南乡所辖。在黄河两岸所设渡口不能满足人们需要的地方，架设浮桥。1934 年，在贵德与贺尔加地方的渡口设置浮渡。所赖渡河，完全是牛羊等皮筏。[①] 洮水上也建有洮水浮桥，1946 年重修。[②] 桥以 10 船贯铁索，实为 12 船，上铺木板及沙土，通车辆。尽管"水碧而流急，舟身摇摆不定"[③]，却起到了方便民众的作用。

横渡黄河渡口的运量并不是很理想，直到民国时期，摆渡的速度和量一直没有得到很好的解决。据陆亭林记载，1934 年 8 月，自黄河八盘台渡河至达家川，用时仅 10 分钟，但上下搬运行李货物则费时 4 小时。且每渡一船的运量：载驴骡 30 头，货物 30 驮，乘客 20 余人，船手 20 人。陆亭林等所乘之船，骡约 20 头，其余运物相同。统计每船载重 8 吨，每驮船价 6 角，每骑骡则需 1 元，每客需 2—3 角不等。就运输工具等的投资而言，船约值价 400 元，分为 15 股，由 15 家认之。开渡时，每家出 1 人，无论老幼，以股东资格应其名而已，实则摆渡的水手"尽为老弱"。遇到黄河大涨时，水流极速，波浪沸腾，"加雇壮年有力者三五人，方敢引渡"，而"渡价亦增加"。船至中流，水势最急，稍不注意，不能靠岸时，则必须顺溜直下，不易靠岸，数里或数十里不等。"因水涨无岸可靠"的情况也存在，[④] 表明水运交通仍缺乏近代因素。

二 空间距离特征

按照城市地理学的理论，所谓的城市空间分布结构，是指为了保障生产、生活的正常运行，城市之间、城市和区域之间因物质、能量、人

---

① 王昱、李庆涛编：《青海风土概况调查集》，第 185 页。

② 临洮县志编委会编：《临洮县志》（下册），甘肃人民出版社 1990 年版，第 270—271 页。

③ 顾颉刚：《西北考察日记》，《甘肃文史资料选辑》第 28 期，第 25 页。

④ 陆亭林：《西宁等处实习调查日记》，萧铮主编：《地政丛刊·土地问题资料》，第 94674—94675 页。

员和信息的交换形成的空间相互作用。在这种相互作用之下，将彼此分离的城市结合为具有一定空间结构和功能的有机整体。① 清代以来，黄河上游各城市以兰州为中心分布，以若干的卫星城作为次中心，以堡寨村镇为结合带，既有集中，又有相对分散，建构起独特的城市空间分布体系。步入民国后，随着行政等级在本区域的进一步划分，该体系的完善与稳固，更符合这里的自然地理条件和人文社会环境，有其合理内核。

（一）中心地与宁夏地区城镇、堡寨

城市间的联系受很多因素的影响，无疑一定受到"距离"的制约。分析一个城市四至八到的里程，才能了解该城市在空间布局中的地位，即其在一个连续完整的空间体系内的职能，以寻找该体系的规律分布理论。如何分析黄河上游城市体系原本的空间距离特征，能否套用已有的中心地理论推导其固有特征等问题，已被学者所关注，有研究成果问世。

中心地是用于城市、城镇和其他具有中心服务职能的聚居的居民点的一般用语。其理论的最早提出者是沃尔特·克里斯塔勒（W. Christaller）（1933）② 和奥古斯特·勒施（August Losch）（1940）。③ 二人认为一个特定的中心地，可以根据其在连续的空间体系内的地位来分类，在这个空间体系内，经济职能是与等级层次相联系的，而这一理论的有力推动者施坚雅在其研究中，强调了空间体系内中心地的经济职能。施坚雅认为中心地的经济职能始终如一地与它在市场体系中的地位相符合，且市场体系按照固定的等级自行排列。④ 并将中心地理论引入城市与地方体系层级的研究中，阐述中国晚期城市与地方层级，以区

---

① 许学强、周一星等编：《城市地理学》，高等教育出版社 1999 年版，第 148 页。

② ［德］沃尔特·克里斯塔勒：《德国南部中心地原理》，常正文、王中兴等译，商务印书馆 1998 年版。

③ ［德］奥古斯特·勒施：《经济空间秩序》，王守礼译，商务印书馆 2010 年版。

④ ［美］施坚雅：《中国农村的市场和社会结构》，史建云、徐秀丽译，中国社会科学出版社 1998 年版，第 5 页。

分中心地与地方体系两个层级关系。[①]

　　上述理论在中国学者的研究中，受到广泛关注和实践，尤其在进行城市空间体系与行政建置关系的研究中屡见不鲜，结论有别。如刘景纯在对清代黄土高原城镇空间距离特征进行分析时所言："克里斯塔勒的中心地理论揭示了城镇体系空间组织结构的内在的一般规律"。"但由于这一理论是在理想状态下高度抽象分析的结果，所以几乎在所有现实的地理环境下就不能不发生变异，甚而在一些环境下变得面目全非"。并认为"黄土高原地区城镇体系空间结构应遵循行政统治和管理原则。其中心地满足的首要条件是最有效地行使对不同等级行政区域的统治和管理"。如其所言，"政治统治和管理"原则应该是不同中心城镇存在差异的主要原因。继之，刘景纯采用结合城镇间的距离计算"偏离指数"的办法，对黄土高原城镇分布特征加以研究。认为不同行政等级城治之间的平均距离，反映的是城镇之间理想或基本的空间距离状况，也是反映差异的主要依据之一，而所得到的城间距离与平均距离的偏离指数，也是反映低一级中心城镇的几何中心性和不同中心差异的重要指数之一。[②]我们姑且称这一考察办法为偏离指数分析法。

　　当然，抛开行政建置的层级关系，克里斯塔勒所提出的中心地理论研究方法，不失为一种可信的办法。考虑到黄河上游的城镇研究与刘景纯黄土高原研究区域有很大程度的重叠，仅借助偏离指数分析法，将宁夏地区城镇、堡寨的空间构成作为案例，加以讨论。

　　必须说明的是，在对宁夏地区城镇、堡寨进行统计时的定量数据，是以乾隆、道光、光绪时期的方志资料为依据的，以此罗列出府治与县治之间、县治与堡寨之间的距离，求出府治与县治之间、县治与县域所辖堡寨之间的平均距离。并以实际距离与所求出的平均距离差为偏离指数，正值为外偏离，负值为内偏离。亦必须强调的是，在计算出城治间实际空间距离数据之前，从城镇实际分布已经表明，宁夏北部地区，长期以宁夏府城为中心，其中中卫距离宁夏城中心地最

---

　　①　［美］施坚雅主编：《中华帝国晚期城市》，第 327 页。

　　②　刘景纯：《清代黄土高原地区城镇地理研究》，第 164—166 页。

远，灵州最近。再以北部城镇沿黄河右岸分布的南北长、东西窄的形状来分析，位置在西南的中卫、偏东的花马池的偏离指数一定为正值，邻近宁夏城的平罗、灵州、宁灵的偏离指数一定是负值，靠近中心地附近。宁夏南部中心地长期以平凉府城为中心，其中固原与静宁距中心地最远，偏离指数当为正值，华亭、隆德相对较近，当为内偏离，偏离指数应为负值。

如此而言，中心地讨论所关心的只有两个数据，即平均值和偏离指数。从清代宁夏地区城治的空间距离偏离指数概表可知，宁夏北部为 216 里，偏离指数 111.2，南部为 157.5 里，偏离指数 42.5。北部除中卫、花马池超出平均值外，其余诸州县城均在此距离范围之内，其偏离负值也如实际分布现状。南部是固原、静宁超出平均距离，相对于平凉城中心地，两城的偏离指数也为正值，为外偏离。所有定量数据表明，宁夏地区南北两地所在的府城依然是两地的中心地。而相较南北两偏离指数，北部大于南部近 3 倍，只能说明宁夏建省后，南、北两部分相较而言，偏离度增大。可见，定量计算，实际是用另一种方式再一次求证了行政管理的有效性。另外，由于城市之间空间距离相对是一个恒量，步入民国乃至宁夏建省以后，南部山区相对于北部平原中心较大的偏离度依然存在，只是随着近代商贸、交通的兴起，结合行政管控有效手段，形式上减小偏离度，使宁夏城作为省府中心地的地位加强。

当然，回溯到宁夏地区城镇始设时的目的性而言，即军事性、民族性的突出特征出发来考察，也能表现出清廷在宁夏地区所实施的一系列行政与军事的管理措施的特色。如宁夏府独设满城，同治年间，固原升为直隶州、化平川厅的设置等，均为了加强控制与管理，有很强的提升行政层级建置的含义。而相对于中心地，其中一些城镇的重要作用与地位则远远大于并超过中心地。就平凉府城与固原相较，固原的军事地位更为突出，是西北的军事重镇，有陕甘提督驻防。中卫作为连接兰州与宁夏的中间地带，经济、交通地位更突出。也就是说，空间距离的远近，只能就特定自然地理、地域环境和人文条件下考察，中心地也具有很强的相对性。研究中定量的模型和方法有可信度，但仅是对传统定性研究方法的一种补充，传统的定性分析层面依然是研究的基本方法。详见表 2 - 3 宁夏地区城治的空间距离偏离指数概表。

表 2 - 3 　　　　　宁夏地区城治的空间距离偏离指数概表

宁夏地区	城治	方位	距中心距离（里）	偏离指数
宁夏北部 （宁夏府）	中卫	西南	360	+ 144
	平罗	西北	120	- 96
	灵州	东南	90	- 126
	花马池分州	东	350	+ 134
	宁灵厅	南	160	- 56
	平均值：216 平均偏离指数：111.2			
宁夏南部 （平凉府）	固原	西北	170	+ 12.5
	隆德	西	140	- 17.5
	华亭	南	90	- 67.5
	静宁	西	230	+ 72.5
	平均值：157.5 平均偏离指数：42.5			

　　资料来源：乾隆《宁夏府志》《嘉庆重修大清一统志》、光绪《平远县志》《花马池志》。

　　以下统计宁夏地区堡寨空间分布，且用上述方法类推，以考察堡寨空间分布与城市体系形成的内在规律。梳理宁夏地区城镇周边堡寨分布，大体为宁夏县堡寨 21，宁朔 23，平罗堡寨 62，灵州堡寨 36，中卫堡寨 21 个，隆德 12，平远 8，海城 14，化平 4（里）。详见表 2 -4宁夏地区堡寨空间分布概表。

　　为了更直观地表现以上各堡寨与州县厅城的空间关系，我们再对以上各堡寨至城治之间的距离数据加以统计，以表明堡寨分布的指向性。详见图 2 - 3 清代宁夏地区堡寨至城治里程图示。

表 2-4　　　　　　　　　　　　宁夏地区堡寨空间分布概表

治所	堡寨	距离（里）	方位	偏离指数	治所	堡寨	距离（里）	方位	偏离指数
宁夏（21）	叶升堡	90	正南	50	宁朔（23）	镇北堡	40	城西	-23.5
	王鈜堡	60	正南	20		平羌堡	30	城西	-33.5
	杨和堡	40	正南	0		丰登堡	30	城西	-33.5
	王泰堡	50	正南	10		张亮堡	30	城北	-33.5
	魏信堡	30	正南	-10		谢保堡	15	城北	-48.5
	任春堡	70	正南	30		大坝堡	120	城南	56.5
	张政堡	15	正东	-25		陈俊堡	110	城南	46.5
	镇河堡	20	正东	-20		汉坝堡	100	城南	36.5
	金贵堡	30	正东	-10		林皋堡	95	城南	31.5
	通朔堡	30	正东	-10		马站堡	80	城南	16.5
	河中堡	90	东南	50		李俊堡	70	城南	6.5
	河西寨	30	东南	-10		唐铎堡	60	城南	-3.5
	李祥堡	20	东南	-20		蒋顶堡	110 ·	城南	46.5
	通宁堡	30	东南	-10		瞿靖堡	100	城南	36.5
	潘昶堡	20	东北	-20		玉泉营	90	西南	26.5
	王澄堡	30	东北	-10		邵刚堡	90	西南	26.5
	通贵堡	35	东北	-5		宁化寨	60	西南	-3.5
	通昶堡	35	东北	-5		宋澄堡	50	城南	-13.5
	通吉堡	40	东北	0		曾刚堡	50	城南	-13.5
	许旺堡	30	西南	-10		靖益堡	50	城南	-13.5
	王全堡	40	西南	0		杨显堡	30	城南	-33.5
	平均值	**40**		**15.5**		丰盈堡	20	城西	-43.5
平罗（62）	威镇堡	15	城北	-26		杨信堡	30	城南	-33.5
	宝丰城	50	城北	9		**平均值**	**63.5**		**28.7**
	惠威堡	15	城北	-26	灵州（36）	枣园堡	40	西南	-101
	渠中堡	40	城北	-1		吴忠堡	40	城南	-101
	简泉屯	15	城北	-26		惠安堡	160	城南	+19
	上宝闸	20	城北	-21		汉伯堡	70	东南	-71
	下宝闸	15	城北	-26		金积堡	70	西南	-71
	西河堡	30	城北	-11		忠营堡	70	东南	-71
	南长渠	25	城北	-16		秦坝关	70	西南	-71
	北长渠	25	城北	-16		同心城	450	西南	+309
	惠北堡	20	城北	-21		胡家堡	20	城南	-121
	万宝屯	70	城北	29		新接堡	30	西南	-111
	万宝池	70	城北	29		临河堡	60	城北	-81
	西宝池	25	城北	-16		夏家堡	20	城北	-121
	通润堡	35	城北	-6		河东关	40	城北	-101
	通丰堡	45	城北	4		大沙井	40	东南	-101
	东永固	60	城北	19		石沟驿	90	东南	-51
	西永固	60	城北	19					

续表

治所	堡寨	距离（里）	方位	偏离指数	治所	堡寨	距离（里）	方位	偏离指数
	永固池	70	城北	29		盐池堡	150	东南	+9
	宝马屯	80	城北	39		隰宁堡	200	东南	+59
	聚宝屯	80	城北	39		萌城堡	250	东南	+109
	市口堡	90	城北	49		磁窑寨	70	城东	−71
	尾闸堡	60	城北	19		清水营	70	东北	−71
	上省鬼	60	城北	19		横城堡	70	城北	−71
	下省鬼	70	城北	29		红山堡	60	东北	−81
	沿堤堡	80	城北	39		红寺堡	290	城南	+149
	永屏堡	80	城北	39		兴武营	140	东北	−1
	庙台堡	60	城北	19		花马池	260	城东	+119
	内红岗	15	城北	−26	灵州（36）	韦州堡	210	东南	+69
	徐合堡	70	城西	29		安定堡	200	城东	+59
	桂文堡	65	城西	24		柳杨堡	140	城南	−1
	虞祥堡	46	城西	5		野孤井	180	东南	+39
	常信堡	45	城西	4		西水头	200	城东	+59
	高荣堡	54	城西	13		南水头	350	东南	+209
	丁义堡	52	城西	11		张贵堡	140	东南	−1
平罗（62）	李刚堡	60	城南	19		孙家水	450	东南	+309
	姚伏堡	40	城南	−1		寺儿掌	100	东南	−41
	周澄堡	30	城南	−11		铁柱泉	140	城东	−1
	通义堡	60	城南	19		红崖站堡	—	—	—
	通成堡	35	城南	−6					
	通伏堡	40	城南	−1		平均值	141		86.5
	清水堡	55	城南	14		渠口堡	170	城东	72.5
	六中堡	20	城南	−21		广武营	200	城东	102.5
	五香堡	25	城南	−16		石空寺堡	90	城东	−7.5
	沿河堡	15	城南	−26		镇罗堡	30	城东	−67.5
	洪广堡	60	西南	19		枣园堡	130	城东	32.5
	镇朔堡	70	西南	29		张义堡	110	城东	12.5
	外红岗	25	城东	−16		永兴堡	60	城东	−37.5
	东永惠	20	城东	−21		柔远堡	10	城东	−87.5
	西永惠	15	城东	−26		铁桶堡	150	东南	52.5
	六羊堡	15	城东	−26	中卫（21）	镇靖堡	20	东南	−77.5
	东通平	15	城东	−26		永康堡	30	东南	−67.5
	西通平	10	城东	−31		宣和堡	50	东南	−47.5
	渠阳堡	40	城东	−1		宁安堡	100	东南	2.5
	灵沙堡	35	城东	−6		新宁安堡	103	东南	5.5
	东永润	15	城东	−26		恩和堡	110	东南	12.5
	西永润	15	城东	−26		鸣沙州	140	东南	42.5
	通惠堡	20	城东	−21		张恩堡	280	东南	182.5
	渠口堡	20	城东	−21					

治所	堡寨	距离（里）	方位	偏离指数	治所	堡寨	距离（里）	方位	偏离指数
平罗（62）	交济堡	20	城东	-21	中卫（21）	常乐堡	20	西南	-77.5
	内外正闸	20	城东	-21		古水堡	50	西南	-47.5
	内外双渠	25	城东	-16		香山堡	—	—	—
						白马滩堡	—	—	—
	平均值	41		20		平均值	97.5		54.5
海城（14）	西安州城	40	西北	-80	隆德（12）	石岳堡	10	城南	-54
	平远所	200	城东	80		神林堡	40	城西	-24
	下马关	—				牛营堡	40	西北	-24
	新营堡	160	城南	40		单树堡	30	城北	-34
	新堡子	120	东南	0		新庄堡	50	西北	-14
	沐家营堡	160	城南	40		将台堡	80	西北	16
	杨郎庄	140	东南	20		邵三堡	—	—	—
	杨名堡	90	东南	-30		韩狗儿堡	150	西北	86
	张元堡	90	东南	-30		张文才堡	170	西北	106
	蔡祥堡	—				蒙宣堡	—	—	—
	古城堡	100	东南	-20		店子堡	50	西北	-14
	石沙滩堡	—				转嘴堡	20	西南	-44
	红古城	100	东北	-20		平均值	64		41.6
	小沐家营堡	—			平远（8）	在城里	—	—	—
						同心城	120	城西	3.3
						韦州堡城	40	城北	-76.7
	平均值	120		36		夹道堡	—	—	—
化平（4）	香水里	10	—	-10		可可水	—	—	—
	化临里	—	—			白马堡	190	东南	73.3
	圣谕里	—	—			元城子堡	—	—	—
	白面里	30	—	10		毛居士井	—	—	—
	平均值	20		10		平均值	116.7		51.1

(单位: 里)

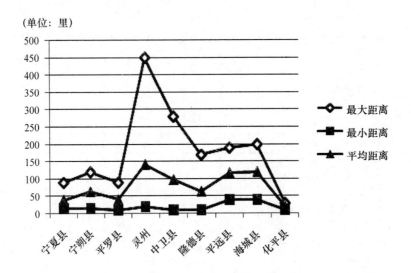

图 2 - 3   清代宁夏地区堡寨至城治里程图示

从以上堡寨空间分布的方位而言,宁夏、宁朔、平罗三城位于宁夏地区北端,居黄河右岸,便于汲水与灌溉的需求。所以宁夏城堡寨分布基本围绕城的南、东和东偏北。宁朔堡寨分布以城的南向为主,个别分布在城西、北向。平罗城周的堡寨分布最多,有 62 个,其中北部占到 29 个,几乎达 50%,其余由多到少,依次分布在东南西向。位于宁夏北部地区中段的灵州,堡寨分布主要在城的南、东南向,北向也有少量分布。如此的空间分布,除了与黄河及北部宁夏平原水系分布与农业灌溉呈现高度一致性外,还与明代以来,边界防御的军事功能有关。而位于宁夏北部南端的中卫城,其周边的堡寨主要分布在城南及偏东南,避开了北边及偏西北的腾格里沙漠,体现出对自然地理环境的可利用性具有强烈的依赖,有明显的河流指向性。隆德、平远、海城和化平四城位居宁夏南部山区,堡寨分布依赖自然地理形态的宜居性程度更大,如隆德主要分布在六盘山以南的山麓,位于城的西北向。而海城则主要分布在城东南,拱卫固原,军事目的更明显。

各县城所辖堡寨的空间距离表明,宁夏、宁朔、平罗各城的堡寨分布与城之间的距离显示最小，最小距离为 10 里。中卫城，其周边的堡寨分布，距离显示也是最小。而与城间最大空间距离是 450 里，分别为灵州南部西面的同心城和东面的孙家水堡，且灵州的平均距离在本区也是最大的，为 141 里，其次为中卫、海城，在 100 里左右，最小平均距离在化平，为 20 里。堡寨与各城之间的平均偏离指数，灵州最大，为 86.5，化平最小，为 10，宁夏和平罗分别为 15.5 和 20，中卫、隆德、平远居中，基本在 50 左右。由此观之，灵州的各项指标出超，即所辖堡寨中距州城的实际距离、平均距离和平均偏离指数均属前茅，显示其堡寨分布的离心率偏高，灵州作为中心地的吸引力和控制力相对偏弱。

数据所显示的这一特点，与清代时这里的政区调整、加强管理的历史事实相符合。雍正八年（1730），在灵州添设花马池州同，领安定堡、杨柳堡、野孤井堡、铁柱泉、兴武营和毛卜剌堡 6 个堡寨，以加强对这些堡寨的管理力度。同治十年（1871），对回民起事的善后事宜中，以灵州治南的金积堡"距州远"而难于控制，[①] 单独设宁灵厅，改水利同知为抚民同知，驻金积堡，直属府城，下辖 7 堡，即金积堡、汉伯堡、忠营堡、秦坝关、红寺堡、韦州堡和同心城。同治十三年（1874），又于下马关地方置平远，韦州、同心二城来属，下辖 10 里，即在城里、同心城、韦州城、夹道堡里、可可水里、白马堡里、元城子堡里、毛居士井堡里等。1938 年平远县迁治同心城，并改名为同心。[②] 经过几次析出单设，灵州所属堡寨被分割，由 36 里减至 15 里。

当然，也不能否认，在交通工具仅靠畜力，运输和往来能力尚处于较低水平时期，城镇间的空间距离过大，难以驾驭控制是不可避免的。为此，清廷多次划大为小，增设行政单元与添建城垣并举，以减少行政管控的松散性和填补空当的做法，就不难理解了。

---

① 民国《朔方道志》卷 2《舆地志·沿革》，《集成·宁夏府县志辑》第 2 册，第 107 页。

② 吴忠礼、鲁人勇、吴晓红：《宁夏历史地理变迁》，第 170—177 页。

(二) 以兰州为中心的城镇空间格局

关于黄河上游区域属于黄土高原部分的各府城所辖厅州县治所与府城之间的距离关系，在刘景纯的研究中已有涉及，其主要据《嘉庆重修大清一统志》的记载统计，得出城镇集中或分散的不平衡性，在于人口分布这一基本原因。[①] 本研究从省府与县府层级之间的平面布局做一考察，企望从高一级层次探究民国以后增加省城治地的必要性。同时，抛开政区层级关系，以城所在水系资源聚居分布的中心地为圆心，即以渭水流域、泾水流域、黄河宁夏、黄河兰州、河湟西宁为单元中心，并以地图比例尺为依据，测算实际直线空间布局规律性，以展现黄河上游区域城市三维分布的状况。

从中国版图的分布而言，兰州是其几何中心，也是西北的中心，从清代至民国的300多年间，兰州长期作为省府，不论是经济职能，还是行政层级，其中心地的地位是不可否认的。但是，仅就其与周边城市间的距离要素而言，并不是所辖各府城居地的实际距离中心，这一现象，很大程度上也是出于政治控制管理的目的和历史时期社会开发进程积淀所致。

兰州长期作为甘青宁的省府，所辖地域辽阔，东西460里，南北760里。与巩昌、西宁、凉州交界。自东而西的主要府城有庆阳、泾州、平凉、秦州、宁夏、巩昌、西宁和凉州，以各府附郭为原点，按照1/359万比例尺，计算与兰州府城的平面直线距离约数，以考察黄河上游区域各府城与兰州中心地的空间距离。考虑到以兰州省城为中心的周围城镇远近差异，以及黄河干流与支流之间关系的重要性，取其辖境南部城镇较为密集的最远城，即巩昌府属洮州厅城治所，再增加民国新设的夏河治所。详见表 2 - 5，黄河上游各府城与省城兰州间距离概表。

---

① 刘景纯：《清代黄土高原地区城镇地理研究》，第166—168页。

表 2 - 5　　　　　　　黄河上游各府城与省城兰州间距离概表

各城治所	图距 （0 - 35 公里）	换算距离 （里）	交通距离 （里）	方位	偏离指数
庆阳	10.2 × 35	714	1180	正东	271.6
泾州	9.2 × 35	644	960	东（偏南）	201.6
平凉	7.4 × 35	518	160	东（偏南）	75.6
秦州	6.6 × 35	462	560	东（偏南）	19.6
宁夏（省府）	9.8 × 35	686	940	北（偏东）	243.6
陇西	3.9 × 35	273	426	东（偏南）	- 169.6
西宁（省府）	5.4 × 35	378	620	西（偏北）	- 64.4
洮州	4.2 × 35	294	450①	南	- 148.4
夏河	4 × 35	280	210	西南	- 162.4
永登	2.5 × 35	175	190	西北	- 267.4
平均值		442.4			162.4

资料来源：康熙《大清一统志》卷 162《庆阳府》、卷 160《平凉府》，第 11 页。乾隆《泾州志》卷上《地舆志·疆域》，第 4 页。道光《秦安县志》卷 1《舆地志·疆域》，第 2 页。乾隆《宁夏府志》卷 2《疆域》，第 2 页。乾隆《陇西县志》卷 1《疆域志》，第 31 页。乾隆《西宁府新志》卷 2《地理志·疆域》，第 7 页。民国《夏河县志稿》卷 1《地位》，第 1 页。乾隆《平番县志》卷 1《地理志·疆域》，第 11 页。

就以上所选城镇的方位布局而言，城镇主要在兰州的东、南和偏东南，计有 7 个，西、北为弱，西 2，北 1。正东的庆阳最远，为 714 里，其次为宁夏。永登最近，为 175 里，其次为陇西。相对应的偏离指数，永登为最大的内偏离，其次为陇西，向心力较强。而庆阳为最大的外偏离，宁夏居二，离心力最大。距离相对居中的是平凉、天水、西宁。

实际上，庆阳的政区划分虽隶属甘肃省辖，但在距离上相对于兰州中心而言是最大的外偏离，属于兰州中心的边界地带，与陕西相邻，居泾水流域的上游。所以，这里的经济、文化社会发展兼有甘肃、陕西之风格，是本区受东部农耕文明影响较深的地带，历代中央王朝的管控力度较大，社会发展较为稳定。同样，宁夏相对于兰州中

———————

①　距离巩昌府城 260 里，省会 450 里，见光绪《洮州厅志》卷 2《疆域》，《稀见方志》第 49 卷，第 291 页。

心地而言，属于兰州中心的北边，尽管有黄河结带，但地域的独立性较强，并且是农耕、游牧文化的交汇区，多民族集聚，文化多元性强，历史进程中有别于兰州中心。所以，民国时期甘青宁分治，体现了城镇发展进程的客观需求性。再说永登，自清代以来，其行政隶属于河西走廊凉州府辖，但就距离而言，是凉州府的边界，却是兰州中心的近邻，因而，在后来的省市建置变革中，划为兰州市辖。

另外，平凉、天水和西宁，相对于兰州中心地而言，在历史进程中，也都具有较强的独立性，是各自区域城镇发展的中心。平凉和天水由于受地域空间及文明程度的影响，周边城镇相对密集，发展受到限制。但是，西宁由于位在河湟谷地，空间广阔，以城为原点，向北向西发展，成为清代以来新建城垣最多的地区，且在甘肃分省时，一跃而成为省府。尤其是近代商贸发展和交通的沟通，缩小了城镇间原本适中的距离，加强了城市间的联系，起到了纽带和桥梁的作用，属于兰州中心地城市体系形成中的核心城。

当然，位置偏西南的洮州和夏河，尽管空间距离也居中，为内偏离。但是，由于这里为典型的民族聚居区，经济方式农牧兼营，加之清代以来行政建置的推行和管理力度相对薄弱，以及交通道路连接受限，社会发展独特，呈现出别样的城市特色。夏河也因拉卜楞寺庙的发展独立成县，也是这里少有的没有城垣的城镇。

如果再将兰州作为甘肃省的中心加以考察，仅就方位而言，城镇空间分布依然呈现出东、南、偏东南的城镇密度较大，西北相对为弱的特点。统计以兰州为中心的甘肃部分，有城镇 39 个。[①] 其中，东部的庆阳、平凉区有城镇 13 个，天水区 5 个，临夏区 7 个，共 25 个，占到总数的 64%，尚不包括兰州所在靖远区的 6 个，仅占到总数的 15% 强。在 64% 的城镇中，除去临夏区 7 个之外的其余 18 个城均位于兰州之东的泾渭流域上游，城镇空间距离较近，分布密集，不论是驿站道路，还是近代交通，都四通八达，较为方便，城镇体系稳固。如泾水流域上游的平凉中心区，有崇信位居泾州直隶州本境的西界，与平凉府界东接。自崇信东南有灵台，相距 20 里，东北至泾州界 30

———————————

① 以甘青宁建省后的城镇为统计基数，参见前文市级城概表。

里，自崇信往平凉府接西北平凉县界 30 里。相互空间距离也就一日的途程。在距离较远的城镇之间，也必有较大的堡镇作为接点。如自崇信西行至稍南的华亭界，有 120 里，其间就有赤城堡等。① 整个平凉府自西界静宁至东端平凉，也仅有 230 里，自静宁往北，距隆德 90 里，固原 170 里，往南至天水 210 里。②

相较于陇东地区而言，兰州以西的城市分布相对稀疏，相互之间的空间距离较远。永登东至古浪、大靖界 260 里，南至兰州沙井堡之新安堡 190 里，西至碾伯冰沟界 150 里，北至古浪县之安远界 150 里，东南至兰州镇房堡界 140 里，西南至土司红古城界 190 里，西北至土司连城界 150 里，东北至兰州红水堡界 240 里，边墙县城东 240 里。③

由是，可以说甘肃全省尽管在政区划分上以兰州为中心，但在空间距离分布上，又呈现出独立的三个中心，即有兰州、平凉地区、甘肃南部，且分属于黄河、泾渭水、洮河、大夏河流域。总之，黄河上游区域各主要中心、次级中心城镇区的形成，与本省区域城镇发展的进程、人文聚集特征以及与自然水系的分布相关涉，且更加密切，为多种因素相互叠加交织所致。

（三）主要城镇与堡寨空间分布

城镇堡寨设置起初，多是为了军事驻防，在后来城镇发展中，成为城市空间走向的中间带，城镇发展的辐射区。美国学者万斯（J. E. Vance. Jr）称其为"塔堡城镇"，认为其设置的目的"在于维持社会安宁，组织、控制和征收乡村税赋"，而"本身就是一个市场或一道军事防线"④。当然，中国的边堡起初并不存在征收赋税的任

---

① 以上均见民国《重修崇信县志》卷 1《舆地志·疆域》，《方志丛书·华北地方》第 336 号，第 35 页。

② 民国《甘肃省志》，《稀见方志》第 33 卷，第 68 页。

③ 民国《永登县志》卷 1《地理志·里至》，《方志丛书·华北地区》第 344 号，第 11 页。

④ 本概念在《人类的特定舞台》（1977）一书中提出，参见 ［美］H. J. 德伯里《人文地理：文化、社会与空间》，王民等译，北京师范大学出版社 1989 年版，第 199 页。

务，但待其转型为村庄市镇后，才担负起了这一功能。明代在黄河上游区域设有众多卫所，入清后成为府县城镇向外扩展的主要空间区域，密布于府县城体系的主体之间，成为构成城镇堡寨的连接点，在地理位置和资源利用上是府县城存在与扩展的基础，也是府县城人口增长和商贸经济发展的储备地。其初设的目的，又往往在于护卫城池，守望相助，与纳赋缴税有着同样重要的作用。

清代至民国时期的地方文献中，有许多相关方面的记载。如"金县属内与皋兰连界之村庄多以营堡为名"①。"村堡为一县之环卫，社堡尤为众村之环卫。永登地方辽远，人烟丛集，或数百家为村，或百余家结社。星列棋布，小大相维"②。清代纂写大通地方县志的作者，对城镇之间普遍存在的堡寨与中国传统的邻里居住格局加以阐释，认为"周制，分里连乡，八家同井，凡使人民出入相友，守望相助，用意深矣"！堡寨就是这一模式的延续，"而无悖于古者，其为寨堡乎"！"寨堡或连村结室，或筑垣如城，人民聚族而居，亦相友相助之遗意也"。这是堡寨功能的一层意思。那么，还有一层意思就在于"况西北地方寥（辽——引者）远，道路梗塞，一旦有变，国军应敌不能随请随至。故人民自相捍卫，不得以此为便利，质是知寨堡之关系，亦因地制宜之大要矣"③！这就十分明确地表明了堡寨于军于民的直接功能。而这些堡寨营镇的存在和变化，对黄河上游城市体系的建构有十分重要的影响。

康熙年间，甘肃所属金县城外的四面，有属堡18个。就方位而言，城北7堡，城南4堡，西面、西北面分别有2堡，东面、东北、东南各1堡。从各堡与县城的距离来说，最近的即位于县城南、北郭外的南关堡、北关堡。其次，距离5—15里，有6堡，30—60里的有7堡，120—160里的有3堡。④

甘肃南部洮水流域的洮州厅，距离岷县城较近，与碌曲、迭部距离

① 道光《金县志》卷3《地理志·里保》，《集成·甘肃府县志辑》第6册，第179页。
② 民国《永登县志》卷1《村社》，《方志丛书·华北地方》第344号，第13页。
③ 民国《大通县志》第2部《建置·寨堡》，《稀见方志》第55卷，第689—690页。
④ 康熙《金县志》卷上《属堡》，《集成·甘肃府县志辑》第6册，第56—57页。

较远。其城内经济、与外界的联系等地方运转各项事务，都不能脱离城外四周分布的堡寨。洮州城外的堡寨，被当时人看成"民间之散堡"，其与周边的交通要路相连，又连接墩堡关隘，功能上兼具军事与民事双重性。洮州城四面八方所设有的堡寨，共有 232 个，[①] 均以距离城的里程远近而分布。详见表 2-6，光绪年间洮州城外堡寨分布简况。

表 2-6　　　　　　　　**光绪年间洮州城外堡寨分布简况**

方位	堡寨名称（距城里数）
城东 51 个	小河（0.5）、过关堡（0.5）、寇家桥（2）、刘旗（5）、汪清堡（5）、徐家村（3）、李家堡（5）、接官厅（5）、李家庄（6）、合丰堡，俗名唐子（10）、羊房（6）、苗家嘴（8）、扁都（8）、下扁都（8）、哈家滩（10）、南沟（10）、西沟（10）、地湾（10）、上朱旗（15）、萧家沟（16）、千马杓（15）、李旗山（15）、马养河（20）、黑石关（30）、恒足旗，俗称王家坟（40）、巴截（45）、磨沟（60）、梨园（60）、中寨（60）、王旗（60）、立社族（40）、陈家庄（40）、山丹口（40）、牌路下（40）、东马旗（50）、马旗（50）、张家沟（50）、三丰沟（50）、南山族（40）、安家山（40）、唐旗（60）、杜家川（70）、西石旗（70）、韩旗（70）、小儿儿（70）、武旗（75）、占旗（70）、东石旗（70）、孙宾旗（60）
南路 33 个	雷家庄（1）、雍家湾（2）、丁家山（2）、何家山（3）、西南沟（2）、东南沟（3）、张仲和岭（5）、次滩（5）、张旗（10）、杨家沟（10）、口干下（15）、东山（15）、马仲得沟（15）、朱昌寨（20）、湾哥嘴（25）、杨家庄子（25）、丁家庄子（25）、新堡，木商厂（25）、琵琶（30）、上堡（30）、窑头（30）、马旗（25）、洛臧（30）、常旗（35）、秦百户（35）、张雄寨（40）、杨花（40）、温旗（45）、石旗（45）、郑旗（50）、资福（50）、上川（50）、巴截（60）
西路 45 个	池上（1）、园你（0.5）、王家山（2）、端阳沟（10）、红山儿（10）、汪家嘴（5）、蒋坪沟（5）、巴日（5）、褚安（10）、水磨川（10）、丁家堡（15）、着逊（20）、苏家沟（15）、浩鲁（15）、白土（20）、太平寨（30）、拉布（30）、杨永（30）、孙家磨（30）、旧庄子（40）、捏路（40）、土门堡（40）、青泥河（40）、丰乐旗（40）、长丰寨（40）、薛多（40）、长川（40）、哈儿乩（50）、冯旗（50）、杨昇（50）、沙巴（50）、千家寨（50）、禄马（50）、加哈路（50）、多福寨（50）、丰满旗（60）、旧淘堡（60）、卓臧族（70）、古儿占（70）、哈路铁（75）、着洛（70）、夏臧庄（60）、甘宜（60）、哈勺卡（70）、拉直庄（78）

---

① 据光绪《洮州厅志》卷 2《舆地·都堡》统计。见《稀见方志》，第 49 卷，第 301—308 页。

方位	堡寨名称（距城里数）
北路 55个	晏家堡（4）、褚家堡（3）、党家沟（6）、白松岭（15）、西沟（30）、大草滩（30）、桥子川（60）、巴大（60）、羊撒（60）、新庄（65）、峡（75）、小岭堡（70）、哥龙峪（80）、下河（80）、陈家台子（85）、窑化沟（85）、甘沟（90）、合科（90）、蒋舍口（90）、长乐庄（90）、石庙儿（100）、新城堡（120）、莲花山（120）、石关堡（120）、郜家庄（120）、嵋峪山（120）、白土坡（120）、浪谷山（120）、解家磨（125）、石岭儿（130）、刑家庄（120）、洪家庄（125）、巴渡水沟（130）、火石窑（130）、黄家山（140）、燈山座（150）、王家山（1600）、大岭堡（150）、丰乐庄（150）、凸限（140）、马家桥（140）、新城治（140）、五湖滩（160）、托扎山（150）、窟扎山（150）、齐家寨（150）、张祁山（150）、门楼寺（150）、晏家河滩（160）、赵家坟湾（160）、八角堡（160）、阿姑山（180）、十王家（180）、公葛大寨（180）、公葛小寨（180）
东南路 21个	下川（10）、吴百川（10）、上岭堡（10）、成旗（15）、捏仁（25）、黑石关（30）、五庆旗（40）、山岔（40）、新站（450）、高楼堡（50）、大房沟（60）、穴沟（60）、盖边沟（25）、大小青林门（30）、王帽沟（25）、彭家庄（30）、马家庄（30）、黑林角（30）、怀沟（20）、尹家沟（20）、王清（20）
东北10个	东沟（20）、什拉路（10）、大河桥（20）、羊饿（20）、罗小沟（30）、汪家庄子（20）、大阳沟（25）、李家河（30）、东草山（30）、大墙匡（30）
西南 12个	吴家堡（5）、眼藏族（5）、上寨（10）、红堡子（15）、马厂沟（15）、宋家庄（15）、孙家庄（15）、张家庄（15）、杨家川（15）、龙马沟（15）、上卓尼（20）、李岗（40）
西北5个	城背后（0.5）、贾家山（2）、李家山（2）、张湾堡（5）、马莲滩（5）

资料来源：光绪《洮州厅志》卷2《舆地·都堡》。

注：按照厅志所记，以上村庄堡寨均以光绪年间所列，其间"积货通商，可称繁富者，惟旧洮堡一处。其俗重商贾，善居积，洮地精华聚于是焉"。"其余各堡皆民间村落，无甚表异"。不过，其中也有许多堡，虽占地很小，但均为重要的军事关隘，尤其在明代时，是旧洮堡的咽喉要道，如古儿占堡、官洛堡、恶藏堡、杨昇堡等，至光绪年间时，已经"废作民堡"。

当然，在洮州城四周，除了以上的"民堡"外，还有许多"要堡"，分布于城西、东两方四五十里至六七十里不等的交通要道、军事关隘处。

有些堡的修筑，起初也完全是应一时军事之需。如同治年间，西北回民起事，庆阳地区为避战乱修建了许多堡。人们以村或族为单位，据险修堡，堡内挖窑洞作为临时避难所。又如庆阳的华池堡子咀、谷家大堡子、郭家堡、米家堡、石家堡、赵塬堡子、西峰区堡子、路家堡、镇原新堡、马堡。环县的陈家堡子、大寺堡子、小堡沟、大柴沟民堡以及镇原东北的姜家洼堡等。[①] 堡内的窑洞宛若蜂房，形似营垒村寨，被当地人称为"堡子窑"。发展后期则民堡的功能更强。

民国时期，大通县的堡寨也属于民堡的一种，有堡寨33个。其中河东有6堡，河南10堡，河西8堡，河北9堡。方志作者明白地记载了各堡的实际功能，即河东6堡之地，为当地人们"生聚"之要区，河南10堡是富庶之区，河西8堡物产丰富，河北9堡土壤肥美。详见表2-7。

表2-7 　　　　　　　　　　　　　　民国大通县堡寨

分布	堡名	堡寨四至以及距离	重要功能
河东6堡	阿家堡、元墩堡、多隆堡、兴隆堡、丰稔堡、李家堡	东至燕麦川，西至硖口，约40里。南至五峰山，北至朝藏滩河，约50里	六堡相接错绣，其中峰环三面，北带大河，盖人民生聚之要区也
河南10堡	永安堡、庙沟堡、平路堡、柴家堡、黄家寨、杨家寨、毛贺堡、新添堡、东流堡、石山堡	东至威远门，西至金峨山，约50里。南至长宁堡，北至永安关，约35里	其中万众罗列，一川如画，室家富庶之出首也
河西8堡	百胜堡、极乐堡、孙让堡、阳化堡、良教堡、雪沟堡、樵渔堡*	东至永安关，西至黑林硖，约90里。南至金峨山，北至拨河，约70里	四山围绕，三水交流，其物产昌繁之胜境也
河北9堡	古娄堡、祁家堡、硖门堡、新庄堡、旧庄堡、河州堡、河州堡、向阳堡、红山堡	东至广惠寺，西至永安城，约100里。南至古娄山，北至大草滩，约160里	山水明秀，土壤肥美，天地造设之奥域

资料来源：民国《大通县志》第2部《建置志·寨堡》，《稀见方志》第55卷。

* 大通县河西共有8堡，原文只列出7堡。

---

① 康秀林主编：《环县志》，甘肃人民出版社1993年版，第492页。

当然，清代初期，黄河上游区域堡寨的军事功能更显一筹。康熙时期，湟水流域的碾伯所城尚处于军事地位高于行政职能的时期。清廷为了便于控制居住于此处的蒙、藏两族与农耕区汉、回等民族，在碾伯城周边建有若干堡寨。如所治东境有水磨堡等 17 堡，南境有冈子堡等 17 堡，城西境有旱庄等 3 堡，北境有 6 堡，东南境有洪水堡等 62 堡，西南境有七里堡等 9 堡，东北境有卯寨沟庄等 4 堡，西北境有祁土司祁家堡等 5 堡。[①] 从所设堡寨的数量分布可以看出，并非按一定的规律设置，而是四方所设不成比例。碾伯南部及东南接界的巴燕、循化地方，所设庄堡最多，西境往西宁府界则最少。这种分布，虽然与此处原本的地理形胜无不关系，但更取决于行政管控推行的力度和治理程度。如其时巴燕、循化地方处于多民族交界的边界地带，南部和东南部的农耕文明程度还相对较低，居住人口的生产方式尚处于游牧向农耕转化的初级阶段，后伴随人口的不断集聚，这里成为城镇势力东南向发展的基地。

另外，在黄河九曲的河州，也由于多民族聚居的缘故，将建于城外空间的具有堡寨功能的单元，称为屯寨。康熙年间，隶属于河州卫的屯寨有 50 多个，详见表 2 - 8。

表 2 - 8　　　　　　　　　　　**河州卫屯寨**

屯寨名称	距州里数	屯寨名称	距州里数	屯寨名称	距州里数
锁南坝寨	州东 50 里	二郎塬寨	州北 10 里	红土坡	州西 30 里
吹麻滩寨	州西 70 里	马连滩寨	州南 50 里	郭儿寨	州西 40 里
徐旗寨	州北 60 里	红崖子寨	州西 70 里	十里屯寨	州西 10 里
小寨	州西 60 里	马厂寨	州东 60 里	松树寨	州南 50 里
吉家寨	州西 50 里	刁奇寨	州南 60 里	吴池沟寨	州西 60 里
水泉坪	州西 50 里	上五寨	州北 10 里	中五寨	州北 13 里
杜百户寨	州南 30 里	贾百户寨	州南 50 里	刘谭寨	州南 20 里
打柴沟寨	州南 80 里	林檎子寨	州南 90 里	围场寨	州南 70 里
张八剌坪寨	州西 40 里	甘草凹寨	州西 50 里	广坡寨	州南 50 里
七里屯寨	州西 7 里	滴水崖寨	州北 10 里	官草凹寨	州西 20 里

---

① 康熙《碾伯所志·庄堡》，《稀见方志》第 57 卷，第 28—36 页。

屯寨名称	距州里数	屯寨名称	距州里数	屯寨名称	距州里数
玉仑沟寨	州南 30 里	三条沟寨	州东 20 里	重台塬寨	州北 30 里
江家沟寨	州北 30 里	下川寨	州北 120 里	麻家寨	州北 80 里
古城寨	州西 30 里	陈西寨	州南 30 里	尹家寨	州南 30 里
火烧寨	州南 40 里	潘家寨	州南 70 里	蓝达寨	州南 40 里
莲花寨	州北 40 里	黄家寨	州北 50 里	冯家寨	州北 70 里
槐子树寨	州南 60 里	干沟寨	州南 50 里	张百户寨	州北 30 里
大南岔寨	州南 50 里	梨子寨	州东 50 里	万户沟寨	州南 100 里
巴羊沟寨	州东南 130 里	席百户寨	州南 50 里		

资料来源：康熙《河州志》卷之二《田赋·户口附·里甲》。

有些堡寨，建有城垣。如靖远城周所建的堡寨就有城垣，距离靖远城路程远近不等，近的仅有几里，如西阛门，即在城西 5 里处，远的则有一百多里，如芦沟堡城，处于城东 180 里，城周 3 里。所设堡寨均处通衢冲烦之地。详见表 2 - 9。

表 2 - 9　　　　　　靖远城周堡寨空间分布与占地规模

堡寨	方位	城周	堡寨	方位	城周
西阛门	西 5 里		陡城堡城	卫北 50 里	290 步
东阛门	东 15 里		裴家堡城	卫东北 130 里	175 丈
永安堡城	卫东北 120 里	3.1 里	哈思吉堡城	卫北 170 里	城周 1 里
芦沟堡城①	卫东 180 里	3 里	索桥堡城		
芦塘堡城	卫北 220 里	2 里 212 步	沙古堆堡城②	卫北 130 里	160 丈
小芦塘堡城	卫北 210 里	188 步	大庙堡城	卫北 150 里	176 丈
平滩堡城	卫西 90 里	1.3 里	刺赤堡城	卫东 70 里	3.33 里
迭烈逊城	卫北 70 里	350 步	干盐池堡城	卫东 120 里	4 里有奇
水泉堡城	卫北 90 里	1 里 220 步			

资料来源：道光《靖远县志》卷之二《城池》。

---

① 明万历二十四年建。
② 连女墙高 3.1 丈，底阔加帮 8 尺，顶阔 5 尺，外郭斩山崖一，周 250 丈，高 1.6 丈。

再说，会宁县东的青家驿，也是重要的城堡。为"甘凉孔道，巩郡首驿"。清代以前称为青家镇、青家所。城周3里90余步，东西二门。东接静宁，西至县治，距离皆90里。[①]

清初宁夏境内军事防御体系基本沿袭明代，主要军事营堡集中在府的北部，随着社会管控程度的变化，军事防御堡寨或废弃或转化。兹就乾隆《宁夏府志》和《嘉庆重修大清一统志》所记载的营堡及占地规模列表如下，以方便讨论。见表2-10。

表2-10　　　　清代黄河宁夏区主要军事营堡及占地规模

州/县	堡寨	城周	方位	驻防官级
宁朔县 5	玉泉营	3里	西南90里	游击、守备
	平羌堡	—	西30里	把总
	镇北堡	—	西40里	把总
	大坝堡	—	南120里	把总
	满城	7里5分	西15里	将军
平罗县 3	洪广营	2里6分	西南60里	游击、守备
	威镇堡	—	北15里	把总
	李刚堡	—	南60里	把总
灵州 11	花马池		东260里	参将
	清水营	2里	东北70里	把总
	兴武营	3里8分	东北140里	都司
	横城堡	—	北70里	都司
	同心城		西南450里	守备
	安定堡	—	东200里	守备
	惠安堡	2里4分	南160里	盐捕通判
	红山堡	—	东北60里	把总
	临河堡	—	北60里	把总
	毛卜喇堡	—	—	把总
	韦州堡	2里	东南210里	—

---

① 道光《会宁县志》卷之三《建置志·城池》，《集成·甘肃府县志辑》第8册，第72页。

州/县	堡寨	城周	方位	驻防官级
中卫县 5	广武城	约 3 里 2 分	东 200 里	游击、守备
	枣园堡	约 2 里 4 分	东 130 里	把总
	石空城	—	东 90 里	守备
	镇罗堡	—	东 30 里	把总
	古水城	城垣多颓废	西南 50 里	守备
盐茶厅 8	西安州	5 里 6 分	西北 40 里	—
	新营堡	3 里 3 分	南 160 里	—
	沐家营堡	2 里	南 160 里	—
	新堡子	—	120 里	—
	小沐家营	—	404 里	—
	古城堡	—	东南 100 里	—
	红古城	—	东北 100 里	—
	古城堡	—	110 里	—

上述城堡中除了宁夏满城具有原本的特殊性，城垣规模最大，周有 7 里 5 分，其他营堡的规模不一。表现在盐茶厅的西安州城堡规模较宁夏满城次之，城周 5.6 里。玉泉营堡、兴武营堡、广武城堡、新营堡 4 营堡规模在 3—4 里。城周 2—3 里者有洪广营堡、清水营堡、惠安堡、韦州堡、枣园堡和沐家营堡，占地规模均小于满城。大多数营堡的城周在 2—3 里，占 50%。基本以能够满足军事驻防为宜。另外，32 个城堡中，与各中心城镇的距离，除了未标明里程的 1 个外，在 90 里以上的有 18 个，70 里以下的 13 个，措置于各城镇中心周边，以达到拱卫的目的。

当然，当堡城的占地空间一旦不能满足官兵驻扎的需求时，倘若位于军事位置重要之处，尤其是位于一些重要的多民族交界处或管控的松散区，也会适时地增筑扩建城垣。如黄河九曲的循化营地，明代为防御蒙古的前哨，故初设的缘故为"地近番、撒"。康熙十一年（1672）时，随着循化地方的重要性更增强，由河州副将往来游巡驻防。起台地方也因为其是十分重要的军事驻防之处，于万历年间，筑有起台城，置守备驻防。明清之际，守备内移至双城堡。乾隆三年（1738），黄河"蒙番"纷争不断，兵部令起台堡守备仍归起台城原汛驻扎。但由于"堡城窄小"，准予在旧堡之外"接筑关厢"，建造衙署兵房。后因堡城

"四面皆有壕沟，难以接筑"，遂令河州地方在原堡城东门外勘地兴筑。城堡三面长 140 丈，高 1.2 丈，根厚 5 尺，顶宽 1 尺，东城门 1。[1]

城周向外延伸地方设置关隘，也是为了军事防御。明末清初，黄河九曲尚处于藏族游牧之地。明朝为了防御，在河州与循化境筑边墙，设置 24 关，散布在河州所属的循化城外。其中以老鸦关最为重要，其次为积石关，而土门关则以大夏河流域藏族繁盛后渐趋重要。[2]

在重要的交通要道、交通供需路口，也设有军事性质的关隘。如在固原和隆德之间有瓦亭关，位在平凉西 90 里，由此北行 80 里至固原，西南行 50 里至隆德。固原为赴宁夏之道，隆德为行兰州之道，瓦亭关有城周 3 里之土城，开东西南三门，城内设兵营，有二三商廛马店。瓦亭川的马店，主要为来来往往的商旅提供马匹。民国时期，一般情形的大车，需用马匹 10—13 匹，轿车则需马 5 匹左右。[3]

明代以来所设有些关隘直到民国时，名称依然保留，只不过其军事防御功能减退，在关之地，已经被编入行政管辖区内。大通城东区有 6 关，即阿尔炭山、木隆沟、木龙沟、东峡口、威远暗门、仙密峡。南区 2 关，为拉课暗门、永安关，西区 4 关，峡门口、揎尔坝口、武胜沟口、黑林暗门。北区 8 关，北大通城、永安城、大草滩、脑尔都口、平羌口、鸾鸟口、扁都口、俄博营。[4]

有时候，城镇之间空间距离范围内行政管控模式的选择和设置，与人口密度相关联。明嘉靖年间以前，河州卫城所在的区域内，划分里甲进行管理，依照人口多寡，分有 45 里。入清后的康熙四十六年（1707）前后，人丁减少，里甲数减至 31 里。见康熙四十六年河州城

---

① 光绪《西宁府续志》卷之二《建置志·城池》，青海人民出版社点校本 1982 年版，第 74 页。

② 24 关为：积石关，在河州西北 120 里，距离循化厅 60 里。崔家峡关，在河州西北 100 里。樊家峡关，在河州西北 100 里。大峡关，在河州西 90 里。五台关，河州西 90 里。红崖关，河州西 90 里。乩藏关，河州西 70 里。老鸦关，河州西 80 里，西北距厅治 120 里。漠泥关河州西 70 里。土门关，河州西 90 里。石咀关，河州西 90 里。朵只巴关，河州西 70 里。船般岭关，河州南 60 里。槐树关，河州南 70 里。西儿关，河州南 90 里。乔家岔关，河州南 80 里。牙塘关，河州东南 70 里。沙麻关，河州东南 80 里。思八思关，河州东南 80 里。陡石关，河州东南 70 里，大马家滩关，河州东南 70 里。小马家滩关，河州东南 40 里。麻山关，河州东南 140 里。俺陇关，河州东南 200 里。见《循化志》卷 2《关津》，《稀见方志》第 56 卷，第 140—158 页。

③ 民国《甘肃省志》，《稀见方志》第 33 卷，第 67—68 页。

④ 民国《大通县志》第 1 部《地理·关隘》，《稀见方志》第 55 卷，第 681—682 页。

里甲分布表 2 - 11。[①]

表 2 - 11　　　　　康熙四十六年（1707）河州城外里甲分布

州名	里数	州名	里数	州名	里数
右丞里	州东 3 里	洪水里	州西 20 里	黑水里	州东 20 里
高桥里	州西 20 里	麻失里	州东 3 里	哈喇里	州东 50 里
俺哥里	州北 40 里	河西里	州西 60 里	样卑里	州西 100 里
下川里	州西 110 里	吹麻里	州西 70 里	木叶里	州西 60 里
银川里	州西 10 里	乔家里	州南 30 里	古川里	州西 70 里
梨子里	州东 60 里	结河里	州东 80 里	必贴里	州东 90 里
禅家里	州东南 80 里	当川里	州南 140 里	刺麻里	州东 20 里
广坡里	周南 110 里	打柴里	州东 20 里	胭脂里	州南 160 里
鸦儿里	州东 40 里	定羌里	州南 150 里	景古里	州南 190 里

资料来源：康熙《河州志》卷之二《田赋·户口附·里甲》。

　　会宁县原额里甲 16 里，明正统二年（1437），因蒙古袭扰，置靖房卫防御，分北境军户以属，而县属编户减并 12 里，[②] 清初管控巩昌卫之东、南、北三路后，又划拨增加了临洮、兰州两卫及兰州厅的吴百户、秋百户所辖人口约 200 户，会宁县辖境扩大。乾隆九年（1744），又将周边里甲按照庄村的模式划分管理，仅会宁本城有 48 庄村。[③]

　　铺也是存在于城镇之间的主要空间连接带。庆阳县内的白马铺、十里铺、三十里铺、四十里铺等多沿马莲河及其支流沿岸分布。这里地势平坦，便于交通，又靠近水源，取水方便。由于各种历史原因，其他零

　　① 康熙《河州志》卷 2《田赋·户口附·里甲》，《稀见方志》第 49 卷，第 543—544 页。
　　② 保川里，在县西南；西宁里，在县西；第二川，在县东；新丰里，碁石各里；偏南里，在县南；什字川，在县东；黄川里，在县东北；朱家里，在县北；永宁里，在县北；原川里，在县东北；关川里，在县北；坊廓里，环县城。各里又分为 10 甲。参见道光《会宁县志》卷之二《舆地志·里甲》，《集成·甘肃府县志辑》第 8 册，第 50—51 页。
　　③ 48 村庄为：涸潦、孙家塬、翟家所、杨富岔、黄家岔、闹店子、青家驿、界守铺、宋吉川、刘家岔、白土坪、庙儿岔、小南岔、掌里、孟家口、南峪川、大博作、秋子树、新添铺、蒝岔、松树岔、碱滩铺、席棘滩、桥沟、陇西川、梁家河、砖井子、水头、高窑沟、汉家岔、碾子塬、底南岔、泉坪、平岔、老鸦沟、西番岔、西中滩、干沟驿、四十里铺、四房、吴家、韩家山、郭城驿、腰井、西坡姜家、上程家、锁家河、小水堡。道光《会宁县志》卷之二《舆地志·里甲》，《集成·甘肃府县志辑》第 8 册，第 51—52 页。

星分布在庆阳府境内的还有草滩铺（庆阳）、五郎铺（西峰）、卅铺（庆阳）、蒿咀铺（合水）、郭铺（宁县）、山沟铺（环县）、秦铺（镇原）、五里铺（西峰）等。《合水县志》记载："蒿咀铺，五里，陈家河，五里，王家河，十里，建水铺。由蒿咀铺至此路稍崎岖亦有小店逼近子午山，为县川水所发源之处"。"上山坡，十里，张吉铺，十里，苗村，有宿店，十五里。厮坡儿，五里，邵庄驿，十里，连家扁，有宿店，五里，宁车坡，水所会处设烟景川路，十里，王茂家庄，十五里，太白镇，有宿店，五里，河上原交郿州界"①。此段记载表明，合水县内的铺舍线路的构成是与当地的村庄、集镇及驿站等其他邮传设施结合而完成其中转使命的，并且是按照"国野之道"的基本标准设置，直至清末，道路交通仍畅通无阻。

清代在黄河上游西部新建的一些城周还设有乡的单元。位于日月山垭口之处的丹噶尔城，是以西宁城为中心向西辐射的边界，为城市体系西向牧业区延伸的起点。当然，其城外四周各乡堡庄的分布，也是支撑该城发展的重要条件。丹噶尔本城以外，"土人概称为四乡，实则正北无所谓乡也"。光绪末年时，仍以四乡划分。其东、南两路，分别称为东乡、南乡，西路以河南为正西乡，以河北为西北乡。详见表2-12丹噶尔城周四乡空间分布。

表2-12　　　　　　　丹噶尔城周四乡空间分布

四乡	方位	乡属名称	与城距离	所在位置描述
东乡	城正东的西石峡内，东北与河分界	下石崖庄	10里	
		蓝占巴庄	13里	迤北山沟
		土人庄	5里	河南，有吏阿哈丢小庄与河北的石崖庄相对
		导河南庄	15里	
		菜子湾庄	18里	河南
		下骆驼脖项庄	20里	
		东黄草湾小庄	25里	河南

① 乾隆《合水县志》，《稀见方志》第44卷，第77页。

四乡	方位	乡属名称	与城距离	所在位置描述
南乡	城正南	董家庄	3 里许	
		蒙古道庄	5 里许	城南
		达家坡小庄	1 里许	迤北
		泉尔湾小庄		迤东，有戎峡山之坳
		曲布炭庄		又名曹家沟，位在东而南
		窑洞庄		曲布炭庄再南
		董家脑庄	15 里	窑洞庄之东南
		灰条沟小庄	东南 10 余里	少东迤北六七里
		刘家台小庄		灰条沟之西，戎峡山之南，曲布炭之北
		察汗素庄	正南 10 里	湟水南流之西
		大高陵庄	15 里	察汗素庄迤南
		小高陵庄	20 里	大高陵庄再南
		冶人庄	10 里	河东，与察汗素相对
		茶曲庄	20 里	
		白水河庄	25 里	
		药水庄	30 里	城南稍西
		宗家沟小庄		迤西山间
		孕加毛多小庄		
		克素尔庄	40 里	
		兔尔干庄	45 里	从南稍偏西，为东科尔寺，距城 50 里
西乡	临城河南	池汉托亥庄	西南 3 里许	
		拉拉口庄	正西 6 里余	池汉托亥庄迤西，
		拉莫布庄	10 余里	西南
		拉拉卡	18 里	拉莫布庄隔河南
		三条沟庄	20 里	西南
		达尔化庄	西 15 里	
		塔尔湾庄	25 里	
		上纳隆口庄	西 20 里	
		宗家庄	西二十七八里	

续表

四乡	方位	乡属名称	与城距离	所在位置描述
西北乡	西城门向西北	河拉台庄	西 3 里许	
		李大河庄	西北 5 里	
		沈中大庄	西北 15 里	
		大路庄	西稍北 20 里	
		转嘴子庄	西稍北 25 里	
		巴燕托亥庄	西北 30 里	

资料来源：光绪《丹噶尔厅志》卷 3《地理》，《稀见方志》第 55 卷，第 814—816 页。

（丹噶尔城往西，有哈拉库图、察罕托罗海等四城）

以上各庄中，还筑有作为防御工程的团寨，大部分为同治、光绪两次回民起事中而筑。如蒙古道庄团寨，距城南 5 里许，同治年间所筑。空间狭小，仅"容小户十余"。光绪二十一年（1894）时所筑纳隆庄团寨，距城西南 5 里。[①]

当然，在城镇以外的地理空间，除了上述的以堡寨为主的几种形式单元分布外，还有墩塘、营汛等类型的或军事，或传递信息的联络点分布，共同构成城镇网络空间格局的组成部分。这些属于城乡结合部的区域，为城镇的长期发展所起的支撑作用是城市研究中所不能忽视的。

进入民国后，在短短的几十年中，伴随行政隶属变动频繁，尤其是在 20 世纪 30 年代前后，对城镇及周边所辖以区、村的形式加以管理。如临洮置村 258，分为六区。一区辖村 49，二区辖村 31，三区辖村 33，四区辖村 33，五区辖村 72，六区辖村 40。[②] 红水置村 22，分为五区。一区村 5，二区村 5，三区村 3，四区村 4，五区村 5。和政分为五区，一区 16 村，二区 22 村，三区 9 村，四区 17 村，五区较为特殊，由定宁划拨南 5 会、鸣岩，由狄道划拨洮西 13 里、15 里。[③] 区村体制，是

---

① 光绪《丹噶尔厅志》卷 6《险隘·附录各庄团寨》，《稀见方志》第 55 卷，第 865 页。

② 民国《甘肃通志稿·建置志一·县市》，《稀见方志》第 27 卷，第 244 页。

③ 洮西 13 里，共 5 段，益字一段、益字二段、随字段、升字段、妇字段；洮西 15 里，共 4 段，终字二段、敬字段、慎字二段、器字段。民国《和政县志》卷 1《地理志·区域》，《稀见方志》第 49 卷，第 649 页。

城镇管理体系的衍生，为县治中与城媲美的管理方式。

三　城市体系形成与完善

黄河上游城市发展的动力，包括自生动力和外部推动力。所谓自生动力是指城镇在区域中拥有不同生态位态势差，并以此形成自我驱动。[①]在区域城镇发展的早期，这种生态位态势差，一般是由具体的地理区位环境自然差异造成的，城镇发展到一定程度后，多种社会经济、生态因素在不同场所以不同的方式对城镇进行作用，如经济等的集聚与扩散，外部交通网络化的发展、自然环境的制约等，均对城镇的生态位态势差进行着修正和改变。有的城镇地位凸显，有的逐渐被替代。将这一原理引申至城市学，即是指城市某一特殊像的功能及其所起到的应有的职能，而这些职能仅在其所生存的区域中体现，一旦离开特殊的生态区，显示其特点和作用的职能就会改变。

黄河上游区域是中国政区范围内少有的民族聚居区，各民族丰富多彩的宗教信仰，增添了本区城市文化区别于他处的特色，城市的宗教色彩浓厚。这里更有中国最大的牧场，也是重要的半农半牧区，具有生态交界带的固有特征，其由农畜产品贸易促成的经济型、由军事堡寨演变催生的军事型等城镇发展模式，是本区城市体系的重要方面。当然，这里还有原本就应该与中国其他地区一般城市类型接轨，在开发利用丰富的矿产资源进程中而兴起孕育出的资源型城镇，因地理位置重要而发展成的交通型以及多元的综合性城镇等，改变了本区城镇以政治军事职能为导向的单一政治结构，并向多样型过渡。以下就黄河上游地区寺院经济、城镇堡寨转型中的城镇特征加以讨论，并以河湟地区的西宁府城镇体系的形成做个案考察。

（一）城镇体系的寺院特征

在黄河上游区域，除了沿河流流域兴起和壮大一批城镇外，蒙藏牧

---

① 朱春全：《生态位态势理论与扩充假说》，《生态学报》1993年第3期，第324—332页。

区也因优质畜产品在国际市场地位的提高而获得发展契机，催生出一批与寺院名称重叠的市镇，寺院名称被俗称为城镇治所。如拉卜楞几乎是夏河县的代名词，塔尔寺等于所在地鲁沙尔镇名称，同仁的隆务寺等于所在地隆务镇的名称，以及湟源与东科尔寺的关系等。清代以来，清廷本着"兴黄教胜以安众蒙古"的指导思想，对黄河上游区域的藏传佛教给予了大力扶持，佛教寺院建筑发展很快。表现在以塔尔寺为主的各寺院在经历了康雍之际的波折后，得以扩大昌盛，且伴随着近代以皮毛为主要畜产品的商业贸易的兴起，融入了行政建置的县级城镇管理体制，为当地市镇行政功能的提升做出贡献。可以说，城镇发展与寺院经济市场有着密不可分的联系。被誉为寺院城镇。

诚然，寺院城镇，尽管人所周知，但作为一种学术观点，是民族学、社会学家于式玉最先提出的。抗战爆发后，于式玉随其夫李安宅在藏区调研考察，认为各处的寺院建立后，一些百姓为了供应活佛的差役，离开游牧的大队，在寺旁定居下来。还有内地商人，在向寺院提供用品的过程中，居住下来。经营皮毛的商人，自四方聚集而来，日久也定居下来。所以"百姓、商人乃形成今日寺旁的村庄"[1]。可见，在藏区，有一些城镇是依托寺院而发展起来的，这应该是黄河上游区域城镇发展的一个特点。当然，寺院的建立，以及经济特征与周边村落之间的供养关系，不应该只是这样一个单一模式。行政建置的确立与行政管控程度的提升，也是加快寺院所在地城镇发展的重要驱动，由此所附带的近代贸易、近代交通、人口流动等要素，都是不能忽视的重要因素，尤其是近代富有国际商贸经济因素的影响巨大，不容忽视。

乾隆二十七年（1762）之前，夏河县所在的拉卜楞之地，居民主要为藏族，即所谓的"南番二十一族"，军民行政分隶于循化、河州。是年，设循化厅，移河州通判于此。直到民国初期，拉卜楞地归西宁道署循化县辖。1917年，划归甘肃省辖。1928年，于境地拉卜楞设置局升县，名夏河。[2]

夏河县城，无城垣。占地4800余平方里，人口7500余户，34000

---

① 于式玉：《于式玉藏区考察文集》，中国藏学出版社1990年版，第44页。
② 民国《甘肃通志稿·建置志·县市》，《稀见方志》第27卷，第245页。

余人。整个城镇以拉卜楞寺院、市街两部分组成。寺院部分为藏族之信仰中心，有喇嘛2600人。市街部分为汉、回、藏各族互市之地。拉卜楞保安司令部直辖十三庄，共一千二三百户。其余地方则各有土官管理，各族自成聚落。十三庄皆在寺院附近，最初仅有塔哇，① 后增加了3个庄子，最多的时候有19个庄子，却沿用十三庄的旧称。② 除去寺院建筑的部分外，整个夏河城的核心部分是当地以藏族为主，兼有蒙古、回、汉等各民族集中互市之处，是牧区畜产品的主要贸易中心。这里的出口商品以牲畜皮毛为主，进口以粮茶为主。所以，当时人说，夏河县"实依寺院而成立"③，而拉卜楞寺也为夏河县精华所在。

图2-4　夏河拉卜楞寺

在近代皮毛贸易兴起之初，黄河上游区域的寺院周围，既无常设市场，又无固定店铺，多以宗教会期为贸易高潮，每逢宗教盛日，"就旷野为市场，物贵者蔽于帐，物贱者曝于外，器物杂陈"④。拉卜楞也不例外，其作为"产羊毛，而无售羊毛之所。有制毡房，而无售毡之商店。产各种兽皮，而无硝皮、售皮之商店"，外地商人要收购各种皮

---

① 塔哇，初指在拉卜楞寺周围做小生意者，后逐渐定居，人口渐多，形成村落。详见贡保草《拉卜楞塔哇的社会变迁》，民族出版社2009年版。

② 王树民：《陇游日记》，《甘肃文史资料选辑》第28期，第243页。

③ 《夏河县志》卷之一《地位》，《方志丛书·华北地方》第346号，第10页。

④ 马鹤天：《西北考察记·青海篇》，《亚洲民族考古丛刊》第5辑，南天书局有限公司影印本，1936年，第210页。

毛，"须觅诸民家或喇嘛"①。但是，随着近代皮毛贸易的发展，拉卜楞寺周围逐渐发展起来，成为规模可观的商镇。以至"市上房屋栉比，且大半楼房，不类藏地。人烟稠密，商业繁盛。一因收买羊毛、羊皮者之汉商，多来此地。一因朝拜嘉木样活佛之藏人，多不远数千里而来，故成今日之廛市"②。

在近代畜产品商贸经济中，拉卜楞作为黄河九曲之地的商贸集散地，重要性更为凸显，其主要输出品以皮毛为大宗。据统计，拉卜楞每年出口货值 50 万元，入口货值 28 万元，出超年约 17 万元。主要出口货为羊毛、狐皮、白羔皮、马，输入货主要为松茶、蔺绸、伏茶、青盐。输入货物来自天津、北京、上海、汉口、杭州、成都等地。其中北京来的货，多供给藏区，如铜壶、小刀、僧帽、珠子等。天津、上海来货多为日用品及洋货等。汉口、杭州、成都则为绸缎、茶叶等。四川来货多为犏牛驼载，经草地而来。其他各地则皆由兰州转运。③

输出货物中，皮毛位居贸易总额的 9/10 以上。境内的上、下塔哇，有店铺商号数百余家（处），均为回汉商人所开设，④ 约回汉各半，最有势力者为"河州帮"⑤。然经营羊毛者，亦多为临夏（河州）回商，"占十之八"。营业资本较大者为皮商，多系平津一带富商。每年九月间，携款运货而来，翌年四月间运载皮货而返。恰如候鸟，俗称"候商"，亦曰行商。收购旺季过后，这些人派采购人员留守，从事零星贸易。此外，有山西、陕西及本省资本较小的皮商，收买羔皮，运往天水、西安、大同等地。1928 年，甘肃分省前，西康一带的猞猁、水獭、狐、豹等类兽皮，也大多经由拉卜楞输出。⑥

上述商铺的 80% 在拉卜楞寺周围，资本在 10 万元以上的占 40%，多为青海、临夏之官绅经营。资本在 10 万元以下者甚多，有 130 余户。杂货商及平津商人共有 210 户，杂货商的资本位居第二。藏商极少，约占

---

① 马鹤天：《甘青藏边区考察记》，《民俗文献》第 20 卷第 4 辑，第 101 页。
② 马鹤天：《西北考察记·青海篇》，《亚洲民族考古丛刊》第 5 辑，第 58 页。
③ 均见王树民《陇游日记》，《甘肃文史资料选辑》第 28 期，第 244—245 页。
④ 俞湘文：《西北游牧藏区之社会调查》，《民俗文献》第 22 卷，第 318—319 页。
⑤ 以上均见王树民《陇游日记》，《甘肃文史资料选辑》第 28 期，第 244—245 页。
⑥ 《夏河县志》卷之六《商业》，《方志丛书·华北地方》第 346 号，第 65 页。

2.9%。外资所设洋行几家，德国资本有 2 家。其中一家的资本 10 万元以上，除了经营羊毛外，也兼营粮食、茶叶、瓷器、杂货、理发、制鞋、屠宰等 20 余个行业。各商号所收皮毛，也多运销于海外。以天津、上海为国内目的地，以兰州为转运站。抗战前，拉卜楞的羊毛输出量为 120 万斤，战后略有减少。其中，1939 年为最盛，大量输往俄罗斯境。苏德战争爆发后，输出量有所减少。1942 年后又有所回升。[①]

就平时羊毛的转运交通和周期而言，自拉卜楞寺至兰州，走陆路 3 天，在兰州换皮筏沿黄河下放至包头，再经火车运至天津，最快需 20 日。西兰公路通车后，由兰州装汽车至西安，再换火车，运达天津、上海，时间大为缩短。羊毛运输，原本皆由客商自运，自 1936 年冬季起，邮局开始收寄羊毛包裹，以骆驼发至兰州，经汽车外运至天津。仅 1936 年的第四季度，运出 4000 余包，每包重六七十斤不等，占输出总额的 7/10。全年中以 9 月至次年 3 月、4 月为旺季。[②] 由此可见，近代交通发展成为拉卜楞畜产品贸易发达的重要因素。

拉卜楞寺有属寺百余座，大多有经商放债基金，资本雄厚，商行数量较多。寺中稍有地位的喇嘛、管家及上层，大多拥有经商基金。放债过程中也相互竞争，以至于甘南较大的商户，都以寺院、土官为资本来源的后盾，后者甚至参与商业过程，形成以拉卜楞为中心的寺院、土官和商人相结合的商业垄断集团。另外，寺院占有大量的寺产，其中"夏河县治的村子，上下化哇（塔哇），房屋及耕种的地段，所有权大半在寺院手里"。至 20 世纪 40 年代时，寺院占有附近十三庄所有土地的 90% 以上。[③] 寺院拥有雄厚的经济资本。

拉卜楞也有藏区最大的牲畜市场。尤其是夏河县设立后，原本在临潭旧城的牲畜贸易转而拉卜楞，马牛和羊市分设于 2 处。马牛市场在拉卜楞寺旁的"催拉"，集市距夏河不到 2 里。羊市在离拉卜楞寺约 3 里的唐纳海，天天交易，但数量不是很大。这里的牛羊主要供给兰州市场。境内有屠户二十七八家，均为河州回民。居民以肉食为主，故屠宰业甚

---

① 党诚恩、陈宝生主编：《甘肃民族贸易史稿》，甘肃人民出版社 1986 年版，第 54—55 页。

② 均见王树民《陇游日记》，《甘肃文史资料选辑》第 28 期，第 244—245 页。

③ 李安宅：《拉卜楞寺概况》，《边政公论》1941 年第 1 卷第 2 期。

发达。还由于拉卜楞地处藏区出口的必经要道，牲畜市场的货源较广，尤其是在寺院定期的庙会期间，牲畜的交易量最大。届时，附近及西南部各部落藏族，还有川、青、康界的牧民，利用敬佛、朝圣的机会，驱赶着牲畜前来交易。同时带来的还有皮毛、酥油、药材等，以换取粮食、日用品等。20 世纪 30 年代后，除了物物交换外，也用银元、金、银等，因而拉卜楞也设有省银行汇兑所、中国农民银行农贷通讯处。①

显然，藏区畜产品贸易与民族信仰场所的结合，是促成寺院所在城镇发展的基础。而畜产品的使用价值，驱动了商贸经济的发展，且成为吸引国内外商人投资的主要媒介。若没有畜产品的吸引，寺院的庆典庙会，只能繁荣本地经济，很难形成跨国际贸易。某种程度上可以说，皮毛贸易的规模直接影响了寺院周边经济的兴衰。而拉卜楞位居藏区的地理、民族等区位优势，包括人口规模、交通位置等基本条件，成就了其形成城镇的可能。

塔尔寺亦是藏传佛教格鲁派的六大寺院之一，雍乾以来，塔尔寺每年正月、三月、六月、九月举行四次观经大会，以正月十五的酥油灯会为最盛，到场的民众不下五六万人，最盛时可达十万人。各地聚集而来者，在拜佛的同时，参加交易，以其所有，易其所无。人群中，除了汉、满、蒙、回、藏及青海土人外，"尚有西洋人点缀其中"②。隆重的观经大会，为期半月以上，热闹非凡，促成了商品交换的繁荣。

与拉卜楞的情形相似，塔尔寺所在的鲁沙尔镇，也位处农牧交界的半农半牧区，毗连纯粹的藏区，有着丰富优质的畜产品来源用于交换。同样，回族商人在贸易中所起到的中坚作用，又是寺院商业兴盛的动力。在塔尔寺经商人群中，回民所占的比重依然是重头，"约占百分之六七十"，尤其是方便民众日用所需的小商小贩经营，回民所占的比例更大，"约占百分之七八十"③。至 20 世纪 20 年代时，塔尔寺周围已经成为商品交易的集散地，开设有许多商号，藏区畜产品与内地贩运而来的日用品多种多样，交易繁盛。毫无疑问，塔尔寺已经成了周边民众交

---

① 参见党诚恩、陈宝生主编《甘肃民族贸易史稿》，第56页。

② 参见李化方《塔尔寺之宗教源流与蒙藏社会》，《西北论坛》1947 年第 1 卷第 2 期。

③ 中国科学院民族研究所、青海少数民族社会历史调查组编印：《青海回族调查资料汇集》（回族资料之二）《青海湟中县历史调查报告》，1964 年。

易的经济活动中心。①

随着塔尔寺经济地位的提升，带动了寺院所在鲁沙尔镇商业贸易活跃，也促成了这里政治地位的确立和行政层级的抬升。塔尔寺所在地方，原为西宁道附郭首县，隶属于西宁县，青海建省后，治西宁县。1945年，西宁市政府筹备处成立，西宁县移治鲁沙尔。使鲁沙尔镇逐渐融入行政建置的县属城镇。1946年，正式改西宁县名为湟中县。②

除了藏传佛教寺院在城镇转型中具有上述的特征外，回族以信仰伊斯兰教而建筑的清真寺，以及以寺为中心，所从事的贸易经营活动，也具有寺院城镇的特征。众所周知，西道堂在传播伊斯兰教中的作用不可低估，在黄河上游地区商贸经营中的地位也十分重要，是一个商业经营集团，主要经营商业和农牧副业，对城镇兴起的贡献也十分显著。

临潭旧城的西道堂是甘南除了拉卜楞外的另一个寺院贸易中心。③起初有资本200万元以上，在临潭旧城南关开有一批商店，总号天兴隆，分号天兴源、天兴德等，主要经营羊毛、皮张、粮油、木材、名贵药材、百货布匹、黄金白银等。除此外，还包括一些手工业作坊，如水坊、粉坊、醋坊、皮坊等。并在黄河上游的太子寺、临夏、贵德、保安、西宁、兰州、宁夏等城镇，以及省外的张家口、松潘、成都等处开办分号或代办所，业务深入藏区，遍及全国各地。由于形成网点，商业信息十分灵通。经营中，既有固定的行庄，也有大批的流动商队，带着藏区需要的铜锅、茶叶、佛香等物品深入藏区。货源充足，市场广阔。1947年，在北京开办了仁记商行，专门经营皮货和土特产品。④

值得一提的是，每年春秋两季，西道堂的商队一批批向草地进发，驼着藏人用的物品，到处都是活动的市场。"放账、赊欠都可以用口头信用来担保，保证来年可以如约交货或交款。"商队归来时，"就是洮阳旧城皮毛市场最活跃的时候"。当然，商人们在经商过程中，既散出于各藏区与当地人打交道，"每因生活上的不时接触，便和各部落的头

---

① 《甘肃省西南部边区考察记》（1942年），《民俗文献》第19卷第135册，第345页。

② 中国第二历史档案馆藏：《青海省政府民国三十四年度政绩比较表》、民国三十五年上半年《青海省政府工作报告》，史料整理处档案（二），第6319号。

③ 临潭是甘南之商业重镇，有新旧城之分。新城历来是临潭的政治中心，商业大多集中在旧城，这里接近藏区，回汉藏的物资贸易集散地。

④ 参见党诚恩、陈宝生主编《甘肃民族贸易史稿》，第57页。

人发生密切的联系。有时就在当地娶妻生子",融洽了各族关系,甚至于藏区"各部落的活佛或温布、或郭哇",时常依靠这些见多识广的回族商人"做政务顾问"。在"洮阳旧城再找不出如此有办法的商业组织"①。所以,时人把西道堂看成"新社会的模型"②。也可以说是寺院所在地转型城镇历程中的重要力量。

(二) 城镇堡寨转型的综合特征

实际上,上述寺院转型中的城镇特征,也具有综合性。当然,严格而论,还是有区分的。如黄河上游区域城镇体系的形成,除了清代以来已有府州县厅级别的一些城镇最引人关注外,在社会发展变迁的进程中,一些具有军事、交通、民族、宗教,甚至多要素集合等特征的堡寨,亦逐渐转型为普通行政级别的城镇,成为这里城镇化体系的重要组成部分。

由军事堡寨演变催生的军事型的城镇模式,成为构成本区城市体系形成的重要方面。清初,为有效地控制黄河上游甘青宁地区的地方各族势力,采取了不同的治理办法。其中,实行八旗驻防,设置堡寨关隘,筑城布兵驻扎,以加强军事护卫防御。具体显现在清初承袭具有军事功能的明代所设卫、所及关镇、城堡。该类城镇往往设立在地形险要的关隘附近,也选择民族集聚的边界和结合部。随着政治统治的稳固,这类城镇的军事职能消退,行政功能增强,成为一般行政意义上的县城。

清代宁夏的满城,即是全国为数不多的八旗驻防之一。按照清例,在一些省份设八旗驻防,另筑城垣,官兵携家眷居住其间,称为"满城"。与宁夏府城既有一定联系,又有相对的独立性。1913年,取消宁夏满营驻防,设宁朔县署,即由军事布防城转而行政县属城镇。所以,满城建筑,使宁夏城市的规模向西延伸,对日后银川市级城的扩展起到了划时代的作用,为现代城市规划建设奠定基础。

为有效控制河湟地区以西的青海蒙藏等多民族,清廷设置青海办事大臣驻西宁城,统辖青海蒙古各部,节制西宁镇、道文武,兼管黄河河曲的贵德、循化地方。同时,广泛建筑军事驻防城堡,先后共设置驻防城堡28座。详见清代西宁府(道)辖属驻防城堡表2-13。

---

① 以上均见明驼《西道堂》,《边政公论》1941年第1卷第2期。
② 王树民:《西道堂——新社会的模型》,《西北世纪》1949年第4卷第8期。

表2-13

清代西宁府（道）辖属驻防城堡

所属	城名	建置时间	城址	城垣规模	管控机构
西宁府13	平戎城	汉故址，明城	府治东70里	高3丈，下厚2.5丈，壕深1.5丈，阔1.5丈，门2，敌楼13座	郡城设镇，置马驿
	镇海城	明城	府治西40里①	东西长96丈，东西门。高2.5丈，根厚2丈，顶厚1丈，西月城三面，长15丈，西月城三面，长18丈	参将，雍正五年，中军守备
	永安城②	明城	府治北70里	周196丈，高3丈，根厚2.5丈，顶厚1.6丈，东门1。有瓮城，三面共长31丈，高2.2丈，顶厚1丈。有月城，三面共长56丈，高1.6丈，根厚1.5丈，顶厚0.8丈	游击1，千把总各1
	威远城	不详	府治东北90里	东西各长125丈，南北长118丈。高3丈，根厚2.4丈，顶厚1丈	都司1，把总1
	丹噶尔城	雍正五年	府治西90里	周774丈，高2.2丈，根厚2.4丈，顶厚1.3丈。东西二门，角楼4，月城楼2，城楼2，炮台8。壕宽3丈，深5尺	参将1，千把总共3
	喇课城	雍正十一年	府治西北80里	周180余丈，高1.3丈，根厚1丈，顶厚2尺余。东西二门，城楼2座	千总1
	黑古城	乾隆四年	府治南660里	周232丈8尺，高2.2丈，根厚1.8丈，顶厚9尺。南北二门，女墙用砖	都司1，把总1
	凡思观城	乾隆四年	府治东120里	周168丈，北门1，高2丈，根厚1.2丈	把总1

① 又有西宁县西50里之说，城周2里有余。参见《嘉庆重修大清一统志》卷269《西宁府二·关隘》，四库本，第618册，第495页。
② 永安城有2，此为一，其位置"南距旧城5里，谓之新城"。有别于大通卫之永安城。

续表

所属	城名	建置时间	城址	城垣规模	管控机构
西宁府13	扎什巴城	乾隆四年	府治东南160里	周148丈，高2.2丈，根宽1.8丈，顶宽9尺	千总1
	河拉牟托城（哈拉库图）	乾隆四年	府治西150里	周228丈，高2.2丈，根宽1.8丈，顶宽9尺	守备1，把总1
	千户庄城	乾隆四年	府治南120里	周100丈，高2.2丈，根宽1.3丈，顶宽7尺	把总1
	亦杂石（什）城	乾隆四年	府治南160里	周160丈，高2.2丈，根宽1.8丈，顶宽9尺	守备1
	安西堡城	光绪四年	府治西郊外龙王庙巷	周2里许，高2丈余，根厚2丈，西角设炮台	
碾伯县7	碾伯城	明城。①乾隆间筑南城	府治东130里	新城长112丈，底宽3丈，顶宽1丈，修女墙城楼	守备改帮司
	老鸦城	汉址，明城	县治东50里	周246丈，壕阔2丈	把总1（有马驿驿丞）
	冰沟城	明城	县治东90里	城高2.5丈，下厚2丈，壕深2丈，门1	把总（有马驿驿丞）

① 万历二十二年时城。东西长150丈，南北长112丈，高3.5丈，下宽2.7丈至3.5丈。门3，城楼3，月城2，池深2.5丈。东关外城门3。乾隆年间，北移15丈新筑南城。

续表

所属	城名	建置时间	城址	城垣规模	管辖机构
碾伯县 7	古鄯城	明城	县治南160里	周666丈，高3.4丈，下厚2.8丈，壕深1.5丈，阔2丈。门2，城楼2，角楼4	游击改守备
	巴燕戎城	乾隆四年	府治东南180里①	周2.4里，长384丈，高2.5丈，根宽2.5丈，顶宽1.5丈。东西2门，女墙用砖	游击1，千把总3
	甘都堂城	乾隆四年	县治西南200里	周176丈，高2.2丈，根宽1.8丈，顶宽9尺。东西2门	千总1
	工巴城	同治十年	县治240里		
大通卫 3	大通城	雍正三年	府治西北240里	周6里，计1100丈，门4。高2.2丈，根厚2.6丈，顶厚1.4丈。城楼、角楼各4，月城楼2，炮台16座。壕宽4丈，深6尺	总兵官1
	白塔城	雍正三年	府治北120里	周558丈，东西2门，高2丈，根厚1.8丈。城楼2，腰楼2，月城楼2，炮台8。壕宽3丈，深5尺	参将1
	永安城	雍正三年	卫治西北210里	周600丈，东西门2。高2.2丈，根厚2丈，顶厚1.3丈。城楼2，腰楼2，月城楼2，炮台8。壕宽2丈	游击1，守备1
贵德所 2	贵德城	元城址。明土城	府治南220里	周3.8里，长683.5丈，高3.5丈，根宽2.8丈，顶宽1.2丈。南北门2，城楼1。上有守铺32间，壕深1.5丈，阔3.2丈	千总1
	康家寨	乾隆四年	所治东170里	周120丈，南门1.高2.2丈，根宽1.4丈，顶宽0.7丈	千总1

① 西南去县治120里。

续表

所属	城名	建置时间	城址	城垣规模	管控机构
循化厅 3	循化厅城	雍正八年	府治东南 270 里	周 680 丈，东西各长 120 丈，南北各长 220 丈，高 2.2 丈，根厚 2 丈，收顶 1.75 丈，东西门 2，瓮城 2	循化营
	保安城	明城	厅治西南 120 里	周 684 丈，东西各长 224 丈，南北各长 118 丈。高 2.5 丈，根厚 2 丈，收顶 1 丈。东西门 2，东有瓮城 1	
	起台城	明城。乾隆五年筑关城	厅治东南 80 里	周 192 丈，东西各长 52 丈，南北各长 44 丈。高 4 丈，根厚 3 丈，收顶 2 丈。东西门 2，东城外关厢，三面长 140 丈，高 1.2 丈，根厚 5 尺，收顶 1 尺，东城门 1	乾隆四年，守备驻扎

备注：凡表中清代新筑城时间，均以兴工日期为准。
资料来源：乾隆《西宁府新志》卷 1《地理志·疆域》，卷 9《城池》；光绪《西宁府续志》卷之二《建置志·城池》。

在表 2 - 13 的 28 个驻防城堡中，清初所属的驻防城有 26 个，分别是西宁府辖 12 个，碾伯 6 个，大通 3 个，贵德 2 个，循化 3 个。中叶以后的同治、光绪年间各建 1 个，分别属于西宁、碾伯。若除去承袭明代旧有的 10 个及 1 个建筑年代不详外，明确记载清代建筑的共 17 个。其中有 15 个是在雍乾年间建筑。这些驻防城堡的转型升级，经历了雍乾、道光 2 个时期。

雍正初年，清廷借平息罗布藏丹津事件的契机，调整西宁府行政体制。改碾伯所为县，增设大通卫。将碾伯、大通二驻防城的行政级别提高。嗣后，自乾隆九年（1744）丹噶尔设主簿，及至增设巴燕戎格厅。二十六年，大通卫升为县。次年，循化设厅，自河州移入西宁府辖。道光九年（1829），丹噶尔置厅，逐渐将军事驻防的丹噶尔、巴燕戎、贵德、循化转型为行政厅，实现了河湟地区所在的西宁府一府三县四厅的行政建置格局。原为驻防城堡的丹噶尔城、巴燕戎城、贵德城及循化城也均成为事实上的行政城镇，体现出政区功能在城市体系形成中的重要作用。

交通要道堡寨的转型。黄河上游区域城镇分布体现出一定的交通原则。即城镇大多分布在水、陆交通沿线和战略要地，交通依旧是本区城镇分布的重要参考依据和联系内部城镇之间的重要纽带。例如石嘴山就是处于阿拉善蒙古与宁夏道属平罗交界之地的要隘，有黄河纵贯南北。又如吴忠堡位于宁夏河东平原，属灵州，地处金积、灵武两县交界处。清代时，该两地只是普通的集镇而已。自光绪二十年（1894）至宣统三年（1911）的近 20 年间，商业贸易得以长足发展，至民国初，"吴忠堡列肆数十处，三六九日交易，逢集至者，骈肩累足，极为繁盛"[①]。吴忠市面开设的较大坐商字号有 15 家之多，主要销售被称为"京货"的绸缎、布、大小百货、杂货、山货、海味、五金用品以及民族宗教用品之类。但是，随着近代交通的兴起，水运的充分利用，进一步扩大了与外界的联系，尤其便于吸引资金和省外商人定居投资。一时间，商业资金总额达到 160 多万元，商业经营出现空前规模。至 1949 年前夕，吴忠堡共有商户 560 家，从业人员 764 名，大小商业字号 87 家。其中

---

① 民国《朔方道志》卷 5《建置志下·市集》，《集成·宁夏府县志辑》第 2 册，第 306 页。

资本在万元以上的有 24 家，千元以上的 58 家，属于批发行栈的有 16 个。① 更由于 1923 年京包铁路和 1936 年宁兰公路（包兰公路）的修通，给石嘴山、吴忠地方商业发展带来了前所未有的优势。20 世纪 20—30 年代，铁路、公路交通条件改善，形成了南面自吴忠、韦州、平凉、天水一线，东面自吴忠同陕西北部，经安边、横山至米脂、绥德。北面经石嘴山、磴口、五原而包头的交通网。在这 3 条必经吴忠的商贸路线中，北线最为繁荣重要。

此外，商业经营具有很大的民族性。兹仍以回民众多的吴忠堡为例加以讨论。清代以来的吴忠堡聚居有大量回民，多从事商铺经营。在吴忠"八大家"中，除马季林的"廉益店"是汉族商人经营外，其余七家都是回商所开。由于回商善于经营，几乎垄断了某些职业和行业，控制行业经济大权，有些甚至发展到跨区经营，延伸至包头。在包头仅资本在 1 万元以上的皮毛店，回族就占了四家，有三义栈、宝顺栈、德顺栈和聚盛公。其中资金量最大者，几乎都是来自宁夏吴忠堡的皮毛商人。② 回商将羊毛从其产地收购后，由陆路或水路运往包头，再由火车运往京津等地，转运国外。以至于这里的"商业之盛，远过县城，仅次于省城"，为宁夏第二大商业中心。③ 所以，商业贸易的兴盛，促成吴忠由堡提升为城镇。参见宁夏吴忠市场图 2 - 5。

当然，宁夏的石嘴山，也为宁夏与包头之间水陆交通必经之地，清代即为蒙古与内地交易指定的"市口"④。近代皮毛贸易兴起后，石嘴山发展成农牧产品集散地。光绪年间，相继设立了高林、仁记、新泰兴、天长仁、平和、聚立、明义、隆茂、瑞吉（记）、兴隆等专营皮毛的洋行。⑤ 各洋行专门在甘青一带收买皮毛，集中于石嘴山，"待梳净后，装包，以骆驼或木船载赴包头。岁约皮百万张，毛三千万斤左

---

① 胡建东：《近代吴忠商业述论》，《宁夏大学学报》1996 年第 2 期。

② 田澍、何玉红主编：《西北边疆社会研究》，中国社会科学出版社 2009 年版，第 344 页。

③ 叶祖灏：《宁夏纪要》，《史地文献》第 25 卷，第 531 页。

④ 宁夏三市口惟石嘴通蒙古最多，哈尔哈、土尔古忒、乌拉忒等部，皆赴口通市。参见乾隆《宁夏府志》卷 2《地理·疆域》，《稀见方志》第 50 卷，第 227 页。

⑤ 刘廷栋：《外国洋行在石嘴山》，《宁夏文史资料》第 20 辑《宁夏老字号》，宁夏人民出版社 1997 年版，第 169 页。

图 2-5 民国宁夏吴忠市场

右"①。每年经石嘴山集散输出的羊毛一项，价值即达数百万元。"一时
商贾辐辏，贸易繁盛，行商络绎，船驼麇集"②。1918 年，"有商店大
小二十余家，有巨商三四家，专营蒙古贸易"。

以石嘴山为集散地的黄河段有木船 700 余只，往来包头、中卫之
间。一般情况下，逆流行船往中卫，需时 10 天，自中卫顺流而行，需
时 4 天。往包头逆流 12 天，顺流 8 天。其往来包头者，顺流多运皮毛、
甘草、枸杞、麻之类，逆流则运洋货、糖、茶、土瓷等。③ 石嘴山地位
的提高，完全是其重要的交通地位与经济贸易得以发展的结果，从而构
成黄河宁夏中心一个商业重镇。

黄河上游区域城镇兴起，除了以上的功能特征外，也具有资源型特
色。位于兰州中心区的阿甘镇，因煤炭资源而得以发展。关于阿甘镇的
开采时间，当地有"先有探花坪，后有兰州城"的说法。探花坪原址
在阿甘镇煤矿半山坡。此传说表明阿甘镇煤炭资源开发过程中，对城镇
兴起的作用。

① 林竞:《蒙新甘宁考察记》，甘肃人民出版社 2003 年版，第 49 页。
② 刘廷栋:《外国洋行在石嘴山》，《宁夏文史资料》第 20 辑《宁夏老字号》，第 168 页。
③ 林竞:《蒙新甘宁考察记》，第 49—50 页。

阿甘镇煤矿不断开采扩大，不仅提升了本镇的经济地位，使煤炭业得以迅速发展，而且受其影响的上下游产业，包括制陶业也在手工工场的基础上，有了大的发展，产品销售区域扩展。分布在黄河岸边的阿甘镇、窑街等煤矿周边就是烧窑产瓷之地，① 两处所烧之瓷，尽管质地颇粗，但销售于附近各地。② 阿甘镇全镇人皆能制造陶器，所用之陶土，皆取自镇西附近。距离窑街较近的民和川口镇西山城的陶冶亦甚为发达，所铸各物，尚称精良，不但能供给本县之用，邻县的乐都、巴燕亦经销不少。③

阿甘镇因丰富的煤炭资源而成为兰州、西宁两城之间城镇发展的结合带，至 1930 年时，完全由私人经营。1938 年前后，甘肃省矿务局成立，在阿甘镇设立矿务管理处，转由官营。抗战前，主要销售于兰州及附近各县。销往兰州的煤主要用于工业及民用取暖。随着城镇发展，日用煤炭需求增加，加之，煤炭官营，又修建兰阿公路，改变了以往的骡马小道，加强了煤炭外销的能力。④ 对兰州中心城市体系的稳固十分有益。

有些集镇，也由于有效资源的支撑，尽管未能在行政上赋予建制城镇的名义，但其商贸繁荣的程度超过一般行政城镇的规模。如漳县的盐井镇，位于漳县城西南 5 里的漳水南岸，居民约 300 户，有常集，为境内巨镇。镇自有盐井二，灶户百余家，每日发牌 48，每牌挑水 3 桶，一桶 300 余斤。按照 3 桶水熬盐，可得 80—100 斤。一日凡出盐四五千斤。⑤ 光绪三十三年（1907）后，改为每锅交盐 100 斤，尽管稍增柴价，但"灶户苦之"。1926 年后，停发柴价，自备器具。1938 年春，改商营为官办，灶户可直接向盐局买牌，凭牌领水。每牌可出盐约百斤。⑥ 由于盐的缘故，"镇上贸易繁盛，远胜县城"⑦。

---

① 民国《甘肃省志》，《稀见方志》第 33 卷，第 142—143 页。
② 王金绂编：《西北地理》，第 190 页。
③ 王昱、李庆涛编：《青海风土概况调查集》，第 105 页。
④ 政协甘肃、陕西、宁夏、青海、新疆五省（区）暨西安文史资料委员会编（以下简称"政协五省（区）等文史资料"）：《西北近代工业》，甘肃人民出版社 1988 年版，第 195 页。
⑤ 顾颉刚：《西北考察日记》，《甘肃文史资料选辑》第 28 期，第 53 页。
⑥ 王树民：《陇游日记》，《甘肃文史资料选辑》第 28 期，第 134—135 页。
⑦ 顾颉刚：《西北考察日记》，《甘肃文史资料选辑》第 28 期，第 53 页。

有些城镇的功能从多方面呈现出来，可以说更显示综合性特征。湟源城位于农牧交界处。以日月山为界，东为农业区，西为牧业区，集聚着从事两种不同经济方式的民族。清廷设置卡伦，建造城堡，置官设县，加以管理的初衷，缘于这里重要的政治军事地位和民族间的商贸交换。至清末，洋行贸易对该城的影响不仅仅表现在经济方面，也影响到城内建筑风貌。相对于西宁府城而言，丹噶尔城内建筑设施并不逊色，更显繁富。是西宁府城自中心向西缘辐射的中间地带。

建城之初，这里商贸活动中心在东科尔寺，自雍正年间筑城后，人口增加很快。尤其在自乾隆年间以来的河北蒙古族与河南藏族之间争夺草场的纷争中，遭藏族抢掠而致穷困的蒙古人徙居于此，就近筑庐舍耕牧，长期休养生息，人口繁盛。道光九年（1829），设厅治理。至民国初年时，城内人口几增 10 倍。而前次迁居的蒙古族已成为事实上的土著。"汉土回民与蒙番集此亘市者，百货辐辏，日增月盛，号称繁剧"[①]。

城垣内外有铺户百余家。货物售于蒙藏民族者，居十之九。内以芜菁、大麦为大宗，湘产砖茶与五色粗布次之，糖酒又次之。其余如食物、供佛所必需者，无一不具。尤其是近代皮毛贸易兴起后，丹噶尔城地近牧业区的优势得以发挥，城内商行就近收买蒙藏民族的畜产品，以备内地商人需求。而城以外的若洋商、皮商，每年按季节携巨资前来，收购羊毛、皮张，且在城内开设羊毛行，仅县境设有羊毛行十五六处，"资本少者万金，多者十余万金"[②]。这些均为丹噶尔自军事城堡向行政建制的城镇转型奠定了坚实的基础。

另外，民国时期，一些重要的堡镇也被析立为新县，是为城镇体系形成的重要方面。如前所述，1928 年，分循化南区之多民族聚居的拉卜楞、黑错等地设立夏河县，彰显了寺院城镇的基本功能。次年，又在西区保安、隆务等处设同仁县。[③] 同期，在回族为主体民族的临洮、临夏两县进行新的政区划分，析置永靖、和政二县，与宁定及拉卜楞新设之夏河同属临夏区。[④] 在黄河九曲设置的共和、同仁，以及浩门河流域

---

① 民国《甘肃省志》，《稀见方志》第 33 卷，第 88 页。
② 光绪《丹噶尔厅志》卷 3《地理》，《稀见方志》第 55 卷，第 814 页。
③ 王昱、李庆涛编：《青海风土概况调查集》，第 112 页。
④ 民国《和政县志》卷 1《地理志·沿革》，《稀见方志》第 49 卷，第 648 页。

的门源等县,很大程度上,既有寺院经济的痕迹,也有民族成分的特征。同仁所在隆务镇,可谓二者兼顾。这里设县基础为隆务寺所在的隆务镇,又有保安堡所聚居的保安族,当然,主要是藏、回、汉等族,尤其是回族,在经济贸易等城镇发展中的作用不容忽视。共和县设置于原本属于西宁的下郭密和属于湟源辖的恰卜恰镇,主要居民是蒙藏,是纯粹的牧业区。设县后,使城镇因素扎根在广阔的牧业区,是城镇布局于牧业区的萌芽,这无疑对这里城镇的发展十分有益,也加快了西宁城市核心力向周边小城镇散播的进程。

可见,大多数情况下,一些城堡转型为城镇,并不都是一个主要特征而导致的,其可能综合了宗教寺院、民族成分、交通道路、地理位置,抑或是地理资源、行政建置等综合性功能与特征。上述各城镇的转型过程中,仅从城镇某一突出特征而言,具有单一的功能,但是,更多的是具备单项,同时兼具多项,也就是说符合综合型的功能特征。如吴忠堡,以交通为主要功能,兼及回族人口比例偏大及其擅于经商、设立商号等多种成分。寺院功能城镇中,实际包含了最基本的宗教、民族成分。拉卜楞地方原本就是多民族聚居之处,蒙、藏、汉、回各族缺一不可,也就是这里主体民族宗教信仰的缘故,支持和发展了寺院经济,加快了所属地方城镇化的步伐。

(三) 府城体系形成的个案

城市是将人文意象施加在自然地理上的作品。清代以来,黄河上游区域城市体系形成过程中,一个值得注意的现象,即是在农区靠近牧区的边界地带,新建城池,使城镇得以延伸,圈级辐射成为可能。这也就是清代城市研究中总是脱不开城墙的缘故。此处就河湟流域西宁府城为中心城镇体系形成个案加以考察。

明清以来,尤其清代以来河湟地区城镇发展,基本限定在河湟谷地的大通河流域及黄河干流、湟水支流的纵深方向,即向西宁以北、以西方向延伸,向西北连接河西走廊并扩展到青海湖以北地区,向西南延展至黄河上游两岸,在湟水中下游形成城镇网络雏形后,继而向黄河九曲之地扩展,形成一个相对合理和完整的集市、防卫和城镇蓬勃兴旺的、以西宁府城为中心的城市体系,为民国升省建市的进一步发展奠定了基础。详见图 2-6 清代西宁府城体系图示。

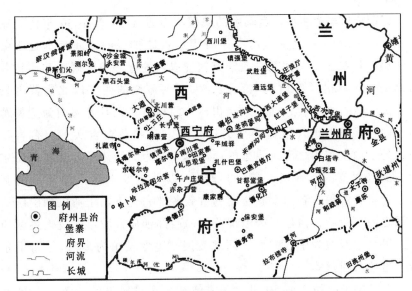

图 2-6　清代西宁府城体系图示

底图来源：谭其骧主编的《中国历史地图集》第 8 册《清时期》。

　　河湟地区城镇空间体系的行政建置隶属于逐渐完善的西宁府治体制。对应有府（附郭县）城 1、县城 2、厅城 4，以及若干的驻防城堡，其中一些城垣是雍乾年间建筑，包括永安、北大通、黑古城等十多座驻防营堡型城镇。① 在整个府城为中心的筑城建设中，地方官遵循"惟经国之模，莫大于防边；而守边之道，莫要于建城"② 的治理理念，更突出了河湟地区重要的战略地位，使得对政治区位的重视与经济城市治理进入了一个相对同步的稳态发展格局，奠定了民国时期乃至当今该地区城市发展的基础，彰显了西部大开发以来青海城市的

---

　　① 即大通城、白塔儿城、永安城、康家寨城、巴燕戎城、甘都堂城、丹噶尔城、喇课城、黑古城、乩思观城、扎什巴城、河（哈）拉库托城（哈拉库图）、千户庄城、亦杂什城、循化营 15 个城。见乾隆《西宁府新志》卷 9《建置·城池》，第 263—272 页；刘景纯在关于西宁府《新增筑的驻防城镇》表中，列出除河州卫属循化营之外的 14 个，参见氏著《清代黄土高原地区城镇地理研究》，第 66 页。

　　② 乾隆《循化志》卷 2《城池》，第 88 页。

西北向发展，不仅是对地理环境选择的结果，也是人文社会发展的必然趋势。

以西宁府城为中心向西辐射的城镇　至迟在 17 世纪 30 年代至康熙三十年（1691）之前，西宁府城周边可能扩展的空间基本处于蒙古贵族的控制之下，尤其是西宁府辖境以西的青海地区属于和硕特蒙古割据之区。据《秦边纪略》载，大通河流域的西宁以北为蒙古贵族麦力干黄台吉驻牧；西宁之南川口、西川口，以及青海湖为达赖黄台吉驻牧；滚卜川（南盆滩）为达尔加（达赖黄台吉从子）台吉住牧，处于西宁东川之南。更远的西部草原亦为固始汗子孙扎实巴图尔后裔的势力范围。雍正二年（1724），以平定罗卜藏丹津叛乱为契机，始将青海蒙古各部及其所属的藏族各部完全直辖于清王朝的统治体系之内。此后，清廷行政治理范围向西部延伸，城市建设也逐渐西移，以西宁府城为中心向西、西北发展，主要城镇为多巴、①丹噶尔城、哈拉库图营等。

多巴位于府城之西 50 里，明末清初，多巴所设的"夷厂"被看成为"居然大市"。因为管理贸易的长官，称为宰僧，参与经营的商人有汉回藏蒙不同民族，更为重要的是人们筑屋而贾，各路商旅云

---

① 　关于多巴是否有城垣的问题，目前能够寓目的史料和成果有以下几点：（1）《宋史·地理志三》载：宁西城所在的西宁州，"西至宁西城四十里"，而"宁西城，旧名林金城"。崇宁三年改名。参见《宋史》卷 87《地理志三·陕西》，中华书局校勘本，1985 年，第 2168 页。（2）《清世祖实录》载：顺治十五年，清廷敕谕厄鲁特车臣台吉，以既定贸易处所交易。即"著从西宁地方镇海堡、北川二口，洪水一口出入，不得任意往来，取道他处"。参见《清世祖实录》卷 122，顺治十五年戊戌十二月乙丑，第 944 页。（3）李智信在《青海古城考辩》中，以实地考察，并结合宋史资料，指出宋代的宁西城，应为多巴当地人所称呼的"新城子"。并认为："多巴新城在多巴'蕃城子'之东，破塌城之南。城现存部分残墙，高约 6 米。此城应是宋代时期的临谷城，又名宁西城、历精城、林擒城、林精城、林金城"。参见氏著《青海古城考辩》，西北大学出版社 1995 年版，第 115 页。经访问李智信，得知，其在近年再次考察中，进一步考出多巴新城子，当是"蕃城子"的一部分，很有可能是关城。而在其著述中载："蕃城子位于多巴镇多巴村内，今多巴镇街道北仍有古城残垣。残长约 20 米，基宽近 8 米，残高约 5 米，有马面，夯土层厚约 10—15 公分，夯层中多夹杂砂砾碎石。其余城墙无存，城池面积不详"。参见该书第 110—111 页。综上，似可推断，今天湟中县多巴镇的多巴新城、蕃城子遗址，很有可能是梁份所记载的多巴，时间当在康熙三十年之前。而雍正二年，增加那拉萨拉（日月山）贸易地点及之后的丹噶尔建城，这里的商贸地位被西移。

集，而非以需要定时开闭的互市形式。为方便论述，我们引《秦边纪略》如下：

多巴，"或作多坝，今之夷厂也。在湟河之西，其地名不著于昔，盖新创也。居然大市，土屋比连，其廛居逐末，则黑番也。出而贸易，则西宁习番语之人。驮载往来，则极西之回与夷。居货为贾，则大通河、西海之部落也。司市持平则宰僧也，至于那颜独无之。多巴岂非内地，而顾为夷之垄断哉。北至北川七十里"①。

在书中，梁份同时还记载了多巴的另一条信息："多巴，在西宁西五十里，今互市地也。黑番、回回筑土室成衢，为逆旅主人。凡九曲、青海、大通河之夷，为居垄断。远而西城回夷，为行贾者，皆于是乎在。世以西宁市口在镇海、北川，恶知所谓多巴耶。"②

从以上两条材料，我们可以分析出：

其一，在明末清初之际，多巴无疑是位于西宁府城西的一个重要市镇，商贸活跃。但是，官方文献不见记载，仅有镇海、北川作为市口的说法。③ 其中，镇海位于府西四五十里处。北川，位于西宁之北，是西宁府城西北向延伸发展的城镇。府城及二"市口"与多巴的距离位置是：多巴"东南至镇海五里、东至西宁五十里""北至北川七十里"④。位于西宁、北川和镇海三点之间，靠近镇海。

其二，多巴作为"居然大市"，管理贸易的长官不是中央和地方所

---

① 文后小字：宰僧，夷之头目，华言长官也。达赖所部宰僧一，麦力干之部落宰僧一，皆居多巴。主事者那颜，番人称汉之长官也。至于那颜独无之。多巴岂非内地，而顾为夷之垄断哉。参见《秦边纪略·西宁边堡》，第68—69页。

② 文后小字：多巴在镇海西北五里，北川南七十里。多巴复见者旧为内地，今为市口也。世所传西宁市口，皆谓镇海北川，即律例亦不载及多巴，岂为市口未久乎？今皆番、回居住，主事者夷人达赖下宰僧一，麦力干部宰僧一，中国反不设官焉；见《秦边纪略·西宁近边（疆）》，第77—78页。

③ 镇海营，在西宁县西50里，西去石峡边墙20里。明嘉靖十三年筑城，周2里有奇。清设参将镇守，兼辖南川营。乾隆四十七年，改设游击。又镇海堡在西宁县西川地方，有守备驻防。参见《嘉庆重修大清一统志》卷269《西宁府二·关隘》，四库本，第618册，第495页；又说镇海在府西40里，雍正五年，移参将于丹噶尔厅，置中军守备，参见乾隆《西宁府新志》卷9《建置·城池》，第262页。

④ 《秦边纪略·西宁边堡》，第68—69、78页。

派，而是由蒙古贵族掌控，并为蒙古贵族麦力干①和达赖黄台吉委托专人负责，称为宰僧。② 宰僧"司市持平"。参与贸易者为"大通河、西海之部落"，或称为"九曲、青海、大通河之夷"，以及"西宁习番语之人"，还有"极西之回与夷"。

其三，多巴作为"大市"，"土屋比连"，"黑番、回回"，筑土室成衢"，且"廛居逐末"者也为"黑番"。直至雍正年间，这里依然有山西、陕西商人"往来络绎，俱集于此"③ 从事商业贸易，而非以需要定时开闭的互市形式。

当然，其中还有一个值得关注的问题是如何区分文献所载的"市镇""市口""边口""夷厂""番厂"的说法。史学界普遍认为"市镇"④ 是对于内地为贸易聚集形成的小城镇而言的，而"边市""市口""市厂"和"夷厂"是对"沿边汉族和少数民族商品交换场所的总称"⑤。说法尽管笼统，但已毋庸置疑。只是，在多巴"大市"贸易场所"夷厂"的判定上，还应该缕出其各自独特的含义。

就目前所掌握的资料来看，尽管"夷厂""番厂"均是指边疆地区民族间贸易场所，但在明人眼中还是有些微的区别，因将居于青海湖周边的蒙古人称为"海夷"，与其间贸易的场所称为"夷厂"⑥。即令与"甘镇边外择离内地远处，置立夷厂，令西海丙兔部落每年赴彼互市一次，松山宾兔一枝，亦许岁庄浪小市一次，凡开市期务要与延宁同"。

---

① 麦力干又称墨尔根台吉，是青海左翼之长固始汗第二子阿咱拉洪台吉，即车臣鄂木布一世之子。

② 宰僧，夷之头目，华言长官也。达赖所部宰僧一，麦力干之部落宰僧一，皆居多巴。主事者那颜，番人称汉之长官也。至于那颜独无之。多巴岂非内地，而顾为夷之垄断哉。参见《秦边纪略·西宁边堡》，第68—69页。

③ 中国第一历史档案馆编：《雍正朝汉文朱批奏折汇编》，江苏古籍出版社1989年版，第855页。

④ 韩大成认为市镇，或称市集，是商贾凑集、进行贸易的处所。小的市集设立于农村，大的则设置于镇。镇在早期是指一些处于冲要地区的军事城堡或据点，后随着人口集聚，经济发展，人们生活所需的主要物品在这些场所得以交换。见氏著《明代城市研究》，第99页。刘景纯认为市镇是指具有商业意义的贸易集散中心地，是适应农村商品经济发展而出现的一经济活动为主要功能的小城镇。见氏著《清代黄土高原地区城镇地理研究》，第7、37、43、44页。

⑤ 刘景纯：《清代黄土高原地区城镇地理研究》，第43、44页。

⑥ 《明神宗实录》卷43，万历三年十月壬申，上海书店影印本1982年版，第967页。

此处的"夷厂"，与梁份在《秦边纪略》中对蒙古人设置的交易场所的称呼相同，但含义有别。而"番厂"则指分布在西宁、河州及洮州等处挈息沽贩马匹及住宿的场所。[①] 后来丹噶尔城所形成的市场，则限定集日，管理方式与多巴的"夷厂"也不一样，可以将其看成史学界所认为的一般意义上的"市口"。实际上，在卫藏地区，藏族对贸易场所称谓也有一种约定俗成的习惯，即对长期固定的市场称"丛日（惹）"（Tshong ra），对定期举行的集市贸易，称"丛堆"（Tshong vdus）。

清初，青海和硕特蒙古诸部的市口贸易十分繁盛，最迟在顺治十五年（1658）时，贸易互市地点大致有西宁的镇海堡、北川，以及甘肃洪水。[②] 康熙年间，多巴就是一个由蒙古贵族管控的民族贸易的重要城镇。"多巴岂非内地，而顾为夷之垄断哉"，"中国反不设官"[③]。罗布藏丹津事件后，和硕特蒙古贵族势力重创，权利削弱，更由于插旗定地，势力西移，多巴城"大市"贸易地位的重要性也随之丧失，而被位在西宁府西90里的丹噶尔城取而代之。实际上，丹噶尔的藏语原称"东科尔"，就有"市镇"之义。该城的兴起，完全是地处民族贸易冲要的缘故。

罗布藏丹津事件后，清廷对河湟间汉回与蒙古之间的贸易往来予以严格控制，规定了贸易地点和时间，以每年二月、八月在府城边外那拉萨拉（日月山）地方贸易。后因"各蒙古需用茶叶、布、面等物，交易之期过远，必致穷乏"，增加两次。即每年四季四次，以"二、五、八、十一月为互市日期"[④]。不久，以那拉萨拉一处"恐不足供黄河东西两翼蒙古易卖"，又给居牧黄河以东的青海蒙古五旗指定河州的土门关、松潘黄胜关的西河口为贸易处所。且强调"此二处地方俱有城堡房屋，地方宽阔，水草俱好，利于互市，可为永久"。这一措施，十分有利于府城体系向西辐射和发展。不仅黄河西边、西宁以西的蒙古相关部落的贸易移到丹噶尔寺，而且规定蒙古贸易"每年不定限期，仍听

---

① 《明神宗实录》卷262，万历二十一年七月辛未，第4861页。
② 《清世宗实录》卷122，顺治十五年戊戌十二月乙丑，第944页。
③ 《秦边纪略》卷1《西宁卫·西宁边堡》第69页；卷1《西宁卫·西宁近边（疆）》，第78页。
④ 季永海等点校：《年羹尧满汉奏折译编》，天津古籍出版社1995年版，第280页。

不时贸易"①。更由于这里"路通西藏，逼近青海"，成为"汉土回民远近番人及蒙古往来交易之所"，为后来形成事实上的城镇奠定了极好的基础。自雍正五年（1727）三月起，在丹噶尔筑城，次年九月竣工。在日月山随地就市的贸易活动自此移至丹噶尔城内进行。② 由是，官僚政治机构、地方行政体制逐渐建立，更重要的是城镇也因经济活动的需要而成形。③

嘉道之际，丹噶尔城商业特盛一时，形成"青海、西藏番货云集，内地各省客商辐辏，每年进口货价至百二十万两之多"④ 的繁荣局面。湖海盐泽等丰富资源也成为蒙古人贸易交换的主要产品，"挖盐捉鱼，运往丹噶尔、西宁、大通等处售卖，以资糊口"⑤。嘉庆八年（1803），由于河南藏族部落不断北移攻掠蒙古，游牧于环海地区的9000余名蒙古牧民纷纷避入丹噶尔。⑥ 大量人口的到来，对丹噶尔城的繁荣起到了重要作用。道光九年（1829），陕甘总督杨遇春以丹噶尔为"海藏通商，中外咽喉，汉番土回麇集，事务繁难"⑦，奏请改西宁县主簿为丹噶尔同知，设丹噶尔厅，加快经济贸易发展，随之，作为商人集团的"歇家"则成为丹噶尔城贸易中集商业经纪人、货栈店主、牙侩、翻译身份于一体的居间商人。那彦成为陕甘总督期间，整顿歇家，创设"循环印簿"制度。⑧ 近代洋行贸易兴起后，歇家多成为依附于洋行的商业买办，有的歇家发展成为民族资本家。

所以说丹噶尔城的创建是以其地理位置的重要及经济贸易为先导的，发展进程中，尤以后者为重。为保障这里集市贸易体系的持续存在，清廷增设了哈拉库图尔军事城镇，作为屏障。城在西宁县西150里，厅城正南70里，位于多巴与丹噶尔城之间，"地依（倚）日月山，

---

① 《清世宗实录》卷31，雍正三年四月丙申，第482页。
② 这与以往研究普遍认为的先有寺院，再集结成市场，进而扩展为城镇的发展模式并不完全相同，是有待进一步研究的方面。
③ ［美］施坚雅：《中华帝国晚期的城市》，第327页。
④ 光绪《丹噶尔厅志》卷5《商务出产类》，见《稀见方志》第55卷，第848页。
⑤ 哲仓·才让辑编：《清代青海蒙古族档案史料辑编》，第75页。
⑥ 文孚著，魏明章标注：《青海事宜节略》，第19页。
⑦ 光绪《丹噶尔厅志》卷1《历史》，《稀见方志》第55卷，第777页。
⑧ 赵珍：《那彦成整饬青海述略》，《清史研究》1997年第3期。

为行商往来之要区”。乾隆四年（1739）工部准予在此处建筑城堡衙署。[①] 城周228丈，根宽1.8丈，顶宽9尺。设东西二门。先设守备驻防，后改设千总。[②] 哈拉库图尔的设置，连接了多巴与丹噶尔，且组成了西宁府为中心西向的辐射圈层级，正或许即是施坚雅认为的“所有治所都为腹地发挥着重要的经济职能”，抑或是属于“将新近崛起的贸易中心合并成为治所”的尝试。[③]

光绪末年时，哈拉库图尔城墙大片剥落。西城倚山，无所往来，故西门常闭塞不开，唯开东门，与居民相通。或谓：“古昔有兵一旅，自西门出征，没于阵，无一人生还，故闭西门出东门，绕城北面赴青海一带也”。由于哈城东北河流之外的东南地方，即为“番子牧帐牛羊”之处，日月山在其西，“赴青海之咽喉”。由于哈城之西的海拔地势又“高于丹噶尔城数百尺”，因而，气候寒冷，“终岁苦寒，种植难期生长”[④]，以牧业经济为主体。

沿西宁府城外西北一线辐射的城镇　西宁府城西北向的城镇主要是白塔城、永安城和大通城，均位于大通河流域上游。顺康时期，这里尚处在蒙古贵族麦力干黄台吉的控制之下，为其子南力木的游牧地。他们“招纳流亡，牧羊孳马，溉种深耕，为根本地。且黄城、酸茨河、三角城、白塔儿、咎卜寺等，青海之部落，凡受命咸听于此，亦足征其为一都会矣！”[⑤] 在这里设卫筑城，则显示出城镇空间体系架构的另一层面，缘于重要的地理位置与控制蒙古的需要，即清廷所关注的是“防卫与

---

① 户科题本，甘肃巡抚杨应琚，题为查明陇西县垫支赴碾伯建修堡署泥木二匠安家路费银两严追无著请豁免事，乾隆十七年二月十二日，档号02-01-04-14619-005。

② 《嘉庆重修大清一统志》卷269《西宁府二·关隘》，四库本，第618册，第495页。

③ ［美］施坚雅：《中华帝国晚期的城市》，第328页。

④ 光绪《丹噶尔厅志》卷3《地理》，《稀见方志》第55卷，第814页。

⑤ 文后小字：大通河源在西宁西北三百五十里，在凉州之黄城儿南二百余里，青海北五百余里……大通河北属西宁，河经其北。河流数百里，凉、庄、湟地皆有大通河，而源则在咎卜寺西二百里，于湟、庄、凉、甘为适中。其地在万山内，开广平衍，有土可耕，水草大善，夏凉冬暖，旧为塞外弃地。顺治十六年，麦力干于此开地伐木、陶瓦、大营宫室，使其长子南力木居之。而麦力干往来于黄城、酸茨之间。其长子招集流亡，种麦豆，畜牛马，竟如内地矣。黄城、酸茨、三角、白塔、咎卜及青海之曲先卫，皆其部落，凡事悉来禀命，其诞生罔不毕集。今南力木部落所住牧；见《秦边纪略》卷1《西宁卫·西宁近边（疆）》，第80—81页。

安全"而非经济贸易为目的的"税收"①。

雍正二年（1724），清廷始设营卫，建立城堡。"以地通西宁、甘、凉"筑大通城（门源县城），"以地临西宁北川"筑白塔城（大通老城关），"以地通甘、凉"筑永安城。② 年羹尧在《青海善后事宜十三条》中，也强调了西宁北川口外军事地理位置的重要，奏请在"西宁北川口外，至大通河、野马河，至甘州边都口外，修筑土墙，建筑城堡"；"西宁等处增添驻军"，"甘州等处，宜添设员弁也"③。

大通卫治大通城向阳堡，④ 城营同建。初设总兵镇守，统白塔、永安二营。旋改副将，属西宁镇辖，亦曰西大通镇，驻兵3380名。随着大通政治军事地位的变化，在设"卫"十多年后，城镇行政级别迅速提升。雍正十三年（1735），新疆战事结束，裁大通镇为协。乾隆八年（1743），移守备于白塔城。⑤

大通卫属人口的集聚途径主要有三：一是农业垦殖。雍正六年（1728），岳钟琪令兵丁在郊外空阔之地酌量试种，至十一年时以这里"气寒霜早"而罢。至十三年时，地方官勘得已有土著回民38户在城东试垦旱地。再至乾隆八年（1743），黄廷桂考察得这些土著回民的垦地历年收获。故而，又于附郭四围左近及卫城东南红山嘴、多拢沟、黄田庄、细水台、直沟台、全吉兔、通化滩等处勘得水田，安插卫属土著及客民79户，又兵丁子弟69户，共计186户。⑥ 乾隆十三年时，仅在大通川、城西古边墙、旧古城、迭尔吉沟四处的民人有61户。十八年

---

① ［美］施坚雅：《中华帝国晚期的城市》，第363页。

② 以上均见乾隆《西宁府新志》卷9《建置·城池》，第270—271页。

③ 季永海等点校：《年羹尧满汉奏折译编》，第280页。

④ 户科题本，吏部尚书协理户部事务讷亲、户部尚书海望，题为会议甘肃省西宁府属大通卫移驻白塔城动项添建仓廒事，乾隆九年二月十四日，档号02-01-04-13763-001；又说百姓堡，见乾隆《西宁府新志》卷9《建置·堡寨》，第318页。

⑤ 关于白塔尔城的建筑时间有二说。一为八年说，即黄廷桂奏折说道："大通卫设在极边。……卫守备孙捷称：'大通卫旧营向阳堡，今移驻白塔城，其一切衙署及旧有仓廒10间移建白塔城'"。参见户科题本，吏部尚书协理户部事务讷亲、户部尚书海望，题为会议甘肃省西宁府属大通卫移驻白塔城动项添建仓廒事，乾隆九年二月十四日，档号02-01-04-13763-001；二为九年说，见乾隆《西宁府新志》卷9《建置·城池》，第270页。

⑥ 朱批奏折，甘肃巡抚黄廷桂，奏为查明大通卫水旱可耕田地招民安插垦种缘由等事，乾隆八年五月初二，档号04-01-22-0016-040；又户科题本，户部尚书海望，题为遵旨会议省大通卫等处雍正十三年报垦田亩应于乾隆十年分升科事，乾隆十一年十二月，档号02-01-04-14031-021。

时，在大通白塔等处种地的民人兵丁子弟有 170 户，因部分试种旱地歉收而免交租赋。① 二是政府政策认可民间自发迁徙定居。大通地方人口也有自西部迁居者。雍正十三年（1735），青海蒙古台吉班珠尔声称，分给自己属下的 30 户人，迁往大通卫久居多年。对于这种违背扎萨克制度的行为，清廷只能默认并调整管理办法，于乾隆元年（1736）规定，已在大通卫久居的蒙古人，已立有家室、置有产业者，准其入籍，随民当差，由该卫管辖；其余无主者，则分给相关扎萨克管辖，不得随意进入内地。② 三是政府明令动迁。乾隆二十六年（1761），割西宁县北川十八堡 1191 户归属大通卫。总之，多途径的人口移入，以及原本居于本地的 3500 多户，共同构成 4700 余户的人口规模，并于是年升卫为县，仍隶西宁府。③ 随着大通城人口增加，贸易规模扩大，集散地中心位置日益上升。咸丰三年（1853）时，有人口 73667 人。④

雍正初年，在府城西北设立的另一个重要城镇为白塔儿。《秦边纪略》载："白塔儿，在西宁西北，北川营之口外也。山环地衍，其土沃润，其道西夷错杂"，"四方之夷，往来如织。以旧市于北川，今近于多巴"。"其地之皮及货，皆至子西域，非白塔儿所产，但聚于斯耳，多巴亦然"。"多巴及此地之屋，皆高堂大厦，且有仓廒。有小河激水转碾，于内地易驴以转磨"。尤其对这里贸易商品、常住人口和居住形式有详细记载。⑤

顺治八年（1651），米喇印、丁国栋回民起事失败后，义众就转战

---

① 户科题本，户部尚书蒋溥，刑部右侍郎兼管户部侍郎事裘曰修，题为遵议甘省大通卫属民人骆受杜等认垦地段试种无效准其注销事，乾隆十九年六月十一日，档号 02 – 01 – 04 – 14771 – 012。

② 朱批奏折，总理青海夷情事务德龄，奏请清查流移大通卫地方蒙古逆犯并定处分事，乾隆元年四月十五日，档号 04 – 01 – 01 – 0001 – 042。

③ 重刊《西宁府新志》弁言，第 39—41 页；《嘉庆重修大清一统志》卷 269《西宁府一·建置沿革》，四库本，第 618 册，第 488 页。

④ 光绪《西宁府续志》卷之四《田赋志》，第 160 页。

⑤ 厥革：貂鼠、白狼、艾叶豹、猞猁狲、元狐、沙狐、牛皮、鹿、麂、羊羔。厥货：镔铁、金刚钻、球琳、琅玕、琐福、五花毯、撒黑剌、阿魏、哈剌、苦术、绿葡萄、琐琐葡萄。厥牧：马、骆驼、犏牛、牦牛、羱羊、羱羊。厥居：土屋、平房、木几榻。厥人：则汉、回错杂，各为村落，弓矢配刀，未尝去身。厥贡：则输之于夷，夷亦莅以宰僧、董麦、粟、力役之征，如民牧焉。以上均见《秦边纪略》卷 1《西宁卫·西宁近边（疆）》，第 78 页。

于此，筑高堡、庄田、水磨、斗车，地横亘百数十里，村堡相望，种麦、豆、青稞，凡牛、种，皆由麦力干提供，人们每年以"添巴"的名义缴纳租赋。史载"其地之汉人，则西宁之亡命，回回，则顺治八年之叛党，各仍其俗，共居于此。其添巴则麦力干。分地给种，皆麦力干所谓也"①。若种屯田法也。因地有白塔，谓之白塔儿。② 初设游击驻防，乾隆九年（1744），移卫治于白塔，大通副将复改游击。二十六年，"加拨南暗门外西宁县数十堡，即合新城以南之地"③，改卫为县，归大通县属。三十九年，改设都司。④

与上述城镇连成体系的还有永安、北大通、南川、喇课、北川等驻防营。永安营城在大通县西的测尔兔，距城 210 里，居北大通之西北，据张掖县之东南，东倚雪山，西藩俄博，沙金覆袁围其后，察汉鄂博绕其前亦。邑中咽喉，右臂之区也。雍正三年（1725）筑城，始设游击于此驻守。城周 600 丈，高 2 丈，基厚 1.8 丈，顶厚 1.2 丈。城楼、月城、腰楼各 2，角楼 4，壕宽 3 丈，深 5 尺，炮台 4 座，每座设炮尊。⑤ 设游击、守备驻守。⑥ 西北有沙金城，亦设官兵防汛。⑦

北大通城，居县治之北 120 里，"北接甘凉，枕以闷摩黎，带之浩门河，东蔽阿尔之险，西障永安之雄，原野之毛洵为上腴防御之固，实其隩区"。雍正五年（1727）筑城，始设总兵卫，治于此。乾隆九年（1744），卫迁白塔，城周 6 里，高 2 丈，基厚 1.8 丈，顶厚 1.2 丈.门四，城楼、月楼、角楼各四，壕宽 3 丈，深 5 尺，炮台 8 座，每座设炮尊。⑧

南川城，不知所始，去县城 35 里，"塞三川河之南，捍苏木莲之北，左扼元朔，右耸金峨，县之南路第一门户耳"。地居西宁之北川，原名北川城，民国改称南川城，是以其地在县之南，有小城二，一曰旧

① 《秦边纪略》卷 1《西宁卫·西宁近边（疆）》，第 78 页。
② 《秦边纪略》卷 1《西宁卫·西宁边堡》，第 69 页。
③ 民国《大通县志》第 2 部《建置志·沿革》，《稀见方志》第 55 卷，第 686 页。
④ 《嘉庆重修大清一统志》卷 269《西宁府二·关隘》，四库本，第 618 册，第 496 页。
⑤ 民国《大通县志》第 2 部《建置志·城池》，《稀见方志》第 55 卷，第 686 页。
⑥ 乾隆《西宁府新志》卷 9《建置·城池》，第 271 页。
⑦ 《嘉庆重修大清一统志》卷 269《西宁府二·关隘》，四库本，第 618 册，第 495 页。
⑧ 均见民国《大通县志》第 2 部《建置志·城池》，《稀见方志》第 55 卷，第 686 页。

城，一日新城。旧城去新城 5 里，城皆倾圮，仅留有名。新城在永安关南关外雄镇约二三里，仍名新城镇。①

喇课营城位于西宁县西北 80 里，丹噶尔城北，"地通青海"，雍正十一年（1733）筑城。城周 180 余丈，设千总。②另有北川营，旧名永安堡，位于西宁县北 60 里。城周 3 里，北有东西暗门，在营北 10 里，暗门之外为白塔儿。③ 这些以军事性为主而建筑的城堡起到了护卫以西宁为中心的城镇的作用，也构成中心城镇辐射扩展的低一层级，形成"城镇—城堡"模式。

西宁府城南部城镇与厅所的同步发展　西宁府城以南的城镇，主要指依次由北而南的化隆、康家寨、循化厅和相邻而西的贵德城。这些城的增建，是清廷政治控制和军事选择理念的实践。

摆羊戎、巴燕戎格是化隆县城最初的名称，选择此处建城，与其北边扎什巴城失去"要隘"地位有关。雍正十三年（1735），川陕总督刘于义从军事驻防的需要考虑，请在扎什巴筑建土城，"令西宁镇派游击一员，马步兵二百名驻城弹压"④。经部议，奉旨依议。不过，随着政治军事控制西南向发展，扎什巴城的军事地理优势减弱，变成"并非众番要隘"，且"地窄小，难以建堡驻兵"的地方，不利于政治控制力量南向发展。于是，乾隆三年（1738），经西宁道按察使司签事杨应琚、巴暖游击杨普、川陕总督查郎阿等逐层奏报，请在巴燕戎格建城驻兵。认为摆羊戎"西至西宁城 170 余里，东至循化营 90 余里，至巴暖营 180 余里，至碾伯县 120 余里。其东有碾伯所属番民十二族，其西有西宁所属番民十六族"。地系"各营适中扼要之区，为四面番回杂处之

---

① 民国《大通县志》第 2 部《建置志·城池》，《稀见方志》第 55 卷，第 687、686 页。

② 《嘉庆重修大清一统志》卷 269《西宁府一·建置沿革》，四库本，第 618 册，第 488 页；又乾隆《西宁府新志》卷 9《建置·城池》，第 263 页。

③ 《秦边纪略》卷 1《西宁卫·西宁近边（疆）》，第 78 页。

④ 川陕总督查郎阿：《请设巴燕戎格厅营疏》，光绪《西宁府续志》卷之九《艺文志》，第 391 页；又按乾隆《西宁府新志》卷 9《建置·城池》（第 265 页）载：扎什巴城，新建。东南去府治 160 里。乾隆三年，经西宁道签事杨应琚以防范南山后诸番，议请设千总一员，马步兵一百名。筑城一座，设南北二门。周回长 148 丈，高 2.2 丈，根宽 1.8 丈，顶宽 9 尺。以乾隆四年七月十六日始作，五年五月初六日成；而《嘉庆重修大清一统志》卷 269《西宁府二·关隘》，四库本，第 618 册，第 496 页，载：扎什巴堡，在西宁县东南 160 里，城周 140 丈，乾隆四年筑，设千总驻防。前者记载更准确。

地，地土宽平，水草便易"，适宜控制四周。① 同年八月，议政王大臣覆准，奉旨依议。② 遂在摆羊戎、甘都堂、千户庄等处移设营汛。③ 选定扎什巴城东 70 余里的摆羊戎，以及西边的千户庄，南面的甘都堂等处为建城新址。如果说中国古代的都城因"战略上的理由而选"④，那么，在边界地区选择城址，其驻防与战略的控制意义更重要。

时摆羊戎为碾伯县属，当工部准建城堡衙署后，因工程浩繁，所需木、泥匠役甚多。碾伯地方人工不敷，遂从狄道州派雇木匠 50 名，泥水匠 25 名；从河州解送泥水匠 50 名帮助建城。⑤ 乾隆四年（1739）四月，巴燕戎格城兴工，次年闰三月竣工。⑥ 建城同时，大学士查郎阿、甘肃巡抚元展成等又以西宁距离摆羊戎地方遥远，"向无郡佐"，奏设西宁抚番通判 1 员，驻扎摆羊戎城内，就近居中管辖。⑦ 但是，没有下文。直到乾隆八年七月，黄廷桂又奏，碾伯县口外巴（摆）燕戎地方，自四年以来，"试垦数年，收成岁有增加"，垦户已有 300 余家。不仅"垦户日集，戎城窄小，不敷居住"，且垦户"开田处所，距城颇远"，往返耕种，十分不便。经官方考察询问，百姓情愿搬迁。遂奏准在戎城 5 里内东、西建筑土堡 2 座，"各自伐木构屋而居"⑧。从而使已有城池得以外延扩展。与此同时，查郎阿等也提出，巴燕戎城聚集人口的民刑

① 查郎阿：《请设巴燕戎格厅营疏》，光绪《西宁府续志》卷之九《艺文志》，第 392—393 页；又乾隆《西宁府新志》卷 9《建置·城池》，第 268—269 页。
② 《循化志》卷 1《疆域》，第 39 页。
③ 朱批奏折，大学士鄂尔泰，大学士张廷玉，奏为遵议甘肃巡抚元展成奏于西宁府属摆羊戎地方开垦地亩接济兵民添设抚番通判一折事，乾隆四年七月初二日，档号 04-01-01-0039-006。
④ ［美］施坚雅主编：《中华帝国晚期的城市》，第 31 页。
⑤ 户科题本，甘肃巡抚杨应琚，题为查明陇西县垫支赴碾伯建修堡署泥木二匠安家路费银两严追无著请豁免事，乾隆十七年二月十二日，档号 02-01-04-14619-005。
⑥ 朱批奏折，川陕总督庆复，奏为陈明借给摆羊戎等处防兵口粮原委请旨免追以恤边兵事，乾隆九年十二月初三日，档号 04-01-01-0111-046；《嘉庆重修大清一统志》卷 269《西宁府二·关隘》，四库本，第 618 册，第 495 页，为乾隆三年筑，有误。
⑦ 朱批奏折，大学士鄂尔泰，大学士张廷玉，奏为遵议甘肃巡抚元展成奏于西宁府属摆羊戎地方开垦地亩接济兵民添设抚番通判一折事，乾隆四年七月初二日，档号 04-01-01-0039-006。
⑧ 朱批奏折，甘肃巡抚黄廷桂，奏为查明大通卫水旱可耕田地招民安插垦种缘由等事，乾隆八年五月初二日，档号 04-01-22-0016-040；

钱谷诉讼等诸多事宜，不便经理，再次奏请添设通判，驻扎城内。九年，准予增设通判1员。① 自此，巴燕戎格城人口增加很快，主要以垦殖为业。乾隆十七年，有17户在于滩等处认垦。② 十八年，有番民林欠等共56户在丹麻山并胡拉等处认垦农地。③

贵德在元明时期就已经奠定了发展基础，清初完成了自营卫至府县的转变。城在西宁府南220里。贵德的行政设置早于建城。洪武三年（1368），置归德所，属河州卫。八年，设守御所千总，仍归河州卫辖。河州卫"近有起台，远有保安，尤远有归德，缮堡屯兵于其中"④。清初因之。顺治六年（1649），设守备驻防。雍正四年（1726），改隶临洮府。十一年，设都司。乾隆三年（1738），裁入西宁县。二十六年，改设县丞分理，三十九年，改都司，设游击。四十七年，改归德为贵德。⑤ 五十六年，照循化例，改设同知管理，设为旗缺。并自七月十三日起，"嗣后青海边境附近之循化、贵德等地方番子等，亦归驻西宁办事大臣兼管"⑥。至此，河湟地区一府三县四厅的行政建置格局初步形成。至六十年时，贵德城发展已渐具规模，人口聚集，城中能够参加考试的生员已增数倍，地方官奏请将原附于西宁的考试参照循化厅例，改

---

① 户科题本，甘肃巡抚黄廷桂，题请设立摆羊戎城通判征收摆羊戎地方番粮事，乾隆十二年六月二十七日，档号02-01-04-14076-001。关于通判设置时间，乾隆《循化志》和《西宁府新志》记载均模糊不清，前书卷1《疆域》记载：按巴燕戎格营始此，其后复设通判，乃分碾伯之地界之，则未详何年也；后书卷5《地理·山川》有：巴燕戎川，……新设抚番通判，改设游击，俱驻扎于此。自余请筑城设官之后，田土日辟，……今悉归于通判县官，无鞭长不及之虞矣。据此，杨应琚于乾隆元年任西宁道按察使司签事，乾隆十一年至十二年编成新志，巴燕戎格新设通判最晚也在乾隆十二年之前。可事实上，在乾隆三年，新建城约10个中就有巴燕戎格。所以，惟黄氏在此折中提到：八年，又奏请增设。此折于九年四月经部议复；《嘉庆重修大清一统志》卷269《西宁府二·关隘》，四库本，第618册，第495页。记为九年。

② 户科题本，陕甘总督杨应琚，题为摆羊戎厅民人冶体真等认垦高大欢等未开旱地乾隆二十六年入额征粮事，乾隆二十六年正月二十二日，档号02-01-04-15410-002。

③ 户科题本，甘肃巡抚明德，题为摆羊戎民人林欠等乾隆十八年认垦荒地应于壬午年升科事，乾隆二十六年十月初五日，档号02-01-04-15411-010。

④ 《秦边纪略》卷1《河州（卫）》，第38页。

⑤ 《嘉庆重修大清一统志》卷269《西宁府二·关隘》，四库本，第618册，第495页。

⑥ 寄信档，寄谕陕甘总督勒保等著将贵德同知设为旗缺等事妥议具奏，乾隆五十六年七月十三日，档号03-140-5-016，JX/03-140-5-016。

在贵德本地进行,"自设文武生员名额,同时添建文庙"①。

　　嘉道时期,由于青海黄河以南藏族部落时常逾河武装抢掠蒙古,甚而占据河北蒙古牧地,清廷多次出兵整饬,加强对贵德、循化地区的控制,尤其重视自西宁中心辐射至该两地一线的治理,在各城之间增设军事驻防。道光四年(1824),在西宁镇总兵所属之南川千户庄至贵德黄河官渡60里的道路上,增设塘汛3处、墩塘4处。② 当然,贵德以东170里至康家寨之间,在乾隆年间就已经设有多处防守的墩塘,如下河墩塘、下马厂墩塘、暖泉墩塘、草初墩塘、李家峡墩塘、洞口墩塘,且"俱连界青海,番戎住牧之处",在瓦家堡、乜家堡,也皆有外委驻扎。③ 不过,这种驻防的部署,依当地的空间地理形态而设,康家寨就犹如咽喉要道,卡在贵德、巴燕戎格和循化三角的中心处,"逼近番夷"。雍正五年(1727),即设千总防守。乾隆四年(1739),为"以资联络,以控番回",筑康家寨土城一座,设南门一,周120丈,高2.2丈,根宽1.4丈,顶宽0.7丈。驻防马步60名。④ 乾隆四年六月二十七日兴工,五年五月十五日告竣。⑤

　　位居黄河南的循化厅城是在循化营城的基础上发展而来。循化营,雍正八年(1730)设。⑥ 由于该营"逼近黄河,番回杂处",旧设游击一员,后不足弹压,为加强和筹划军事兵力部署,改设参将,并以镇海

----

① 朱批奏折,陕甘总督勒保,奏请准甘省贵德厅添设厅学建立文庙并抽拔文武生员进额等事,乾隆六十年正月二十四日,档号04-01-38-0184-043;又裁县丞设同知有五十七年说,见《嘉庆重修大清一统志》卷269《西宁府二·关隘》,四库本,第618册,第495页。

② 朱批奏折,陕甘总督那彦成、西宁办事大臣穆兰岱,奏为酌添西宁镇南川千户庄营至贵德营之间塘汛以重边防事,道光四年七月二十七日,档号04-01-20-0011-015。

③ 《嘉庆重修大清一统志》卷269《西宁府二·关隘》,四库本,第618册,第496页。

④ 乾隆四年六月二十七日兴工,五年五月十五日告竣,乾隆《西宁府新志》卷9《建置·城池》,第272页;又《嘉庆重修大清一统志》卷269《西宁府二·关隘》,四库本,第618册,第496页。

⑤ 民国《贵德县志》卷2《地理志·城池》,《稀见方志》第57卷,第152页。

⑥ 又雍正八年,设循化营,立界;又按循化营防汛共11处,考营卷,雍正九年,循化营左司造册,无土门、红庄二塘,盖自雍正八年建营至乾隆四年,而略备什结弄、掌教坊二塘,见乾隆《循化志》卷3《营汛》,第95—96页;循化营,保安堡属焉,见乾隆《循化志》卷1《建置沿革》,第26页;又未设循化营之先,边都沟亦系保安汛地。雍正四年,西宁镇周开捷至保安仍令改属起台,乾隆元年,保安以旧界,重新查勘,又重新立界,乾隆《循化志》卷3《营汛》,第95页。

营参将移驻，隶属于河州镇管辖。循化游击改驻镇海之丹噶尔，添中军守备一员；于哈拉库图尔营裁移，添千把总各一员。[①] 十三年，河州改镇，以起台堡隶循化营。仍归河州镇统辖。乾隆二十六年（1761），陕甘总督杨应琚奏，河州同知驻扎河州城内，所管番民 71 寨 15 族，计 14000 余户，散处河州边外之循化、保安、起台地方。相距河州城，近者往返三四百里远者七八百里不等，为便利一切命盗词讼案件俱得就近迅速办理，请将河州同知移于边外之循、保、起三营适中之循化城内。

二十七年三月吏部覆准，奉旨依议。始移河州同知于循化营，因曰循化厅。[②] 道光三年（1823），循化同知改隶西宁府。[③]

循化厅城的建筑始于雍正七年（1729），是年闰七月，在河州出老鸦关 160 里的草滩坝择地筑城。而选址时所考虑的因素也无外乎政治控制与地理位置，即"实为番回适中之处"，其地周围 20 余里，南面大山，北临黄河，河北亦有大山。地势平衍，开渠引水，亦属便利。雍正八年建成。修筑城垣衙署兵房庙宇等项银 44866 两。[④] 乾隆四十九年（1784），陕甘总督福康安以循化厅所管沿关一带汉民回族户口日繁，参加应试又都往 500 余里外的河州，故而请设义学、添建文庙。[⑤]

当然，循化土城建筑后，又先后修筑保安堡、起台堡土城，作为循化城的羽翼，以加强防卫。保安堡，在河州西 350 里，雍正十年（1732），建土城 1 座，设守备。城周长 684 丈，东西二面各长 224 丈，南北二面各长 118 丈，高 2.5 丈，根厚 2 丈，收顶 1 丈。乾隆五年（1740），添建起台堡。

起台堡，治河州西 150 里城关，万历中修筑，周围 160 丈，高 3.5 丈，设守备驻防。至乾隆三年，驻守官兵，因"堡城窄小"而寄寓双

---

① 乾隆《循化志》卷 3《营汛》，第 94 页。

② 乾隆《循化志》卷 1《建置沿革》，第 29—31 页；光绪《西宁府续志》卷之九《艺文志》载"请移和河州同知于循化疏"的陕甘总督"杨遇春"当为杨应琚之误，见第 393 页。

③ 朱批奏折，陕甘总督那彦成，奏请将甘肃循化同知改隶西宁府并西宁府知府缺改由本省拣员题调事，道光三年正月十八日。档号：04-01-12-0370-016。

④ 乾隆《循化志》卷 2《城池》，第 85—87 页。

⑤ 朱批奏折，陕甘总督福康安，奏请准循化厅设立学校兴建文庙并抽拔文武生员进额等事，乾隆四十九年十二月二十二日，档号：04-01-38-0184-034。

城。总督查郎阿令守备兵丁仍归起台原泛驻扎，且奏准于旧堡之外，接筑关厢，建造衙署兵房。经委员勘察，堡城四面皆有濠沟难以接筑，唯东门外关帝庙傍有古地一段，顺 26 丈，横 8 丈，又有塌损小墙可以添补。遂于五年三月，河州知州刘鹤鸣临勘就地势连筑，于三月十六日兴工，并建守备衙署一所，演武厅一座，兵房 118 间，芦草湾等塘房 7 处，闰六月告竣。守备于四年五月带兵归起台原泛驻扎。①

西宁府城及其东部城镇格局 府城以东属于开发较早之区，自兰州以西，仅有一线通西宁，沿途重要城镇有下川口、享堂、老鸦、碾伯、威远、平戎城等。其中最重要的城镇是西宁、碾伯。西宁城是在汉西平亭的基础上逐渐发展而来的，仅城池建筑来看，由于"城因崖为基，池不能环"，所以，历代不断增修。又由于地处重要的军事交通地理位置，为"咽喉锁钥"，明洪武十九年（1387），长信侯耿炳文加以修筑和扩建旧城，城镇规模随之扩大，以至于"东门连关厢，商贾市肆皆集焉"②，经济地位凸显。

明末清初，西宁城内外商业辐辏，而城东为最。"不但河西莫及，虽秦塞犹多让焉。自汉人、土人而外，有黑番、有回回、有西夷、有黄衣僧，而番回特众，岂非互市之故哉"。"黑番强半食力为人役，回回皆拥资为商贾，以及马贩、屠宰之类"。"城之中牝牡骊黄，伏枥常以万计，四方之至，四境之牧不与焉。羽毛齿革，珠玉布帛，茗烟、麦豆之属，负提辇载，交错于道路。出其东门，有不举袂成云，挥汗成雨乎。……则利为之阶也"③。城镇经济发展较为成熟。

重要的经济中心价值催化其城镇的发展，包括城池的修建以及行政管理级别的提高。雍正三年（1725），在西宁府城设衙置署，同时，正式设立西宁办事大臣，铸给关防印信。城池建筑规模也提上日程。自雍正十一年，首次奏请重修，经乾隆、道光、同治、光绪等朝的不断修葺添建，直到民国时期，西宁府城的中心地位更加巩固。

碾伯县城，即旧碾伯堡，明初筑。位在西宁县东北 80 里，北至暗

① 乾隆《循化志》卷 2《城池》，第 91 页。
② 乾隆《西宁府新志》卷 9《建置·城池》，第 259—260 页。
③ 《秦边纪略》卷 1《西宁卫·西宁边堡》，第 63—64 页。

门边墙 20 里。① 其东至庄浪所界，南至河州界，西至西宁卫界，北至庄浪所界，西南至贵德所界，东北至庄浪所界，西北至西宁卫界。洪武十一年（1378），置碾伯卫指挥使司，"仓学所驿，建置纷然，亦湟属之大镇焉"。其"东接老鸦、西连威远，南通南林，北抵胜番、剩防，可谓八达矣"。嘉靖十四年（1535）筑。由于湟水绕城南流，久之城湮就圮。② 雍正二年（1724），改碾伯千户所为碾伯县。乾隆二十九年（1764），因旧址修筑。③

乾隆三年（1738）时，碾伯县山南上川口，新增上、中、下三堡，由下川口堡、石嘴堡，以及李土司所属的松树庄，还有旱台子、东塬、马鸡塬、匠役户、新户、王家户等多处村堡，还有吉家堡、万泉堡、祁家堡，三川之王家堡、巴暖户、吕家堡、钱家堡、红嘴堡、古约塬、上张户、下张户、李家户、鄂家堡等庄堡，俱从事农垦生产。④

除此之外，还有威远城、老鸦城、冰沟城和古鄯城等。其中威远城，为乾隆三四年间所建之新城，设军驻防。位在西宁县东北 80 里，北至暗门边墙 20 里，明嘉靖十四年（1535）筑。城周 3 里有奇，东西各长 125 丈，南北各长 110 丈，高 3 丈，根厚 2.4 丈，顶厚 1 丈。清初先设守备，后改都司。⑤ 老鸦城，在县治东南 50 里，汉破羌县旧址。万历二十四年（1596），增建敌楼，城高 2.5 丈，下宽 2 丈，周围 246 丈，门二，池深 2.2 丈，宽 2 丈。冰沟城，在所治东北 90 里。洪武十九年（1386）建，城高 2.5 丈，下宽 2 丈，周围 220 丈。门一，池深 2 丈，宽 1.8 丈。古鄯城，在所治西南 160 里，汉代城。万历二十四年（1596）增建敌楼，城高 2.4 丈，下宽 2.8 丈，周围 666 丈，门二，城楼二，角楼四，池深 1.5 丈，宽 2 丈。⑥ 本区较成熟的城堡体制，是府

---

① 《嘉庆重修大清一统志》卷 269 《西宁府二·关隘》，四库本，第 618 册，第 496 页。

② 《秦边纪略》卷 1 《西宁卫·西宁边堡》，第 62 页。

③ 《嘉庆重修大清一统志》卷 269 《西宁府一·建置沿革》，四库本，第 618 册，第 487 页。

④ 户科题本，吏部尚书协理户部事务讷亲，户部尚书海望，题为核议甘省题请豁免西宁府属碾伯县下川口堡被灾各属正耗粮草事，乾隆四年二月初五，档号 02 - 01 - 04 - 13206 - 003。

⑤ 《嘉庆重修大清一统志》卷 269 《西宁府二·关隘》，四库本，第 618 册，第 496 页。

⑥ 康熙 《碾伯所志·所城》，《稀见方志》第 57 卷，第 12 页。

城得以发展的重要支柱。

综上，河湟地区城镇空间分布格局于清代形成，一个明显的特征就是所增加城镇和辐射方向均是以西宁府为中心。在很大程度上依据地形、河流等自然地理环境，同时和民族聚居关系密切，也与自汉至明清之际以前历代王朝对湟水流域东部区域的治理和开发基础以及社会发展进程相关涉，与人文社会发展中的政治、军事和宗教等因素密不可分。在这一体系中，城堡、墩塘、塘寨的字样，以及防守边寨，都是建城、筑城的主要目的，客观上对经济发展的作用不可忽视。话说回来，没有军事防守，民间的贸易也不能进行，只是能否筑城，就单说了。如果说城市形态受自然地理条件的重要影响的话，在河湟地区其城市体系的形成及其城市规模受这里自然地理地形的影响更大。

1929年青海正式建省，治西宁县。1946年，以省垣周围正式成立西宁市。以西宁为中心的城市体系逐步完善，此后的析地置县，仅表现在行政范围的扩展，以原有的堡寨市镇为城镇的据地，而不再新建城垣。

第三章　城市形态与结构

    城市是人类聚居而形成的具有较大规模和较多功能的地理综合体。是某一区域内人们的活动中心，在其形成发展过程中，不仅承担了较一般乡村聚落更为重大的责任，在充分利用与适应自然环境时，也改变了活动区域原本的自然概况，且以主体的形式营造出自然与人文合一的城市环境。而城墙，或者说城垣，是城市最初的直观形态，是城市最重要的标识，其存在与毁弃往往象征着一座城市的兴废。关于中国传统城、城墙、城池的功能和形态等方面的可信研究，已有很多，尤其在最近的二三十年中，从多学科和跨学科入手，考察城市体系，研究城市形态，成为城市研究的一个新方向，涉及地理学、生态学、经济学、社会学和城市规划等多方面。

    按照城市规划的原理，城市形态是指城市整体和内部各组成部分在空间地域的分布状态，是人类经济活动在空间上的投影。可以理解为客观实体从整体到局部层面的外在形状与内在结构，以及外在形状与内在结构发生发展的演化过程。[①] 当然，研究城市形态的目标是理解城市结构形成过程与文化、社会经济及政治的作用力的关系，要求在社会过程中探讨城市物质空间形态受社会历史环境变动影响下的演变过程及规律。所以，美国著名城市学家凯文·林奇（Kevin Lynch，1958）认为，城市的某些标志是可以被共同回忆和记录的，"而能够被人们最为注意的形象往往就是这座城市的文化特征"[②]。

---

    ① 谷凯：《城市形态的理论与方法——探索全面理性的研究框架》，《城市研究》2001年第12期，第36页。

    ② ［美］凯文·林奇：《城市形态》，林庆怡等译，华夏出版社2001年版，第34—35页。

对于城市空间结构定义的表述很多，其中认为城市空间结构即"是指城市功能区的空间结构，表现为具有某种特定功能的城市物质构成要素，如宫殿、官署、街道、作坊、市场、里坊、学校、园林等在城市的空间位置、要素构成及相互关系"[①]。也有认为城市空间结构是指城市各功能区的地理位置及其分布特征的组合关系，它是城市功能组织在空间地域上的投影。[②] 尽管表述的视角有别，但均表明城市不仅有内在的功能区分，也有外在的地域结构，即指城市地域内与各种功能活动相应的地域分异和功能区位在空间上的组合。也即如李孝聪所指出的"城市形态与地域结构含有两重内容，其一指城市的外缘形态，对于中国古代社会来说，主要指城墙的轮廓；其二是城市内部的空间结构，即街道布局以及功能建筑的选址和配置"[③]。

至于城市结构与形态二者之间的关系问题，也有学者认为，从本质上讲，结构是指事物要素之间的关系定式，形态则强调要素组合的表象特征。具有内在结构的物体必然会呈现一定的形态。这种关系同样存在于城市空间结构与城市形态之间。城市空间结构与形态是互相影响、互相依赖的关系，空间结构影响了空间形态，而空间形态又往往限定了空间结构。空间形态的非稳定性是空间结构增长的动力。[④]但是，事物的相互关系不等于事物的因果关系。所以，空间结构与空间形态虽然相互依赖，但并不表现为绝对的支配关系。即非因果性在关系中的存在是不应该被忽视的。

城出现的原因很多，中国传统筑城思想中一个重要的目的在于"筑城以卫君，造郭以守民"，即保境安民。随着城市商业经济发展，人口集聚，以及相邻城之间联系的增强，以城墙为框架的城之外又出现了一体的城郭，渐之又有了关厢，出现了城外有城的建筑。而关厢与所谓的郭，有相同之功，为相同之制。只是郭必周城，关厢则因地制宜，

---

① 耿占军、赵淑君：《中国历史地理学》，西安地图出版社 2000 年版，第 297 页。

② 石崧：《城市空间结构演变的动力机制分析》，《城市规划汇刊》2004 年第 1 期，第 51 页。

③ 李孝聪：《唐代城市的形态与地域结构——以坊市制的演变为线索》，《唐代地域结构与运作空间》，第 249 页。

④ 顾朝林：《集聚与扩散——城市空间结构新论》，东南大学出版社 2000 年版，第8页。

或有或无。当然，由于自然地理形胜的限制，并不是所有的城均按照传统的筑城规制划一，而是以不同地理条件因地制宜，不仅形态的差异明显，在结构上也各有特色。黄河上游区域的城市兴建与形态结构包括布局，适应了这里自然、人文因素，空间结构呈现出鲜明的农业社会城市居住特征。当然，不得不说的是，随着单一城在空间上的扩展，城镇的多种功能和不同层级城镇的差异更加明显，也使城与城之间的联系得以加强，便形成某一地域上的城市体系，这使原本有城墙的城市界限模糊。

一　清承明城和筑城制度

早期的城镇是以城墙及其为主体的基础建筑设施和城内建筑物构成，如城垣、道路、桥梁、官署、学宫、书院、仓舍、祠庙、寺观及宗祠等。清代以来，黄河上游区域的城镇建筑选址，除了依自然环境，民族集聚和交通道路等条件外，军事地理位置的重要与否，成为选址建城的重头。所建筑的各种占地面积大小不同的城，在结构上也包括了一般城镇所具有的上述要素，各种城镇又分隶于相应的行政管理体制。

（一）清承明城

为军事驻防而建城是明代众多城池的特点，多为方形城，占地规模较小。黄河上游区域的城池，大多建筑于明代，军事驻防功能显著。如甘肃镇位居明代所设九边重镇的西边，在明人眼中，这里"夹以一线之路，孤悬两千里，西控西域，南隔羌戎，北遮胡虏"①。而具有自然地理形胜的"黄河、黑水、昆仑、崆峒际天极地"，衬托得甘肃为"巍然一大镇也"②。"自兰州渡河，所辖诸卫，绵亘二千里，番房夹于南北

---

① 《九边图考·甘肃》。
② 乾隆《甘州府志》卷13《艺文志上》，《方志丛书·华北地方》第561号，第1308页。

一线之路"①。由于军事防御的需要，"城池所关尤重"②，重视城池和
军事堡寨的建筑。据不完全统计，直到万历前期，甘肃镇已有的城垣、
堡寨为 495 座，关隘 104 处。③ 还有众多的墩堡、边墙、驿站，"烽墩
之设"，形成河西一带"稠叠已极"的壮观局面。④ "凡城与堡"的存
在，"皆以绝虏道，卫居民焉"⑤。

　　甘肃镇下辖众多卫所，属于黄河上游区域的有河州卫、西宁卫、庄
浪卫、靖远卫和宁夏卫。入清后，随着社会安定，烽火熄灭，裁卫置
县，前明既有城池被继承沿用。可以说，清代以来，黄河上游区域的城
镇中，大部分是明代新筑或前期旧址重筑，略而计之，约有41个。明
朝经营城垣之功，可见一斑。清代大多在明代基础上加以修葺补筑而
已。为能更好地区分清代筑城概貌，兹按清代行政建置及因袭明城旧址
情形加以考察和梳理，详见表3-1，明代黄河上游重要城镇及规模。

　　从表3-1所列城垣中，忽略清初行政建置变动的因素，就各城垣
周长的变化为参照来看城的变化情形，则截至乾隆元年（1736），明清
两代所能对应的城周里数有37个，其中城周大小没有变化的有29个，
稍有变化的是6个，变化较大的是2个，即兰州、平番，均显示增扩。
总体而言，大多数城垣建筑规模固定，在没有自然灾害和战火等因素影
响下，不会轻易费帑兴建。

　　入清以来，在上述明城或卫所置地基础上建筑和兴起了带有城垣的
一批重要城镇，新建、增筑和修葺的不在少数。在清代政区体制推进
中，或因地震重建，或因移民新建，或因军事位置重要而建。发展较快
的省级城主要是兰州，府级为西宁和宁夏，宁夏城在乾隆三年（1738）
地震后重建。化平厅城是在回民起事善后安置时所建的移民城。县级有
如丹噶尔城是因民族聚集、贸易繁盛而新建。也有的城因设官而修
建。如宁夏府属海喇都城，在明初还是藩王牧场。洪武二十年（1387）

　　① 杨一清：《论甘肃事宜》，《明经世文编》卷19。
　　② 乾隆《甘肃通志》卷7《城池》，《边疆丛书》第2辑第26卷（2），第877页。
　　③ 《明会典》卷130《镇戍》。
　　④ 乾隆《五凉全志·兵防志·烽墩》，《方志丛书·华北地方》第560号，第93页。
　　⑤ "总制秦公政绩碑纪略"，参见嘉靖、万历《固原州志》卷下《艺文志》，宁夏人民
出版社，校勘本，1985年。

表 3 - 1　　　　明代黄河上游重要城镇及规模

顺序	城镇	周长（乾隆元年）	周长（嘉靖）①	建筑时间	扩展	城墙	城壕
1	兰州	14 里 231 步	10 里	隋城。明多次扩建，洪武十年增筑，宣德、正统再增扩	门 4。宣德间绕城，补筑外郭。正统间又增筑东门外郭，整以砖石	高 3.5 丈阔 2.6 丈	北因河为池，东西南深 3 丈
2	狄道	9 里 3 分	9 里 3 分	宋城。洪武三年指挥孙德增筑	门 4。上建重楼，成楼、九角楼，俱整以砖。续增北郭，续辟 3 门。又重修	高 3 丈	深 1 丈
3	渭源	3 里 3 分	3 里	宋城。弘治十七年增修	建门 2，上各有楼铺，敌台，筑月城，嘉靖四十二年，始建北郭	高 2.5 丈	深 1 丈
4	金县	3 里 3 分	3 里	宋城。洪武二年，移治城关镇	门 2。各建层楼成铺外郭	高 2.3 丈	深 2 丈阔 3 丈
5	河州	9 里 3 分	9 里 2 分	西秦城。洪武十年，截元城展筑	门 4。各有敌楼。创南郭，也有重楼	高 5 丈厚 3 丈	池深 3 丈，阔 3 丈

① 参见嘉靖《陕西通志》卷之八《土地八·建置沿革中》、卷之九《土地九·建置沿革下》，陕西省地方志办公室点校本，三秦出版社 2006 年版，第 344—364、387—405、434—437、444 页。

续表

顺序	城镇	周长（乾隆元年）	周长（嘉靖）	建筑时间	扩展	城墙	城壕
6	靖远	6里3分	6里	隋城。正统二年，增拓。成化十三年，拓东城	明增筑，又拓东城。又修筑南郭，周2.5里。又重修。门三。城北有镇北楼	高3丈	深3丈
7	平番	8里26步	4里120步	无城。洪武十年重筑	甃以砖。内外8门	高2.8丈 厚4.5	深2.5丈，阔3.5丈
8	陇西	9里120步	9里	无城。洪武十二年重修	门四，皆建楼，角楼4，敌楼4，砖堞6尺。正德初增筑东西北3郭，又增筑城北3门，开东西北门，其上建楼	高3.1丈	深3.7丈
9	安定	3里3分	3里	宋城。明增拓至6.3里	原周3里3分，门3，四角有飞楼。正统中，筑南有月城，两次重修郭	高3.5丈	深2.5丈
10	会宁	5里	4里	洪武六年筑，成化四年拓	辟二门。后增东北西3关。又辟东门，皆以砖，营东郭。门4，郭楼、郭门4	高3丈 厚3丈	深2丈

续表

顺序	城镇	周长（乾隆元年）	周长（嘉靖）	建筑时间	扩展	城墙	城壕
11	通渭	5里有奇	5里	明城。康熙五十七年地震城圮①	旧城周3里280步。明修，门3，建楼。后整城以砖	高3丈	阔2丈
12	漳县	1里	1里3分	明移治筑	旧城在古城峪，起于木。明移置三台山麓，敌台5，辟三门。各覆以楼，角楼4，整城以砖	高1.8丈，基宽2.4丈	深1尺，凌后加深
13	宁远	3里	3里余	明因旧城址重建	门2，颜渭莘崩，改修，辟门3，皆覆以楼。后城圮，复修	高1.9丈	深1丈
14	伏羌	4里	3里	宋城。明增筑	门4，其上建楼，敌台9	高2.5丈，顶阔8尺	深阔各1.5丈
15	洮州	9里	9里	明城。洪武二年筑，十二年增筑	原城周2里。门4，各覆以楼。又二次重修	高3丈	深1.5丈，阔2丈

① 雍正八年移治安定监，去旧治60里。监系明初创建，旧隶平凉苑马寺。城居北山山麓。东西阔为三，城中城周一里有奇，开东西门，郭城与门亦如是。

续表

顺序	城镇	周长（乾隆元年）	周长（嘉靖）	建筑时间	扩展	城墙	城壕
16	岷州	9 里 3 分	9 里 3 分	西魏旧城。洪武十一年新筑	门 4。上建层楼 4，箭楼 1，角楼 5。又增筑西营小城。拓北隅	高 3.6 丈	深 2 丈
17	平凉	9 里 30 步	11 里 3 分	唐城。明修复	无分为南北二城。门 4	高 4 丈	深 4 丈
18	崇信	3 里 198 步	3 里 5 分	唐城。明末修筑	二门。明裁锦屏山麓展筑	高 2.5 丈	深 1.5 丈
19	华亭	5 里 180 步	5 里 180 步	金城	门 3	高 2 丈	深 1.5 丈
20	镇原	1 里 270 步	1 里 270 步	元城。明重修	门 3	高 2.5 丈	深 7 尺，阔 1 分
21	固原	内 9 里 3 分，外 13 里 7 分	9 里 3 分	宋城。明修复，又增修	分内外城，内城门 2。又开门 1。筑外城为关，门 4。又甃以砖	内高 3.5 丈 外高 3.6 丈	深阔各 2 丈
22	泾州	3 里 386 步	3 里	元土城。明改筑	门 3。重修。又增筑，砖砌女墙，修南北二楼	高 2.5 丈	深 1 丈，阔 2 丈

续表

顺序	城镇	周长（乾隆元年）	周长（嘉靖）	建筑时间	扩展	城墙	城壕
23	秦州	4里102步	4里余	唐城。宋增筑。洪武六年，在西城旧址筑大城	门2，辟门2，有东关城、中城、西关城，小西关，四城皆与大城联属	高3.5丈	深2丈
24	灵台	2里265步	4里	隋城，元修筑。明多次重修	东北二门。又依昔山城之半，筑堡其上。新拓南北240丈，东西180丈	原高1.5丈，增后2丈许	深阔各8尺
25	静宁	7里1分 5里1分（顺治十年重筑）	7里	宋城。明重修筑	减外城为内城，开西南关，增筑外垣及东西逻城，重修东南北城郭，成化四年，周9里	高3.4丈	深1.8尺
26	庄浪	1里170步	1里170步	元无城。明增筑	门2。崇正二年修后，周约3里	高2.5丈	深1.5丈
27	隆德	9里3分	9里3分	宋城。明修建	明相继改筑	高3丈	深2.5丈
28	安化	7里13步		明修筑	门4，各覆以楼，周3里。明修筑并建南关城。又重修	东西南分别高13、11、9丈	引东西二河水为壕池

续表

顺序	城镇	周长（乾隆元年）	周长（嘉靖）	建筑时间	扩展	城墙	城壕
29	合水	3里180步	3里余	宋城。明修筑	门2。北垣倚山，东西南皆在平陆	北高5丈，东西南高3丈	深1.5丈，阔3.3丈
30	环县	5里350步	5里	无城。明重修	门3。明嫠经修葺、重修	高5.5丈	深2丈
31	真宁	2里26步	3里	无城。明增修	门2。明开南门。又增修	高4丈	深1.5丈
32	宁州	3里40步	3里余	五代城。明重修	门3。南关城，周2里。明垒以砖更筑关城四面，高城一道，增设北门	高4丈	东倚山南，西北俱阻河为池
33	秦安	3里90步	3里余	金城。明重修	嘉靖二十一年，增修拓城，东北展1/3，增高1/5	高3.5丈	阔3.3丈，深2.5丈
34	清水	4里208步	5里	宋城。洪武四年重筑	弘治间增筑东西二郭。万历六年，增修	高厚皆2丈增至3丈	池深1丈
35	宁夏	18里	18里	宋城。明复筑	门6。明重修，又增缮补修	高3.6丈	深2丈，阔10丈
36	平罗	4里5分		明城	甃以砖石，门2	高2.5丈	深阔各1丈

续表

顺序	城镇	周长（乾隆元年）	周长（嘉靖）	建筑时间	扩展	城墙	城壕
37	灵州	7里8分	7里8分	明新筑	城旧在黄河南，明移筑河北，展筑并南郭。甃以砖石。门4，上各有楼	高3丈	深1丈
38	中卫	7里2分	4里3分	无故址。明展筑	门2。又开南门，城东郭	高3.5丈	深1.5丈，阔7丈8尺
39	西宁	8里56步	8里56丈4尺5寸	汉城旧址。元因之。明洪武十九年改筑。	门4，东关外城延1里许，门3。嘉靖二十一年重修，万历三年，甃以砖	高5丈	阔2.5丈，深1.5丈
40	碾伯	2里9分	3里318步	晋旧址。宋因之。万历二十二年重修	门2。城楼3。明补加砖堞，增建敌楼	高4丈，厚3.5丈	深2.5丈，阔2.4
41	贵德	3里8分	3里8分	无城。洪武七年新筑土城	万历十八年增修，门二，城楼1，土有守铺32间	高3.5丈，根2.8丈，顶1.2丈	深1.5丈，阔3.2丈

资料来源：（明）嘉靖《陕西通志》卷之八《土地八·建置沿革中》、卷之九《土地九·建置沿革下》；乾隆《甘肃通志》卷7《城池》。

冬，明太祖赐楚藩为牧场，设承奉司内臣居之。入清后，设城置地。乾隆十四年（1749），府丞移驻城内。时因"城垣倾颓，十存五六，壕堑竟成平地。而东街东门地形最下，为水出刷，深至一二丈"，遂于次年起，改筑南门，修缮东西二门，疏筑水洞，并将西门外废地招民户认领，改成西关。又于东关门外买地数十亩，修筑东关，招民居住。至十七年时，"筑室而民居者，十之六七"①。总体而言，宁夏—兰州—临夏一线及西向，尚为民族聚居的重要过渡带，清廷管理的着眼点在于以军事为主体的统治方式，主要表现是在有效统治推进的成熟地区筑城。可以说，雍乾之际是黄河上游地区新筑和修城最多的时期。

清至民国，黄河上游区域有城垣的主要城镇为58个，其中除了后来提升为省城的兰州、西宁和宁夏，及作为府州（直隶州）和附郭所在县的9个城镇外，即陇西、狄道、平凉、安化、秦州（天水）、泾州（泾川）、宁朔、固原和新筑的化平川直隶厅（泾源）城，县（散州厅）级城镇最多，主要为渭源、金县（榆中）、河州（临夏）、靖远、红水（景泰）、永登、永靖、和政、洮沙、定西（安定）、会宁、通渭、宁远（武山）、漳县、伏羌（甘谷）、洮州厅（临潭）、岷县、华亭、静宁州、庄浪、崇信、镇原、灵台、环县、合水、宁州（宁县）、正宁、秦安、清水、碾伯（乐都）、大通、丹噶尔厅（湟源）、巴燕戎格厅（化隆）、贵德和循化、中卫、宁灵厅（金积）、灵州（灵武）、平罗、宝丰、新渠、花马池分州、盐池和南部的隆德、盐茶厅（海原、海城）、平远（镇戎、豫旺、同心）等46个。民国新设的无城垣的城镇也有几个，如夏河、广和、共和等。

（二）筑城制度

清代重视建城，筑城技术也多沿用明代旧法，不同行政等级的城墙，其建筑规定不一。城墙的建筑形态，或方或圆，"随其地势"。一般而言，城垣为外砖内土结构。城墙中筑以坚土，外镶砌砖石，上为雉堞，城门外圈以月城。规定城垣的城顶须砌海墁城砖，使雨水不能下渗

---

① 乾隆《盐茶厅志备逸》，《稀见方志》第54卷，第14—15页。

城身，里面添设宇墙，安砌水沟，束水由沟顺流而下，以免漫流冲刷。① 城基一般为石筑，以三合土夯筑城体，或用石灰黄土混合，上铺三合土。城垛多用砖修砌。

乾隆四十一年（1776），清廷对城垣的修建做了又一次的规范，包括京城及地方省城，明确谕令：京城修建城工，自底至顶，用缩蹬做法，使砖头土相衔，墙无直缝。唯有如此，"虽有雨水，不能直注城心，则城垣必得坚固"。京城以外的各省城垣，因多系外砖内土。其"内层土皮，虽亦包以灰土。较之砖块终觉悬殊。若于里皮，亦砌砖块，则三面皆砖，较一面砌成砖块者，所增银两，不过十之二三。其坚固较土城不啻什佰"。② 强调了城垣修建中重视工程质量问题。

所以，清代至民国时期，黄河上游区域重修、新修的城镇，多以土城外包砖石为主，也有的仍为砖城或者土城。经过修葺的土城，大部分外甃以砖，以延长城垣的寿命，增加其坚固性。还有部分城镇，为了加强防御功能，在初筑或以后的重修中，陆续在方形城垣外增筑不同形状的关城、瓮城，如巩昌府城、平凉府城等增建了圆形与方形相结合的关城，而兰州、西宁、宁夏三府城等则加筑了方形的关城。

这即如章生道的研究所提到的："中国大部分城市只筑一道城墙，但也有几座城市筑有完整的和不完整的第二道城墙。在多数情况下，建造第二道城墙是为了把城市防御系统扩大到原有城墙外发展起来的聚落"。而具有二道墙的城最可能建筑的情形之一，即是"在战略上有重要地位的边寨城镇"。兰州等城就属此类。③

清代城垣修葺基本保持明代城市形态，对城墙及城的空间建筑构成和修葺，有严格的规定和要求。尤其十分重视对已有城垣的维修保护，要求各地对城垣定期检查奏报。一旦遇有城垣、桥梁以及衙署、府库、粮仓、监狱、官建寺观等倾圮或毁坏，各省地方官必须核查奏报，加以

---

① 光绪《钦定大清会典事例》卷867《工部七·城垣一·直省城垣修葺移建一》，第72页。
② 光绪《钦定大清会典事例》卷868《工部七·城垣二·直省城垣修葺移建二·城垣禁令》，第74页。
③ ［美］施坚雅编：《中华帝国晚期的城市》，第88页。

修葺。并倡导官员捐资修城。

顺治十一年（1654），清廷谕令各省，城垣倾圮，桥梁毁坏，若地方官能设法修葺，不致累民者，该督抚具题叙录。自十五年起，几乎每年都有关于修城的指令。如是年即令各省各级官吏捐修城垣，务将丈尺及用过工料，逐一详勘。发现"籍端科敛累民者"，即行指参。并且明确规定，官员修葺边墙在 50 丈至 100 丈者，记录一次。十六年，又谕令禁止地方官"罚百姓修筑城楼雉堞"①。十八年，谕文武各官捐资修城，且以捐银数量的不同，确定记录优叙的次数。也可以将功补过，有戴罪者，予以开复。不久，鼓励举人、贡生、耆民等捐银修城，同样，以捐银数量多少，分别出仕等第。②

各级地方除了有责任修葺城垣外，还必须不时检查城垣情况，随时奏报。凡有损坏，即行修葺。对于损坏严重，需要大费周章修葺的城垣，尤其对于重大的城池修缮工程，明令各地方委员进行实际查勘预算，奏报请帑。同时规定，若是城垣维修费用低于银 1000 两，可直接捐资募民修缮。③ 对于无故毁坏城垣者，绝不姑息。

清廷规定，京城"内外城垣，凡有顽民窃砖盗卖者，送刑部依律治罪"。并令步兵统领严饬该管营弁，"不许附近居民于城根取土"④。严禁攀登城墙。乾隆九年（1744），因百姓攀登京城城墙，墙垣损毁，致乾隆帝十分不乐，谕各省道：城垣自应加谨防范，以资保障。其残缺处所，修理虽有缓急。若地方官果能随时补葺，自不至介然成路。岂可纵容民人登陟，不为查禁整理。乾隆帝还以自己考察下情所见强调地方各级护理城垣的重要。说道："朕从前经过地方，现有残缺之处，听民人逾越渐成路径者"，须严令"各省督抚董率有司，留心整饬，毋得仍前玩视"。

----

① 均见光绪《钦定大清会典事例》卷 867《工部七·城垣一·直省城垣修葺移建一》，第 68 页。

② 康熙《大清会典》卷 131《工部一·城垣》，沈云龙主编：《近代中国史料丛刊三编》第 73 辑，第 727 册，文海出版社影印 1993 年版，第 6516—6517 页。

③ 《清朝文献通考》卷 24《职役四》，第 5061 页。

④ 光绪《钦定大清会典事例》卷 868《工部七·城垣一·直省城垣修葺移建二》，第 79 页。

继之，嘉庆帝在十一年（1806）时，也令颁布管理条例，诏谕"嗣后各省城垣，通身按门分定段落，钉牌注明某段派某门卡兵专管。由县铸给斧镰箕担各一具，存卡交代，令各兵随时照管。其城身里外皮、女墙、垛口、台基等处，遇有荆棘萌生，立为芟除。雨漫坑洼，应即为填整，禁人践踏。该兵等如有懈惰，即行斥革。勤加守护者，随时奖拔"①。

清廷对京城与各省地方城垣的维护管理办法较为详备。规定修城费用的出口各不相同。京师内外城垣，遇有坍塌，由工部估计费用具题，再动用钱粮修理。要求"其在直省，则有司专责"，"凡兴工皆按其规制而估报"。兴建城垣、衙署、祠庙、仓廒、营汛等工，皆由督抚将军大臣等酌定规制，奏准后"饬委勘估，造册具题，核定后兴工"。城垣逾保固之限，衙署应行修理者，亦由地方官估计申报，分别奏咨，"覆准葺治"。当然，管城的营房需要修葺维护时，则由总兵、副将会同地方官亲勘估报。"竣事则覆而销焉"。题案则题销，咨案则咨销，皆造册送部覆算，各定其用款。

对于检查修葺明城，清廷的规定也不断调整完善，要求既要按照旧有城垣的样式修葺，又要保证工程质量，否则追究责任。康熙元年（1662），题准修葺城垣"务照旧式坚筑，取结报部"。如不合旧式，并三年内塌坏者，将管工官役，指名参处。时隔2年，又令凡捐修城垣、谯楼、雉堞、房屋等项，督抚亲验保题，若三年内损坏者，监工及该督抚皆降级赔修，②官降三级调用，督抚降一级留任，仍令督工官及该督抚赔修，其因本功，捐助记录俱行销去。该管官隐匿不报者，事发革职。如已申报，督抚不行具题者，一经发现，各降二级留任③。十五年时，对于不能及时预先检查城垣状况而"以致倾圮者"，罚俸六个月。二十四年，再次强调，各省倒坏城垣，令督抚稽察，速行修筑坚固，汇

① 光绪《钦定大清会典事例》卷868《工部八·城垣二·城垣禁令》，第79页。
② 以上见光绪《钦定大清会典事例》卷867《工部七·城垣一·直省城垣修葺移建一》，第71、68页。
③ 康熙《大清会典》卷131《工部一·城垣》，《近代中国史料丛刊三编》第73辑，第727册，第6516—6517页。

数报部。如"仍漫不修理,将该督抚交部议处"。

雍乾时期,对全国范围内旧有城垣修葺规定更加细化。雍正五年(1727),行令直省督抚仔细检查所属各处城垣,发现"微小坍塌",令地方官及时修补,如漫不经心以致坍塌过多者,即行参奏。其原坍已多者,各官量行捐修,工完详报委勘。工程坚固,量予议叙。倘各官因循怠忽,或未修捏报,并借修城名色科敛民间者,督抚题参治罪。七年,又规定,外省新修城垣,地方官遇有"升转离任",将有无坍塌之处,交代予接任官,交代不明,致有坍坏,仍著前任官修补。

乾隆元年(1736),在雍正朝制度的基础上,更强调了对城垣微小损坏的修理及工程质量责任的落实。谕令各处城垣遇有微小坍塌,令地方官于农隙时修补,如有任其坍塌者,即行参奏。其坍塌已多,需用浩繁者,该督抚区分缓急报部。十三年,对各省城垣进行普查。令各省督抚将所属城垣周若干里、高厚若干丈尺,并坍塌长阔厚各若干,逐一造册报明,以备稽查。其或稍有坍损之处,责令地方官及时修补,倘玩视不修,致令日渐倾圮,令其赔修的同时,仍照例参处。如遇官员新旧交代,著新任官照册查明,令前任官赔修,倘徇隐不报,由新任官赔修。

由于清廷的重视,乾隆三十四年,仅甘肃奏报的大修城垣达27次。[①] 次年,题准甘肃安西渊泉县城垣,移建戈壁地方,以兵代夫,每日每工照巴里坤之例给口粮银六分。[②] 所以说,清代黄河上游区域新筑和修城最多的是雍乾朝(详见表3-2,清初城镇修葺概表)。当然,清初在重视城池修葺的同时,也新筑了不少城,在青海境内的有大通城、循化城,宁夏有新渠、宝丰城,包括满城。步入民国以后,政府对城垣没有特别的管理办法,个别县份沿袭传统办法,修葺破损之处,但大部分城垣或封堵城门,或拆除墙垣城门,以利于筑路沟通交通。

---

① 以上见光绪《钦定大清会典事例》卷867《工部七·城垣一·直省城垣修葺移建一》,第68、69—72页。

② 光绪《钦定大清会典事例》卷868《工部八·城垣一·直省城垣修葺移建一》,第73页。

表 3 - 2　　　　　　　　　　　　**清初城镇修葺概表**

城镇	层级	时间	人物	修葺、重建概况
兰州	省城	康熙六年	御史刘斗	补修重建城楼
狄道县	府城			附郭重修
渭源县	县城	顺治十七年	知县党茂	增修筑月城
		康熙二十五年	知县张斌	重修
金县	县城	康熙二十四年	知县魏煜	重修
河州	县城	康熙四十四年	知州王全臣、守备张祖淳	重修
归德所	所城			清因其旧
通渭县		雍正八年		康熙五十七年地震城圮，雍正八年移治安定监①
宁远县	县城	康熙十一年 康熙四十四年	知县庞守谦 知县冯同宪	重修
平凉县	附郭	康熙八年	知府程宪、知县李焕然	重修
崇信县	县城	顺治初年	知县杨荣印	截旧城北阜筑新城
		顺治六年	知县武全文	建敌台、浚池濠
		顺治十二年		复增修雉堞
		康熙五十五年	知县陈珣	补修
固原州	州城	康熙四十九年	镇绥将军潘育龙	重修大小楼24，遂为雄镇
泾州	州城	雍正三年	知州杨文灿	补修
		雍正七年	知州卢愈奇	接修
灵台县	县城	顺治十年	知县黄居中	修城浚濠
静宁州	县城	顺治十年	知州刘瑞	重筑，补筑
		顺治十七年	知州李圣民	补修
		雍正二年	知州李正发	重修内城，门3，关门2，由便门9

---

① 监去旧治60里，系明初创建旧平凉苑马寺，城踞北山麓并东西关为3城中，城周1里有奇，辟2门，郭城与门如之。

续表

城镇	层级	时间	人物	修葺、重建概况
庄浪县	县城	康熙五年	知县王钟鸣	补修
		康熙六十一年	知县胡昌	重修
隆德县	县城	顺治中	知县常星景	重筑，周3里许，东南北三门
安化县	附郭	顺治十五年	守道张元璘、知府杨藻凤	复修葺
合水县	县城	顺治十五年	知府杨藻凤、知县刘澄源	重修
环县	县城	顺治五年	知县滑仑	重修
宁州	州城	顺治三年	知州程维新	于郭城内筑堡
		顺治五年	知州赵鸣乔	重修
秦州	州城	顺治十一年		皆重修
清水县	县城	康熙二十四年		重修
秦安县	县城	康熙二十一年		复加补葺
宁夏县宁朔县	附郭	顺治十三年	巡抚黄图安	修缮
		康熙元年	巡抚刘秉政	继修，垛口敌台俱内向
		康熙四十三年		改筑，俱向外
	满城	雍正元年		筑建满城
		乾隆四年		重建满城
中卫县	县城	康熙四十八年	巡抚舒图	地震城塌，重建东西二门
新渠县	县城	雍正四年		建城旧滩地，其北有田州塔。地震城塌，废
宝丰县	县城	雍正四年		建城旧滩地，东有省嵬城。地震城塌，废
西宁县	附郭	康熙四十八年	卫守备廖腾炜	补修
碾伯县	县城	康熙十七年		河水冲南门道，开西门。有东关城
大通卫	卫城	雍正三年		新建。在府治北250里

资料来源：乾隆《甘肃通志》卷7《城池》。

二　城墙形态构建

城治的形态与结构研究，应该是城市研究的重心。与城墙有关的所有要素，如城墙的布局和城门的格局，构成城墙的形态、构造多样。虽说城垣形态大多因地理环境而异，但大部分的时候，对中国传统建筑思维模式的沿袭和所受影响更大。正如凯文·林奇所说，方形城是中国城市的传统模式，自公元前 1500 年开始，一直延续到近代，且赋予了其思想。"城市是正方形的，规则的，坐北朝南的，强调围合、城门、序列、有意义的方向，以及左右对称。以创造与维持宗教和政治的秩序为明确目标"①。黄河上游城市既遵循了这样一套模式，也有自己地方的特色。尤其在清代府县管理体制完善过程中，新建、补建、修葺时，对城的规模形态多有继承，前所未有。

（一）省城规模

中国古代城镇研究中，有关府城规模的分类，一般包括省级城、次级府城以及直隶州厅城。省城，又称省会、省垣、省治、会垣，大多数为建城历史悠久的文化名城。一般均"控扼要冲"，位居资源富庶之区，为一省政治、经济、文化、军事"中枢"。②清代至民国时期，黄河上游区域的省级城市由原为甘肃的兰州一城，增加为有青海西宁和宁夏银川二省城的结构。城市建设方面，民国以前表现为：兰州城以修葺、补建为主，西宁城有较大规模的增修和扩建，宁夏城因地震重建。3 个省会城市构成黄河上游区域城市体系的支柱，且以各自为中心，形成次一级的城市体系圈。兰州与西宁间距离有 216 千米，是黄河上游区域相距最近的省会城市。

兰州城

检查兰州城的建筑，西魏既有，后多次补筑与修建，规模逐渐完

---

① ［美］凯文·林奇：《城市形态》，第 7—8 页。
② 《皇朝文献通考》卷70，浙江书局，光绪八年刻本。

整。据方志记载，隋代开皇初年，"徙西古城，筑皋兰山北少西，滨河"①。皋兰山位于兰州城关之南，平均海拔 1800—2100 米，东西绵延 20 多里。城即建于皋兰山麓北面稍西的城关区，北以黄河为屏障。古城东西 600 余步，南北 300 余步。②

明清以来，随着对西北控制的加强，重视城池修筑。明朝多次增扩修筑兰州府城。洪武十年（1377），指挥同知王得增筑城池，东西长 1 里 280 步，南北宽 1 里 82 步，周围 6 里 200 步，"城之北因河为池"③。高 3.5 丈，阔 2.6 丈。东西南三面环壕。壕池深 1.5 丈，阔 3 丈。城开 4 门，东承恩，南崇文，西永宁，北广源。四门上各建层楼。宣德年间，新筑外郭，自城西北至东北，长 14 里 230 步有奇。正统十二年（1447），又增筑东边承恩门郭城，由东向北 797 丈有奇。④ 名曰新关。开城门九，为迎恩、广武、天堑、拱兰、通远、永康、靖安、袖川、天水门。亦各有楼。⑤ 弘治十年（1497），又筑东郭外墙 360 丈，由游击营据守。

内城、外郭构成了兰州城的整体外形，且关城占地面积大于内城，故有"关大城小"之说。还由于兰州城垣北枕黄河，河水奔流湍急，噬齿堤岸，万历八年（1580），北城砌以砖石，城堞俱易以砖。⑥ 自此，北城坚固耐久，而东、西、南隅，萦绕城垣，遂皆垒土增高。也由于兰州城滨河而建，直到近代兰州铁桥建筑之前，兰州城的扩展只能南向发

---

① 乾隆《甘肃通志》卷 7《城池》，《边疆丛书》第 2 辑第 26 卷（2），第 877 页。

② 《续资治通鉴长编》卷 316，宋神宗元丰四年八月。

③ 康熙《兰州志》卷 1《城池》，《集成·甘肃府县志辑》第 1 册，第 53 页。

④ 万历《临洮府志》卷 6《城池》，中国科学院图书馆选编：《稀见中国地方志汇刊》，第 9 册，第 44—45 页，中国书店影印 1992 年版；乾隆《皋兰县志》记载：由东向北 799 丈，参见乾隆《皋兰县志》卷 4《建置·城池》，《集成·甘肃府县志辑》第 3 册，第 52 页。又（明）嘉靖《陕西通志》记载，城周为 10 里，高 3 丈，池深 2 丈，较前期的城周 14 里有所缩减，见卷之九《土地九·建置沿革下》。

⑤ 各门以此对应的城中大致位置：东方红广场东口、静宁路北口、秦安路与金昌路交汇处、酒泉路南端、静宁路与畅家巷交汇处、胜利饭店与市交通局楼间、临夏路至下沟路口南、临夏路西口清真寺西南侧、中山路北口。

⑥ 以上均见道光《兰州府志》卷 3《建置志·城池》，《方志丛书·华北地方》第 564 号，第 182 页；又光绪《重修皋兰县志》卷 12《志四·经政上·建置》，《集成·甘肃府县志辑》第 4 册，第 118 页。

展。建桥后，便利了北向白塔山的发展。

入清后，清廷十分重视城垣的修筑。顺治年间，就责成督抚州县官吏重视辖境城垣尤其是省会城垣的修筑，采取"倾圮者罚，修葺者奖"的办法。由是，各级官吏纷纷响应，修葺营建城垣盛行。延续至乾隆年间时，部分地方不惜集中一地的物资实力建筑城垣，尤其是一些省级府城不甘示弱，以致城垣规模宏大坚固，形制完备，布局规范。有的四周众流环会，崇墉深堑。这使今人在翻检方志时，映入眼帘的均是"固若金汤"的字眼。河西雄郡的兰州，就被称为"金城汤池"①。

作为甘肃省会的兰州城，经过清代历朝多次增修构建，城垣愈趋完牢。再加之，兰州城雄踞西北中心，地理位置重要。史载兰州府城，居东西黄河之中，为西陲之襟要。其地东屏关陕，捍御秦雍。东南通汉沔，可出荆襄。南扼巴蜀，遥蔽两川。西接羌戎，径达藏卫。西北通新疆，为伊犁后援。北俯弱水，视套蒙若釜底。② 就更引起清廷的重视。康熙五年（1666），甘肃巡抚移驻兰州城，次年，都御史刘斗补修，重建城楼。二十四年，巡抚叶穆济再次修葺。乾隆三年（1738），巡抚元展成再次修筑城垣，而且为明代兰州建城以后历次修葺城垣规模最大的一次。此时甘肃的政治统治中心治所，由临洮府的狄道县（临洮）迁往兰州，改称兰州府。地方官以省会为重要之区，需当"金汤设险"，请帑募灾民修葺城垣、城楼，寓赈于工。

施工中将东、西、南三面城垣均用大块青砖内外包砌。北城垣下临黄河，前虽已用砖砌，然岸基已被河水冲蚀。为防水患，乃以大块条石，"筑石堤里许"。上有车道，从雷滩河至河水道，逶迤城外，俗称埠台。此次共用城砖3808088块，土坯3625096块，瓦82000叶，石条13128丈，山石1064万，石灰4957793斤，大小木植1310根，浆米57.9石，木、石、泥各类工匠共52230工，民夫121232工。修缮后的城不仅丹楼霞举，纷堞云列，谯楼雉堞，在形制上还"一如旧城制"③。

① 顾祖禹：《读史方舆纪要》卷60《陕西九》，第2871页。

② 民国《甘肃省志》第六节《附论》，《稀见方志》33卷，第10页。

③ 光绪《重修皋兰县志》卷12《志四·经政上·建置》，《集成·甘肃府县志辑》第4册，第120—121页；又《甘肃新通志》卷14《建置志·城池》，《稀见方志》第23卷，第649页。

保留了原有的风貌。之后的乾隆二十八年（1763），巡抚常钧也有补葺。① 至四十六年时，面对残缺毁坏的兰州城垣，清廷谕令"缮修完整"，并于华林、龙尾二山，添建营堡衙署兵房。②

嘉庆朝，兰州城垣也不断被增补修葺，如十七年（1812）、十九年、二十二年，分别自城西北至城东加以补修、拆修。十五年，陕甘总督那彦成以兰州为回、准、藏各部年班入京觐见者所必经之地，为"慎封守而隆体统"，奏准"通行拆修"。用帑 89000 有奇。次年秋工竣，城"垣墉高坚，雉堞鳞次，楼橹翼然"。因与古金城名实相符，被时人称颂。

实际上，那彦成此次修筑城垣过程中，因拨付经费不足，并未全部修葺，而是区分轻重缓急，分三次修竣各工，所以，城"东西二门正城、瓮城、楼座、银台等工"，就被"暂缓兴修"。至道光元年（1821）时，唯北门楼座银台并西北城身各段"裹皮土牛"，暨城顶海墁宇墙水簸箕等，因"塌损过甚"，奏请"急应修理"，且估计需用工料银29904 两。③

嘉庆十七年（1812）九月的修葺算是较大的一次，请修筑护城旱台并城根角挑挖城壕等工。经委员勘察，十一月初一，奏报兰州府城实属"坍塌过甚，万难缓待"，且提出了修葺办法。认为兰州正城外东西南三面旧有城壕，每逢暴雨，大城内及廓城街衢之水汇归壕内。所以，需要疏通水道，且需要于东西南三面城垣周围修筑旱台一道，使宿水远离城根，免致浸损，以期巩固。同时也提出，"城壕年久淤垫甚高，水无所归，以致将旱台冲损，浸刷城根"。"城垣外皮根脚，包砌石条砖块亦因年久酥碱，兼之旱台冲损，石条坍垒，壕内积水逼近城根，因而地气湿潮，砖块碱损脱落"，若不急为挑修，诚恐日渐倾圮，致将城身土牛续坍，未免愈滋靡费。

考察人员对修葺各工及所需经费也加以预算，统计东西南三面城壕

---

① 道光《兰州府志》卷 3《城池》，《方志丛书·华北地方》第 564 号，第 183 页。

② 光绪《钦定大清会典事例》卷 868《工部七·城垣二·直省城垣修葺移建二·城垣禁令》，第 74 页。

③ 朱批奏折，陕甘总督长龄，奏为兰州城垣及华林山营堡并中卫县城均关紧要请旨动项兴修事，道光元年十月十六日，档号：04-01-20-0009-004。

长 804.1 丈，旧迹宽三至五六丈不等，照旧深挖。护城旱台共长 845.3 丈，旧迹宽自一丈七八尺至二丈不等，一律补筑整齐。城身外皮根脚坍塌损石条砖块共计 48 段，共长 227 丈，高自四五丈至七八丈不等，仍用石条城砖挖补找砌。以上各工实需银 23500 余两。奏报后，朱批：工部议奏。①

道光十三年（1833），杨遇春任陕甘总督时，主持修葺兰州城垣，并变更内外城门名称。将内城的承恩门改为来煕门，永宁门改为镇远门，崇文门改为皋兰门。外郭的天堑门改为庆安门，天水门改通济门，永康门改安定门，靖安门改静安门。其余各门名称仍旧。其间一度封闭了连通上下沟的静安门。同治元年（1862），署陕甘总督恩麟于内城门外增筑瓮城。二年，浚外濠，筑河堤。六年，署陕甘总督穆图善再浚城濠。目的均在加固城垣，加强城防。

光绪二年（1876）、十四年、十六年，陕甘总督左宗棠、谭钟麟、杨昌浚也以防卫为急务，先后对兰州城垣加以修葺。左宗棠以兰州省城城郭墙垣年久，风雨剥蚀消融，奏准兴修。光绪二年六月兴工，次年五月完竣。此次工程浩大，估计费用 10 余万两，② 实际兴工和投入费用，可以从竣工后的奏销折中得知，同时也可进一步了解兰州省城结构。

从左宗棠的奏销折中可知，兰州省治内城，因明肃府故址改建，周 7 里有奇。市廛民居，均在城外。立为省城后，修筑外城，北面仍旧，而东西开拓 3 倍。内城总长 2550 丈，按照工部营造尺估计，共 14.1 里。光绪元年（1875），甘肃分闱乡试，建举场，于外城西北接筑城垣 240 丈，包从前旧筑外城一段于内，规制宏固，始足称其形势。就内外城的保护而言，外城历年久远，土性多带沙碱，最易剥落，虽"频年按段"补筑，可是"新旧牵凑"，未能一气呵成，且就已坍之土搅和加筑，沙碱掺杂"亦难耐久"。时"叠据军需局司道详称，兰州城关坍颓

---

① 朱批奏折，陕甘总督那彦成，奏为急修固原城垣皋兰护城旱台池濠事，嘉庆十七年十一月十三日，档号：04 - 01 - 37 - 0065 - 018。

② 朱批奏折，陕甘总督左宗棠，奏为兴修兰州城垣工竣请将荫袭知州王诗正等在事出力员弁择尤保奖事，光绪三年七月初三日，档号：04 - 01 - 37 - 0126 - 006。

日甚，亟宜修葺"①。

所以，城垣修葺，主要是在外城，且依靠各营弁勇长夫并力修筑，"于闲旷各处掘取净土，分段递运，加工夯筑"。除去冰冻节候停止施工，前后共用工 170 余万，除考试所用的举场新筑城垣不计外，修补培筑外城计 2310 丈，费工料银 3397.51 两，包括用于购取麻绳、柳条、背笼、茇草、白灰、砖块等项。② 若依照工部营造尺估计，共培筑 12.8 里。整修后的城根深 1 丈有奇，宽 1 丈数尺，城身高 3.7 丈，顶宽 0.8 丈余。城上楼堞完整，结构巍然，环掘壕堑宽与深均 3 丈余或 2 丈余。实属"崇墉屹立，金汤巩固"，以至于"官弁士民商贾及行旅之出入其途者，莫不欢然"③。

光绪十六年（1890），杨昌浚主持修筑时，主要用工于内城。除敌楼保持原数外，即内城敌台楼 10 座，外城敌台楼 6 座，内城周长 6 里 200 步。工程增内城埤堄至 1929 个，郭城周长增至 18 里 123 步，减郭城埤堄至 3920 个。④ 关于兰州城郭各门楼，史载"北门最古，南门最雄峻，东门及桥门次之"⑤。

再说兰州城外建筑满城之事。兰州作为西北军事重镇，入清后即驻有重兵，但直到康熙年间，有满营而无满城。乾隆四十六年（1781），苏四十三起事，率众围攻兰州城。兰州告急，以致"危殆几不能支"。在起事被平定的善后事宜商定中，大学士阿桂提出两条建议：一是展阔兰州城厢东，新添城垣 1170 余丈。二是在华林、龙尾筑营堡。即于兰州城西南的华林山上筑营堡 1 座，驻扎督标右营官兵，在龙尾山相对大城西南一带安设空心大墩 4 处，以期督导联络，环卫兰州大城。次年，

① 朱批奏折附片，奏请核销兰州城工用过银两并免造造册事，光绪三年，档号：04 - 01 - 37 - 0147 - 041。其中光绪元年接筑城垣 240 丈，折合为 1.3 里。

② 同上。

③ 朱批奏折，陕西总督左宗棠，奏为遵旨将修理甘肃省兰州城工出力各员请饬部分别奖叙事，光绪四年七月十一日，档号：04 - 01 - 37 - 0126 - 033。

④ 光绪《重修皋兰县志》卷 12《志四·经政上·建置》，《集成·甘肃府县志辑》第 4 册，第 118—119 页；《甘肃新通志》卷 14《建置志·城池》，《稀见方志》第 23 卷，第 649 页；赵世英：《兰州旧城兴废纪略》，《城关文史资料选辑》1993 年第 4 辑，第 65 页。疑此处郭城周长 18 里 123 步为内城周长的 2/3，再加外城周长 14.1 里。

⑤ 民国《兰州古今注·城楼》，《史地文献》第 24 卷，第 32 页。

陕甘总督李侍尧就工部估勘具体事宜奏报请示，清廷同意阿桂的建议，但考虑到乱后经费困难，仅先于华林山添建石堡。

但是，在华林山添建石质还是土质城堡，又经过一番讨论。由于近华林山四周，无石可采。即使采石，也远在 90 里外的打磨山，估计需费 3 万多两，而若就地掘土烧砖，费用也就 1 万多两。遂奏准添建土堡，[①] 准建满八旗营，于华林山筑城驻防。于乾隆四十七年四月十七日兴工，八月二十六日工竣。李侍尧奏请需帑银 161100 两，实际费用 101333 两。[②]

所建之驻防城，南北宽，东西窄，周长 1136.5 丈。城垣高 1 丈至 1.5 丈，顶宽 1 丈至 1.25 丈，底宽 1.8 丈至 2.2 丈，设城门四。原计划迁庄浪满营驻于此，后又令督标左右营守备驻扎，修建参将衙署，另建千总、把总等住房 81 间、兵房 1200 间，派遣守备兵丁 670 名。[③] 形成有满城之名，驻防却为绿营的局面。

当然，该"城"是否为军政意义上的满城，或者说仅仅是一般的驻防城堡，还有待进一步深入发掘。仅就目前所能寓目的档案而言，应该不同于一般的满城，只能称为"堡"。之所以如此说，是因在兴建之初，李侍尧的奏折中已明确提出兰州城外华林山添建的是"营堡"。至道光元年（1821），陕甘总督长龄奏请维修该堡时，再一次说到"兰州省城西南里许华林山，于乾隆四十六年撒拉尔军需善后事宜案内，议建土堡一座"，并派拨"督标右营官兵驻扎该处"。长龄指出，由于建堡之处"土性浮松"，加之自本年六月以来，"叠被山水冲刷，水道、旱台，率皆塌□，其北门迤东城身，并堞垛各墙，间亦损裂"。为防止"城垣门楼俱被溃陷"，奏请维修，并估算银 5328 两。[④]

---

① 录副奏折，陕甘总督李侍尧，奏明勘估兰州城外华林山添建营堡事，乾隆四十七年正月十八日具文，二十六日朱批，档号：03-0519-028。

② 民国《甘宁青史略·正编》卷 19，《史地文献》第 22 卷，第 5 页。

③ 同上。又此处派驻官兵当为右营，参见朱批奏折，陕甘总督长龄，奏为兰州城垣及华林山营堡并中卫县城均关紧要请旨动项兴修事，道光元年十月十六日，档号：04-01-20-0009-004。

④ 朱批奏折，陕甘总督长龄，奏为兰州城垣及华林山营堡并中卫县城均关紧要请旨动项兴修事，道光元年十月十六日，档号：04-01-20-0009-004。

如果说兰州地方多次频繁修缮城垣是为了防御因人为的管理控制而可能引发的武力围攻的话，那么在河岸筑坝，则是为了适应自然，以防黄河南浸，达到护卫城垣和利用黄河水资源的目的。由于兰州城北界黄河，为防河水南徙，故加强南岸堤防建设，以御水患。乾隆三年（1738），巡抚元展成筑城北滨河石堤"长约里许"。二十三年，黄河南徙，石岸冲刷受损。巡抚吴达善组织人力勘估，修挑水木坝7处。

乾隆二十五年（1706），因黄河北沙滩壅涨，河流南移，水势猛急。虽有石岸，但宽不满丈，日渐冲刷，城郭堪虞。元展成委员检查核实，奏报两年前所修木坝尚巩固，但城垣北面长1里有余，仅建坝7处，"尚觉稍稀"。况且"今大流南趋，恐伏秋兴涨水势猛烈"，因而奏请照原建7处的样式，添建木坝4处，以巩固城垣。又提出城东北墙根以下的水车园南岸，河流已经兜湾，若再被冲刷，岸上民居均有坍塌之虞，也应请于此处建挑水木坝2座。朱批：知道了。[1]

乾隆五十六年（1791），陕甘总督勒保重修河岸石堤两段，共计417丈，增设木坝18座，以防黄河南浸。继后，于道光十八年（1838），修缮一次。至二十九年时，因历年水冲冰摧，堤坝住脚俱已被冲蚀淘空，且木坝多有损坏。地方奏请亟须整修，以护城垣。又经委员勘察，奏报需修城垣外以北的护城炮岸一段，长319丈，高1.8丈，北门外迄西炮岸98丈，高1.5丈，两段共计417丈。又有坍损木坝18座，再相度水势，当冲险要之处，添建木坝1座，共计新旧木坝19座。建议按照旧法样式修建。此次估需工料银23840两。朱批同意报部实施。[2]

人们多年的修筑防护，依然不能拦防黄河肆意南浸。光绪三十年（1904）夏，黄河泛滥，兰州府城东郭城址被冲，敌楼亦圮。大水退后，陕甘总督松蕃组织人力物力展筑黄河南岸西自堡泥泉、东至段家庄的堤岸，同时，维修被水冲坏的城垣。[3]

---

① 朱批奏折，奏为兰州城垣临河水溜汕刷请酌添挑水木坝事，乾隆二十五年十一月初六日，档号：04 - 01 - 05 - 0027 - 039。

② 录副奏折，陕甘总督布彦泰，奏为查明兰州城外黄河炮岸木坝等工必须修理请准其动项兴修事，道光二十九年二月十二日，档号：03 - 3575 - 032。

③ 光绪《甘肃新通志》卷14《建置志·城池》，《稀见方志》第23卷，第649页。

　　步入民国，河水道以西河堤因年久失修，多处塌陷，进行了局部维修。1946 年秋，黄河暴涨，白云观至河水道一带水没河堤，冲塌多处，城垣受到威胁。后补修全部塌陷缺口，又将中山桥东西共长 355 米的河堤加高 1 米。1948 年，又整修中山桥以西部分。①

　　抗战时期，兰州作为西北大后方的重镇，城内人口集聚，交通繁忙，旧有的城池已经形成阻碍社会发展的壁垒，为便于交通运输，在拓宽道路，拆除民房的过程中，也开始在城墙上开洞、拆除城门，城垣改变较大。1939 年在下东关东口南侧增开东北门，在庆安门西侧开西南门。1941 年在水北门之东增开中山门，又拆除城郭的拱兰门（南梢门）、袖川门（西梢门）、通济门（桥门）和城郭之上所建的城楼，覆以青砖，整修为双洞，旁开两小门，共为四门。并在内城西门十字（武都路西端、中山路相汇处）、学院街（武都路东端与静宁路交汇处）、曹家厅（酒泉路、庆阳路交汇处）、马坊门（金塔巷西口连接永昌路、通中山路处）开四个门洞。②

　　民国时期，兰州城的扩展还表现在其城外建设的兴起，尤其是因城内人烟渐稠，所需要活动的自然空间减少，在城周创建人造景观的行为明显。如兰州城南梢门至城外向南行数十步即能抵达的中山林，就是 1927 年前由建设厅负责栽植。人们利用龙尾山东坪荒塚废地，积极栽培 3 年，植树十余万株，并引五泉山水灌溉。此后，不间断地培植约十年之久，至建省前夕，"则居然成为茂林矣"③！

西宁城

　　西宁城所具有的重要交通和军事地理位置，是设城的原因之一。西宁古称湟中，为西羌地。④ 这里"右通海藏，左引甘凉，内接河兰，外达羌虏，所以为边陲屏翰，中原保障"⑤。形势十分险要，历来为兵家

---

　　① 兰州市地方志编纂委员会等编：《兰州市志》第 7 卷《市政建设志》，兰州大学出版社 1997 年版，第 238 页。

　　② 赵世英：《兰州旧城兴废始末探识》，《兰州学刊》1988 年第 5 期。

　　③ 张联渊：《甘肃实习调查日记》，《地政丛刊·土地问题资料》，第 93949 页。

　　④ 乾隆《西宁府新志》卷 3《地理志·疆域》，第 118 页。

　　⑤ 福长《补修西宁郡城碑记》（文中记载时间错为"道光三十三年"，据乾隆三十一年，又历七十余载，推算为二十三年），光绪《西宁府续志》卷之九《艺文志》，第 442 页。

必争之地。因而被清人看成"虽隶甘肃，然实为青海首府"①。城即汉西平亭地，后世凭倚增筑。据兰、靖、宁、延上游，当甘、蒙、新、康、藏中枢，城周"万山环抱，三峡重围"，"四川外控，一径内通，三水绕城，万峰排闼"。元置西宁州，建城于郡城南，"自城西至南迤东，约八里余"②。

明为卫城。洪武十九年（1386），因这里地处"咽喉锁钥"的重要的军事交通地理位置，长信侯耿炳文率领军民，据西宁"城因崖为基，池不能环"的建筑原貌，加以修筑和增固。拓展后的城，占古西宁州城之半，城垣周围9里180步3尺，③高厚皆5丈。濠深1.8丈，阔2.5丈。城门四，即东迎恩、西镇海、南迎熏、北拱宸。另有角楼4，敌楼19，逻铺34。东门连关厢，商贾市肆，皆在城内有集。④时人赞誉其"雄伟壮丽，屹然巨镇"⑤。然而，岁久土城剥落倾圮。嘉靖二十一年（1542），兵备副使王昺重修，于梢门增筑月城。⑥月城高4丈。万历三年（1575），总制兵部尚书石茂华又以"土垣渐圮"，会同地方各级官吏，动员守城兵士和城内民众，加筑城垣，"腹土肤砖"，城始称巩固。

明代屡次修筑城垣的一个直接目的，是出于这里政治军事形势的重要性加以考虑的。西宁"右控青海，左引甘凉，内屏河兰，外限羌虏，辅车之势，所系匪轻"。所以，石茂华主持的修城工作花费了大量人力物力，做到"薄者厚之，卑者高之，倾颓不可经久者，必易筑之"，且肤砖基石。所修葺的西宁卫城规模为周1713丈余，高4.6丈，城墙底阔5丈有余，顶阔3丈有奇。此次修葺中用砖1240.5万，用灰料20600余石，城基四周所用石条、材木薪爨均不计其数，筑成"金汤一壮"

---

① 龚柴：《青海考略》，《小方壶斋舆地丛钞》第二帙，杭州古籍书店1985年版。

② 乾隆《西宁府新志》卷7《地理志·古迹》，点校本，第223页。

③ 有"周8里56丈"之说，城高5丈，门4，池阔2.5丈，深1.8丈，东关外城，延1里许，门3，参见乾隆《甘肃通志》卷7《城池》，《边疆丛书》第2辑第26卷（2），第917页。

④ 乾隆《西宁府新志》卷9《建置志·城池》，第259—260页。

⑤ 许宗鲁：《重修西宁卫记》，乾隆《西宁府新志》卷35《艺文志·记》，第928页。

⑥ 同上；"添梢门月城"，见民国《甘肃通志稿·建置志一·县市》，《稀见方志》第27卷，第264页。

的奇观。①

筑城被看成明代地方官员主要政绩之一，之后仿效者甚。万历二十二年（1594），兵备副使余良枢主持创建东城楼，又补筑城。城池规模扩展，其广袤 758 丈，门楼 2，敌台 4，角楼 2，逻铺 6。二十四年，按察使刘敏宽等又增置东关城悬楼 18 座。②

清初，西宁府城承明之旧。康熙四十八年（1709），卫守备廖腾炜在明代原有规模的基础上修葺城池。雍正三年（1725），置西宁县为郡治，③ 更加重视对城垣的修筑，希冀达到"金汤益固"的效果。十一年，署理西宁镇印务散秩大臣范时捷以"城堞多突缺"，奏请重修。从开工情况看，此次修垣 1536 丈，"内裹实土，外甃以砖"，在东西南北原四城门之上，增修城楼 2，原样加甃。在城楼四角各增筑瞭望楼 1座，女墙 198 个，炮台 31 座，驰道、榨（栅）门各 4。④ 此次修城用时26 个月，用工甚巨，用土工 34227 人次，砖工 12586 人次，木石工26312 人次，帑银 14100 余两，仓谷 1213 石。经此修筑后，誉称城"固若金汤"⑤。此次所用经费，从乾隆元年（1736）的城垣修筑费用核算中可知，"添设汛守弁兵营房炮台，并西宁府城应修城墙、城楼、角楼等"，估算银 27381 两，奏准暂动司库银 3 万两用以修城。⑥ 又修筑西宁镇海、南川、北川、威远四营边墙、土堡、营房、卫署，并西宁府建造城门、城楼、角楼，以及修筑砖土城工等项用过的物料、工价口粮

---

① 以上均见（明）张问仁《重修西宁卫城记》，载乾隆《西宁府新志》卷 35《艺文志·记》，第 929 页。

② 以上均见乾隆《西宁府新志》卷 9《建置志·城池》，第 260—261 页；又民国《甘肃通志稿·建置志一·县市》，《稀见方志》第 27 卷，第 264 页。

③ 乾隆《西宁府新志》卷 9《建置·城池》，第 261 页；又雍正二年，改置西宁府，属甘肃省，置西宁县为府治。改碾伯千户所为碾伯县，又开置大通卫。乾隆二十六年，改置大通县，属西宁府；见《嘉庆重修大清一统志》卷 269《西宁府》，四库本，第 618 册，第 487页。

④ 乾隆《西宁府新志》卷九《建置·城池》，第 261 页。

⑤ 范时捷：《皇清修西宁城碑记》，载乾隆《西宁府新志》卷 35《艺文志·记》，第 948页。

⑥ 录副奏折，办理噶斯军需大臣范时捷，奏报估计修筑西宁城工所需银两数目事，乾隆元年二月十五日，档号 03 - 0517 - 002。

银加以核算，实际用银 28535 两。①

扩建后的西宁城，"周八里有奇，门四"，壕深 1 丈，广 2.5 丈。"东关外有郭，周里许，门三"②。坐落在南山脚下，北有湟水，西有南川河，南北阻隔，行旅深感不便。尤其在雨季洪水期间，更难跋涉。故而，乾隆年间，西宁道杨应琚捐俸重建小峡河厉桥，新修西门外惠民桥。另外，在贵德城郊和康家寨黄河渡口添设官船。③

当然，随着时间推移，城垣损坏严重，乾隆二十六（1761）、三十一年都有整修，其中较大的一次修筑是道光二十一年（1841），此次"内衰（衷）实土，平其凸凹。外甃用砖，弥其脱落。驰道悉平，无沮洳虞。女墙备修，无坍塌处。台址则筑其坎窗，楼橹则易其栋榱，功金以为门之衣，设色以缋楼之采"。用当时人的话来说，即达到了"控番部而御羌虏"的目的。④

同治十三年（1874），西宁镇总兵何作霖、西宁知府邓承伟又筹款补修，何负责东、南面城垣，邓令人修西、北面城垣。光绪八年（1882），城垣再次修葺，新开南、北梢门各 1。⑤ 城墙的主要工程在于，筑土垣东南北三面，周 881.5 丈，计 4.9 里，高 4.5 丈至三丈五六尺，根厚 2.5 丈至 3 丈，顶厚一丈三四尺，炮台 8，垛口 1020，女墙 1，水槽 16，城楼 3。将新开的南北梢门门洞，亦甃以砖。⑥ 顺便一提的是，光绪四年，提督喻胜荣新筑安西堡城，位于西郊外龙王庙巷，城周 2 里许，高 2 丈余，城基厚 2 丈，西角设炮台，与府城相依相峙。⑦

直到民国时期，西宁城的形态依旧保持雍正年间扩建的旧貌。时游客写道：西宁适为盆地城，周围约 4 千米，有 4 个城门，设置 3 个门，

---

① 录副奏折，办理噶斯军需散秩大臣范时捷，奏为修筑西宁城垣边墙实无浮冒请销事，具文乾隆二年三月初八日，朱批乾隆二年三月十七日，档号 03 - 1114 - 013。

② 《嘉庆重修大清一统志》卷 269《西宁府一·城池》，四库本，第 618 册，第 488 页；民国《甘肃省志》，《稀见方志》第 33 卷，第 86 页。

③ 李文实：重刊《西宁府新志》弁言，第 30 页。

④ 福长：《补修西宁郡城碑记》，见光绪《西宁府续志》卷之九《艺文志》，第 443—444 页。

⑤ 光绪《西宁府续志》卷之二《建置志·城池》，第 71 页。

⑥ 民国《甘肃通志稿·建置志一·县市》，《稀见方志》第 27 卷，第 264 页。

⑦ 光绪《西宁府续志》卷之二《建置志·城池》，第 71 页。

墙外砖内土，比兰州为雄壮。城内牌坊林立，殿宇栉比，也较兰州为古雅。城内人口约 16 万人。[①]

宁夏府城与满城

宁夏府城　初筑于宋景德年间，明正统年间重筑旧城，加砌砖石，四角皆刓削，环城引水为池。[②] 高 3.6 丈，池深 2 丈。城门 6，东西城门各 1，东曰清和，西曰镇远。南北各城门 2，南曰南薰，其西曰光化，北曰德胜，其西曰振武。[③] 清因明卫所之制，以黄河宁夏卫城为中心，多次修缮城垣。顺治十三年（1656），巡抚黄图安，康熙元年（1662），巡抚刘秉政先后主持修葺。[④] 原城垛口、敌台均向内。四十三年，改筑，俱向外。[⑤] 雍正二年（1724），卫城升为府城，城垣形态依旧。东西长度倍于南北，为规整的东西向的长方形城。周长 18 里。"蜿蜒如长蛇压在贺兰山麓"[⑥]。乾隆三年（1738）大地震，城"竟如簸箕上下两簸，瞬息之间，阖城庙宇、衙署、兵民房屋，倒塌无存"。城垣四面坍塌，仅存基址，城根低陷尺许。[⑦]

乾隆四年，府城重建时，地方官就地勘察，提出移地再建的方案。时据凉州道员禀称，宁夏旧城高 3.6 丈，根宽 2 丈，城高而薄，不甚坚厚。若果新建之城"照满城之式，城根宽以二丈五尺丈，城身连垛共高三丈，较旧城厚实坚固"。但是，因地震而"坍塌之旧基，已经高低不一，城壕也被填塞几平，离城基数丈之外，四面皆水"。经派人于壕以外刨挖察看，"甫及一二丈，即湿而有水，其旧城根有陷下数尺及一二丈者"。所以，若"仍于旧址建城，必须刨挖，另为平筑，不惟工倍费繁，且旧址与旧城壕之土，俱不敷用"。如在"壕以外越水取土，又

---

①　《西行杂记》，《民俗文献》第 19 卷第 135 册，第 220 页。

②　乾隆《宁夏府志》卷 5《建置·城池》，《稀见方志》第 50 卷，第 252 页。

③　弘治《宁夏新志》卷 1《城池》，《天一阁藏明代方志选刊续编》，上海书店影印 1990 年版，第 169—170 页。

④　乾隆《宁夏府志》《建置·城池》，《稀见方志》第 50 卷，第 252 页。

⑤　民国《甘肃通志稿·建置志一·县市》，《稀见方志》第 27 卷，第 262 页。

⑥　[日] 东亚同文书会编纂：《支那省别全志·甘肃省附新疆省》第 12 册，东亚同文会，大正六年，第 213 页。

⑦　录副奏折，宁夏将军阿鲁，奏报十一月二十四日宁夏地震被灾情形事，乾隆三年十一月三十日，档号：03-9304-017。

远涉不易"。因而奏请"应于旧址以内收进二十丈建城"，如此，则不需刨挖旧基，"工省而坚"。并提出移址重建处因"内有民地，另拨官地补之"。同时，也提及震后赈济事宜，请给地震灾后无力置买日用器具的满汉兵民 5 万余户发给银两，每户银 1 两。①

由是，乾隆五年（1740）五月，发帑重建时，清廷同意宁夏地方所提建议，谕令因"旧城身薄，址又近水"，乃于旧城垣内"收进二十丈建筑"②。即弃旧城西半部建城。次年六月，重建工程告竣。整个府城城垣与外围的瓮城形成高下不平的双重城垣结构，城池在空间结构上一改震前的旧城形态。

新建之城，东西长 4.5 里，南北长 3.1 里，周 15.2 里。高 2.4 丈，址厚 2.5 丈，顶厚 1.5 丈，城垣外壁，砖石包砌。外垛口墙高 5.3 尺，内女墙高 3 尺。城门仍为 6，名称沿旧。即东曰清和，西曰镇远，东南曰南薰，西南曰光化，东北曰德胜，西北曰振武。各城门皆筑城楼，城门外均筑瓮城，瓮城亦筑有城楼。另有角楼 4 座，炮台铺楼 24 座。城周建排水沟 62 道，水关 4 座，每门马道各 1，共 6 座。

重建的城关，有所扩展，主要体现在东南关和东北关的关厢。南薰门外，关厢土城一座，周围共长 598 丈，计 3.32 里，高 2 丈，址厚 2 丈，顶厚 1 丈，外砖砌。垛口墙高 5.2 尺，内女墙高 1.8 尺。其关门，曰朝阳。有马道 1 座，便门 1 座，东西梢门 2 座，排水沟 23 道，水关 6 道。东北德胜门外，关厢土城一座，周围长 430.6 丈，计 2.4 里。高厚与南关同。所设关门，初名平虏，后改称永安。有门楼、马道各 1，东西梢门 2，水沟 13 道，水关 2 道。另外，有护城河 1 条，宽 3 丈，深 1 丈。③

同样，宁夏府城，在历经半个世纪后，也不断加以修缮。乾隆五十五年（1790），陕甘总督勒保奏，前据委员福康安勘明，宁夏城城身、城楼、瓮城、楼角、楼铺，楼并城顶海漫等项，均有损坏，分别拆卸修

---

① 朱批奏折，工部尚书来保，兼署工部侍郎事班第，奏为酌议川陕总督鄂弥达奏建筑宁夏城垣内移并办理赈务折请旨事，乾隆四年三月二十六日，档号：04-01-37-0005-011。
② 《清高宗实录》卷 89，乾隆四年三月壬申，中华书局影印本，1985 年，第 380 页。
③ 以上均见乾隆《宁夏府志》卷 5《建置·城池》，《稀见方志》第 50 卷，第 252—253 页。

补，估需银 38500 余两。当工竣验收时，在原估银中除去器具变价银 36 两，节省银 35 两，实销银 38463 两。①

同治二年（1863）十月，因起事回民首先攻破西北振武门而入城，事平后，宁夏知府封闭该门。宣统元年（1909），西门外城砖，坍圮 30 余丈。次年，南熏门城楼被火焚毁，北门城楼年久亦圮。1913 年，均予以修补。1917 年，宁夏护军使马福祥捐廉自修北门城楼，继之，又修南门城楼 4，以及鼓楼、财神楼。② 1929 年，宁夏建省，府城即为省治所在。时人所记载的城垣情形大致与前相同，有说"省会宁夏，城作长方形，南北凡 3 里，东西 5 里余，周 16 里"③。也有说"宁夏城周 15 里有奇，门 6。东西横长，倍于南北"④。可见，尽管城内建筑有所增减，但城垣规模形态依旧。

宁夏满城　宁夏作为西北军事重镇，设有八旗驻防，其驻防城的建设，构成黄河上游地区城镇建筑中的一大特色。按照清廷旗民分治的原则，军事性极强的满城在布局上形成三种情况，或与府城并置而立，或在行政城中自成体系，为城中之城，或建筑在府城附近，形成卫星城。是为清代独特的政治体制在城市功能区划分上的特色。而宁夏的满城，与府城相立而建。

满城初建于雍正元年（1723），位在府城外东北 5 里处，⑤ 周 6.3 里，高 3.6 丈，东、西、南、北城门各 1 个。濠深 2 丈，宽 6 尺。城上各建筑的房间数也较为可观。如城楼有房 20 间，瓮城楼有房 12 间，角楼有房 12 间，铺楼有房 8 间。⑥ 二年，将军、副都统及满洲、蒙古协领分防驻扎。⑦ 五年，建将军衙署，有房 124 间。副都统衙署 2 所，各

① 朱批奏折，陕甘总督勒保，奏为委员验收甘省宁夏城工事，乾隆五十五年十一月二十五日，档号：04-01-37-0046-015。
② 民国《朔方道志》卷 4《建置志上·城池》，《集成·宁夏府县志辑》第 2 册，第 197—198 页。
③ 陈赓雅：《西北视察记》，第 74—75 页。
④ 民国《甘肃省志》，《稀见方志》第 33 卷，第 80 页。
⑤ 也有 3 里说；位在今银川市红花乡满春村址。
⑥ 鄂尔泰纂：《八旗通志》，《初集·营建志二》，第 457 页，东北师范大学出版社点校本 1986 年版。
⑦ 《清世宗实录》卷 25，雍正二年十月乙未，第 395 页；又纪昀等编：《钦定八旗通志》卷 35《兵制志四》，吉林文史出版社影印本 2002 年版，第 625 页。

有房 64 间。协领衙署 6 所，各有房 40 间。佐领衙署 24 所，各有房 30 间。防御衙署 26 所，各房 23 间。骁骑校衙署 24 所，各房 12 间。笔帖式衙署 3 所，各房 18 间。理事厅衙署 1 所，房 65 间。另建有兵丁房舍。[①] 满城城内驻军连同家属有 1 万余人。乾隆三年（1739）冬的大地震，满城衙署营房等建筑物全行坍塌，城上各楼均损毁，城垣虽未全部坍塌，"然俱下陷，以致城门不能开启"[②]。又因地震，城所在处"平地裂成大缝，长数十丈不等，宽或数寸，或数尺不等"，"人陷入而死者众"，仅满城兵士"共压毙一千二百五十六员名"，损失惨重。

四年正月十一日，经兵部右侍郎班第奏准，废弃旧满城，选址于府城西 15 里平湖桥东南的丰乐堡。这里相对于地势低洼的旧城址，地势高燥。据现代地质学的研究表明，宁夏府城东门外地下有南北走向的地震活动断裂带，迁址则远离了断裂带。[③]

新建的满城费帑银 15.6 万余两。[④] 城为正方形，"东西三里七分半，南北亦如之，共延长七里五分"，周 15 里。城高 2.4 丈，址厚 2.5 丈，顶厚 1.5 丈，垛墙 5.3 尺，俱甃以砖。城门 4，东曰奉训，西曰严武，南曰永靖，北曰镇朔。城楼、马道、瓮城、门楼、角楼俱 4，铺房 8，炮台 24。另筑水沟 24 道，城河 1 道，宽 3 丈，深 1 丈。[⑤] 参见图 3-1，乾隆年间新修满城图。

新满城也增建了兵舍，据宁夏银川市文管所所藏道光十七年（1837）手抄《宁夏满营事宜》记载："新满城内东西南北大街呈十字型，将全城官兵衙署房屋分为面积相等的四个区，区间房均为两列 16 排，全城共有 64 排房。其中将军衙门 1 座，占房 124 间；副都统衙门两座，每座占房 64 间，共占房 128 间；协领等军衙署（包括佐领、防御、骁骑校、笔帖式、恩骑尉衙署）80 所，占房 1924 间；士兵占房

---

① 《钦定八旗通志》卷 117《营建志六》，第 2003 页。

② 录副奏折，宁夏将军阿鲁，奏报十一月二十四日宁夏地震被灾情形事，乾隆三年十一月三十日，档号：03-9304-017。

③ 钟侃、陈明猷主编：《宁夏通史·古代卷》，宁夏人民出版社 1993 年版，第 324—325 页。

④ 民国《朔方道志》卷 4《建置上·城池》，《集成·宁夏府县志辑》第 2 册，第 199 页。

⑤ 乾隆《宁夏府志》卷 5《建置·城池》，《稀见方志》第 50 卷，第 253 页。

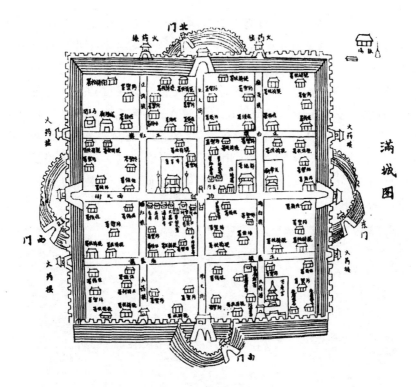

图 3 - 1　乾隆年间新修满城图

资料来源：乾隆《宁夏府志·卷首·满城图》。

5000 间"。由此可知，新满城共建房屋 7176 间，其中 2176 间为 80 多名军官所占用，平均每名军官占房 27.2 间；另外 5000 间为 2800 名士兵及其家属占用，平均每名士兵及家属占房 1.8 间。①

乾隆六年（1741），建校场于东门外，盖房 14 间，筑围墙南北 70丈，东西 100 丈；建学舍 25 所，各三五间不等。三十四年，裁副都统1 员，以其衙署为匠役铺及炮房。②

新满城内各级官署和八旗驻地都按固定的方位整齐布局，除了乾隆时期修《宁夏府志》所收全图外，还可以从宁夏回族自治区博物馆馆

---

① 道光《宁夏满城事宜》，宁夏银川市文管所所藏抄本。
② 《钦定八旗通志》卷 117《营建志六》，第 2003 页。

藏的清代《满人四门官花园地之图》,① 直观了解新满城的布局（详见图3-2）。即将军署和右翼副都统署在城西大街，左翼副都统署在城东大街。八旗官兵营房布局按八旗定制：镶黄、正白在城东北。正黄、正红在城西北。镶白、正蓝在城东南。镶红、镶蓝在城西南。另外，据《宁夏府志》载，在城东南街还建有万寿宫，城东北设帖试署，城北设火药局，各旗档子房设军器局，东门外设教场，通义十三堡沿河堤埂外有马厂。② 1913年，满营解散，1916年，取消旗制，移置宁朔县治于满城。③ 将军署改为县行政公署，占房200余间。时城内"居民大半为旗籍"④。

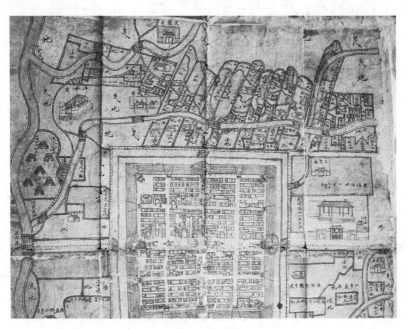

图3-2 满人四门官花园地之图

资料来源：宁夏回族自治区博物馆馆藏的清代《满人四门官花园地之图》。

---

① 系乾隆四年迁筑新城满营驻防城池设计全图，上有白云帆题记手书。

② 乾隆《宁夏府志》卷5《建置·城池》，《稀见方志》第50卷，第265页。

③ 民国《朔方道志》卷4《建置志·城池》，《集成·宁夏府县志辑》第2册，第199页。

④ 民国《甘肃省志》，《稀见方志》第33卷，第80页。

（二）府州所在附郭城规模

清代至民国时期，黄河上游城镇除了有 3 个省级城外，府级（包括直隶厅州）的城尚有陇西、狄道、平凉、安化、秦州、泾州、固原、化平 8 个，治府州厅所在的附郭。

陇西县城 巩昌府的附郭，位在渭水南岸小平原上，"环以西北习见之红土垫底、黄土加冠之童山"①。元中统二年（1261），在通远军故址拓筑城，且甃以石。洪武十二年（1379）重修。周 9 里 120 步，高 3.1 丈，池深 3.7 丈。门四，东来安，西静安，南武安，北靖安。皆建楼，有角楼、戍楼各 4，雉堞 6 尺。正德初，增筑东西北三郭。嘉靖十二年（1533），总制唐龙增葺。隆庆二年（1568），陇右道李维桢又增筑北郭，开东西北三门，亦建楼。② 城东西北三郭中，北关颇大，与内城相埒。③ 万历五年（1577），参议李维桢以北郭居民人数倍于大城，"市肆咸集，垣低堑狭，不称堡聚"，遂"恢廓旧基筑之"，期年而竣。城"高深匹大城而广阔廓之"，容二郭之民。辟北门，曰保昌，东曰翊秦，西曰镇羌，通东、西关各有东顺、西顺门。④

咸丰三年（1853），知县周必超加以修葺城垣。同治二年（1863），为加强防御，于大城、北关城筑炮台、建卡房。五年，因战火，仅存东西两门。后屡补葺。光绪二十一年（1895）重修。⑤ 民国时期，城仍分内、外，内城周 3 里，有东西南北四门，外城周 5 里。⑥ 东、西二郭墙垣已无，东顺门亦闭，其余依旧。⑦

狄道州（临洮）城 临洮府附郭城。据方志载，狄道州城基址为宋城，元明均增筑修葺。洪武三年（1370），指挥孙德增筑，周 9 里 3 分，高 3 丈，池深 1 丈。城开门四，东曰大通，西曰永宁，南曰建安，

---

① 王树民：《陇游日记》，《甘肃文史资料选辑》第 28 期，第 124—125 页。

② 乾隆《甘肃通志》卷 7《城池》，《边疆丛书》第 2 辑第 26 卷（2），第 883 页。

③ 王树民：《陇游日记》，《甘肃文史资料选辑》第 28 期，第 124—125 页；王亦说"内城、关城各辟 4 门"，与三门说抵牾。

④ 王树民：《陇游日记》，《甘肃文史资料选辑》第 28 期，第 127 页。

⑤ 民国《甘肃通志稿·建置志一·县市》，《稀见方志》第 27 卷，第 247 页。

⑥ 民国《甘肃省志》，《稀见方志》第 33 卷，第 39 页。

⑦ 王树民：《陇游日记》，《甘肃文史资料选辑》第 28 期，第 127 页。

北曰镇远，俱甃以砖，上建重楼、戍楼、九角楼4，后又增筑北郭。景泰四年（1453），知府刘昭重修，辟东西北三门。隆庆三年（1569），知府申维岱、知县何常春复修。[①] 其外郭东、南、北关，各长2里，西关长100步。[②] 关门高3丈，阔2.5丈。且额其城楼上，南曰南通蜀汉，北曰北连嘉峪，东曰东望盛京，西曰西接昆仑。凡敌楼16，更铺28，垛口1820。

清初，靖逆侯张勇驻扎临洮，引洮水支流临近城池，谓之饮马河。此举使城西墙濒临洮河之东岸，后渐成巨浸，冲啮西城。雍正五年（1727），知府李如璐堵塞河道。乾隆十一年（1746），知州管孙翼奉文加以估修，使洮水重复故道，彻底解决了城垣被水冲蚀问题。[③] 二十五年，署狄道州沈元振、陶国干，补筑了被洮水冲刷受损的西城墙，城垣得以完固。[④] 同治二年（1863）回民起事城陷。十年，社会安定，修葺城垣。唯城楼未再建，仅修筑了有护卫功能的炮台63，坤垝2008。光绪十二年（1886），洮水涨，坏西关城。十九年，重筑城基，继之，又修城关。三十二年又增修城垣。

关于护卫城垣的石堤修筑。乾隆十一年（1746），建大小坝及大坝、南北长堤各一。如上所述，光绪十二年（1886），洮河溢，水浸西城下。知州喻炎丙主持，于河神祠北筑石堤120丈，沙堤200余丈。水复西行。民国初，河水又东决，乃设河工局，募款征工，筑长堤500余丈。1914年工竣，水患息。[⑤]

平凉城 平凉府附郭县城，民国去府存县。唐城。洪武六年（1373），修复。城周9里30步，高4丈，池深4丈。门四，东和阳，南万安，西来远，北定北。康熙八年（1669）重修。[⑥] 因泾水自城北10里东向奔流，城墙之南，有小邱相连，以致城内地势不平。城分内外，

---

① 乾隆《甘肃通志》卷7《城池》,《边疆丛书》第2辑第26卷 (2),第879—880页。

② 北关，旧名临洮堡，宋熙宁六年置，明洪武二年移置，遂为郭。清沿袭。

③ 道光《兰州府志》卷3《建置志·城池》,《方志丛书·华北地方》第564号，第184页。

④ 乾隆《狄道州志》卷1《城堡》,《方志丛书·华北地方》第324号，第93页。

⑤ 民国《甘肃通志稿·建置志一·县市》,《稀见方志》第27卷，第244—245页。

⑥ 乾隆《甘肃通志》卷7《城池》,《边疆丛书》第2辑第26卷 (2),第893页。

内城在西，外城在东，为东西横长形，西宽东锐（窄），其形略似葫芦。城垣的东北角及东墙为弯曲的斜弧形。城垛以砖。东西南北门四，出东门，隔小河，有略成东西横长形之城墙，较内城面积稍小，即外城。其东端有一门。[1] 嘉庆八年（1803），城垣、衙署及民房多被山水冲塌。详见图3-3，平凉县城图示。

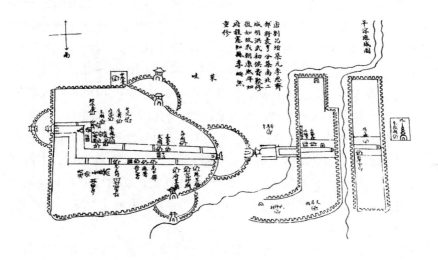

图3-3 平凉县城图示

资料来源：光绪《平凉县志·县城图》。

安化（庆阳）城 庆阳府附郭属。民国时，去府存名，称庆阳县。城"因原阜之势"而成，"形如凤凰，谓之凰城"。周7里13步，东高13丈，西高11丈，南北高9丈，引东西河水为隍池。[2] 东、西二河，自北抱城而流，合于城南，折而流于东，称为马莲河。有所谓"城高如山，池深如泉"的说法。[3] 城有门四，东安远，西平定，南永春，北德胜。各覆以楼。成化初修筑，并建南关瓮城，周3里。嘉靖三十五年

---

① 民国《甘肃省志》，《稀见方志》第33卷，第66页。
② 乾隆《甘肃通志》卷7《城池》，《边疆丛书》第2辑第26卷（2），第901页。
③ 民国《甘肃省志》，《稀见方志》第33卷，第71—72页。

(1556）重修。顺治十五年（1658）复修葺。①

　　据民国方志记载，安化内城有门五，置有东南门，曰嘉会。久闭，乾隆初复开，光绪三年（1877）仍闭。城有北关，城周 7 里许，明末战火中半圮，北城旧有镇朔楼，亦废。② 南城上有永春楼，额曰"天险重设"③。

　　秦州（天水）城　秦州直隶州城治所在。雍正七年（1729），升为直隶州，领县 5。黄河上游区域辖属的有秦安和清水。1913 年改秦州为天水。城初为唐城，宋时，知州罗拯增筑东西二城。洪武六年（1373），千户鲍成约于西城旧址筑大城，周 4 里 102 步，高 3.5 丈，池深 2 丈，辟东西二门，东长安，西咸宁。嘉靖十一年（1532），又辟南北二门。大城之东为东关城，占古城之半，门二，成化间重修。大城之西为中城，东接大城西，距罗玉河，门二。中城之西为西关城，正德中，增筑高广，稍次中城，门四。又西为小西关，亦曰伏羲城，以内建太昊宫，门二。四城皆与大城连属。④ 也就是说，秦州城由五个城垣相连组成，由西而东，顺序横列为小西关、西关、中城、大城、东关城。小西关，"形若钟"⑤。

　　顺治十一年（1654），地震城圮，皆重修。⑥ 嘉庆中，知县王赐均修东关城、小西关城。道光十九年（1839），知州邵煜募捐全修。咸丰十年（1860），军兴，补筑东、西关城，同治二年（1863），修中城，三年，修小西关城。光绪二年（1876），增西关城炮台并补筑其已圮处，九年，增筑东关城，"余四城咸补葺之"。另外，在大城南门外有护城大堤，因虑城隍"每被水冲"，筑堤护卫。光绪初，知州陶模重筑，谓之"藉水新堤"，三十三年重修。⑦

　　民国时期，其"中城及西关最为繁华，在市区西关一带，被称为

---

① 乾隆《甘肃通志》卷 7《城池》，《边疆丛书》第 2 辑第 26 卷（2），第 901 页。
② 民国《甘肃通志稿·建置志一·县市》，《稀见方志》第 27 卷，第 257—258 页。
③ 民国《甘肃省志》，《稀见方志》第 33 卷，第 71—72 页。
④ 乾隆《甘肃通志》卷 7《城池》，《边疆丛书》第 2 辑第 26 卷（2），第 919 页。
⑤ 民国《甘肃省志》，《稀见方志》第 33 卷，第 50 页。
⑥ 乾隆《甘肃通志》卷 7《城池》，《边疆丛书》第 2 辑第 26 卷（2），第 920 页。
⑦ 民国《甘肃通志稿·建置志·县市》，《稀见方志》第 27 卷，第 250 页。

商业精华所在地"①。东南角是一小城门，名曰水城门，出城即为天水有名的翼然亭和官泉，居民饮用的"官泉水，即由此门挑入"②。20世纪30年代时，城已颓废。③

泾州直隶州　1912年改称泾川县。城为元城，在泾河之阳。明代时因水害无常，遂迁于泾阴，即古安定驿。城为土垣，南倚山，北带河。周围3.3里，高3丈，壕阔2丈。女墙砖砌，久圮。南承熙，北永宁，南左东盛。因受地形限制，城呈现为南北窄、东西宽的东西向长方形。又因城的东南角有嵩山阻挡，城墙东墙角被筑为斜弧形。④有三门，为南、北和小南门。⑤南、北门对称，小南门位于南左侧，两主街平行分布，不居中，其中一条南北贯通。⑥成化十三年（1477），知州曹光增修东城。正德十四年（1519），知州宋灏增修西城。嘉靖二十四年（1545），知州张耄士重修。⑦后多次增修。万历六年（1578），砖砌女墙，修南北二楼。有东西南关三。雍正三年（1725），补修。七年，再修。⑧

固原直隶州　1913年改为县。其城，初为宋城。金兴定三年（1219）地震城圮，次年重筑。元末废。明景泰三年（1452）修复。成化五年（1469），增修，增设堞楼。弘治十五年（1502），开西门，曰威远，又筑外关城，门4，南镇秦，北靖朔，东安边，西威远。挑成壕堑，万历三年（1575），始甃以砖。⑨内城周围9.3里，高3.5丈，垛口1046座，炮台18座。外城周围13.7里，高3.6丈，池阔深各2丈。垛口1573座，炮台31座，壕深、阔各2丈。增建各城门道，东城三道，南城四道，西城二道，北城一道。⑩城是东西向长方形，内外双城，城垣东北角为斜弧形。

---

① 张煜：《解放前的天水银行》，《天水文史资料》1989年第3辑，第155页。
② 窦建孝：《猪羊市的变迁》，《天水文史资料》1991年第5辑，第151页。
③ 王金绂编：《西北地理》，第443—444页。
④ 乾隆《泾州志》卷首《城图》，《稀见方志》第42卷，空白页。
⑤ 民国《甘肃省志》，《稀见方志》第33卷，第74页。
⑥ 乾隆《泾州志》卷首《城图》，《稀见方志》第42卷，空白页。
⑦ 乾隆《泾州志》上卷《建置·城池》，《稀见方志》第42卷，第295页。
⑧ 民国《甘肃通志稿·建置志一·县市》，《稀见方志》第27卷，第259页。
⑨ 乾隆《甘肃通志》卷7《城池》，《边疆丛书》第2辑第26卷（2），第895—896页。
⑩ 宣统《固原州志·舆地志·城池》，《集成·宁夏府县志辑》第8册，第143—144页。

　　清代，固原城为陕甘提督驻地，多次整修城垣。如康熙四十九年（1710），重修大小楼 24，工程较大，遂为雄镇。① 乾隆二十五年（1760）、嘉庆十年（1805）及十七年先后修葺。② 其中嘉庆十七年城垣修葺之前，固原州曾陆续禀报多次，均因经费困难，"嗣入于缓修各工内"。嘉庆十七年间，因夏秋猛雨，城墙"坍塌过甚"，陕甘总督那彦成以城垣倾圮"万难缓待"，再奏请修葺。九月，经工部派员勘查，以固原城实属"坍塌过甚，万难缓待"，拨款修葺。

　　从那彦成的奏折中，可见固原城因暴雨受损和需要修整的情形：东南裹城、裹外水道两道、东外城坍塌砖工一段，裹南门月城、银台圈洞一段、各城门门扇及西裹城西乡外、城北外、南裹城正城楼、南裹城月城楼各一座，南月城银台东西坍塌城墙两段，东外城城南面威昭台、台楼各一座，南外城银台东西两面，并东月城南面，东裹城银台东西两面，护城各泊岸东城外银台北面巷路一道，东外城门外水沟南面冲塌护城泊岸一段，东外城外水沟北面护城泊岸冲塌一段，东外城内水沟一道，北门城洞一道，北城、瓮城门洞一道，北城门外迤东第一座炮台脚下跨空护台一座，北城门外迤西第三座炮台脚下跨空护台一座，靠炮台西角下雨水冲深坎一个，西城门外迤北第二座炮台脚下跨空护台一座，水冲壕坎一个，南城外迤西第一座炮台脚下水冲壕坎一个。

　　在那彦成看来以上各工亟须修理，势难从缓，应请一并续行估修。并请求将这些需要修整的工程"统入与前次估修急工内一律修整"，以资捍卫。同时，那彦成还提道，固原附近城垣地方，山水不时涨发，冲刷城根，最为可虑。此时若不着手兴修完整，不但日益倾圮，且恐怕新修之工毗连处所亦有关碍。对此，朱批工部议奏。经委员勘察估算，实际估银 24530 余两。③ 清廷允准，发帑整修。

　　此为一次较大的修筑。之后，遇有坍塌，地方官及时修葺。同治后，提督雷正绾、邓增补修。④ 光绪三十二年（1906），东门南隅圮 30

---

　　① 乾隆《甘肃通志》卷 7《城池》，《边疆丛书》第 2 辑第 26 卷（2），第 896 页。

　　② 民国《甘肃省志》，《稀见方志》第 33 卷，第 77 页。

　　③ 以上见朱批奏折，陕甘总督那彦成，奏为急修固原城垣皋兰护城旱台池濠事，嘉庆十七年十一月十三日，档号：04 - 01 - 37 - 0065 - 018。

　　④ 民国《甘肃通志稿·建置志一·县市》，《稀见方志》第 27 卷，第 261 页。

余丈，外城垛口残缺者计 400 余座，工程浩繁，知州王学伊请兴筑垛口，补葺堞楼。

固原城的北城于同治兵乱后封闭。至清末时，除了北门名称仍存外，东西南三城道名称，仅保留有东城的两道，曰安边、保宁，南城两道，曰镇秦、兴德，西城一道，曰威远。①

化平川（化平、泾源）城　1913 年，改厅为县，名化平，1950 年改称泾源。县城建在观山之西半里，古城之东 3 里。系昔安化、化平镇地。同治十一年（1872），修土城一座，周围 2.3 里，东西南北四门。②城楼 4。女墙、雉堞共 554，均系砖砌。城楼四座，旋因风雨飘淋，南北西城楼倾圮，仅存东城楼。光绪三十二年（1906），因城西北坍塌，鸠工补修，并修西城楼一座，为庭舍式样。1917 年，补修北城墙。1935 年，补修西城墙。1939 年，西城倒塌，以工代赈，修筑城垣，始行坚固。③

（三）县城规模

县城，主要是指府城府郭以外的县城，包括散州和散厅治所的城。如前所述，清初，这一部分城镇中的大多数城垣规模基本沿袭明代，随后，制定重建、修葺制度。对城垣的影响多表现在重修、扩建等行为，也有拆后再建的。民国新增行政建置时，已经不再筑新城垣，所对应的城镇，或置在原有城治中心所属的堡镇，或圈划有一定规模的建筑群区域为城属范围。如置夏河县后，其政治经济等机构就以拉卜楞寺院附近建筑街区为中心，作为夏河县城。甘南地区新置的和政、广河、洮沙、康乐、永靖、景泰等县所治城，就是以原有的城或驿站镇堡为基础，如洮沙县设沙泥驿太石铺，和政县治宁和堡，永靖县治河州莲花堡，景泰县治原靖远北区的一条山镇。

民国以后，尤其是三四十年代时，修葺城墙行为减少，以拆为主的城墙改造行为成为趋势。应该说这是以后城市化起步的一个转折，相对

①　宣统《固原州志·地舆志·城池》，《集成·宁夏府县志辑》第 8 册，第 143—144 页。
②　民国《化平县志》卷 1《建置·城郭》，《稀见方志》第 54 卷，第 310 页。
③　民国《化平县志》卷 1《建置志·城郭》，《稀见方志》第 54 卷，第 311 页；民国《甘肃通志稿·建置志一·县市》，《稀见方志》第 27 卷，第 264 页。

于清代有城墙的城而言，现代以来城市化进程中城的研究，当是指无城墙的建筑群为主体标志的"城"了。有关清代至民国黄河上游区域城镇规模及变动详见表3-3。

表3-3　　　　清代至民国黄河上游区域城镇规模及变动概表

县城治所		今址	城镇规模及变动	城治所在行政名称变动
清代	民国			
狄道州	临洮	临洮县洮阳镇	乾隆二十五年，补筑西城	乾隆三年，自临洮府附郭首县改为州。民国为临洮县
渭源	渭源	甘肃渭源清源镇	康熙二十五年，增修。宣统三年重修，周464丈，雉堞487，炮台12，又增修二城楼	民国为渭源县
金县	榆中	甘肃榆中城关镇	康熙二十四年，重修外郭，周4里有奇，门二，有层楼、瓮城。道光二十二年，增建东门楼、瓮城与东郭门。光绪二十一年，建东南门楼	民国为榆中县
河州	临夏	甘肃临夏市城区	康熙四十四年重修，乾隆五十一年，补修楼堞；光绪三年，修城堞2249，更房140，拦马墙1，东西门桥亭2，并浚壕	康熙间，设守备，隶陕西行都司，雍正四年裁卫。民国为临夏县
	临泽		道光二十八年、咸丰三年先后重修	
靖远	靖远	甘肃靖远	乾隆二十五年，重修城垣，周1166丈，高2.6丈，顶宽1.5丈，底宽5丈	乾隆三年，自巩昌府来属。民国为靖远县
	永靖	甘肃莲花堡	光绪二十六年治，城周400步	1929年，自临夏县析出置县

县城治所		今址	城镇规模及变动	城治所在行政名称变动
清代	民国			
	红水（景泰）	甘肃景泰一条山镇	乾隆四年建，周2里许，咸丰三年重修	1913年自皋兰分出置县，名红水，1933年，由县永泰川与靖远北区合而置县，名景泰
平番	永登	甘肃永登	明重筑，周8里，西南关厢，周围9里，清末修筑	雍正三年，改庄浪卫为县，名平番，1913年，将西大通分县并入，1928年，改名永登
洮州厅	临潭	甘肃临潭东	咸丰三年，重修水北门，建瓮城4座	雍正八年原卫来属，乾隆十四年置厅
	和政	甘肃和政县宁和堡	康熙四十一年，移建本城，光绪二十四年，修西城门砖洞。城周540丈，垛884，炮台12座，顶宽1.1丈，底宽3.1丈，东城高1.75丈，南城高3.6丈，北城2.8丈，面积约16200方步。城内建有驿馆、营汛，1929年，改建西郭，西关市场无城墙，长约200步，宽约100步	1928年10月由临洮、临夏两县析置县
沙泥驿	洮沙	甘肃洮沙县太石铺	1917年始筑新城，周4里	原为狄道北境沙泥驿，1913年始置沙泥县，次年改称洮沙
华亭	华亭	甘肃华亭	康熙末，筑城内西北新城，乾隆十二年增修，同治九年补修。宣统三年修葺。1920年，地震重修	
静宁州	静宁	甘肃静宁	顺治十年，重筑，城周5.1里，高3.4丈，池深1.8丈，门3，无北门。十七年，补筑。雍正二年，重修。乾隆七年，补葺内城门3，各覆以楼，西南关门各1，便门2，梢门3。二十五年，添筑北城楼，同治、光绪间先后补修，1920年，地震，城堞多圮，1922年，补修	1913年改州为县，仍名

续表

县城治所		今址	城镇规模及变动	城治所在行政名称变动
清代	民国			
隆德	隆德	宁夏隆德	顺治十七年，重筑，周 3 里许，高 3.6 丈，基宽 3.6 丈，上宽 1.8 丈，门 4。同治四年城陷，光绪二十一年补葺并修南城楼 1	
庄浪	庄浪	甘肃庄浪西北	康熙五年，补修南北城，六十一年，重修。乾隆三十三年，增筑外城新帮 19 段，共 315 丈；内城新邦 15 段，共 100 余丈，筑南瓮城，改门向东	乾隆四十二年裁，属隆德
合水	合水	甘肃合水东北	顺治十五年，重修，雍正间增修城楼，光绪五年，增筑	
环县	环县	甘肃环县	顺治五年重修，乾隆八年、二十五年俱补修，建门楼 3，内女墙 899 丈，外女墙 1170 丈，高 3 丈至 3.8 丈，基厚 3 丈，顶宽 1.5 丈	
泾州	泾川	甘肃泾川	雍正三年，补修。七年，再修	1913 年改泾州直隶州为泾县，次年，改名泾川
宁州	宁县	甘肃宁县	顺治三年，于郭内东山筑堡，五年重修	1913 年改宁州为宁县
正宁	正宁	甘肃正宁西南	乾隆二十四年，于城南山坡下岸与北岸筑堤，东西长 120 丈，宽 2 丈，以护城身。三十三年重修	原名真宁，雍正元年改为正宁

县城治所		今址	城镇规模及变动	城治所在行政名称变动
清代	民国			
灵台	灵台	甘肃灵台	顺治十年，修城浚壕。乾隆三十年，重修。周2.4里，内城长83丈，顶宽1.5丈，基宽3.6丈，高2.6丈，下有捍台，东南门，东西北角楼三，雉堞667，女墙长400丈，水洞2座。同治年间，角楼尽毁，关闭东门。十三年，水淹东西城基50余丈，坏水沟八，南门口亦倾，补修。民国时期，惟开南面正城门	乾隆四十二年，由平凉府来属
崇信	崇信	甘肃崇信	顺治六年，建敌楼，浚池壕。同治元年，补修。光绪三年，重修。二十一年，增置西北炮台1座，东北炮台2座，又补葺城门。1916年，重修城楼，炮台增至7座	乾隆四十二年，由平凉府来属
镇原	镇原	甘肃镇原河固城	康熙四年，截筑新城，周1里270步，高2.5丈，池深7尺，门3。乾隆二十二年，重修东南门。同治九年，补修全城，十一年补修雉堞。光绪二年移河固城，四年补修北城，十一年补修南城，二十三年补修北城，三十年补修西南城	乾隆四十二年，由平凉府来属
平远	镇戎（豫旺、同心）	宁夏同心东北下马关	光绪二年，新筑西面土城一道，周4.5里，炮台8座，雉堞702，南北橹楼俱备	同治十三年，由平凉府来属，1914年，更名镇戎，建省时又改称豫旺，后又改称同心

续表

县城治所		今址	城镇规模及变动	城治所在行政名称变动
清代	民国			
盐茶厅(海城)	海原	宁夏海原	乾隆三年,震圮,五年,重修。民国初,补修	原名盐茶厅,康熙十四年置,与固原同城,雍正八年辖于固原,同治十三年改厅为县,名海城,自平凉府来属
花马池城	盐池	宁夏盐池	康熙四十八年,地震,城圮,茸东西二门,乾隆六年,重修,周5.7里,高2.4丈,女墙5尺余,壕环城6.3里,门3,各建楼、月城3,角楼3,敌楼8,门台6,炮台14。道光三年,补修,光绪十八年、十九年、三十二年先后重修	1913年由灵州属之花马池分州置盐池县
安定	定西	甘肃定西	光绪二十九年,重构西北角楼	1914年,改名定西
会宁	会宁	甘肃会宁	康熙五十七年,地震城圮,乾隆四年,修茸,十三年又修,三十年地震再裂,重修,周3.8里2步,基宽3.2丈,高3丈,门4,梢门2。道光十八年,开浚周围抱城,补建南关城敌楼	
通渭	通渭	甘肃通渭	康熙五十七年地震,城圮,移驻西关。乾隆十三年,城成,复归,周4里,高2丈,门三,三十二年,建南角城重楼,东南奎星阁,北真武公,道光二十九年,补修。同治二年,增修;三年,复修城浚壕作穷桥3;四年三月,修城南捍台	

县城治所		今址	城镇规模及变动	城治所在行政名称变动
清代	民国			
宁远	武山	甘肃宁远	康熙十一年、四十四年，俱重修。光绪十八年又修北城，三十年六月，渭水复冲没四十余丈	原名宁远，1913 年，改名武山
伏羌	甘谷	甘肃甘谷	康熙五十年修，乾隆三十一年复修。同治间建垛房，雉堞 1197，每 60 垛起大房 1，又夹修小房 80，各相距数十武，民国初重修城楼，1914 年增修，且于城墙之上增修小屋数十间	原名伏羌，1929 年，改名甘谷
岷州	岷县	甘肃岷县	同治时，城陷，多毁，后复修	雍正八年置州，四年裁原卫置厅来属
漳县	漳县	甘肃漳县	雍正、嘉庆、咸丰五年，光绪五年、二十一年先后重修，1918 年，复补葺，更易东南西门名，1920 年，地震，门楼、女墙多倾，1923 年补修	道光九年裁，入陇西县
秦安	秦安	甘肃秦安	康熙五十七年，地震，毁楼亭重墙。乾隆三十三年，重修，高 2.4 丈，顶厚 1.4 丈，址厚 2.4 丈，无月城。道光十六年，重修土垣砖堞，门 2。同治元年，增筑南北郭，厚次于内城，宽广倍之，南郭门五	雍正六年，自巩昌府来属
清水	清水	甘肃清水	康熙二十四年、五十二年，乾隆五十六年均先后重修	雍正六年，自巩昌府来属

续表

县城治所		今址	城镇规模及变动	城治所在行政名称变动
清代	民国			
灵州	灵武	宁夏灵武	明城。乾隆三年地震损塌，五年，重修。南北门2	雍正二年，裁所置州
中卫	中卫	宁夏中卫	康熙己丑地震，城圯，光绪十八年，补修外城砖工，十九年补修内城土工，三十二年补修炮台、垛口、子墙、女墙	雍正二年，裁卫置县
宁灵厅	金积	宁夏吴忠西南（旧金积堡）	同治九年，筑土城，周1130丈，高2.28丈，女墙高5尺，垛口1211道，东西址宽1.5丈，顶宽7尺，南北址宽1丈，顶宽三四尺，东西二门。光绪二十六年，修东西瓮城、月城，环城壕沟一道，宽2.5丈，深5尺，东西城外，各建官桥1	同治十一年六月置宁灵厅于金积堡
平罗	平罗	宁夏平罗	乾隆四年，重修。周4.3里，高，2.4丈，址厚2.4丈，顶厚1.5丈，南北二门，门楼2座，马道2座，角楼4座，敌楼8座，东西堆房2座，南北堆房2座，城河1道，宽5丈，深8尺	雍正二年，裁所置县
新渠		宁夏平罗南	雍正三年，筑城，周4里1分，高2.6丈，池深6尺，阔7尺，开南北二门，鼓楼1座，乾隆三年，地震废，城址尚存	雍正四年置于察罕托辉，乾隆三年入平罗
宝丰		宁夏平罗东北	雍正三年筑，周4里3分，高2.6丈，池深3丈，阔7尺，门二，鼓楼1座，乾隆三年地震，城圯，遗址尚存	雍正六年置于省嵬营地，乾隆三年入平罗

县城治所		今址	城镇规模及变动	城治所在行政名称变动
清代	民国			
碾伯	乐都	青海乐都	康熙十七年，河决南门，关闭西门。有东关外城。乾隆十一年，移城基北进15丈，另建新城。十年，筑南城并补修东西北城垣，周2里9分4步，于城南临河绪装石笼一道	雍正二年，裁所置县来属
大通	大通	青海大通西北	雍正二年，北川筑城，乾隆九年，迁白塔城，高2丈，基厚1.8丈，顶厚1.2丈，周6里，门4，各门有城楼、月楼、角楼1座，壕宽3丈，深5尺，炮台8座，每座设炮尊	雍正二年于北川营置卫，乾隆二十六年裁卫置县
巴燕戎格厅	巴燕（化隆）	青海化隆	乾隆四年，筑土城，周2里4分，高2.5丈，基宽如之，顶宽1.5丈，女墙以砖，东西2门，有城楼、敌楼、角楼各2座，望楼1座，南城根阳沟1道。光绪八年，重修	乾隆八年置摆羊戎厅，四十三年改为巴燕戎格厅，1913年4月改为巴戎县，1929年改名巴燕，1931年改称化隆
贵德厅	贵德	青海贵德	明筑土城，周3.8里，长683.5丈，高3.5丈。根宽2.8丈，顶宽1.2丈，南北2门，城楼1，守铺32间，壕深1.5丈，阔3.2丈	乾隆五十六年，裁归德所置贵德厅；1913年改厅为县
循化厅	循化	青海循化	雍正七年筑，周680丈，东西各长120丈，南北各长220丈，高2.2丈，根厚2丈，顶1.75丈，光绪六年，有垛墙888堵，各长5尺，根深2.5尺，顶厚1尺，垛口824个，水道36。东西门土马道1，东西城头各建有土房，有东西瓮城各1座	乾隆二十七年移河州同知于循化设厅

续表

县城治所		今址	城镇规模及变动	城治所在行政名称变动
清代	民国			
丹噶尔厅	湟源	青海湟源	雍正五年，筑城垣，周774丈，高2.2丈，基厚2.4丈，顶厚1.3丈，东西2门，城楼2座，腰楼、月城俱如之，角楼4座，炮台8座，壕宽3丈，深5尺。同治三年，光绪二十一年，先后重修	乾隆九年设县佐一员。旋设主簿。道光九年置厅，名丹噶尔；1913年改厅为县，改名湟源

资料来源：牛汉平主编的《清代政区沿革综表》，第464—472页。

兰州中心

兰州府属城包括清代兰州府属的渭源、金县、河州（临夏）、靖远、红水（景泰），凉州府属的平番（永登），以及民国时期在兰州府属地新置县的有城墙之县城，如永靖、和政、洮沙等，其城均以原堡驿城所在地为基础。夏河县，无城垣。

渭源县城　建于宋，土筑。周3.3里，高2.5丈，池深1丈，门2，北称清源，南为渭川。各建重楼，有楼铺、敌台，北郭1。明弘治十七年（1504），知县党茂主持增修，筑月城。嘉靖四十二年（1563），始建北郭，循宋城的西城墙增筑，径3里，周5里，高1.5丈。同时，又增筑东西二门。[①]康熙二十五年（1686），知县张鸿斌重修月城。[②]宣统三年（1911），知县陈鸿宝重修城垣，周464丈，雉堞487，炮台12，又增修二城楼。1911年，再次修筑。[③]

金县（榆中）城垣　基址为宋代土城，治在龛谷寨。洪武二年（1369），移治城关镇。周围3.3里，高3.3丈，池深2丈，阔3丈。城门有二，南安阜，北清安。各建层楼、戍铺、外郭。万历三年

---

①　道光《兰州府志》卷3《建置志·城池》，《方志丛书·华北地方》第564号，第187页。

②　乾隆《甘肃通志》卷7《城池》，《边疆丛书》第2辑第26卷（2），第880页。

③　民国《甘肃通志稿·建置志一·县市》，《稀见方志》第27卷，第246页；民国《甘肃省志》，《稀见方志》第33卷，第46页。

（1575），知县刘公僻重建被拆除的瓮城，增建层楼，周甃以砖石。康熙二十四年（1685），清廷令各地方修葺城池，知县魏煜如补葺层楼，[①]增修外郭，有门2，南永绥，北咸宁，上也各建层楼。[②]"垣墙改观"[③]。乾隆三十二年（1767），知县崔希驷增修。道光二十二年（1842）增建东门楼、瓮城与东郭门。增阔后的东门名为承恩。同治六年（1867），兵燹后，城垣倾圮，唯存北郭门楼。光绪二十一年（1895），知县姬恺臣补修，并建东南门楼。[④]

河州（临夏）城　始建于西秦苻坚时期。洪武十年（1377），截元城之半，向南展1里。十二年改筑。弘治中，守备都指挥蒋昂重修，"高其雉堞，深其濠池"。城周9.3里，南北长2.5里，东西长2里100步。城高5丈，厚3丈，池深2丈，阔3丈。门4，各方向及门名称为：东平秩，南安远，西定羌，北镇边。各建敌楼。嘉靖年间，因防边警，创南郭，周3里有奇，郭门1，上建重楼。

入清后重修。顺治初年，回民起事，楼橹损坏，十五年（1658），修葺。康熙四十三年（1704）重修，周围浚深池丈许，植柳树万株。四十四年，知州王全臣修梢门3座，高3丈，阔2.5尺。[⑤]乾隆四十六年（1781），回民起事，楼垛被毁，残破不堪。至五十一年，又拨款重修。同治战乱城陷。光绪三年（1877），修城堞2249个，更房140间，修缮拦马墙1道、东西门桥亭2座，并浚壕。

据民国时期的游客所记，位于大夏河北岸广阔之河谷平原上的临夏城为长方形，北门从未开过。[⑥]城南北2里半，东西约2里，背靠矮山，故仅于东南西三面辟门。城略小于临洮、陇西，与岷县等同。其"南关颇大，可与本城齐"。除南关北面与本城之南门相通外，其他三

---

①　康熙《金县志》卷上《城郭》，《集成·甘肃府县志辑》第6册，第22—23页；乾隆《甘肃通志》卷7《城池》，《边疆丛书》第2辑第26卷（2），第880—881页。

②　道光《兰州府志》卷3《建置志·城池》，《方志丛书·华北地方》第564号，第187页。

③　康熙《金县志》卷上《城郭》，《集成·甘肃府县志辑》第6册，第23页。

④　民国《甘肃通志稿·建置志一·县市》，《稀见方志》第27卷，第264页。

⑤　康熙《河州志》卷1《城池》，《稀见方志》第49卷，第532页。道光《兰州府志》卷3《建置志·城池》，《方志丛书·华北地方》第564号，第188页。

⑥　《西行杂记》，《民俗文献》第19卷第135册，第236页。

面亦各有门，称为梢门。①

靖远城　初为隋古会州城址。明正统二年（1437），都指挥房贵于旧址修葺增筑城池，建靖远卫。成化十三年（1477），拓宽东城。嘉靖二十年（1541），守备黄恩条增筑南关。万历六年（1578），少卿梁许重修东西门并城楼，修筑南关城垣，甃砌女墙。② 城周 6.3 里，门 3，东通化，西治平，南安远。城高 3 丈，根基阔 4.1 丈，上平阔 2.2 丈。南关城周围 2.5 里，③ 高、阔与城相等，池深 3 丈。城上正北名为镇边，楼 3 楹，高 3.5 丈。瓮城门及梢门原俱有楼。④ 乾隆二十五年（1760），知县刘杰奉文以工代赈动帑兴修。五十一年，知县胡绍祖等又加以补修。道光十年（1830），城西 5 里的西关门，被山水冲刷，知县陈之骥筹捐加以维修。⑤

靖远城外河坝是否坚固，影响城墙的牢固性。尤其是对西城外护城大堤的维护显得十分重要。西城外，旧有石岸 280 丈。乾隆二十五年（1760），修建挑水石坝 3 座，头坝长 20 丈，高 1.5 丈，宽 5 尺；二坝长 33 丈，高 1.5 丈，宽 5 尺；三坝长 20 丈，高 1.5 丈，宽 5 尺。四十六年，冲没三坝以下乱石滩。知县彭永和于距三坝 61 丈处，增筑石岸一道，长 50 丈，高 1.5 丈，宽 5 尺。六十年，河水冲塌各坝岸，知县杨懋德劝捐重修，嗣后每河水涨发，时有刷损。至道光十年（1830），河水异涨。头坝以下、三坝以上石岸全被冲没，知县陈之骥捐资运巨石 400 船，于二坝上垒筑大马头，周围 10 丈，以杀水势。复自头坝起至三坝止，沿堤压护，才使河岸坚固，居民恃以无虞。⑥

红水（景泰）城　治宽沟堡，城周 2 里许。乾隆三年（1738），设县丞，领宽沟、永泰、红水、正路四堡。二十二年，县丞移驻红水堡，

---

① 王树民：《陇游日记》，见《甘肃文史资料选辑》第 28 期，第 271 页。
② 道光《靖远县志》卷之二《城池》，《稀见方志》第 35 卷，132 页。
③ 又说城郭周 3.5 里，似误。见民国《甘肃通志稿·建置志·县市》，《稀见方志》第 27 卷，第 246 页。
④ 至道光时，瓮城楼已倾废。道光《靖远县志》卷之二《城池》《稀见方志》第 35 卷，第 132—133 页。
⑤ 道光《兰州府志》卷 3《建置志·城池》，《方志丛书·华北地方》第 564 号，第 189—190 页。
⑥ 道光《靖远县志》卷之二《城池》，《稀见方志》第 35 卷，第 134—135 页。

始称红水县丞。道光后，仍驻宽沟。咸丰三年（1853）重修城垣。[①]
1913 年改宽沟为县城。

平番（永登）城 凉州府属。元至元初建。洪武十年（1377），置
庄浪卫，重筑城。关于城周尺寸，方志记载不同。嘉靖《陕西通志》
载：城周 4 里 120 步，高 2.8 丈，厚 4.5 丈，池深 2.5 丈，阔 3.5 丈。[②]
后废卫为庄浪守御千户所，明永乐元年（1403），复为庄浪卫，属陕西
行都司所辖。清康熙二年（1663），复降为所。雍正三年（1725），改
庄浪所为平番县。庄浪同知、庄浪营参将署，均在平番县城内。而民国
所修《永登县志》则载：洪武十年重筑城，甃以砖。城周 8 里 26 步，[③]
高 2.8 丈，池深 2.5 丈，内外 8 门。[④] 女墙高 1 丈，底阔 3.5 丈，壮顶
2.8 丈。角楼 16 座，护门墩 1 座，高 3 丈。郭城西南关厢一座，周围 9
里 36 步，高连女墙 3 丈，底阔 2.1 丈，壮顶 1 丈，腰楼 8 座，门楼
3 座。[⑤]

相较两记，后者所记城周扩大一倍，虽不知扩展缘故，但记载年代
距今较近，取其为永登城垣形态。[⑥] 另外，民国时人也记载：城是清末
回民起事后重新修筑，至民国时期，砖石尚整齐，旗丁六七百名。北门
楼上书"武当胜景"，城北里许，有楼 4 层。南门书"河朔重关"。城
西南隅，墙垣圮坏。[⑦]

在此一提的是，关于永登城与庄浪满城的说法，虽然已有研究成
果，[⑧] 但是，在资料使用和论述等方面，依然有可商榷之处。检查史

---

① 民国《甘肃通志稿·建置志一·县市》，《稀见方志》第 27 卷，第 245 页。

② 嘉靖《陕西通志》卷之九《建置沿革下·土地九·庄浪卫》，点校本，第 459 页。

③ 又说周 8 里 26 步 3 尺，见民国《永登县志》卷 2《建置志·城郭》，《方志丛书·华北地方》第 344 号，第 29 页。

④ 乾隆《甘肃通志》卷 7《城池》，《边疆丛书》第 2 辑第 26 卷（2），第 909 页。

⑤ 民国《永登县志》卷 2《建置志·城郭》，《方志丛书·华北地方》第 344 号，第 29 页。

⑥ 民国《永登县志》卷 1《地理志·里至》，《方志丛书·华北地方》第 344 号，第 11 页。

⑦ 民国《甘肃省志》，《稀见方志》第 33 卷，第 96—97 页。

⑧ 付永正、王继光：《清代庄浪满城述论》，《甘肃联合大学学报》2007 年第 1 期。

料，民国所修县志有"邑南满城，弹压枢纽，喉襟之地"①的说法，也有如上文的城内"旗丁六七百名"之说。关键是《八旗通志》的庄浪驻防部分提到：乾隆二年，"设城垣一座，长八百四丈，计四里四分，高二丈四尺，四门，大城楼四座，瓮城楼四座，角楼四座，炮台四座，铺楼八座"②。以此，该城必是满城无疑。可是，与《陕西通志》中所记的明代所建周4里多之城间是何关系，因资料所囿，不得其究，留待后辨。

永靖城　光绪二十六年（1900），治河州北乡莲花堡城，周400步。③ 1929年，自临夏县析出置县。

和政县城　治和政驿，原属河州。康熙四十一年（1702），自宁河镇移来。光绪二十三年（1897），河州镇地方禀请重修，次年，修西城门之砖洞。城周540丈，垛884，炮台12座，顶宽1.1丈，底宽3.1丈，东城高1.75丈，南城高3.6丈，北城2.8丈，面积约16200方步。城内建有驿馆、营汛。1929年改建，西郭、西关市场无城墙，长约200步，宽约100步。④

洮沙（沙泥驿）城　地介于皋兰、狄道二大城之间，1913年始置沙泥县，次年，改称洮沙县。县城初治沙泥驿城，仅有残破城垣及县署。1917年始筑新城于太石铺，周4里，四周多空地。筑城时尚无街市，仅将县署迁此。⑤ 为重镇。

夏河县城　无城垣。县治在寺院东里许。⑥

巩昌府属

巩昌府属的城镇有安定（定西）、会宁、通渭、宁远（武山）、漳县、伏羌（甘谷）、洮州厅（临潭）、岷县。

安定（定西）城　宋城，周3里3分，明正统中，筑南郭，增拓

　　① 民国《永登县志》卷1《地理志·疆域图说》，《方志丛书·华北地方》第344号，第11页。
　　② 《钦定八旗通志》卷117《营建志六》，第2004页。
　　③ 王树民：《陇游日记》，《甘肃文史资料选辑》第28期，第286页。
　　④ 民国《和政县志》卷2《建置志·城郭》，第654页。
　　⑤ 民国《甘肃省志》，《稀见方志》第33卷，第45页。又说1919年筑城太石铺，城周3里，置南北。见民国《甘肃通志稿·建置志·县市》，《稀见方志》第27卷，第245页。
　　⑥ 《夏河县志》卷之七《政治》，《方志丛书·华北地方》第346号，第77—78页。

至 6.3 里，城高 3 丈，底阔 5 丈，顶宽 2.5 丈，池深 2.5 丈，女墙高 6 尺。镇楼五，角楼四，门三，有月城。天顺六年（1462）、嘉靖十三年（1534），先后重修。乾隆十三年（1748）、道光二十八年（1848）先后修补。光绪二十九年（1903），甘河决，水冲城西北隅，毁城墙数丈，知县赖恩培筹款筑堤修城，并重构西北角楼。① 至民国时期，南郭城开四门，连东西南北四街。城北门外为外城，外城只有一北门。主、外城的两北门间，为主要通衢，商业殷阗，是西安与兰州间的繁盛城之一。②

会宁城 "宅四山之中"。明洪武六年（1373），巩昌卫千户傅履、知县郁斌主持营建。成化四年（1468），同知罗论主持拓筑。城周 5 里，南北长 1.5 里，东西阔 1 里。城高、厚均 3 丈。辟有南北二门。城外浚池，阔深均 2 丈。嘉靖间，总制刘天和以边徼要冲，辟西门，增西、南、北郭，郭外浚池。西、南因河为池。万历元年（1573），知县戴光启又辟东门，营东郭，添筑敌台，增修壕堑。三年，知县史天佑列垛甃砖。七年，知县高拱辰修葺梢门二座，南向，城形如凤。

会宁城的四门名称：东曰东胜，西曰西津，南曰通宁，北曰安静。各门上皆覆以楼阁，包四关，亦开四门，皆有楼，为正方形。先是四关道绝，不相联络，万历九年，知县高拱辰于四隅接筑边城，通而为一。东关厢长 150 步，南关厢长 130 步，西关厢长 130 步，北关厢长 150 步。

康熙五十七年（1718）地震，楼倒垛落，垣塌池平。乾隆四年（1739），知县管孙翼修葺南北二门楼。十三年，知县金兆琦主持展修四关。三十年七月十八日地震，城裂。知县黄显祖加以补修。城周 3 里 8 分 2 步，底宽 3 丈，顶宽 1.2 丈，高 3.4 丈。城修葺一新后，立牌匾，东曰旭景东临，南曰南尽图山，西曰雄城西峙，北曰北门锁钥。形成"四郭周通，屹中环外"的格局。但因历年既久，城多圮毁。嘉庆十三

---

① 民国《甘肃通志稿·建置志一·县市》，《稀见方志》第 27 卷，第 247 页；民国《甘肃省志》，《稀见方志》第 33 卷，第 46 页。
② 民国《甘肃省志》，《稀见方志》第 33 卷，第 47 页。

年（1808），知县王世焯复请修缮未准。至道光年间时，坍塌尤甚。①城四门仅存一。

至民国时，会宁县城形态如旧。城四门的每门上覆以楼。四面关厢的东南北三面关厢城墙如故，亦各开一门，上皆有楼。唯西面临祖厉河，屡因河水侵蚀，河岸崩颓，关墙圮于河底。1910 年大地震，城门楼及城墙垛口，尽数倒塌。只是城墙颓毁不多，仅北关有数处遭毁。②

通渭城　明城，洪武二年（1369）建，旧址周 3 里 280 步，环以池。③ 成化九年（1465）重修后，"周 5 里有奇，址广 3 丈，垛高 2 丈余尺，壕深丈许"。东西南衢通三门，垒砖石拱，合为圆空门，裹以铁片，晨启夕闭。"仍楼以三门之上，以便垂览"④。万历初，甃以砖。四十二年（1614）时，于郭外东西置门。

康熙五十七年（1718）地震，山崩城圮。从前规模，荡然尽废。东北城垣，"俱被覆没"，止存一隅。人口移住西关。雍正八年（1730），移治至离旧治 60 里的安定监。"筑土垣于旧址，民多移住城内"。乾隆十二年（1747），发帑金 500，增筑城垣，改建衙署。次年城成，复归旧治。此次还于土垣上增筑女墙，仍建东西南三门，上各架重楼，一楹数关，"规模略定"⑤。

因城踞北山麓，故并东西关为三城。中城周 1 里有奇，辟东西门，郭城与门亦如之。城周 3 里，高 3 丈。⑥ 各建敌楼，炮台 16，雉堞

---

①　以上均见道光《会宁县志》卷之三《建置志·城池》，《集成·甘肃府县志辑》第 8 册，第 70—71 页。

②　民国《甘肃省志》，《稀见方志》第 33 卷，第 36—37 页。

③　乾隆《通渭县志》卷之三《城池》。

④　此处伍福所记"周 5 里有奇"，与乾隆时期方志记载不符，后者为 3 里多。参见伍福《建城碑记》（成化十二年），载光绪《通渭县新志》卷之十二《艺文》，《方志丛书·华北地方》第 330 号，第 476 页。

⑤　监系明初创建，旧平凉苑马寺。见光绪《通渭县新志》卷之一《沿革》，《方志丛书·华北地方》第 330 号，第 61—63 页。

⑥　光绪十九年修志时，有"城周 4 里，高 2 丈，池深 1.5 丈"的记载，此处"周 4 里"疑包括中城的"周 1 里"。参见乾隆《甘肃通志》卷 7《城池》，《边疆丛书》第 2 辑第 26 卷（2），第 885 页；光绪《通渭县新志》卷之三《地域》，《方志丛书·华北地方》第 330 号，第 78 页。

1500。乾隆三十二年（1767），建南角城重楼，东南奎星阁，正南有月城、重楼，正北真武公。道光二十九年（1849）补修。同治二年（1863）增修，次年，复修城浚壕，作穷桥三，历时 3 个月。四年三月，修城南捍台。光绪三年（1877），城西角外被河浸，知县领民筑城。十三年，又筹款开渠，移注正南。①

宁远（武山）县城　古垣道旧址，处陇西、天水间之要害。明洪武三年（1370），知县刘冕重建。城周 3 里，高 1.9 丈，池深 1 丈，东西二门。因城北、东濒渭水，善崩。② 正德十二年（1517），知县江万里以避水患改修城，辟东西南三门，皆覆以楼，方位和名称依次为：东景明，南景仰，西景桥，北景澜。嘉靖间，知县仪世麟增修。崇祯初，城圮复修。康熙十一年（1672）、四十四年，知县庞守谦、冯同宪先后重修。③ 年久北城倾圮，光绪十八年（1892）又修，三十年六月，渭水复冲没城墙 40 余丈。④

因渭水经城中而过，民国人写道：县有二城。北城形如偃月，周 3 里，有东西南三门。南城方形，周约 2 里，开南西二门。其北城墙，即北城之南城墙，为北城之南门，即所谓"不啻南城之北门也"⑤。

彰县城　道光九年（1829）裁入陇西县。城旧在古城峪，明正统中改筑三台山麓，城周 1 里 294 步，高 3.5 丈，基宽 2.4 丈，池宽 2 丈，深 7 尺。城门 3，东曰东晖，南曰明远，西曰西成，各覆以楼，角楼四。万历十八年（1590），浚城壕。雍正、嘉庆及咸丰五年（1855），光绪五年（1879）、二十一年，先后重修。1918 年，复补葺，更各城门名为：东紫寨，南解愠，西悒爽。1920 年地震，门楼、女墙多倾，1923 年加以补修。⑥

伏羌（甘谷）县城　在古冀城北百步许，濒渭水之南，相距 5 里。城系正方形。明景泰元年（1450）增筑，成化十三年（1477）重修，

---

① 光绪《通渭县新志》卷之三《地域》，《方志丛书·华北地方》第 330 号，第 94 页。
② 民国《甘肃省志》，《稀见方志》第 33 卷，第 55 页。
③ 乾隆《甘肃通志》卷 7《城池》，《边疆丛书》第 2 辑第 26 卷（2），第 887 页。
④ 民国《甘肃通志稿·建置志一·县市》，《稀见方志》第 27 卷，第 252 页。
⑤ 民国《甘肃省志》，《稀见方志》第 33 卷，第 55 页。
⑥ 民国《甘肃通志稿·建置志一·县市》，《稀见方志》第 27 卷，第 249 页。

嘉靖二十一年（1542）再增筑。城周 4.3 里，高 2.5 丈，顶阔 8 尺，池深、阔均 1 丈。隆庆六年（1572），增敌台 9。有东西南北门各一，建楼其上，东阳和，西挹爽，南阜财，北迎恩。康熙五十年（1711）修葺，乾隆三十一年（1766）复修。同治年间回民起事，为防御，建垛房，周围有雉堞 1197，每 60 垛建一大房，其间夹修小房 80 间，各相距数十步。至民国时期，雉堞倾圮，沟壕填塞。1914 年，重修城楼，颓者补之，填者凿之，于城墙之上增修小屋数十间，设兵防守，城焕然一新。①

洮州厅（临潭）城　初为晋城，吐谷浑所筑。明代以前，其周三面临藏区，松潘连界，接蒙古牧地界一墙之外，直通青海黄河。所谓"西控诸番，东屏两郡，南俯松叠，北蔽河湟，西南之要害也"②。故行政建制"废置无常"。洪武二年（1369），曹国公李景隆在吐谷浑筑的旧洮堡址筑城，周 2 里，高 2 丈，长 580 丈，底宽 2 丈，收顶 1.3 丈。城设南西二门，南曰镇夷，西曰得胜。③ 洪武十二年，"以其地为塞，寻更为堡"而改建。城周 9 里，计长 1450.2 丈，底宽 2.4 丈，收顶 2 丈。高 3 丈，池深 1.5 丈。城门四，各建有楼。各门方位与名称：东武定，西怀远，南镇南（迎薰），北仁和。城的西北角④还建有水西门 1 座，东西南各有瓮城，每处建碉楼 3 座，共碉楼 9 座。⑤ 城形"北圆而南方，北半建于山巅，碉楼相属，望之如长城"⑥。

新城的修筑，更彰显洮州位置的重要，以致成为"洵洮州之门户，华裔之枢纽也"。成化五年（1469）、弘治十一年（1498），指挥李隆重修、副使张泰先后重修。万历十年（1582），因山水冲北城，副总兵李

---

① 民国《甘肃省志》，《稀见方志》第 33 卷，第 57 页。
② 光绪《洮州厅志》卷 2《形胜》，《稀见方志》第 49 卷，第 293 页。
③ 《洮州厅志》中《筑洮城工竣碑记》的按语载，"洮州古城有废弃而为荒野者，有开垦而为田亩者，故址尚存，然皆非今治也。今治成于有明，故溯城地者，断自明始"。参见光绪《洮州厅志》卷 3《建置·城池》，《稀见方志》第 49 卷，第 325 页。
④ 王树民：《陇游日记》，《甘肃文史资料选辑》第 28 期，第 172 页。
⑤ 光绪《洮州厅志》卷 3《建置·城池》，《稀见方志》第 49 卷，第 324 页。
⑥ 王树民：《陇游日记》，《甘肃文史资料选辑》第 28 期，第 172 页。

芳截筑西北，顺川循山。十二年，又筑新墙 2 道，长 180 丈。①

入清后，因革沿袭，建置变化较大。② 乾隆五十三年（1788），因洮州厅城垣年久坍塌，题准"亟须修筑"。又城西之龙王泉，每逢涨发，逼浸城下，将"城根外刨槽"。遂添筑石泊岸一道，"俾资巩固"③。道光二十八年（1848），洮州同知明福重修。咸丰三年（1853），同知张作霖重修水西门，建瓮城 4 座，城仍"屹然为巨镇"④。至同治年间，因遭兵燹，"城池堡寨，尽成灰烬"。光绪时，洮州城凋敝，人口减少，"悠有孑遗者"，亦为"番人保护之功居多"。城已全无昔日"巨镇"的威风。⑤ 1929 年，城内设施被战火，焚毁殆尽。⑥ 步入 20 世纪 30 年代，城已是"残壁颓垣，触目荒凉之态。入于城中，颇有大而无当之感"⑦。

岷州（岷县）城　旧城筑于西魏。洪武十一年（1378）修筑。城周 9.3 里，高 2.2 丈，池深 1.6 丈，门四，其方位与名为：东春煦，南政和，西安远，北宸宿。各建层楼，又置箭楼 1，角楼 5。弘治十一年（1498）重修。隆庆二年（1568），拓北隅，六年增修。万历九年（1581），增筑西营小城。同治年间，因战火城陷，多毁，后复修。⑧

平凉地区

平凉地区包括平凉府、庆阳府、秦州和泾州直隶州属，有华亭、静宁、庄浪、崇信、镇原、灵台、环县、合水、宁州（宁县）、正宁、秦安、清水等城。

华亭县城　金代大定中建。城周 5 里 180 步，高 2 丈，池深 1.5

---

① 光绪《洮州厅志》卷 3《建置·城池》，《稀见方志》第 49 卷，第 325 页。
② 康熙年间，属陕西西宁。雍正二年，改属巩昌府，八年，改为都司，属于陕西河州镇。乾隆十三年，裁卫所，并将旧驻西古城同知改为抚番同知，也移驻于旧洮州堡。旧洮州堡在洮州城西 60 里，原洮州卫旧地，洪武十二年，改筑新城。参见光绪《洮州厅志》卷 2《沿革》，《稀见方志》第 49 卷，第 293 页。
③ 光绪《钦定大清会典事例》卷 868《工部七·城垣二·直省城垣修葺移建二》，第 75 页。
④ 民国《甘肃通志稿·建置志一·县市》，《稀见方志》第 27 卷，第 248 页。
⑤ 光绪《洮州厅志》卷 2《舆地》，《稀见方志》，第 49 卷，第 291 页。
⑥ 民国《甘肃通志稿·建置志一·县市》，《稀见方志》第 27 卷，第 248 页。
⑦ 王树民：《陇游日记》，见《甘肃文史资料选辑》第 28 期，第 160 页。
⑧ 民国《甘肃通志稿·建置志一·县市》，《稀见方志》第 27 卷，第 248—249 页。

丈，东西南三门。顺治初，截旧城北阜，筑新城。十二年（1655），复增修雉堞，旧城如故。康熙五十五年（1716）补修，① 乾隆十二年（1747）复增修之。同治六年（1867）战火中损毁严重，九年补修。宣统三年（1911）修葺。1920年，地震后重修。② 城在明代时为东西长，南北宽的长方形。康熙年间在原城西北加以拓修，增建新城，使原城形态改变为不规则状。

静宁州城 1913年改称静宁县。初为宋城。洪武初，"减外城为内城"，景泰元年（1450），开西南关二门。③ 天顺初，增筑外垣及东西逻城，周7里86步。④ 成化四年（1468），重修东南北城郭，周9里，⑤ 东西二门达内城。又建楼于东西两门之上，各5楹。十一年，筑外东关。嘉靖十四年（1535），重修，十九年，始开南门，修城楼，建四隅楼。万历四年（1576）增修城池，又扩西关。二十三年增修北城楼。经过如上的相继增筑，城呈东西向的长方形，东西南三面有关城。

入清后，也有整修。顺治年间地震，城池倾圮，多次修补。但终未达到明时的规模。顺治十年（1653），知州刘瑞重筑，周5.1里，高3.4丈，池深1.8丈。十七年，知州李圣民补筑。内城东西南门三，东曰迎春，西曰钱晖，南曰向离，各覆以楼。无北门。又便门九。⑥ 西南关门各曰戢宁、保障。康熙五十七年（1718）地震，雉堞尽颓。雍正二年（1724），知州李正发重修西门楼。乾隆七年（1742），补葺东门楼。二十五年，添筑北城楼。⑦ 同治、光绪间先后补修。1920年地震，城堞多圮。两年后，以工代赈补修。⑧ 后东、西

---

① 乾隆《甘肃通志》卷7《城池》，《边疆丛书》第2辑第26卷（2），第894页。又有"康熙末，筑城内西北新城"之说，见民国《甘肃通志稿·建置志一·县市》，《稀见方志》第27卷，第256页。

② 民国《甘肃通志稿·建置志一·县市》，《稀见方志》第27卷，第256页。

③ 乾隆《静宁州志》卷2《建置志·城池》，《集成·甘肃府县志辑》第17册，第57—58页。

④ 乾隆《甘肃通志》卷7《城池》，《边疆丛书》第2辑第26卷（2），第898页。

⑤ 乾隆《静宁州志》卷2《建置志·城池》，《集成·甘肃府县志辑》第17册，第58页。

⑥ 乾隆《甘肃通志》卷7《城池》，《边疆丛书》第2辑第26卷（2），第898页。

⑦ 乾隆《静宁州志》卷2《建置志·城池》《集成·甘肃府县志辑》第17册，第58页。

⑧ 民国《甘肃通志稿·建置志一·县市》，《稀见方志》第27卷，第256页。

关的城墙几半坍塌。①

庄浪城　史载最早的庄浪城尽管只有"斗大"，被称为斗城，但是"坚壁捍御，易于固守"。由于城治"北高南下，山行水穿"，于是堵南门，开东门。历任州县官都不同程度或修葺，或增筑城垣。元至正二十七年（1367），守御周金事修葺城垣，城周1里170步，高2.5丈，池深1.5丈，皆土城。原本有南北东门，后东门塞。成化五年（1469），知县冯宪增筑。嘉靖十三年（1534），知县张瑜始建南门城楼。崇祯二年（1629），知县张圣化重修。康熙五年（1666），南城倾圮20余丈，北城湮。知县王钟鸣补修。六十一年，知县胡赓昌重修。

修后的城，周约3里，开南北二门，南镇远，北拱极。城为南北向的畸形正方形，其城墙的东南角向外凸出，南北有瓮城。至乾隆三十三年（1768）时，城垣经风雨剥蚀，"率多崩颓，景象残破"。"高址二丈四五尺至三丈二三尺不等，顶宽至八九尺至一丈四五尺不等"，原有的角台、敌台11座，坍塌过半。"南雍城久圮无存，正城与北正瓮城虽存，而银台窄狭，券洞矮小"，两正城楼各有平房3间、垛宇等墙及簸箕马道，一切倒塌之处，"捍卫无资"②。

于是，知县邵陆奏领帑金，次第兴修。"卑者使高，隘者使广"，用银13398两，增筑外城新帮19段，共315丈，内城新邦15段，共100余丈。城高3丈至三丈四五尺，广1.8丈至二丈三四尺，南北正城深广俱增至4丈，两瓮城亦俱增添至2.8丈。考虑到旧城治地北高南低，"山行水窜，无回顾之势"，遂在南瓮城开辟旧基，改门向东，名"生气"。正城新建高楼3间，改南门曰朝阳，北门曰迎思，两瓮城仍沿用旧名，亦各新盖楼1座，银台砌石5层，砖皆新造，厚3寸，宽6寸，长倍之。另南城设明水沟1道，内外城与马道悉加以清理增扩。如将水簸箕增至18道，加广马道2座，一切垛墙、女墙均予以修葺。工程自三十三年二月二十一日至九月二十四日，历时九个月。旧城始改观。③

---

① 民国《甘肃省志》，《稀见方志》第33卷，第68页。
② 以上均见乾隆《庄浪县志》卷5《城池》，《方志丛书·华北地方》第335号，第87—88、85—86、89页。
③ 同上书，第89—91页。

崇信县城 唐城。周 2 里 198 步，高 2.5 丈，池深 1.5 丈。东西门二，东为宾赐，也称宝胜，西为来爽。门上各建楼二楹。明末战火，"公署民居，悉付一炬"。后裁锦屏山麓展筑，故城南无垣，倚山为壁。是为后世称南城为"堡子顶"的缘故。城似圆形的不规则状，东门外有瓮城，南有关城。

顺治六年（1649），建敌楼，浚池壕。① 同治元年（1862），回民起事，炮火攻城，北城陷落 5 丈余，事后补修。光绪三年（1877），重修北城角炮台。二十一年，河湟事变，加强防御，增置西北炮台 1，东炮台 2，补葺城门。② 1916 年，重修东西城楼各三楹，为庭舍式样，规制远不如旧，然工坚料实，较为壮观。1920 年地震，女墙大多塌陷。后拨款重修，补葺女墙 674，炮台 8。至 1928 年时，城上有炮台 7 座。城东面有池，深 7 尺，宽丈许。③

镇原县城 元至正二十年（1360）筑。周 1 里 270 步，纵横各 600 步，纵壕 1 分，城深及仞。城似梯形。④ 成化末，重修，嘉靖二十二年（1543），增修。康熙初，截筑新城一道，新开南门，并旧小东、西门，共三门。⑤ 乾隆二十二年（1757），重修东、南二门。道光二十七年（1847），城墙得以粘补。同治年间，补修全城，十一年（1872），补修雉堞。光绪二年（1876），移河固城，四年补修北城，十一年补修南城。二十三年，又补修北城。三十年，修西、南城，并移河固城。⑥

灵台县城 城濒达溪水（黑水）之北岸，依中台山麓，城周三面环山，位于一个三角形的盆地中。城西北的达溪川水，夏季遇暴雨，容易暴涨，泛滥淤沙，城关被水崩塌 3 次。因无地修城，故将城建筑于中

---

① 民国《重修崇信县志》卷 2《建置志·城池》，《方志丛书·华北地方》第 336 号，第 80 页。
② 民国《甘肃通志稿·建置志一·县市》，《稀见方志》第 27 卷，第 259 页。
③ 民国《重修崇信县志》卷 2《建置志·城池》，《方志丛书·华北地方》第 336 号，第 81 页。
④ 嘉靖《平凉府志》卷 10《镇原县城图》。
⑤ 乾隆《甘肃通志》卷 7《城池》，《边疆丛书》第 2 辑第 26 卷（2），第 956 页。
⑥ 民国《甘肃通志稿·建置志一·县市》，《稀见方志》第 27 卷，第 260 页。

台山麓之上。① 城初筑于隋大业初，土城。周2里265步，高1.5丈，阔深各8尺。元至正末，加以修筑。嘉靖、万历间，俱重修东北二门。万历三十三年（1605），水毁南城，后修筑。继又屡遭水患坍塌，崇祯七年（1634），"依昔山城之半，筑堡其上"②。南北240丈，东西180丈，高2丈许，北狭南广，形似箕。③ 或曰特殊的三角形城，确切说是由两部分组成，南部为东西向长方形和北部的三角形结合的几何形城垣，东南有郭。④ 详见图3-4，灵台县城图示。

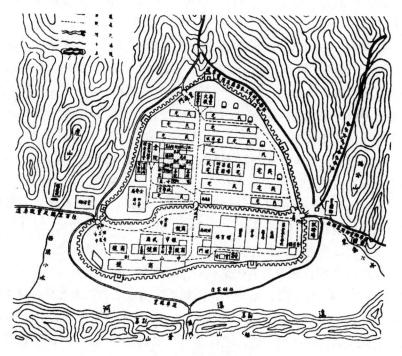

图3-4　灵台县城图示

资料来源：民国《灵台县志·卷首城图》。

---

① 民国《甘肃省志》，《稀见方志》第33卷，第74—75页。

② 乾隆《甘肃通志》卷7《城池》，《边疆丛书》第2辑第26卷（2），第897页。

③ 民国《甘肃省志》，《稀见方志》第33卷，第74—75页。

④ 民国《重修灵台县志》卷1《方舆图·灵台县城图》，《方志丛书·华北地方》第556号，第43页。

顺治十年（1653），修葺灵台城，疏浚城壕。① 乾隆三十年（1768）重修，连山城计周 2 里 4 分，内城长 83 丈，顶宽 1.5 丈，基宽 3.6 丈，高 2.6 丈，下有台基捍卫。东西北角楼 3，雉堞 667，女墙长 400 丈，水洞 2 座。同治初年，战火城陷，角楼尽毁。十三年（1874），水淹东西城基 50 余丈，冲坏水沟 8，南门口亦倾，遂补修。早年城的北、东、南三门中，只开东、南二门，北门不知自何年封闭，东门在回民起事中，因不利于守城防御也关闭。民国时期，唯开南门，谓之正城门。正城门外，曰南关，东西长 1 里许，南北宽 50 丈。②南关因被水浸，市街存在无多。③

环县城 不知所始，元重修。周 5 里 350 步，高 5.5 丈，池深 2 丈，门 3，南崇义，西安定，北朝天。嘉靖以后，屡经修葺。明末战乱被毁。顺治五年（1648）重修。④ 乾隆八年（1743）、二十五年俱以工代赈，补修城垣，建门楼 3，内女墙 899 丈，外女墙 1170 丈，城高 3 丈至 3.8 丈，基厚 3 丈，顶宽 1.5 丈。⑤

合水县城 始筑于唐初，宋熙宁中再建。北垣倚山，高 5 丈，东、西、南皆在平陆。城周 3 里 180 步，高 3 丈。池深 1.5 丈，阔 3.3 丈。门二，东曰绥定，西曰庆宁。顺治十五年（1658），知府杨藻凤、知县刘澄源主持重修。⑥ 雍正间，增修城楼。光绪五年（1879），以城多倾圮而筑之。城之形式，上尖下圆，类似葫芦，故俗曰葫芦城。⑦

宁州（宁县）城 为五代梁城。东倚山南，西北阻河为池。城周 3 里 40 步，高 4 丈。门 3，东宝阳，南朝天，西保宁。西南关城，周 2 里余。成化初，重修东北关城。嘉靖间，大水坏城。万历初，易土垛以砖，更筑关厢四面高城一道，增设北门。顺治三年（1646），于郭城内

---

① 乾隆《甘肃通志》卷 7《城池》，《边疆丛书》第 2 辑第 26 卷（2），第 897—898 页。
② 民国《甘肃通志稿·建置志一·县市》，《稀见方志》第 27 卷，第 260 页。
③ 民国《甘肃省志》，《稀见方志》第 33 卷，第 74—75 页。
④ 乾隆《甘肃通志》卷 7《城池》，《边疆丛书》第 2 辑第 26 卷（2），第 902 页。
⑤ 民国《甘肃通志稿·建置志一·县市》，《稀见方志》第 27 卷，第 259 页。
⑥ 乾隆《甘肃通志》卷 7《城池》，《边疆丛书》第 2 辑第 26 卷（2），第 901—902 页。
⑦ 民国《甘肃通志稿·建置志一·县市》，《稀见方志》第 27 卷，第 259 页。

筑堡，五年，重修。①

　　正宁县城　为元代土筑，后不断修葺维护。城周 2 里 26 步，高 4 丈，池深 1.5 丈。门二，东朝阳，西永春。明末开南门，曰安庆。崇祯十三年（1640）增修。②因城位于罗水之阳，东南西三面被水环绕，③ 易遭水浸。乾隆二十四年（1759），于城南山坡下岸与北岸筑堤，东西长120 丈，宽 2 丈，以护城身。三十三年重修。④

　　秦安城　金代皇统年间建。明代景泰以来，相继重修。嘉靖二十一年（1542），在原城垣基础上增拓，东北展 1/3，增高 1/5。城周 3 里 90 步，高 3.5 丈，池广 3.3 丈，深 2.5 丈。门二，南濒渭，北凭陇。城周卫以月城，上建有楼，南曰龙翔，北曰斗拱。康熙二十一年（1682）补葺。⑤ 五十七年地震，毁楼亭垔墙。乾隆三十三年（1768）重修。高 2.4 丈，顶厚 1.4 丈，址厚 2.4 丈，无月城。道光十六年（1836），重修土垣砖堞，门二，北迎悬，南解愠。同治元年（1862），增筑南北郭城，垣厚仅次于内城，宽广倍之。南郭门五，正南有二门，为义里、故里，东南为金汤，再东为祥和，东北称长治。北郭门三，正北称拱极，西称镇西，东南称函紫。原西郭门改称永清。⑥

　　清水城　为古秦亭旧地，宋太平兴国二年（977），于旧城南 2 里筑城。洪武四年（1371），于宋旧址重筑。城周 4 里 208 步，高厚皆 2 丈。门二，东安居，西乐业。弘治间增筑东西二郭。万历六年（1578）增修，高厚皆 3 丈，池深 1 丈。康熙二十四年（1685）重修。⑦ 五十二年及乾隆五十六年（1791）均先后重修。建有谯楼、角楼。⑧

---

　　① 乾隆《甘肃通志》卷 7《城池》，《边疆丛书》第 2 辑第 26 卷（2），第 901—902 页；民国《甘肃通志稿·建置志一·县市》，《稀见方志》第 27 卷，第 258 页。
　　② 乾隆《甘肃通志》卷 7《城池》，《边疆丛书》第 2 辑第 26 卷（2），第 903—904 页。
　　③ 民国《甘肃省志》，《稀见方志》第 33 卷，第 72—73 页。
　　④ 民国《甘肃通志稿·建置志一·县市》，《稀见方志》第 27 卷，第 258 页。
　　⑤ 乾隆《甘肃通志》卷 7《城池》，《边疆丛书》第 2 辑第 26 卷（2），第 903 页。
　　⑥ 民国《甘肃通志稿·建置志一·县市》，《稀见方志》第 27 卷，第 258 页。
　　⑦ 乾隆《甘肃通志》卷 7《城池》，《边疆丛书》第 2 辑第 26 卷（2），第 920 页。
　　⑧ 民国《甘肃通志稿·建置志一·县市》，《稀见方志》第 27 卷，第 250 页。

西宁中心

以河湟地区西宁为中心的城镇主要有碾伯(乐都)、大通、丹噶尔(湟源)、巴燕戎格(化隆)、贵德和循化。民国新设的共和、同仁等县城,均是在镇的基础上确立起来的,大多无城垣街市。如共和县治设于"上郭密之曲沟大庄,向系乡村,并无城垣街市"。其县府暂设于千户住宅,院小屋少,"颇有挤碍之患"。设县后,将全县划分为6区7乡28村。居住多系帐房,少土房。①

碾伯(乐都)城 在有城垣的城镇中,碾伯因位于兰州与西宁的中间地带,城在湟水之南,为历代通河湟的要地,地理位置重要。城建于晋,即南凉乐都城,宋称邈川城。明万历二十二年(1594)重修,补加砖堞,增建敌楼。城周3里318步,东西长150丈,南北宽112丈。城高4丈,厚3.5丈,门三。池深2.5丈,宽2.4丈。城楼三,东望恩,南会景,北靖边。有月城二。康熙十七年(1678),河水冲决南门。东关外城,广1里,延2里,门3。② 东关外城门二,南太和,东咸熙。乾隆十一年(1746),西宁道杨应琚以南城被湟水浸,拟移城基北进15丈,另建新城112丈。后知县韩芳移筑南城,并补修东西北城垣,共周2里9分4步,于城南临河续装石笼一道,三十二年竣工。③ 光绪元年(1875),修葺东关城,靠河添筑台一座。④ 民国时期,几遭冲圮,东南谯楼几乎全毁。⑤

大通县城 位居西宁城之北,北大通之南。治大通城向阳堡。⑥ "大寒作靠,金峨为屏,西倚黑林,东锁硖口,三川若带,百雉如环。原陉膏腴,水泉润泽,边陲邑治,称巩固焉"。城始筑于雍正二年

---

① 王昱、李庆涛编:《青海风土概况调查集》,第182页。

② 据以下志书整理,康熙《碾伯所志·所城》,《稀见方志》第57卷,第12页,及乾隆《甘肃通志》卷7《城池》,《边疆丛书》第2辑第26卷(2),第917—918页。

③ 民国《甘肃通志稿·建置志一·县市》,《稀见方志》第27卷,第265页。

④ 光绪《钦定大清会典事例》卷868《工部七·城垣二·城垣禁令》,第78页。

⑤ 周振鹤编:民国《青海》,《亚洲民族考古丛刊》第5辑,(台北)南天书局发行影印本1987年版,第78页。

⑥ 户科题本,吏部尚书协理户部事务讷亲、户部尚书海望,题为会议甘肃省西宁府属大通卫移驻白塔城动项添建仓廒事,乾隆九年二月十四日,档号02-01-04-13763-001;又说百姓堡;见乾隆《西宁府新志》卷9《建置·堡寨》,第318页。

（1724），设参将驻扎。后"因番民归附内地甚众，奉旨设官以安集"。乾隆八年（1743），大通卫治迁白塔城。二十六年改县。城周 558 丈，高 2 丈，基厚 1.8 丈，顶厚 1.2 丈，壕宽 3 丈，深 5 尺。女墙 500 垛。东西二门，城楼 2，角楼 4，腰楼如之，炮台 8。①

丹噶尔（湟源）城　雍正五年（1727）三月，始筑城垣。城周770 丈，② 高 2.2 丈，根厚 2.4 丈，顶厚 1.3 丈。设东西二门，上建城楼，东曰迎春门，西曰拱海门。③ 腰楼 2，角楼 4，月城楼 2，炮台8。壕宽 3 丈，深 5 尺。设参将 1 员驻防，千把总各 3 员。乾隆九年（1744）增设主簿一员。④ 同治元年（1862）战火中，其四面城楼、角楼、月城楼均倒塌无存，东城墙倒塌 3 丈余，西城墙倒塌 10 丈余，北城墙倒塌 30 余丈，垛口、马道、女墙亦全行倒塌，城门扇框、砖砌，俱脱落损缺。二年，厅同知富亮督城内绅民，捐资修补城垣。⑤新添逻铺 90 余间，北城两角添二层敌楼 2，炮台 8。同治十一年，总统刘锦堂、西宁府知府邓承伟，将丹噶尔回民尽安插于西纳川一带。至光绪二十一年（1895），回民又起事，逻铺毁尽，炮台、女墙间有倒塌。复经绅民捐资，起逻铺，补炮台，修女墙。⑥ 1929 年又重修一次。

巴燕戎格（化隆）城　又称巴燕，乾隆四年（1739）筑土城。周2.4 里，长 384 丈，高 2.5 丈，根宽 2.5 丈，顶宽 1.5 丈，女墙以砖。设东西二门，⑦ 城楼 2，敌楼 2，角楼 2，望楼 1，南城根有阳沟一道。同治年间兵燹坍塌。光绪八年（1882），防军提督李良穆请款并捐廉重修，悉如旧制。⑧

---

①　民国《大通县志》第 2 部《建置志·沿革》，《稀见方志》第 55 卷，第 685—686 页。
②　有 774 丈之说，见王昱、李庆涛编《青海风土概况调查集》，第 152—153 页。
③　王昱、李庆涛编：《青海风土概况调查集》，第 152—153 页。
④　乾隆《西宁府新志》卷 9《建置·城池》，第 263 页；嘉庆重修大清一统志卷269《西宁府二·关隘》，四库本，第 618 册，第 495 页；又壕宽 2 丈，深 5 尺，参见光绪《丹噶尔厅志》卷 3《地理》，《稀见方志》第 55 卷，第 810 页。
⑤　王昱、李庆涛编：《青海风土概况调查集》，第 152—153 页。
⑥　光绪《丹噶尔厅志》卷 3《地理》，《稀见方志》第 55 卷，第 810 页。
⑦　乾隆《西宁府新志》卷 9《建置·城池》，第 268—269 页。
⑧　民国《甘肃通志稿·建置志一·县市》，《稀见方志》第 27 卷，第 266 页。

贵德城　在西宁府南 220 里，初建于元至元年间，置贵德州，后废。洪武七年（1374），委河州左卫指挥筑修土城，十三年工竣。设千户所。万历十八年（1590）增修。清初因之。乾隆二十六年（1761）改厅。城周 3.8 里，长 638.5 丈，高 3.5 丈，根宽 2.8 丈，顶宽 1.2 丈。设南北二门，城楼一，上置有守铺 32 间，城周壕深 1.5 丈，阔 3.2 丈。① 女墙 5 尺，垛口 320 处。南城门曰文启。至民国时期，南门及城倾塌，多年关闭不开。1919 年，修筑维新。北门亦年久破坏，防守不便。1929 年，加以修葺，题额平安门。民国时期方志记有东、西、南三关。②

循化城　始建于雍正七年（1729），是年闰七月，在河州出老鸦关 160 里的草滩坝择地筑城。初为循化营，设游击 1 员，后改为参将。"本城营房 1 所，大房 84 间，小房 20 间"，共计 104 间。③ 城周 680 丈，东西各长 120 丈，南北各长 220 丈，高 2.2 丈，根厚 2 丈，收顶 1.75 丈。④ 修筑城垣衙署兵房庙宇等项银 44866 两。⑤ 乾隆二十七年（1762），改厅治。道光间，两次遭地震城圮。同治三年（1864），撒拉等回民起事，城被攻陷受损，事后，由防营负责修葺。光绪七年（1879），重修东城内外门及女墙。⑥

光绪六年时，地方官对循化城垣有一个描述，其中城的轮廓尺寸与新建时完全一致，所不同的是对城体的结构记录较为详细，即有垛墙 888 堵，各长 5 尺，根深 2.5 尺，顶厚 1 尺，垛口 824 个。城顶裹面，周围水道共 36 个。东西门土马道 1，斜长 8.5 丈，宽 1.5 丈。东西城头土房 2 座，各 3 间。东西瓮城各面宽 11 丈，顶宽同身。东西城门洞俱系砖券，进深各 7 丈，高各 2.5 丈，宽各 2 丈，木门两扇，高各 1.3

---

① 乾隆《西宁府新志》卷 9《建置·城池》，第 271—272 页。

② 均见民国《贵德县志》卷 2《地理志·公署》，《稀见方志》第 57 卷，第 151、154 页。

③ 循化厅奏为移交任内经管过本城营房间数交代册事，光绪二十七年五月二十四日，档案馆代号 463001，全宗号 07，案卷号 4286。

④ 循化厅为移交任内经手过循化城垣交代册事，光绪二十七年五月二十四日，档案馆代号 463001，全宗号 07，案卷号 4286。

⑤《循化志》卷 2《城池》，第 85—87 页。

⑥ 民国《甘肃通志稿·建置志一·县市》，《稀见方志》第 27 卷，第 265 页。

丈，宽各 7.6 尺，厚各 8 寸，俱系铁箍三道。东西瓮城门洞亦俱系砖券，进深各 2.2 丈，高各 1.7 丈，宽各 1.5 丈，木门两扇，高各 1.2 丈，宽各 6.5 尺，厚各 6 寸，俱系铁箍三道。除此而外，也记有城垣"倒□愈甚，工程浩大，不能随时补修"的字样。① 光绪二十七年，又重新修葺。②

宁夏中心

主要城包括宁夏北部中卫、宁灵厅（金积）、灵州（灵武）、平罗、宝丰、新渠、花马池分州、盐池和南部的隆德、化平川（泾源）、盐茶厅（海原、海城）、平远（镇戎、豫旺、同心）。

中卫城　为元应理州旧治。黄河自城南 5 里东流，斜贯于中部，为东西长南北窄的长方形。③ 因旧址狭隘，正统二年（1427），都指挥仇廉拓之，周 5.8 里。天顺四年（1460），参将朱荣奏增修，城增为 7.3 里，高 3.5 丈，池阔 7.8 丈，深 1.5 丈。仍门二，东振威，西镇远。嘉靖三年（1524），参将周尚文始开南门，为永安门，门皆有楼。④ 万历初年，建东关城，周 248 丈。万历十一年（1583），甃以砖石。⑤

康熙四十八年（1709）地震，崩塌十之七八，楼垣尽倾，又重建东西二门。⑥ 乾隆三年（1738）地震，损毁更为严重。重建时仍延用了明故城旧址，"东西长，南北促，若舟形"。城周 5.7 里，高 2.4 尺，女墙 5.9 尺，浚壕环城 6.3 里。城门三，无北门。上建楼，外护月城，角楼 3 座，敌楼 8 座，门台 6 座，炮台 14 座。⑦ 道光元年（1821），陕

---

① 循化厅为循化城垣交代，光绪六年九月初三日，档案馆代号 463001，全宗号 07，案卷号 856；又循化厅为移交任内经手过循化城垣交代册事，光绪二十七年五月二十四日，档案馆代号 463001，全宗号 07，案卷号 4286。档案模糊处据两条互补。

② 灵州正堂程□□，为送修循化城工土门桥工用过各项经费并现存银两细数清册事致循化抚番府葉，光绪二十七年五月二十四日，档案馆代号 463001，全宗号 07，案卷号 4286。

③ 民国《甘肃省志》，《稀见方志》第 33 卷，第 82—83 页。

④ 嘉靖《宁夏新志》，宁夏人民出版社校勘本，1982 年版，第 218 页；乾隆《甘肃通志》卷 7《城池》，《边疆丛书》第 2 辑第 26 卷（2），第 913 页。

⑤ 乾隆《中卫县志》卷 2《建置考·城池》，《集成·宁夏府县志辑》第 5 册，第 96 页。

⑥ 乾隆《甘肃通志》卷 7《城池》，《边疆丛书》第 2 辑第 26 卷（2），第 914 页。

⑦ 乾隆《中卫县志》卷 2《建置考·城池》，《集成·宁夏府县志辑》第 5 册，第 96 页。

甘总督长龄以中卫"系蒙番交界之区",关系紧要,而城垣自乾隆四年(1739)重修后,八十余载未经修葺,以至于"城身裹外鼓裂坍塌,砖石沙碱楼木朽腐,门窗瓦片碎损",奏请修理。且估需工料银62526两。① 此后,历朝均有修葺。从民国时期记载来看,城垣结构大体如旧,"城墙东西长,南北短,周长5.7华里"。"有东、西、南三个城门。东关一带是商人聚居区,城外另建一高18尺,周长1华里的外郭"。②

宁灵厅(金积)城 旧金积堡址。③ 同治初年,回民起事,以此为据点。九年(1870),就遗址筑土城,周1130丈,高2.28丈,女墙高5尺,垛口1211道,东西址宽1.5丈,顶宽7尺,南北址宽1丈,顶宽三四尺。东西二门。光绪九年(1883),总督谭钟麟奏请建新城,款绌未果。二十六年,绅商捐修东西瓮城、月城,环城壕沟一道,宽2.5丈,深5尺,引水畅流,东西城外,各建官桥一。④

灵州(灵武)城 旧在黄河南,明洪武十七年(1384),城为河水所啮,移筑河北7里之地。宣德二年(1427),又为河水所冲,再移筑于东北5里。景泰三年(1452)展筑,并南郭,周7.8里,高3丈,池深1丈。万历五年(1577),巡抚罗凤翔,甃以砖石。门四,东澄清,南宏化,西临河,北定朔,上各有楼。⑤ 外有月城。角楼、敌楼、门台、炮台均各4座。环城河一道,深1丈,宽3丈。乾隆三年(1738),地震损塌,五年,重修。⑥ 费帑银67100余两。⑦ 民国初,补修。⑧ 开南北两门。⑨

---

① 朱批奏折,陕甘总督长龄,奏为兰州城垣及华林山营堡并中卫县城均关紧要请旨动项兴修事,道光元年十月十六日,档号:04-01-20-0009-004。
② [日]马场锹太郎编著:《新修支那省别全志·宁夏史料辑译》,第57页;又外郭,正方形,周200丈,高1.8丈,见民国《甘肃省志》,《稀见方志》第33卷,第83页。
③ 民国《朔方道志》卷4《城池》,《集成·宁夏府县志辑》第2册,第211页。
④ 民国《甘肃通志稿·建置志·县市》,《稀见方志》第27卷,第263页。
⑤ 乾隆《甘肃通志》卷7《城池》,《边疆丛书》第2辑第26卷(2),第913页。
⑥ 乾隆《宁夏府志》卷5《建置·城池》,《稀见方志》第50卷,第254页;嘉庆《灵州志迹》卷4《城池》,《稀见方志》第52卷,第311页。
⑦ 民国《朔方道志》卷4《城池》,《集成·宁夏府县志辑》第2册,第208页。
⑧ 民国《甘肃通志稿·建置志一·县市》,《稀见方志》第27卷,第262页。
⑨ 民国《甘肃省志》,《稀见方志》第33卷,第84页。

　　平罗县城　明永乐初建。万历三年（1575），巡抚罗凤翔甃以砖石。乾隆三年（1738）地震城圮，次年，发帑重修。城周 4.3 里，高 2.4 丈，址厚 2.4 丈，顶厚 1.5 丈。门二，南曰永安，北曰镇远。门楼 2 座，马道 2 座，角楼 4 座，敌楼 8 座，东西南北各堆房 2 座，城河 1 道，宽 5 丈，深 8 尺。① 至六年时，平罗县城重修工程基本完毕。②

　　宝丰县城　治地在省嵬城西近察罕托和府北河滩。距平罗 50 里。雍正三年（1725），设县制，筑城。城周 4 里 3 分，高 2.6 丈，池深 3 丈，阔 7 尺，门二，南广福，北贡宝。鼓楼 1 座，开四门，分别为：东曰捧日，西曰揽霞，南曰观澜，北曰笼翠。乾隆三年（1738）地震废。十二年改设县丞，司渠务，城存遗址。

　　新渠县城　其地近察罕托和，位距平罗县城 30 里的田州塔，即通福堡。雍正三年（1725）筑。城周 4 里 1 分，高 2.6 丈，池深 6 尺，阔 7 尺，开南北二门，南曰锡福，北曰纳秀。鼓楼 1 座，有四门，东曰就日，西曰瞻云，南曰呈祥，北曰览胜。乾隆三年（1738），地震城圮，裁县，城存遗址。③

　　花马池分州（盐池）城　1914 年划属盐池县，1936 年迁惠安堡，属灵州地。④ 城为明后卫所旧城，筑于正统八年（1443），在塞外花马盐池北。天顺间，改筑城关以南之地。城门二，东永宁，北威胜。万历三年（1575），开南门，曰广惠，亦有称"广恩"。八年，巡抚萧大亨甃以砖石。乾隆六年（1741）、八年，重修，周围 7.3 里，址厚 2.5 丈，顶厚 1.5 丈，门楼 3，角楼 4，池深 1 丈，宽 2 丈。⑤

　　隆德城　为宋城，明多次修建，相继改筑。洪武二年（1369）时，

---

　　① 凤翔府盐捕厅耿觐业、知平罗县何世宪监修。

　　② 朱批奏折，川陕总督，庆复，奏为兵部员外郎推升户部郎中梁弘勋监修宁夏城工告竣给咨回部引见事，乾隆八年十月二十六日，档号：04‑01‑37‑0007‑016。

　　③ 乾隆《宁夏府志》卷 5《建置·城池》，《稀见方志》第 50 卷，第 254 页；民国《朔方道志》卷 4《城池》，《集成·宁夏府县志辑》第 2 册，第 207 页。

　　④ 民国《朔方道志》卷 4《城池》，《集成·宁夏府县志辑》第 2 册，第 213 页。

　　⑤ 光绪《花马池志》卷 1《城池堡寨》，《稀见方志》第 52 卷，第 155 页；乾隆《宁夏府志》卷 5《建置·城池》，《稀见方志》第 50 卷，第 254 页；民国《甘肃通志稿·建置志·县市》，《稀见方志》第 27 卷，第 263 页。

城周9里3分，高3丈，池深2.5丈。三年复修。成化十九年（1843），削南墙3里3分。崇祯八年（1635），再削西北城3里许。经两次改筑后，隆德城垣缩为3里多。① 如此，城周3里许，高3.6丈，基宽3.6丈，上宽1.8丈。门四，东拥翠，南挹青，西登丰，北迎恩。② 城是典型的东西长、南北短的规则长方形，墙角垂直，四面平直。西北各有一关城。③

顺治十六年（1659）前后，土城遭"霪雨倾圮"，七月，加以修葺，增筑城垣。两年后完工。此次加固东、南、北三门，且悬挂匾额。④ 东门偏近东北隅，题"六盘丛翠"，南门偏近西南隅，为"美高屏峙"。北门偏近西北隅，额"象凤环襟"⑤。同治四年（1865），战火城陷，光绪二十一年（1895）补葺，略补并修南城楼一。⑥ 民国时期，在东门之南近东南隅处开更关门。城西北60里为长城。⑦

盐茶厅（海城）城 原为盐茶厅治，治在海喇都城。旧为宋城。明洪武二十一年（1388），赐为楚藩牧场，设官驻兵，冬操夏牧。城周4.3里，高3.4丈，设有南东西三门。成化四年（1468），巡抚马文升重修，七年，兵备杨勉增筑。崇祯十六年（1643）战火城破，加之年久，城倾圮严重，几乎"十存五六，壕堑竟成平地"，尤其是城东街、东门地势低下，常被水冲刷。

乾隆十三年（1748），重筑堡为城，改筑南门，修理东西二门，疏筑水洞，又在西门外废地筑成西关，东门外买地数十亩，作为东关。次年，建署移居，成为市镇。⑧ 咸丰初，同知葛以简修葺东西南门及城中鼓楼。同治八年（1869），战火焚之。光绪十三年（1887）知县王秉章

① 康熙《隆德县志》卷1《沿革》，《方志丛书·华北地方》第334号，第46页。
② 民国《隆德县志》，《方志丛书·华北地方》第555号，第71页。
③ 康熙《隆德县志》卷首《城图》，《方志丛书·华北地方》第334号，第39页。
④ 康熙《隆德县志》卷1《沿革》，《方志丛书·华北地方》第334号，第46—47页。
⑤ 民国《甘肃省志》，《稀见方志》第33卷，第70页。
⑥ 民国《甘肃通志稿·建置志一·县市》，《稀见方志》第27卷，第257页。
⑦ 民国《甘肃省志》，《稀见方志》第33卷，第70页。
⑧ 乾隆《盐茶厅志备遗·城图》，《稀见方志》第54卷，第9、14—15页。

补修，三十三年，知县杨金庚补修西城垣、西南二门。①

　　平远（镇戎、豫旺、同心）城　县治初为长城关地，后为明固原州之下马关地。嘉靖五年（1526）筑，外砖内土。城周5.7里，高厚均3.5丈。"代远年湮，西城悉没于溪"。光绪二年（1876），平凉道魏光焘饬部将吴禧德等于城西面新筑土城一道，周围4.5里，炮台8，雉堞702，南北櫓楼具备。② 城垣形态为不规则形。1928年，宁夏建省，改镇戎名为豫旺。1937年，城署移至西面同心，改名同心县，无城墙。③ 参见图3－5，清末平远县城图示。

　　宁夏地区诸县城垣大部分沿袭明城，明代改筑或修建的主要是中卫、平罗、花马池、灵州、平远、隆德县及固原州城池，入清以后，尽管按照修葺制度，多次加以修缮、增筑，但都基本保留了城垣的建筑形态、规模，除非经地震、水冲等重大自然灾害，城垣或被毁，或重新建筑。既如乾隆三年（1739）宁夏北部发生8级特大地震，新渠、宝丰两县城被毁，当然，还包括府城、满城及诸县城，如中卫县经此次及之前康熙末年的地震，城垣损坏严重，兴修之城，较旧城周小2里多。

　　地震后，清廷十分重视城的重建和修建。截至乾隆八年（1743）十月，宁夏各城修筑工程基本完毕，合计"在工五载，监修城垣八处"④。其由兵部员外郎负责的7处工程中，有灵州城及临河、横城、横山、清水各营堡5处，分别于七年秋季完竣。而典武、花马二处，于八年八月底及九月初旬竣工。另为六年时完成的平罗城建筑工程。

　　所以，经过清代的不间断修葺，各城镇城墙占地形态基本定型，城市体系形成。民国以后，随着人口增加，经济发展等因素影响，城垣内

　　① 民国《甘肃通志稿·建置志一·县市》，《稀见方志》第27卷，第261页。
　　② 光绪《平远县志》卷3《城池》，《稀见方志》第52卷，第34—35页；又民国《豫旺县志》卷之一、二《建置志》，《集成·宁夏府县志辑》第5册，第6页；又民国《朔方道志》卷4《城池》，《集成·宁夏府县志辑》第2册，第216页。
　　③ ［日］马场锹太郎编著：《新修支那省别全志·宁夏史料辑译》，第65页。
　　④ 朱批奏折，川陕总督，庆复，奏为兵部员外郎推升户部郎中梁弘勋监修宁夏城工告竣给咨回部引见事，乾隆八年十月二十六日，档号：04－01－37－0007－016。

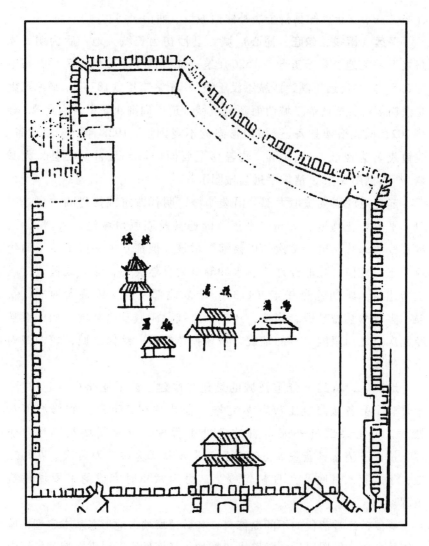

图 3 - 5 清末平远县城图示

资料来源：光绪《平远县志·卷首城图》。

外建筑、街衢都有了很大改变，也有的城垣因遭受自然灾害，原城垣形
态稍有变化。如 1920 年 12 月 16 日宁夏南部海原发生 8.5 级大地震，
波及固原、西吉、海原、靖远、景泰等县，面积达 2 万余平方千米，南
部各县城池损毁严重。据当时各县的统计："自干盐池至李俊全长 80

公里的地带上房屋全部塌陷"①。灾后重建中，对原城加以改造。如隆德城由康熙时期修筑的东西长、南北短的规则长方形，而裁截部分，补筑为较为规整的正方形。参见图3-6，康熙年间隆德县城图。②

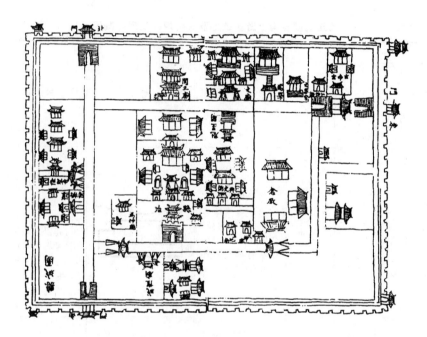

图3-6　康熙年间隆德县城图

资料来源：康熙《隆德县志·卷首城图》。

总之，黄河上游区域府州县城之形态，基本近似于正方形或长方形，故可采用方周求积法（$S = C^2 L^2 / 64$，式中 S：城池占地面积，单位平方千米；L：城周长，单位为清代里；C：转换系数）。③ 在度量衡单位换算方面，依照"清制1丈合10尺，1里合1800尺、360步，1营

① 宁夏回族自治区地震队编：《一九二〇年海原大地震》，地震出版社1980年版；又《中国地震目录》，科学出版社1971年版。
② 康熙《隆德县志》，《方志丛书·华北地方》第334号，第39页。
③ 参见何凡能、葛全胜、郑景云《中国清代城镇用地面积估算及》，《地理学报》2002年第6期。

造尺约合今 32 厘米" 的标准,[①] 又将各种度量衡单位（1 里 = 1800
尺 = 576 米 = 0.576 千米，1 步 = 0.0016 千米）进行统一处理，换算成
今制，并草绘相关城镇城垣形态示意图表如下（图 3 - 7）。

图 3 - 7　　　清至民国黄河上游区域主要城镇规模及形态概图

城镇名称		规模		城镇形态说明	图示	资料来源
清代	民国	城周（里/丈/尺/步）	合今制,（公里）			
兰州府城	兰州省城	18 里 123 步	10.56	兰州城分内城和外城，且外城占地面积大于内城，总体略呈长方形。内城有四门，外郭城有门 10	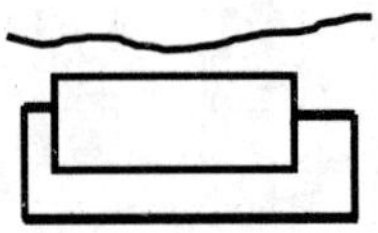	道光《兰州府志·图考》；《甘肃新通志》卷 14《建置志》；民国《甘肃省志》，《稀见方志》第 39 卷
渭源县城	渭源县城	3 里有奇	1.73	主城呈正方形，有东、西二门，西门有郭城	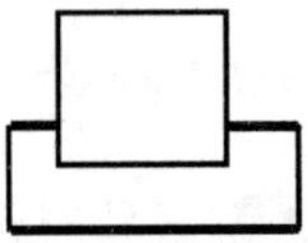	民国《渭源县志·县治之图》；民国《甘肃省志》，《稀见方志》第 33、39 卷
金县县城	榆中县城	4 里有奇	2.3	有东、南、北三门，筑有外郭，总体呈方形，北部略凸出	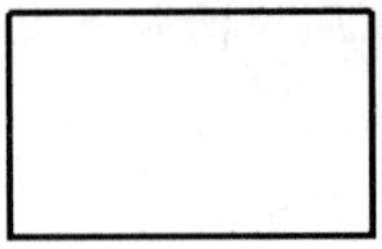	康熙《金县志》卷上《城郭》；光绪《金县新志》卷首《城池图》

---

　　① 黄盛璋：《历代度量衡换算简表》，参见中国科学院中国自然地理编辑委员会《中国自然地理·历史自然地理》附录，科学出版社 1982 年版，第 261—262 页。

续图

城镇名称		规模		城镇形态说明	图示	资料来源
清代	民国	城周（里/丈/尺/步）	合今制（公里）			
河州城	临夏县城	9.3 里	5.36	主城类似长方形，有东、西、南三门，北门从未开过，南门外筑有关厢		康熙《河州志》卷1《城池图》；《民俗文献》第19卷第135册《西行杂记》
靖远县城	靖远县城	6.3 里	3.63	略呈长方形，有东、西、南三门，南有关城		道光《靖远县志》卷2《城池》；民国《甘肃通志稿·建置志·县市》
红水	景泰	2 里许	1.15	乾隆四年建，咸丰三年重修	—	民国《甘肃通志稿·建置志·县市》
狄道州城	临洮县城	9.3 里	5.36	内城呈正方形，周9里有奇，合南、北二郭共计15里，内城有东、西、南、北四门		乾隆《狄道州志》卷1《城池图》；乾隆《甘肃通志》卷7《城池》
—	永靖县城	400 步	0.64	—	—	1929年，自临夏县析出置县，治莲花堡城
—	和政县城	540 丈（约3里）	1.73	—	—	1928年，由临洮、临夏两县析置（民国《和政县志》卷2《建置志·城郭》）

续图

城镇名称		规模		城镇形态说明	图示	资料来源
清代	民国	城周（里/丈/尺/步）	合今制（公里）			
沙泥驿城	洮沙县城	4里	2.3	旧城在沙泥驿站,1917年始筑新城於太石铺,周4里		民国《洮沙县志》卷1《总纲·疆域总图》
巩昌府城	陇西县城	5里	2.88	城分内、外,内城3里,有东、西、南、北四门;外城周5里	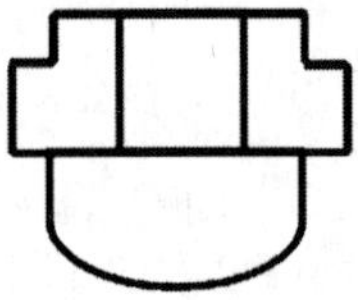	康熙《巩昌府志》卷2《陇西县·形图》
安定县城	定西县城	6.3里	3.63	城有南郭,门四,城北门外为外城,门一,有月城		康熙《巩昌府志》卷2《安定县·形图》
会宁县城	会宁县城	3.8里	2.19	城为长方形,东、西、南、北四门,四面包以关厢		道光《会宁县志》卷3《建置志·城池》;民国《甘肃省志》
通渭县城	通渭县城	3里	1.73	中城并东西关为三城,有东西二门,各有郭城	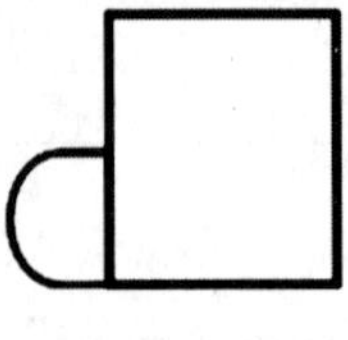	明《通渭县志》卷首《县城图》;康熙《巩昌府志》卷2《通渭县·形图》

城镇名称		规模		城镇形态说明	图示	资料来源
清代	民国	城周（里/丈/尺/步）	合今制（公里）			
宁远县城	武山县城	5 里	2.88	县有二城，北城因"倚山临渭，地势局促"，故形如偃月，周 3 里，有东、西、南三门；南城方形，周约 2 里，有南、西二门，故合计为 5 里；渭水至城北五里处，抱县城北而东流	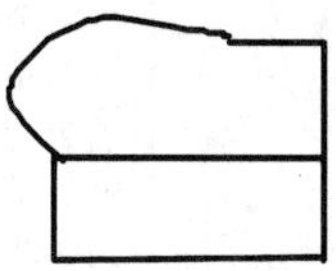	康熙《宁远县志》卷首《城池图》；民国《甘肃省志》
伏羌县城	甘谷县城	3 里	1.73	城系正方形，周 3 里许，东、西、南、北各一门		民国《甘肃省志》
洮州厅城	临潭县城	9 里	5.18	旧城周 2 里，有南西二门。新城周 9 里，门四。城形北圆南方，依山而建	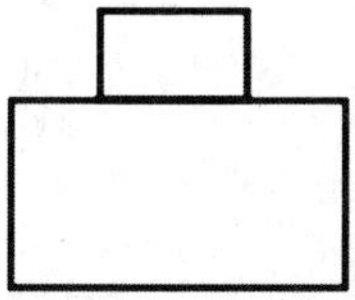	康熙《巩昌府志》卷 2《洮州·形图》；《嘉庆重修一统志》卷 16《甘肃统部》
岷州城	岷县县城	9.3 里	5.36	类似长方形，有四门，西门外有郭城	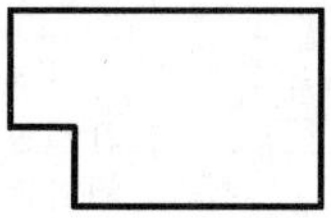	康熙《岷州志》卷 1《城池图》；民国《甘肃通志稿·建置志·县市》

续图

城镇名称		规模		城镇形态说明	图示	资料来源
清代	民国	城周（里/丈/尺/步）	合今制（公里）			
平凉府城	平凉县城	9里30步	5.23	主城分内、外，内城在西，为东西横长形，西宽东锐（窄），其形略似葫芦。城垣的东北角及东墙为弯曲的斜弧形。有东、西、南、北四门，出东门，隔小河，有略成东西横长形之城墙，较内城面积稍小，唯东端有一门，即外城，内城在西，外城在东。东部有关城，因有泾河支流阻隔而与主城分离	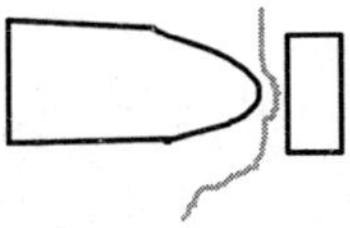	乾隆《甘肃通志》卷7《城池》；民国《甘肃省志》
华亭县城	华亭县城	4.3里	2.48	明代时为东西长，南北宽的长方形，康熙年间在原城西北加以拓修，增建新城，使原城形态改变为不规则状，民国时期城周缩减为3里	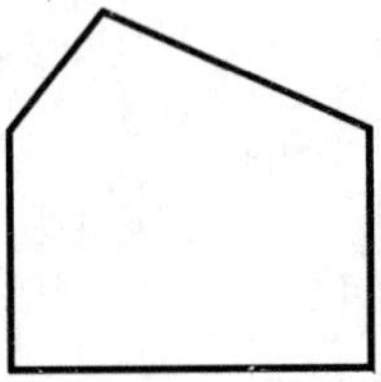	《嘉庆重修一统志》卷16《甘肃统部》；民国《重修华亭县志》卷首《城市图》
固原州城	固原县城	13.7里	7.89	东西向长方形，有两道城墙组成的二道城，有内城和外城，东北角是向内弯曲的弧墙，并在其上设置一城门，有四门	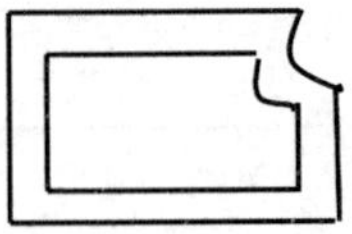	宣统《固原州志·舆地志》；民国《甘肃省志》

续图

城镇名称		规模		城镇形态说明	图示	资料来源
清代	民国	城周（里/丈/尺/步）	合今制（公里）			
静宁州城	静宁县城	5.1里	2.94	东西向长方形，有东、西、南三门，门外各有关城	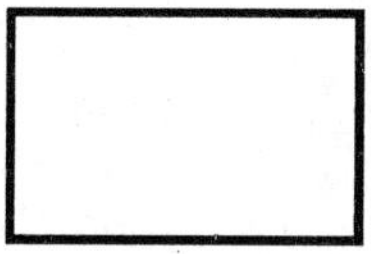	乾隆《静宁州志》卷2《建置志·城池》；民国《甘肃省志》
隆德县城	隆德县城	9里	5.18	方形，有南、北、东三门，东门偏近东北隅，南门偏近西南隅，北门偏近西北隅	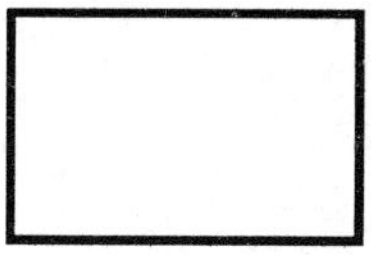	民国《甘肃省志》
庄浪县城	庄浪县城	3里许	1.73	南北向的畸形正方形，其城墙的东南角向外凸出，南北有瓮城	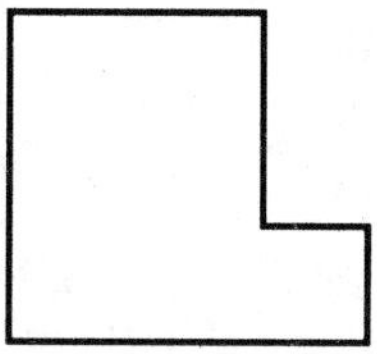	康熙《庄浪县志》卷1《城图》；乾隆《庄浪县志》卷5《城池》；民国《甘肃省志》
平番县城	永登县城	8里有奇	4.6	有三门，满城		乾隆《平番县志》卷1《地理志·疆域》
崇信县城	崇信县城	2里198步	1.47	城为似圆形的不规则城，有东、西二门，东门外有瓮城，南有关城		乾隆《甘肃通志》卷7《城池》；民国《重修崇信县志》卷1《建置志·城池》

续图

城镇名称		规模		城镇形态说明	图示	资料来源
清代	民国	城周（里/丈/尺/步）	合今制（公里）			
泾州直隶州城	泾川县城	3.3里	1.9	有南、北和东南三门，因受地形限制，城呈现为南北窄、东西宽的东西向长方形。又城的东南角因有嵩山阻挡，城墙东墙角筑为斜弧形	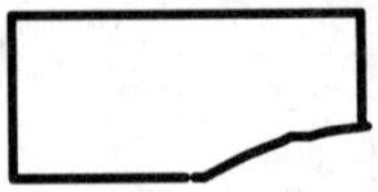	乾隆《泾州志》卷上《建置·城池》；民国《甘肃省志》
化平厅城	化平县城	2.3里	1.33	有东、西、南、北四门	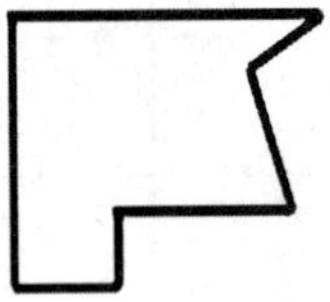	光绪《甘肃新通志》卷3《舆地志·泾州直隶州图》
盐茶厅城	海原县城	4.3里	2.48	正方形，有东、西、南三门		《盐茶厅志备遗》卷1《建置》
镇原县城	镇原县城	1里270步	1.008	有东、西、南三门，形似梯形	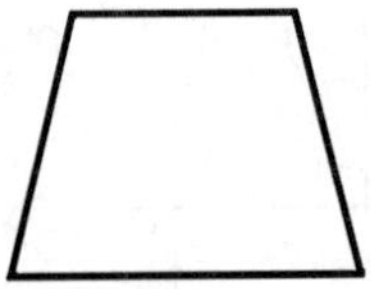	嘉靖《平凉府志》卷10《镇原县城图》；民国《甘肃通志稿·建置志·县市》
灵台县城	灵台县城	2.4里	1.38	特殊的三角形城，确切说是标准的南部的东西向长方形和北部的三角形结合的不规则几何形城垣，东、南各有郭城	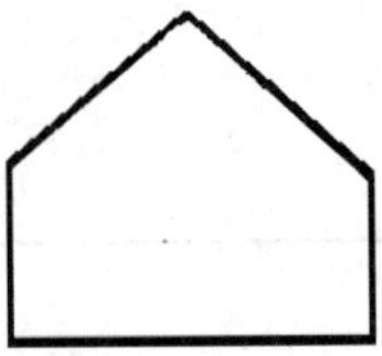	民国《甘肃通志稿·建置志·县市》；民国《重修灵台县志》卷1《灵台县城图》

续图

城镇名称		规模		城镇形态说明	图示	资料来源
清代	民国	城周（里/丈/尺/步）	合今制（公里）			
庆阳府城	庆阳县城	7里30步	4.08	形似凤凰，周7里30步，有四门，南关瓮城周3里，北关瓮城周7里	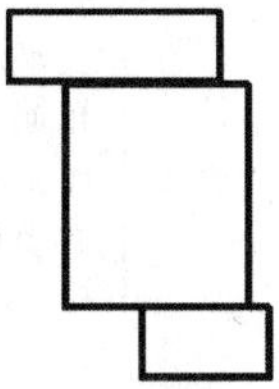	乾隆《重修庆阳府志》卷1《图考·庆阳府城图》
合水县城	合水县城	3里180步	2.02	有东西二门	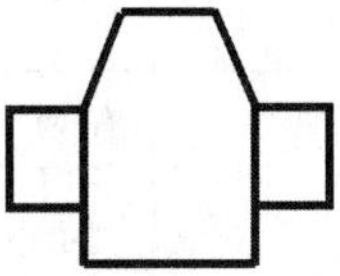	乾隆《新修庆阳府志》卷1《图考·合水县城图》
环县县城	环县县城	5里350步	3.44	呈方形，有南、北、西三门		乾隆《环县志》卷首《城池图》
正宁县城	正宁县城	2里26步	1.19	类似长方形，有东、西、南三门，西门有关城	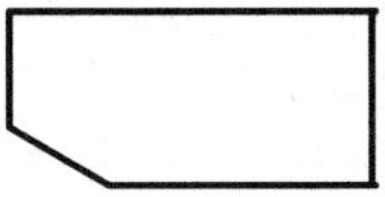	乾隆《正宁县志》卷1《舆图》；民国《甘肃省志》
宁州城	宁县县城	3里40步	1.79	有内城和外郭两部分组成，其中内城类似长方形，有东、西、南三门，西南城关2里；东北关城周3里余，外郭城呈圆形，周6里余，有东北、东南、西北、西南四门	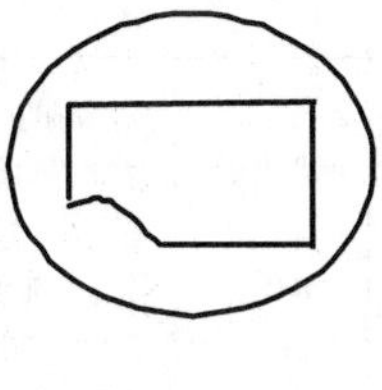	乾隆《甘肃通志》卷7《城池》；民国《宁州志》卷1《州城图》，卷2《城池》

续图

城镇名称		规模		城镇形态说明	图示	资料来源
清代	民国	城周（里/丈/尺/步）	合今制（公里）			
秦州直隶州城	天水县城	4 里 102 步	2.47	县城由五个城垣相连组成，由西而东，顺序横列为小西关（伏羲城）、西关、中城、大城、东关城。其中大城周 4 里 102 步		乾隆《直隶秦州新志》卷首《诸图·州城图》
秦安县城	秦安县城	3 里 90 步	1.87	有南、北二门，各门筑有郭城，其中南郭有正南、东南、东、东北、西五门，北郭有北、西、东南三门		乾隆《直隶秦州新志》卷首《诸图·秦安城图》
清水县城	清水县城	4 里 208 步	2.64	似长方形，有东西二门		康熙《清水县志》卷首《城池图》；乾隆《甘肃通志》卷7《城池》
彰县县城	漳县县城	1 里 294 步	1.05	呈方形，有东、西、南三门		民国《甘肃通志稿·建置志·县市》；民国《重修漳县志》
宁夏府城	宁夏省城	2754 丈（15.3里）	8.81	规整的东西向长方形，有东、西、东南、西南、东北、西北六座城门，其中东北、东南门外各建关厢土城一座		乾隆《宁夏府志》卷5《建置·城池》；民国《甘肃省志》

续图

城镇名称		规模		城镇形态说明	图示	资料来源
清代	民国	城周（里/丈/尺/步）	合今制（公里）			
宁夏满城	宁夏满城	7.5里	4.32	正方形,有东、西、南、北四座城门,并各建有瓮城		乾隆《宁夏府志》卷5《建置·城池》
中卫县城	中卫县城	5.7里	3.28	东西长,南北短的长方形,有东、西、南三个城门,东门外建一郭城		乾隆《中卫县志》卷2《建置考·城池》;民国《甘肃省志》
平罗县城	平罗县城	4.3里	2.48	正方形,有南北二门		乾隆《宁夏府志》卷5《建置·城池》
灵州城	灵武县城	7.8里	4.49	正方形,有南、北二座城门		嘉庆《灵州志迹》卷4《城池》;民国《甘肃省志》
花马池分州城	盐池县城	7.3里	4.2	正方形,有东、北、南三个城门,门楼三座,角楼四座		《花马池志》卷1《城池堡寨》
宁灵厅城	金积县城	1130丈（6.3里）	3.63	正方形,有东、西两座城门		民国《朔方道志》卷4《城池》

续图

城镇名称		规模		城镇形态说明	图示	资料来源
清代	民国	城周（里/丈/尺/步）	合今制（公里）			
平远县城	豫旺（同心）县城	4.5里	2.59	似正方形的不规则形状，有西、南二门		民国《朔方道志》卷4《城池》
新渠县城	—	4.1里	2.36	—	—	乾隆《宁夏府志》卷5《建置·城池》
宝丰县城	—	4.3里	2.48	—	—	乾隆《宁夏府志》卷5《建置·城池》
西宁府城	省城	1536丈（约8.53里）	4.91	城为方形，周8里有奇，有四门，东关外有郭，周里许，为门三		乾隆《西宁府新志》卷1《舆图》；民国《甘肃省志》，《稀见方志》第55、39卷
碾伯县城	乐都县城	2.9里	1.67	城为方形，东西长，南北宽，东关外城有东、南门二	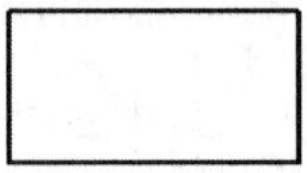	乾隆《西宁府新志》卷1《舆图·碾伯县图》
大通县城	大通县城	558丈（3.1里）	1.79	呈方形，有东、西二门	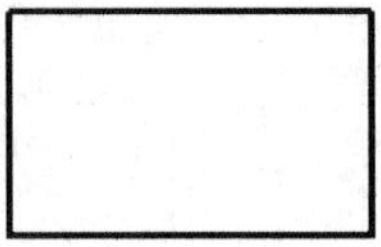	民国《甘肃通志稿·建置志·县市》；民国《大通县志》第1部《县城图》

续图

城镇名称		规模		城镇形态说明	图示	资料来源
清代	民国	城周（里/丈/尺/步）	合今制（公里）			
巴燕戎格厅城	化隆县城	2.4 里	1.38	有东、西二城门		乾隆《西宁府新志》卷1《舆图·巴燕戎厅图》
贵德厅城	贵德县城	3.8 里	2.19	有南、北二城门		乾隆《西宁府新志》卷1《舆图·贵德所图》
循化厅城	循化县城	680 丈（3.8 里）	2.19	有东、西二门		乾隆《循化志》卷1《舆图·城舆图》
丹噶尔厅	湟源县城	774 丈（4.3 里）	2.48	呈方形，有东、西二门		宣统《丹噶尔厅志》卷首《城池图》；王昱、李庆涛编：《青海风土概况调查集》

三　街道布局

　　街道是穿插和连接大街，又便于人们交往的巷道，是城市文化发展的独特地方，是构成城市空间布局的最基本单元，为城中人口聚居的空间。从某种意义上可以说，街道的生活就是城市的生活。街道把城市建筑物联系在一起，形成完整的城市系统，体现出空间位置的相互联系。而城的平面轮廓，或者说城的外廊形态，直接影响着内部空间街道的走向与布局，可以说，街巷布局构成了城市外形之魂。

　　街巷坊里的说法，与人口统计相关。明代确立里甲制度，提出统计的方法。即"在城曰坊，近城曰厢，乡都曰里"[1]。坊，即表示了城中街市、街头巷尾的内涵。城连关厢，再乡里。这样的布局，正标示了现代意义上的城中、邻城、郊区和农村的场景。随着人口增加，社会进步，城市发展，城中街巷与城外关厢乃至乡里之间，便随着城市空间布局的扩展而变动，有的乡里融入城市，有的街道扩出城门。当然，细分城中街巷的功能，略有不同，街的功能和地位在巷之上。一般的城中均以南北东西十字交叉的街衢为主干道，也有的城中仅有南北或东西的一条大街，但其间分布巷道，都四通八达，军政衙署、商业店铺和一些重要的机构、会馆、寺庙祠宇都沿街而设。巷道作为构通居住区的通道，穿插街坊之间，短且窄。但不论是街坊，还是巷道，均因城市轮廓形态与地形影响而不同。

　　黄河上游区域城市街巷的数量、特征、规模、名称，构成了城内街道布局。而这些一般以城的形态为基准，只要是方形的城，都是由东西向与南北向的通衢组成十字形，而长形的城，则多是东西或南北贯通的一条大街。街道的长度、方向，也由城垣的周长、城门走向而定。此处以黄河上游区域三省区的首府街道为中心，略涉及部分府州县城的街道而展开讨论。

黄河兰州

　　兰州自立为甘肃省会后，将修建衙署、整修道路、扩展城区，视为要政。至乾隆年间，始建成棋盘式路网格局，街巷纵横交错，有其独特之处。街巷间因城东西长、南北宽的走向，而形成东西为街、南北为巷的特点。东西大街经东西两城门横贯城中，街道笔直宽阔，南北两门则因南靠皋兰山，北濒黄河，并不对称，道路也不直通。南门开在南城墙的东端，北门开在北城墙的西端，南北两门之间相差3个街坊。形成东西中轴线为主，南偏东、北偏西的两个丁字状。

　　内城以鼓楼和总督衙署为圆点，四向延伸，穿外城各门。形成东大街、西大街、南大街、北大街为最主要的街道。其中，自督府至东照门的东大街，长半里余，宽2丈。督府至镇远门的西大街，长1里半多，宽2丈有余，商务最盛。还有偏东的南大街，自督府至皋兰门，长约1

---

　　[1] 《明史·食货一·志第五十三》，中华书局标点本1974年版，第1878页。

里，宽 2 丈有余。其他重要的街道还有学院街、马坊街、楼南街、府门街及县门外的绸铺街等。[①] 民国时期，唯西部独成一区，有方形城壁，西南角有学院门，通出入。全城路面，均铺以石子。[②]

外城的主要街道有西关街、南关街、东关下街、新关大街、袖川门、桥门街等。其中，通远门至安定门的南关街，长约 2 里。迎恩门至通远门的东关下街，约 1 里半。东照门至广武门的新关大街，长约 1 里。袖川门至桥门街约里许。外城的一些街道，如桥门街，炭子街、福禄街、孝友街、横街子等，还是主要的街市。[③]

兰州城东西向街巷主要有：官园前街、官园后街（正街）、道门街、南府街巷、左公东路、左公西路、鼓楼巷、南滩街、畅家巷、宣家巷、底巷子、绣沿河、上沟、下沟、草场街、十里店街。南北向街巷有：河水道、东城壕、万寿宫街、鼓楼市街（鼓楼南街）、木塔巷、曹家巷、曹家厅、贡院巷、箭道巷、山字石、上西园、下西园、骆驼巷、王保保城。其中，贡院巷，为南北主要干道之一。鼓楼巷一带原为农田、果园和菜地，光绪年间时，人口集聚，形成街巷。[④]

民国时期，对内城区街道进行改建易名。如 1941 年将明筑城以来的南北向主要交通干道官园前街、官园后街（官园正街），通称为民勤街（路），由市民义务整修水池和路面。将向北直通北门，也称水北门、北门正街，改称张掖路。原马坊街改为永昌路百货大楼至中山路两段。万寿宫街，在 1925 年时改称中山街，又称中山路。南滩街在清末时改称师府街，1938 年，恢复旧名南滩街，1946 年加以整修。1942 年时，将东起贡元巷，西至永昌路的武都路通称为崇信路。1943 年，完成崇信路路面及人行道渗水井等的改造工程，还设计了水北门经城内直达外城的林森路、云亭路。

关于兰州街道的名称由来，张维详细的诠释道：

————————————

　　① 王金绂编：《西北地理》，第 418 页；又［日］东亚同文书会编纂：《支那省别全志·甘肃省附新疆省》第 12 册，第 140—141 页。

　　② 民国《甘肃省志》，《稀见方志》第 33 卷，第 25—29 页。

　　③ 王金绂编：《西北地理》，第 418 页；又［日］东亚同文书会编纂：《支那省别全志·甘肃省附新疆省》第 12 册，第 140—141 页。

　　④ 以上参见《兰州市志》第 7 卷《市政建设志》，第 91、78—79、80、93 页。

"凡各街衢命名，或以官署，或以廛肆，或以居人宅第，或以古迹建筑，往往有时移事变而名称仍旧者。如兰州院门街，以督院所在也。东西栅子，以东西辕门也。学院街，以学政署也。府门街，以兰州府署也。道门街，以兰州道署也。县门街，以皋兰县署也。马坊门，以兰泉驿也。小仓子，以县屯仓也。侯府街，以靖逆侯张勇宅也。帅府街，以提督马安良宅也。大小山子石，以明肃藩府园林也。万寿宫，以逊清庆祝宫也。贡院巷以旧试院也。又如户部宝巩局改为府署，而部门街之名未改。兰州州署改为县署，而州门十字之名未改。及骡马市、绸铺街、炭市、驴市之属，名与实违者，所在多有。"①

街巷名称的由来，在时光穿梭中变化也较大。其中，东栅子指自辕门至箭道巷，西栅子是指通渭路南口至辕门段。自箭道巷至来熙门称东大街，镇远门至钟鼓楼称西大街。钟鼓楼至通渭路南口称侯府宅。木塔巷，因巷内北端建有木塔而得名。箭道巷，为陕甘总督署射箭处而得名。山字石，因明肃王府凝熙园中的假山而得名。上西园、下西园，原为城区西郊农田与果园地，明代称为西川圃子湾。骆驼巷，以商旅、驼队住宿之所而得名。王保保城，因位处元末王保保城旧址而得名。②

再如上沟、下沟，因水渠得名，均原为城外的马车路。上沟南靠龙尾山麓，渠南是庙宇、民宅，渠北是路，阿干镇运煤车经此进城。路北深坎下是梨园、菜地、民宅。道光年间，筑为长堤形道路。草场街、草场后街，均为囤积粮草处而得名。③东城壕，因路基所在地为东城护城壕而得名。详见表3-4，清代至民国兰州城部分街巷概表。

兰州城内街道有过几次大的修整。嘉庆时，南关中街道路凹凸不平，坑穴四处，每逢秋雨连绵，路面积水难渗，以至于"浅处淹没行人脚踝，深处陷进车轮"，也影响到沿街商号的生意。道光五年（1825），沿街的十几家商号，如兰州茶务东柜、复盛公、万盛广等，捐银近千两，整修路面，并立《兰郡南关中街修理街道记》碑，希冀

---

① 民国《兰州古今注·街巷诠名》，《史地文献》第24卷，第31页。
② 《兰州市志》第7卷《市政建设志》，第97—100页。
③ 以上均见《兰州市志》第7卷《市政建设志》，第74、93、94—95页。

表 3-4   清代至民国兰州城部分街巷概表

时间	名称	位置	走向	变更概况
清	贤侯街	城北	东西	肃王府西侧,居住者多为达官显贵
清	侯府街	城中鼓楼东	东西	清初靖逆侯张勇故宅,故名
清	寿山街		南北	清末时因长寿老人居此而名
民国	帅府街		西东	西安统领马安良据此而名
清	贡院巷	城东南	南北	
清	鼓楼巷	城中	南北	乾隆五十一年建鼓楼,道光十二年重修,址在拱兰门外
清	邓家巷		东西	邓姓文人居此
清	道升巷		南北	
清	禄家巷		东西	有陆姓人居住,后将陆改称为禄
清	曹家巷(厅)	内城东南角	南北	有曹姓翰林建翰林学坊院,院内有大厅,初名厅门街,后改称此
清	延寿巷		东西	住过年逾百岁老人,改名以祝后人长寿
清	西城巷	内城西	南北	近西城墙根
清	金石巷		东西	居住者多为铁匠、银匠、玉石匠者
民国	口袋巷	城内	南北	位在上下水巷之间,1926 年以巷形似口袋命名
民国	王马巷		东西	因王、马姓氏之人居住
民国	颜家巷		南北	与福寿街相交
	宜家巷		南北	小梢门外,与东关大街交
	傅家巷	西关外	西南—东北	
民国	公园路	南城关外	东西	1938 年整修,其南端通中山公园故名
民国	柏道路		东西	原称百子楼,1945 年改

资料来源:《兰州市地名录》以及相关地方志。

后人保护并随时维修街道。延至清末,路面常年碾压,疏于修补,质量更差,每逢大雨,排水沟无济于事,路面泥泞难行。直到民国初年,也无力修筑。[1]

---

[1] 兰州市志编纂委员会编:《兰州市志·大事辑要》,第 10—11 页。

再说，兰州城壕之水与东、新关之水的沟通是兰州内街道建设的重要事件。道光七年（1827）时，兰州城内仓厫所在的官园，由于居民渐聚，居住稠密，加之地势低洼，夏秋之间雨水积潦，漫浸民房。同时雨水皆由新、东两关之水汇趋官园，一时不能消洩，以致为患。由是，地方官考察得金家店有地道可以凿沟通水，泄入城壕。但是，建筑中发现，东关横街官园道口地形高下不一，官园地势低洼，东、新关却处于高地，因而，采取先行平整，再垫高官园巷口地基的办法，以防东、新两关之水倒流官园。并开挖官园旧有的积水涝池，开渗水坑数处。如此，即解除了积水不利民便，也防止仓厫被水。继之，告谕周围居民，新沟附近不得堆积煤灰粪秽，一旦遇大雨，同心协力，引水入沟，以便排出。①

当然，兰州府城多数街巷和居住区长期未建排水沟渠，故一逢雨季，积水严重，夏则泥泞不堪，冬则结冰难行。部分重要街区虽修有排水沟渠，亦因年久失修而多有损坏，特别是屡经大车轧压，霪雨所浸，不少路面塌陷淤塞，平路变为深坑。至光绪年间，居民生活环境渐趋恶劣，污秽聚于街巷，臭气熏蒸，蚊蝇孳生，有害健康。每逢大雨，街巷沟渠皆盈，泥泞没胫，行人颠沛。清末推行新政，城区和关厢街巷及过境驿道均有改良，内城主要干道多铺以巨石，修有排水暗沟。部分重要街道，如西街、南街等，则修为碎石路，亦筑有排水暗沟。经此改善，商民称便。②

1923 年，国民军主政甘肃，督军陆洪涛铺修兰州城内东西南各大街碎石路面。次年，又修筑兰州东梢门至东岗镇汽车路 9 千米，面积 5.4 万平方米，这是兰州修公路之始，嗣后，驻兰州的国民军又修筑了兰州近郊公路约 9 千米。③

抗战时期，兰州城街道布局一改传统设施而发生大的变化，原由城垣围起的城市开始向无城垣的开放的城市转型。随着兰州作为抗战大后方的政治、交通地位凸显。为利于抗战和疏散人口，当局拆民房、挖城

---

① 光绪《重修皋兰县志》卷 12《志四·经政上·建置》，《集成·甘肃府县志辑》第 4 册，第 126—127 页。

② 民国《兰州古今注·道路》，《史地文献》第 24 卷，第 33 页。

③ 兰州市志编纂委员会编：《兰州市志·大事辑要》，第 10—11 页。

墙，对旧有街道翻新改建，新建拓建了一些道路，包括桥梁和排水沟，添建了路灯。街道的修整，表现在拓宽路基，展拓车行道和人行道。如在南关什字的人行道铺以青砖，道路两侧每隔 50 米修渗水井一座，井口安条石井盖。1945 年，路面加铺石子、粗砂、红土混合料。①

至 1949 年时，兰州市内有道路 90 多千米，约 90 万平方米，木桥 12 座，跨黄河铁桥 1 座，路灯线路 11 千米，路灯 470 余盏，并修有部分排水暗沟、渗水井和积水池及护城河堤 2 千米多。城内街道布局由稀疏逐渐走向稠密。参见 1947 年兰州市街区示意图（见图 3-9）。

以黄河兰州为中心的一部分城市街道分布也体现了依城门而行的特点。如城开四门的，则为十字通衢。开三门的多为小丁字形街道，或南北长，东西一侧短，或东西长，南北一侧短。二门的则因黄河流向的缘故，多为东西向的通衢。有内外城，或者内城与城关之间，都有贯通的街道相连，甚而，直接连通周边集市。也有的街道则体现了民族聚居的特色，街巷设置有坊。建材、建筑风格汇聚出本区城市建筑的独特性。参见图 3-8 兰州老城门。

就狄道（临洮）市街建筑特点而言，其富家大院，一般占地五六亩至十亩左右，建筑用材普遍是土坯、砖、石条、木料、小青瓦、石灰。建筑结构多是由前后厅房、左右厢房构成的四水归池的四合院。庭院中栽花植树。而一般农户住宅，在集镇多为向路的长方形院子，在乡村多为正方形大院，占地约五分，周围筑墙，用土或石块砌成。院落房屋建筑的每面多为三间，进深一丈左右，宽七八丈。②

安定（定西）县城有东西南北四条大街。北门外为外城，也仅开一北门。两北门之间，设有街道，为本城主要通衢。陇西县城的主要街道为：东关街，自城东门至南门，长一里多，为赴武山的通路。南关街，自南门至火神庙，长半里多。商廛萃焉。西南街，由宽庆街至城西门，为赴渭源之道。③民国时期，有中山大街、新街等街道。④ 通渭县城坐北，开东西南三门，与东西南三衢相通。街道分布是自北而南延长、

---

① 《兰州市志》第 7 卷《市政建设志》，第 51 页。
② 临洮县志编委会编：《临洮县志》（下册），第 628 页。
③ 民国《甘肃省志》，《稀见方志》第 33 卷，第 47、39 页。
④ 王树民：《陇游日记》，《甘肃文史资料选辑》第 28 期，第 124—125 页。

图 3-8 兰州老城门

东西相向横通的小十字形。即"城中通衢，东西二，南北一"，东西两门直通东西二关。另外，有忠孝街、衙署为轴的前街与后街以及西关中街等街道。①

洮州厅（临潭）城开四门，城内中心街衢，亦为十字，称为十字街，最为繁华。鼓楼在北街首，明万历十二年（1584）建。同治五年（1866）毁，十年重建。高 3 层，临眺四方，全城在目。②城内有坊 18，即西门内至西门十字街，为怀远坊。西府大街有新民坊。茶马司街为囊牙坊。经历司街为民德坊。鼓楼下街有治民坊、通远坊。宣政坊在府门下。东门大街有武定坊。丰储坊在厅仓街。凤山坊在司衙街。小东门街有晨安坊。南门内大街为镇南坊。察院大街，后改为学门街，有永宁坊。北门内至高桥街为仁和坊。隍庙街为神佑坊。仓中街为通济坊。冯千户街有澄清坊。还有锦屏坊。除了以上 18 坊分布的街道外，城内有街巷一，即邱家巷，也有丰储坊之称。还有崖三，即薛家崖（藏族称为朗抓崖）、宋家崖、乔家崖。③

设有坊的街巷，还有河州（临夏）城。城有东西两条大路，与城中相贯通，城中市容整齐，屋宇栉比，所有房舍均为瓦顶，较甘肃其他各地富丽。大致汉族住城内，回族住城外的南关，为商业最繁盛的地方，尤别为一小城，名"古枹罕"，俗称八坊，完全为回族区。④

① 光绪《重修通渭县志》卷之三《建置·县城》。
② 王树民：《陇游日记》，《甘肃文史资料选辑》第 28 期，第 172 页。
③ 光绪《洮州厅志》卷 2《舆地·都堡》，《稀见方志》第 49 卷，第 300—301 页。
④ 《西行杂记》，《民俗文献》第 19 卷第 135 册，第 236 页。

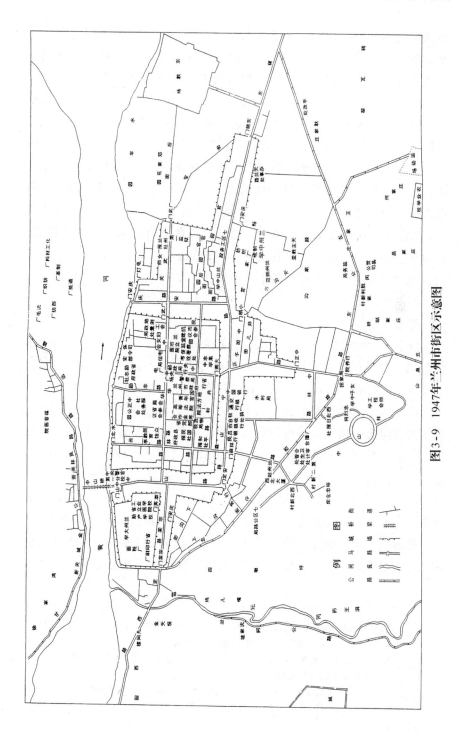

图3-9　1947年兰州市街区示意图

城关街巷均十分整洁。南关北面与主城南门相通。同治年间地方事变平定后，重筑城垣，划定居住区。城内繁华部分偏于南部，北部则多旷地。在相当于北门之城墙上，筑有庭阁，即所谓北城观。①

平凉地区的平凉城有内外之分，内城在西，外城在东。城东西横长，主干街衢东关庙街，自内城贯通外城，由内城东门至外城东门，长1.5里，路宽2.5丈，也是本城第一通衢。另外，城庙街，由东门至南门，为丁字形，长半里余，繁盛程度次于东关庙街。② 庄浪城街道分为南街、北街和中街。③ 泾川城内的街衢，是一般性的贯通城东西门之两条大街，全长1里许，道宽2丈，路铺石板。④ 天水城内道路四通八达，"北与中城主道及北关城壕直通，西接台子通过亲睦巷可往西关，东面是一小城门，可通大城背街尊师巷的布集和学街，东南角是一小城门，名曰水城门，出城即为天水有名的翼然亭和官泉，居民饮用的官泉水，即由此门挑入"⑤。

河湟西宁

以西宁为中心的河湟地区城市的繁荣程度，除了西宁，就属丹噶尔（湟源）。二城街道也较规整，史料记载完整。只不过，西宁城开四门，街道为十字通衢，丹噶尔城开二门，以东西大街为主干街衢。

西宁城内街巷纵横交错。以大十字为中心，分东西南北四条大街。以东西方向为中轴线，各街分布大致有东隅的东门大街、石坡街、观门街、驿街、莫家街、饮马街、簧学街、旧仓门街、小校场街、后街等。西隅有西门大街、水眼洞街、石巷子街、官井尔街、新校场街、北斗宫街等。南隅有南门大街、三官庙街、宏觉寺街、雷鸣寺街、旧府街、心寺街、兵部街等；北隅有北门大街、葆宁寺街、城隍庙街、驿军巷街、右营营房街、县门街等；城东门外有直通东厢的东关通衢大街，还有南古城街、北古城街、北关厢街等。⑥ 大致东分十街，南分七街，西北各

---

① 王树民：《陇游日记》，《甘肃文史资料选辑》第28期，第271页。
② 民国《甘肃省志》，《稀见方志》第33卷，第66页。
③ 乾隆《庄浪县志》卷5《城池》，《方志丛书·华北地方》第335号，第92页。
④ 民国《甘肃省志》，《稀见方志》第33卷，第74页。
⑤ 窦建孝：《猪羊市的变迁》，《天水文史资料》1991年第5辑，第151页。
⑥ 乾隆《西宁府新志》卷9《建置·城池·街市附》，第273页。

分六街，东关分四街。① 民国时期，基本格局不变。城街道马路上铺着碎石，两旁砌以石沟，流水铮铮。"市容还是相当的整齐，路上熙熙攘攘的尽是汉蒙回藏五族的人民"②。

湟源城内街巷，因东西城门对开，有东西大街一条相望。临近东边城门的街巷，北为仓门街，南为九间街。出东大街直西，为小十字。小十字北为北街，南为南街。西为大十字，再西，为西小十字，其北为庙巷子，南为灯山楼儿，街临西城门，北为隍庙巷子，南为西城壕。自西城壕中间一巷，直达东城壕之九间街，称为大巷道，与大街平行。再南，为南城壕，宽阔平坦，东西通彻。③ 清末史料中的丹噶尔城中街道记载更明晰，有东、西大街，仓门街、中大街和隍庙街。东关有丰盛街，西关有前街。④

史载在丹噶尔为官之人，热心修筑道路。如郑运拔以提督衔补用总兵督标中协时，每督饬兵勇修筑道路。湟源境西石、药水二峡，皆经其主持填砌，道路平坦，行人便之。又补修城垣内外。⑤

城开两门的还有碾伯、大通、循化和贵德。除了贵德为南北对开，其余城门均为东西向对开。因而，街衢亦为东西或南北贯通的一条主干街道，以及南北或东西走向，由或贯通，或分岔，或错开的街巷组成。其中碾伯设县之前，城关窄隘，街衢无多。主城有鼓楼所在的十字中街，以及以此为中心散开在城中的东、西大街和南、北街。东、西大街长于南、北街。东关外城的街道主要是东关长街和东关中街。⑥ 另外，贵德城中有南门街、北向街、仓门街、卫门街、蒋家街、北门街、达子街、何家街、鼓楼街。乾隆年间，杨应琚创设南关厢后，分南关为东南西三街。⑦

本区于民国设县后的城，均是在堡寨基础上发展起来的，街衢更是

---

① 民国《甘肃通志稿·建置志·县市》，《稀见方志》第 27 卷，第 264 页。
② 止戈：《西宁一瞥》，《旅行杂志》1945 年第 19 卷第 3 期。
③ 光绪《丹噶尔厅志》卷 3《地理》，《稀见方志》第 55 卷，第 810 页。
④ 光绪《西宁府续志》卷之二《建置志·街市》，第 75 页。
⑤ 光绪《丹噶尔厅志》卷 1《政绩录》。《稀见方志》第 55 卷，第 785 页。
⑥ 康熙《碾伯所志·街衢》，《稀见方志》第 57 卷，第 19—20 页。
⑦ 民国《贵德县志》卷 2《地理志·贵德所·街市 附》，《稀见方志》第 57 卷，第 152 页。

狭窄短促，只有衙署所在之处较为繁华，为城镇的主街。如同仁设县后，城治主要街道为中山街、德化街等，且街道一律修成鱼脊状，即街道两边掘渠，以便随时打扫清洁，不许堆积肮脏污物，以重卫生。划区后，通往城外各区堡的通行大道，农闲时派民夫修理。①

黄河宁夏

宁夏城为乾隆四年（1739）新筑，地势开阔平坦，城垣规整气派，城开6门，街道整齐繁盛，在黄河上游区域城市中少见。城门东西两相对开，一条中轴通衢贯二门，且偏南城，即北城街衢面积较南城偏大。为叙述方便起见，在此，把南北四门中的东端称南、北门，西端称南西、北西门，各城门间主干街衢用形同"卄"字表示。如自南门起至北门，一条长街贯通。中央交叉处有两条街，北端为羊肉大街，最为繁盛，城内大商店皆在此。② 按照上北下南的原则，两北门中东端为北门（德胜门），西端为西北门（振武门），两南门中东端为南门（南薰门），西端为西南门（光化门），如此，"卄"字两竖西侧大街为贯通振武、光化两门的北西—南西大街，而"卄"字两竖东侧的大街，则为贯通德胜、南薰两门的北—南大街，其北段即为羊肉大街。详见表3－5，宁夏府城街巷概表与宁夏街衢结构图（见图3－10）。

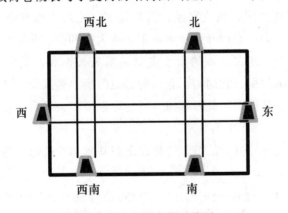

图3－10　宁夏街衢结构图

---

① 王昱、李庆涛编：《青海风土概况调查集》，第177页。
② 民国《甘肃省志》，《稀见方志》第33卷，第81页。

表 3－5　　　　**宁夏府城街巷概表**

城门名称	"井"字方位	街巷分布
清和至南薰、光化至镇远	西南、东南角	东门头道巷、宁静寺街、礼拜寺巷、樊家园、桑葚园、平罗仓巷、祠堂街
清和至德胜、振武至镇远	西北、东北角	北头道巷、二道巷、送子庵巷、井巷、花园巷、羊肉街口、二府街口、关帝庙巷、岳庙巷、红牌楼巷、稻草巷、砖巷、左营衙门巷、休休寺街、总府东栅口
镇远南	横笔以南	西头道巷、东高耳巷、西高耳巷、福宁寺街、三皇庙街、红果树巷、猪市街口、大井巷、三堂街口、罗家井巷、书院街、草场街、祁家楼南巷、西门头道巷、礼拜寺街
镇远北	横笔以北	七府巷、姑子巷、牛王寺巷、水巷、马营楼、姑子庵巷、永祥寺街、观音堂巷、西门头道巷
振武东	两竖中间上端	马神庙街、总府西栅口、真宁府街、二司街口、贵家巷、东柴市古楼街、万寿宫巷、城隍庙街、庵北朝巷、陆纱帽巷、糠市巷、中礼拜寺街、晏公庙湾、祠门巷、水利府街、仓巷、华严寺巷、犁花尖子、牛巷、上帝庙巷、王银大街、钟鼓楼巷、纳家巷、偻子市、雷祖庙街、圆通寺街、经堂巷、巩昌府巷、大渠巷、道府西巷、火器库巷、道府东巷、宏农府街、真武庙街、梅家街口、七府街口
光化东	两竖中间下端	驿马房、杜府街口、方妃祠巷、侯家巷、喇嘛寺巷、萨家巷、审理所巷、新街、硝房巷、会府巷、碴子市街、鸡市街口、骡马市巷、小院巷、柳树巷、番货市街、羊市街、府仓街、东芦席巷、西芦席巷、关帝庙巷、鲁班庙巷、叠柳坡、管达街口、左司衙门巷、西方井街、白衣寺巷、碱巷、仪宾府街、三圣庵巷、波罗庵巷、边宁寺巷、盐池巷、官财巷、宗茂巷、铁局街、哈八巷、西哈八巷 、薛家巷、三官庙巷、西塔寺街、老君庙街、新木头市街、龙王庙巷、南门头道巷

资料来源：乾隆《宁夏府志》卷 6《建置二·坊市》，第 203—204 页。

如果说，以上呈现的仅是宁夏城中普通街巷名称的话，直到清末，

宁夏城中主要街衢的名称在档案中可以搜寻踪迹。光绪二十四年
(1898),甘肃在整顿保甲制度时,令各府城依照宁夏道的经验行事。
那么,在介绍宁夏城内保甲分段管理办法时,有:郡城 18 里有奇,东
西长,南北短。保甲向分上中下三段。东自东门起,西至玉皇楼大街
止,南至大南门南关,北至大北门北关,西南至□□□□,是为上段。
又东自玉皇楼大街起,西至王元大街,南北均至城墙根止,是为中段。
又东自王元大街起,西至西门止,南至小南门,北至小北门止,是为下
段。每段派保甲委员 2 人、里长 2 人、保长 1 人,轮流巡查,并制户口
清册 2 本。宁夏城内保甲局设委员 3 人,发给薪水。① 从此可知,玉皇
楼大街、王元大街为城内主街衢。参见民国宁夏城鼓楼东大街,详见
图3 – 11。

图 3 – 11　民国宁夏城鼓楼东大街

宁夏满城亦为乾隆四年(1739)新建,规划整齐,街衢依照东、
西、南、北各门,两两相对。东西两门对称居中,南北两门对称居中,

---

① 题名西宁府燕□□(原档如此——引者),为整顿保甲酌议章程事致循化厅张,光绪
二十四年十二月十七日,档案馆代号 463001,全宗号 07,案卷号 2198。

东西两门和南北两门相对通衢，形成以城中心鼓楼为圆心的南北东西十字街主干街衢。再以东西、南北两条主干街道为对称轴，左右再分别开通两条街道，构成整齐的三纵三横的十六格状（详见宁夏满城图，本书图3－1）。以城图上为北的原则，北大街北端西侧两格为正黄旗地，东侧两格为镶黄旗。顺序南向，北大街南端西侧两格为正红旗，东侧两格为正白旗。自西大街至南城门根西侧火药楼，由北而南顺序为镶红旗、镶蓝旗。自东大街至南城门根东侧火药楼，由北而南顺序依次为镶白旗、正蓝旗。①

以黄河宁夏为中心的城镇中，其所属其他县城内街衢布局各有特色，但仍依照城所开门的情形设计，便于通途。中卫城东、西、南各1门，南门居中，东西两门对称居中贯通成主干街衢，是典型的东西"一"字街。金积县城街衢也是"一"字型东西两门贯通，且对称居中。平罗城开南、北门，亦对称居中，南北贯通，为城中主干街衢，且与东西街呈十字交叉结构。

花马池州城街衢类似宁夏府城街衢，也是一个"卅"字结构，但稍有特殊。城开东、北、南三门，南北两门对称居中贯通南北大街，该街东侧为一平行无城门的封闭大街，两街与自西直通居中东门的一条东西向街十字交叉，形成一个中心偏右的"卅"字街衢结构。

灵武县城虽说开有东、西、南、北四门，但不是规整的四门两两中轴对称，仅是东西两门对称居中，南北两门不对称，所以，只有东西街贯通，又分别与以南、北门为起点的两条南北向街相交，但不贯通。

固原、隆德和海城三县城的街衢分布，都呈"T"字形结构，但分布又各异。固原州城开东、西、南三门，均不居中，东、西门对称贯通成街衢，又与南门为起点的南北向街相交，但不贯通。海城县城所开城门数与走向，与固原城同，只不过三门均居中而开，东城门常年封闭，仅有西、南两门通行。形成连接东西两门的东西街与以南门为起点的南北向街相交，不贯通。隆德县城也开三门，为东、南、北三门，均不居中，南北门对称且街贯通，形成南北大街，又与以东门为起点的东西向街相交，不贯通。详见图3－12，黄河宁夏主要城垣

---

① 乾隆《宁夏府志》卷首《满城图》，《稀见方志》第50卷，第189页。

街衢布局示意图。

图 3 - 12　　　　　　黄河宁夏主要城垣街衢布局示意图

城	主街布局结构	城	主街布局结构
宁夏府城		宁夏满城	
中卫县城		平罗县城	
花马池州城		灵武县城	
固原州城		金积县城	

续图

城	主街布局结构	城	主街布局结构
隆德县城	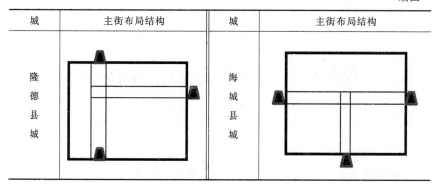	海城县城	

说明：1. 资料来源于乾隆《宁夏府志》、宣统《固原州志》、康熙《隆德县志》、道光《中卫县志》《平罗纪略》、光绪《花马池志》《宁灵厅志》《海城县志》及民国《朔方道志》各县县城图和相关记载。

2. 表中所列城镇形态、城门和街道的图示仅表示形状和方位，不表示大小。

第四章　城市内部立体构架

城市是交通、信息、知识、教育、思想、宗教、仪式、创作等集中的地方。① 中国古代城市内部空间布局，构成要素包括道路、官署、庙坛、街市、学宫、书院等。清代对城内街道建筑设施有严格的规划要求和标准，就官署而言，如省城衙署的一般布局为：治事之所，有大堂、二堂，外为大门、仪门，大门之外为辕门。宴息之所，有内室、群室，吏攒办事之所为科房等。建筑规制要求则基本以省城大小区分，官大者规制具备，官小者依次而减，佐贰官复视正印官为减。同时，对省署经济等各特殊归口的建筑规模也有严格规定。如布政使司、监运使司、粮道、盐道署侧，皆设库。按察使司及府、厅、州、县署侧，皆设库狱。教官署皆依于明伦堂。各州及直隶州皆设考棚，武官之大者，于衙署之外，别设教场、演武厅。②

检查清代至民国时期黄河上游区域城内建筑，不难发现，官衙与祠庙是其主要建筑，地位同等重要，且很多庙宇均为官方出资建筑，官方主持祭祀，是为神权与世俗权力在景观形态上的体现。另以教育培养为主要功能的学宫、书院、义学等建筑也占有一定的比重。

一　公共设施

城市空间从本质上来说，是由相关联的人文建筑模式构成的。城池

---

① ［美］艾丹·索撒尔：《城市理论与中国城市》，载阮西湖主编《都市人类学》，华夏出版社 1991 年版。

② 据（嘉庆朝）《大清会典》卷 665 等整理。

内部立体结构关联模式包括建筑设施、居民分层等。其中如行政机构、商业市场、道路桥梁和文化中心会所的建筑等，就是构成空间体系的重要元素。施坚雅城市研究的一大贡献，在于更强调了各重要元素之一的行政机构等级与城市密切关联度。通过对黄河上游区域城市的研究，可知政区层级与城市大小没有确定的一致性，各级城镇城池面积大小，与行政级别的高低，虽然有关联，包括政治、经济等方面的特殊地位，却不一定存在层级高，城池亦大的正相关比例。这一点在目前的相关研究中已达成共识。

但是，行政机构的设置和空间布局，在很大程度上符合行政层级的递增率。一般情况下，级别越高，机构越复杂；级别越低，机构设置则相对简单，但基本的职能机构是一致的。清代的府州县城一般都设有衙署、军署、司狱署、捕厅或监狱等机构。衙署即府州县衙门；军署包括总兵、都司、游击、守备等署，在府和一些直隶州、厅设置，其具体情况根据府、直隶州、直隶厅治的军事战略地位不同而略有差异。

官署机构的选址一般会在城市里地势相对较高和道路便捷的城中心地带，以便于职能运转，并占有较大的地理空间。由于"官署机构的建筑用地是属于国家的公产，因此当王朝更替，新王朝接管城市以后，该地产一般不会转手私家，仍旧会由新政权的官署机构继续使用"。[①]民国时期，黄河上游区域各城内的公署、警察所、管狱员署等行政机构，基本都是在清代官署机构旧址沿袭改设而成的。这一点为我们考察清代至民国时期本区官署机构在城市中的位置和历史演变的过程提供了线索和一致性。当然，各城行政机构级别、内部空间布局、各类机构的选址布局各有差异。仅就黄河上游典型城镇的行政机构衙署及学校文教的空间分布作为公共设施的重要内容做一考察。

（一）行政机构综合布局

公共行政机构的职能与场所的空间分布，是与城垣紧密联系在一起

---

① 侯仁之、唐晓峰主编：《北京城市历史地理》，北京燕山出版社 2000 年版，第 143 页。

的。清廷要求省府县等各级官员治所，也就是衙署、府库、粮仓、监狱、寺观等，"皆卫以城"①。因而一般县城内均设有衙署、军署、司狱署、捕厅或监狱等，不同行政级别的城镇，其行政机构的设置也有所不同，很难一概而论，但确是城垣内立体空间构架的重要内容。自清代至1928年年底甘肃分省，由甘肃巡抚或省长所辖的设置于黄河上游区域各城的公署，是城内街道布局中的主要元素。

兰州中心官署

兰州长期作为黄河上游区域行政机构设置最为完备的城市，史载资料较为详备，这使今人对了解行政机构在城市空间上的分布明晰了然。作为省城，兰州城内所设衙署呈多层级，分县署、府署和省署三层以及督署。

陕甘总督署，位在城中偏北，原为明代肃王藩府。督署东有经费局，西有笔帖士署二所。② 督署占地，"方广二里"。正中为大堂，堂前东西为各文武官厅、巡捕厅。大堂南为仪门，门外为立中居正坊，坊东为土地祠，坊西为集房。南为大门，又南为辕门。③ 最后为内宅、花园。④

督署直属军署也设置于城中。督标中营副将署在县门街东，督司署在南府街。左营参将署，在部门街，守备署在城东北隅。右营参将署在西城外华林山，⑤ 守备署在乾沟沿。前营游击署在广武门外，守备署在天堑门外。后营游击守备署在通远门外畅家巷。城守营参将署在县门街东，守备署在仓门巷。公馆在府城东，为往来使客住脚休息之所。⑥

---

① 光绪《钦定大清会典事例》卷868《工部七·城垣一·直省城垣修葺移建一》，第68页。

② 道光《兰州府志》卷3《建置志·公署》，《方志丛书·华北地方》第564号，第193页；又光绪《重修皋兰县志》卷12《志四·经政上·建置》，《集成·甘肃府县志辑》第4册，第130—131页。

③ 光绪《重修皋兰县志》卷12《志四·经政上·建置》，《集成·甘肃府县志辑》第4册，第131页。

④ 光绪《甘肃新通志》卷15《建置志·官廨》，《稀见方志》第23卷，第672页。

⑤ 旧在城东，乾隆四十六年，回民起事，据守华林山，事后移驻。

⑥ 道光《兰州府志》卷3《建置志·公署》，《方志丛书·华北地方》第564号，第194—195页。

甘肃巡抚、布政使司署，在城内鼓楼东，康熙八年（1669）建。中为大堂，即紫霞堂。① 堂东西为广积库，大门内西有照磨库及大使署。② 清末时，广积库旁设有科房，大堂南为宜门，门外立有戒石坊。又南为大门、大宅门，门内有风云堂，堂左右为内库，大堂后为二堂、三堂。二堂间东有书斋，西有箭道。③ 另外，按察使司署，位在城西南。司狱署在城东隅。④

甘肃提学使署，在城东南。原为大公馆地，光绪二年（1876）建。中为大堂，左右为官厅，后有正院、东院、西院。堂前东西为考棚，南为宜门，门外东有土地祠，西有供给所。堂前大门外筑乐楼2、旗杆2、东西坊表各1。光绪十年，于堂外迤东建采兰精舍，三十三年改名学政署，次年改为学务公所。⑤ 学政行署，在城东。每三年按试，逢武乡试，以为贡院。⑥

兰州道署，在城内偏南。前为宜门，中为观察堂，后为敬简堂，再后为三堂，最后为内宅。宜门外东有马王庙，西有箭道，南为大门，再南为栅门。⑦ 兰州驻军的训练设施为大、小教场。大教场在广武门外偏东，有演武亭。乾隆三十三年（1766），辟教场周围隙地373亩，筑墙垣以缭之。小教场，乾隆三年建，在新关广武门内。横130步，纵140步，有演武厅3间，南北厦房各3间。十七年重修正厅，且于厅南新建厅3间。⑧

兰州府署，在按察使司署东。乾隆四年（1739），临洮知府移驻，

---

① 也有记载称紫薇堂，见光绪《甘肃新通志》卷15《建置志·官廨》，《稀见方志》第23卷，第673页。

② 道光《兰州府志》卷3《建置志·公署》，《方志丛书·华北地方》第564号，第193页。

③ 光绪《甘肃新通志》卷15《建置志·官廨》，《稀见方志》第23卷，第673页。

④ 道光《兰州府志》卷3《建置志·公署》，《方志丛书·华北地方》第564号，第192—193页。

⑤ 光绪《重修皋兰县志》卷12《志四·经政上·建置》，《集成·甘肃府县志辑》第4册，第145—146页。

⑥ 道光《兰州府志》卷3《建置志·公署》，《方志丛书·华北地方》第564号，第193页。

⑦ 光绪《甘肃新通志》卷15《建置志·官廨》，《稀见方志》第23卷，第673页。

⑧ 乾隆《皋兰县志》卷11《武卫·营场》，《集成·甘肃府县志辑》第3册，第93页。

在原钱局地址改建。大堂东、西有库。经历署在仓门巷。[①] 清末时的建筑布局,大堂后为二堂、三堂,前为宜门、大门。[②] 皋兰作为附郭,也有相应的官署。县署初设在宽沟堡,即旧参将署。道光时,移驻红水。[③] 清末时,位在城东南隅。大堂旁有库,外为典史署。[④] 民国时期,省署设在兰州城中偏北的原陕甘总督署所在地,市署居于城中,县署城西偏南处。

以上是作为甘肃省城兰州的官署设置情形。其余各城镇中,除了民国时期所设县城,或以旧有堡寨为基础,或在没有墙垣划定的区域为属地加以扩展外,清代以来所有建有城墙的城中,各府州县厅城官署的设置布局有如下四个特点。

(1) 各府城署即设在附郭县城。府署设在附郭县城中的依次为临洮、巩昌、平凉、庆阳、天水,且府署和县署分别设在城内不同位置。临洮府属附郭狄道,府署在城内正中,县署在府治北。巩昌府属附郭陇西城,府署在城内西南,县署旧在府治东,乾隆年间移府治北。平凉府附郭平凉城,府署在城内西北,县署在府治东。庆阳府附郭庆阳(安化)城,府署在城内近东处,县署在府治北。

(2) 各城县署设置。县署设在城内正中的有 5 个,即金县、伏羌、静宁、合水、正宁。县署在城内东的有安定、岷县、洮州、泾州(近东)。县署在城内西面的有清水、秦安、渭源(近西)、宁远(偏西)。县署在城内北面的有通渭、漳县。县署在城内西北或西北隅的有会宁、崇信、华亭、镇原。有的县署位置偏度较大,如环县(东南)、灵台(东北)、庄浪(西南)。另外河州署在城内,平番县署在城东大街,城内有庄浪同知。

(3) 官署在城中的方位,有的是沿用明代旧有的官署,有的是新建,并没有一定之规,若有,也仅取决于其城内街道的布局。

---

① 道光《兰州府志》卷 3《建置志·公署》,《方志丛书·华北地方》第 564 号,第 192—193 页。

② 光绪《甘肃新通志》卷 15《建置志·官廨》,《稀见方志》第 23 卷,第 673 页。

③ 道光《兰州府志》卷 3《建置志·公署》,《方志丛书·华北地方》第 564 号,第 194 页。

④ 光绪《甘肃新通志》卷 15《建置志·官廨》,《稀见方志》第 23 卷,第 673 页。

（4）县署内设机构基本相同，最常见且必须设置的有经历司、照磨署、广储库以及各种与国计民生相关的仓储库，如预备仓、永盈仓等。同时设的机构还有儒学署、养济院等。

当然，各城官署的占地规模、建筑结构和分布情况各异，一般规模均为一进三院，即有大堂、二堂和三堂的格局，并不断扩修。如光绪时期，洮州厅城官署分布为：厅署在城内东凤山之麓。有东西辕门各 1 间，东西吹鼓楼各 1 间，头门 3 间，东西科房 12 间，班房 6 间，宅门 1 间，门房 3 间，茶房 3 房，厨房 3 间。大堂 3 间，仪门 3 间，宅门 1 间，西院北房 3 间，东花厅 3 间，书房 1 间。西院厨房 3 间，马房 7 间，侧房 2 间。①

一般府县城内官署各机构的相应建筑设施也不尽相同。如通渭城内县衙署，有东西栅门各 1，大门 3 楹，仪门 3 楹，东西房 6 间。吏居院中，为官箴。坊东西碑各 1。厅署创建于乾隆十三年（1748），至嘉庆二十四年（1819）、光绪八年（1882）先后加以补修。大有仓，原有 16 间，光绪十九年时，减为 12 间。有社仓 5 间，原为养济院，光绪十一年改建，十九年，增修神祠。学署，明洪武初创建，乾隆十三年（1748），地震被毁，三十年，于旧址重建。道光九年（1829）、光绪元年（1875）均加以补修。蒙养义学，道光二十四年（1844）建，光绪二年（1876）重建。养济院，旧址在草场西，嘉庆二年（1797）建，置房 24 间，地震尽覆，光绪元年（1875），移建至书院北。②

可见，各城除了以官署为主要设施外，还有一些相应的配套建筑，作为公共建筑的一部分。当然常见的还有鼓楼、钟楼，或者一些著名的前代流传下来的古建筑，均作为城中街道的主要景观布局。如位在兰州城内正北的明代肃王府宅邸，为洪武末年自甘州移来。王府"城高一

---

①　始建于洪武十三年，清初沿用。同治五年，毁于战火，十一年重修。光绪十年、十九年两次增修。均见光绪《洮州厅志》卷 3《建置·公署》，《稀见方志》第 49 卷，第 325 页。

②　光绪《通渭县新志》卷之三《地域》，《方志丛书·华北地方》第 330 号（1），第 105 页。

丈，周围三里"，占到兰州城"周围 6 里"的一半。① 再如狄道城鼓楼在州署大门内，钟楼在州治东，洮阳书院前有悬之楼，乾隆二十七年（1762）重修。② 庆阳县城内府署东有鹅湖，相传为宋代时疏浚，上建有晴川阁。会宁城内建有很多工艺油房、粉房。③

清末时，通渭县城内行政官署及公共设置空间布局十分详细，较为完整，可以看成是一个特例。其街市由西北而南向铺开，其余皆民居。主要公共设施以文庙等组成。文庙在后街之东，左学署。署左，昭忠祠，南对节孝祠。东北角为城隍庙，迤南前街有玉皇阁，前为乐楼，西数十步南折为义学。东南角为养济院，南为寿名书院，又南为社仓，均西向。西数十步，为文昌阁，阁南为马王庙，西过十字街为县署，仪门外西有狱神庙，东有福德祠，祠北为厅署。西南角原为射圃亭。折北为忠孝街，有文昌楼。东为李公祠，前有孝子坊。西北角为关帝庙，左有白衣阁、三圣宫，东数步，原为察院。寺东为山陕会馆，又东为大有仓，仓东为奎文阁，阁北有龙神祠，东为菩萨楼，楼东数步，为城守营，又东数步，为新修文昌宫。东乡出东门里许，为东关外。④

天水城垣的布局原本就十分独特，至民国时期，城内官署及公共设置的空间分布基本依照清代，所不同的也仅在旧址设置了名称各异的机构。城东关街北，有万寿宫，民国时改为初等小学校。西有天主堂，位在街南、北二处，占地 40 余亩，内有天主教公学，光绪二十八年（1902）购置。再西有高等小学校，前系天水书院。大城东首为天水县署，自其西向依次为城隍庙、贡院，宣讲所、县议会、陇南书院。民国时期改贡院为镇守使所。改陇南书院为陇南中学。西关与中城，为商业区。西关有火神庙、商会、教育会、邮政局、福音堂宣讲所及汉代李广故里。城南的石马坪，还保留有李广墓。西关城南有织锦堂。伏羲城内，建有伏羲庙，是整个天水城中最为宏壮的庙宇。光绪十七年时，还

---

① 万历《临洮府志》卷 5《藩封考》。
② 乾隆《狄道州志》卷 1《城堡》，《方志丛书·华北地方》第 324 号，第 94 页。
③ 民国《甘肃省志》，《稀见地方志》第 33 卷，第 72、37 页。
④ 光绪《通渭县新志》卷之三《地域》，《方志丛书·华北地方》第 330 号（1），第 78—79 页。

设了福音堂。①

随着清末实行新政及步入民国后，各城内官衙机构改革及公共设施名称变化较大，一些新式官署机构出现。如兰州城内南大街有督军署，实业厅在府内街，教育厅在学院街，财政厅、国税厅、法专门学校，均在侯府街，县署、全省模范监狱、地方审监厅在官沟巷，邮政局在院门街，电报局在督军署内，左公祠在茶司门。农业学校、巡警学校、农业试验所在学院门内。织呢局、兰州中学校、陆军学校，均在通远门外。②

西宁中心官署

西宁城府署与县署同城，府署在后街北，道署西。府署设有经历司、茶马司。银库在大堂侧，茶库在府署西。广储仓在府治西北。县署在府署治西，乾隆二十六年（1761），移建水眼洞街。县库在大堂侧，县狱在县署北，典史署在县署西。③

西宁府城内还置有西宁办事大臣署，位于城东中街的道署西。乾隆九年（1744），署西增建笔帖式厅。④ 西宁镇署，在城西中街北。

至光绪三十三年（1907）时，西宁城内建有监狱 1 所，设在监狱署后，结构为正方形，面南背北。民国初年加以修筑，除墙垣仍旧外，内有北房 3 间，作为教诲室。西面 5 间为监所，高丈余，深约 2 丈，宽约 4.6 丈，中设木栅，四围木椽，下铺地板，离地尺余，每间居六七人。周围留有间道，窗户宽大。南面 3 间厨房，锅炉 6 座。东南角为监狱大门，两则设看守室。有羁押室 14 间，办公室 3 间。⑤

民国时期，西宁公署逐渐健全。1926 年 8 月 11 日成立司法公署。次年取消，成立甘肃高等法院第六分院。1931 年，在高等分院旧址设青海高等法院暨西宁地方法院。⑥

西宁府属各县厅城镇内的官署空间分布也各有异。碾伯、大通及贵

---

① 民国《甘肃省志》，《稀见方志》第 33 卷，第 50—51 页。
② 同上书，第 25—29 页。
③ 光绪《西宁府续志》卷之二《建置志·公署》，第 75—76 页。
④ 文孚：《湟中杂记》，见文孚著，魏明章标注《青海事宜节略》，第 56 页。
⑤ 王昱、李庆涛编：《青海风土概况调查集》，第 53—54 页。
⑥ 同上书，第 109 页。

德官署均设在城内北街。^① 丹噶尔官署在城内西大街北。^②

　　大通县城自雍正三年（1725）建成后，城内官署治所逐渐完善。官署机构组成包括县署、都司署、学官署、典署及军事机构和民国改制后沿用的行政治署。县署的建筑结构及空间分布大致为：县署在东郭门约 38 丈，居大街北。县署建筑一进三院，四周垣墙，前照壁，东西辕门，东辕外依次排列有马祖庙、头门、仪门、大堂、二堂、三堂、左右偏房。头门以内，隶役分住。仪门以内，科书分住。大堂东西分列两库，正门以内，可居仆从。二堂东西相对，备为客厅。正门以内，分列上房、备居官眷正偏，共计房 50 间。三堂右侧，荒地一段，南有小院，可住宾友。大堂东侧杂房是马号。^③

　　大通城内的都司署，亦居县城大街北，原为参府署。乾隆九年（1744），改都司署，清末裁。武职署，四周垣墙，前照壁，东西辕门内有坪，前门、仪门、大二、三堂，东西偏房，西侧校场。民国改作文庙。学官署，乾隆二十六年（1761）建，原在县城东关文庙左侧，光绪二十一年（1895），毁于兵燹。民国后改为农事试验场。典署，乾隆九年（1744）建，居县署西侧，原为卫狱，二十六年改县，是为捕署，民国改为管狱署。门内即为上房，东西偏厦房之东厢有监狱一所。

　　西宁府城西北向的大通、丹噶尔城的军事防御功能较高，因而，城内除了一些常设衙署外，以军事性为主导的衙署齐备。丹噶尔城内镇海协署在城内中街北，即旧参将署，乾隆四十七年（1782）为游击署，道光三年（1823）改为协署。城内大十字街南城壕，有中军都司署和千总署二，俱在东大街北。把总署二，在东大街南和小十字南街东。小演武场在镇海协署西，大演武场初在城西里许，光绪末时移至城东。城西原演武场，开垦为田。另外，位于丹噶尔城外西南方的哈拉库图尔城

① 民国《贵德县志》卷 2《地理志·公署》，《稀见方志》第 57 卷，第 154 页。
② 光绪《丹噶尔厅志》卷 3《地理》，《稀见方志》第 55 卷，第 810 页。
③ 原为守备署，乾隆九年，迁卫于此，二十六年改为县署。民国《大通县志》第二部《建置公署》，《稀见方志》卷 55，第 687 页。

内，也设有城守备，位在城内临东城门处。[①]

　　大通县周边有军事城堡四，各城也建有军署。北大通城，设总镇1、游击1、把总4，驻防守备2000。永安城，游击1，把总2，驻防守备1000。南川城，都司1，把总2，驻防守备1000。俄博城，都司1、把总2，驻防守备1000。清末裁缺署废。民国时，四城财产改为公产后变卖。[②]

宁夏中心官署

　　宁夏由府城升为省城，署设于府署旧地。府署在城内东南，旧南门大街西。水利同知，在府治北。城隍庙西为旧右卫署。经历司在府城南薰门路西。

　　宁夏为府城治地时，有宁朔、宁夏二附郭县。宁夏县署在城南门大街西，府治东，与府署紧靠相对的偏东北方位。堂右为广裕库。宁朔县署旧在城西大街，府治西北，与府署隔街相对的正北方位，堂左为杂项库。县署和府署不在同一区域方位，府署位于靠近城东南门偏西的正南方位。一城三署，体现出府与两个附郭同城的特点。当然，1913年，宁朔县署移治满城，以将军署改建，原格局才被改变。

　　与府平级的还有固原、化平二城。固原直隶州衙署，设在城内南面州门街，同治初年建。同建的机构还有学正署，在城西隅文庙后。吏目署，在州署二门偏西。另外，粮仓分东、西两处，东在常平仓街路西首，西在提署前街西首。固原州城义仓，在常平仓街东巷内。

　　作为西北军事重镇的固原城中还设有陕西固原提督署，在州城中央近北。提标中营参将署，在白米市直西，左营游击署，在小南市巷，右营游击署，在王字街熊公祠东，前营游击署，在小南市巷，后营游击署，在南关，城守营游击署，在城西南隅，中营守备署，在城中鼓楼北，左营守备署，在大南市巷，右营守备署，在城守游击署西首，前营守备署，在白米市秦晋会馆左首，会馆对过是后营守备署。城守营守备署，在小南市巷前营游击署间壁，均同治初年修建。提署内还设有军储

　　① 光绪《丹噶尔厅志》卷3《地理》，《稀见方志》第55卷，第810、814页。
　　② 民国《大通县志》第2部《建置志·公署》，《稀见方志》第55卷，第687页。

库、修炮局、火药局等。①

化平直隶厅衙署在城内西北，同治十二年（1873）创建，应该说是清代在黄河上游区域所设的唯一直隶厅层级。其建筑结构具体布局为：大门3间，义门3间，大堂3间，东西厢房10间，卷棚3间。二堂3间，东西厢房2间，左右耳房6间，东西花厅6间。三堂3间，东西厢房4间，厨房3间。大堂外东科房5间，西班房（看守所）5间，大门外照壁1座，义门右为监狱，围墙1道，监房5间，狱神庙1座。照磨厅在县署右侧，民国时为管狱员公所。都司署在县城内西北，经制署在县城内东侧。②

宁夏府属其余城的官署机构分布，也依照街道布局而行。若城内正中设有鼓楼的，县署均围绕鼓楼而设。如中卫县衙署、新渠县署均设在城内鼓楼西。一般就设在城内十字形街、或东西向街的东西两侧。如隆德县与宁夏县署设在城内正中，平罗、宝丰县署在城内正西，灵州在城内正东，金积县、宁夏府城署在城东街偏北，盐池县署在城东街旧花马池州同署。③

总观以宁夏为中心区的官署，所有行政军事官署呈多点分布，并不统于一区之中。从城内空间架构的视角审视，不难发现，整个城内西北方位和几何中心处，都是主要官署布局的重点分布区，是权力重心所在。固原州署和隆德县署均布局在城中央，中心位置突出，而宁夏道署、海城县署、中卫县署和都司署布局于所在城池的西北方。

另外，养济院等公共慈善机构，一般设在寺庙祠观附近及较为偏僻之地。如宁夏、宁朔的养济院在破车市东，平罗设在县城北门外，灵州设在白衣庵街，中卫在城西门外，固原在城外西南。

为了能够直观展现清代以来黄河上游主要城镇行政官署分布，兹绘示意图如下（见图4-1）：

---

① 以上均见宣统《新修固原直隶州志》卷1《城图》、卷2《地舆志》，《集成·宁夏府县志辑》第8册，第48、162—165页。
② 民国《化平县志》卷1《建置志·县署》，《稀见方志》第54卷，第313—314页。
③ 乾隆《甘肃通志》卷8《公署》，《中国边疆丛书》第26卷（2），第955—957页。

图 4 - 1　　　　　清代黄河上游主要城镇行政官署
布局示意图

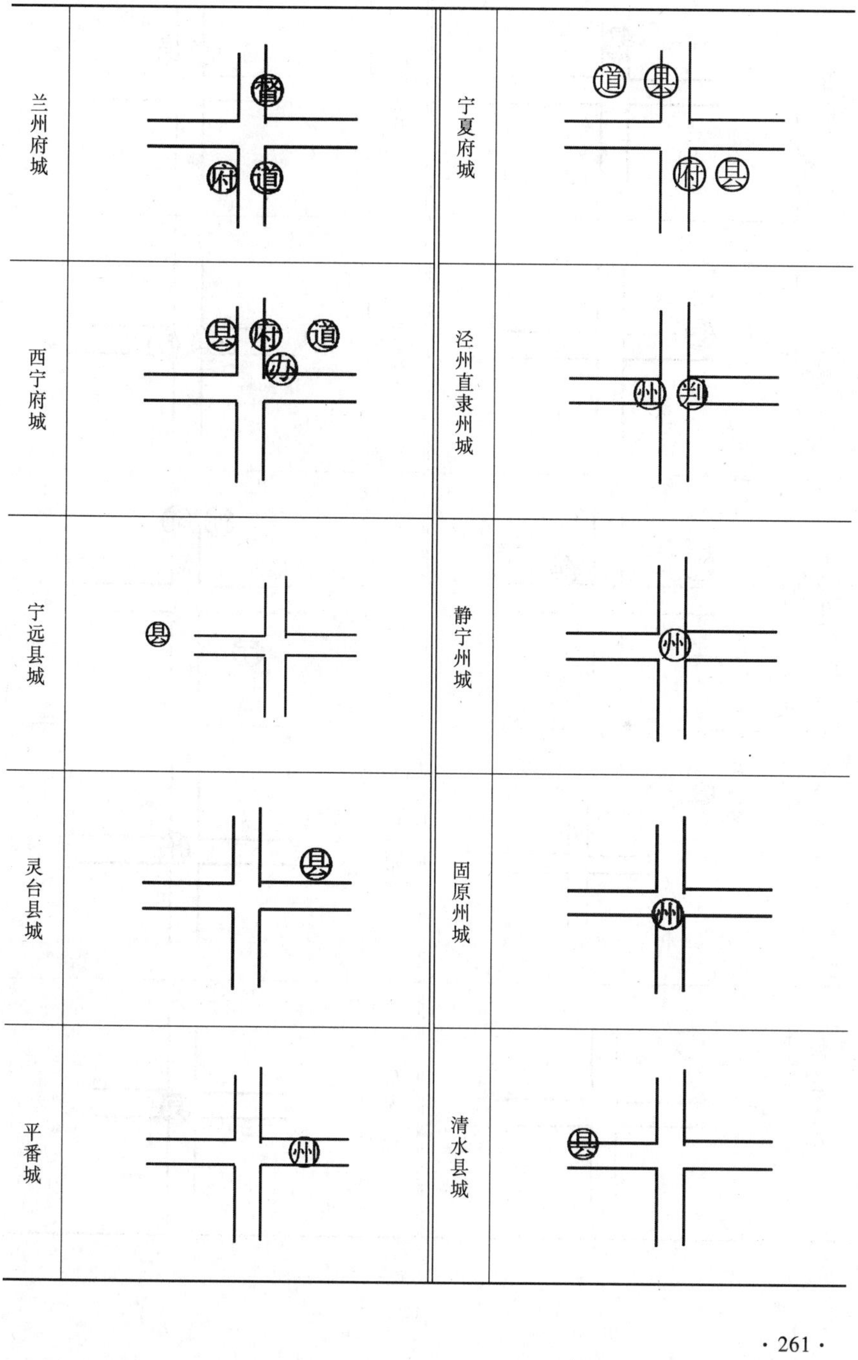

续图

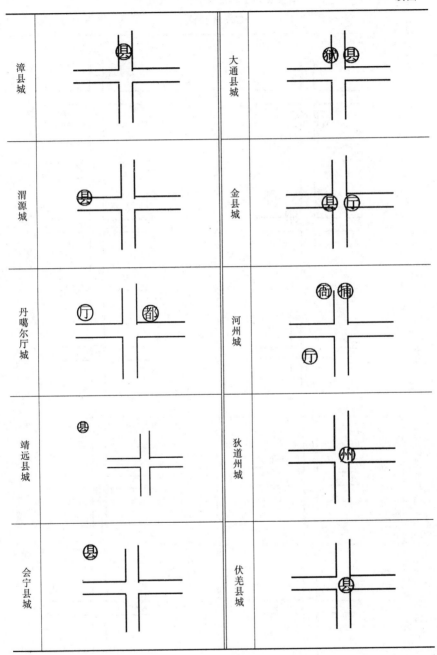

续图

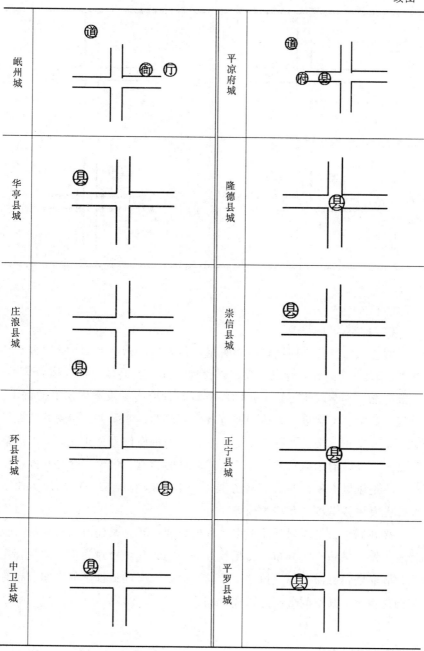

续图

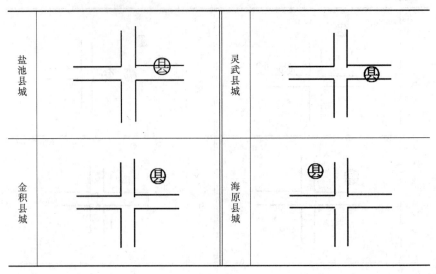

（二）学校文教中心

　　清代文化教育机构设置沿袭明制，各省府、州、县儒学，"明制具备，清因之"①。各省皆设学政，以管理官办府州县学，机构称为学署。一般情况下，学政均与督、抚同驻省城。各府州县设有同层级的儒学、书院、社学、义学等，为达到神道教化的目的，亦配套有相关的祭祀形式，设有文庙、文昌阁以及颂扬贤孝名宦的祠庙作为公共设置，以行祭祀之典。伴随清末新政的展开，新式教育的学堂、学校，分类开办，还有一些是以地方实际出发，开办具有特色的农牧经济为对象的实业学校，也有民族学校、女子学校等。

　　兴办儒学，是府州县厅地方管理的重要一环，其建筑活动场所，也就成为每个城镇空间分布中文化教育的标志，是城市最为重要的教育主体。清前期，甘肃省各城镇儒学学宫、书院、义学或社学的空间分布有其自身特征，其空间分布详见表4－1。

---

　　① 《清史稿》卷106《选举一》、《学校一》，中华书局1977年版。

表 4 - 1　　乾隆三十年前黄河上游区域儒学设置空间分布概表

府	县州厅	学宫	书院	义学	社学
临洮府	狄道（附郭）	府治东	超然书院，也称椒山书院，府治东岳麓山半	府署对门洮阳驿署内、东关各一	
	渭源	治西	洮阳书院，州治东忠愍祠内	城隍庙旁	
		县治东	渭川书院（明建，后坍塌）	关外	
兰州府	兰州（附郭）	治东南	兰山书院，东门外。后改名正业书院，城东新关路北		东社学在城东北，西社学在县治西
	金县	县治西			县治西
	河州	旧在治西南，后移建治东南	士民公建小书院，治左		大城、南关各一
巩昌府	陇西（附郭）	府治东南	崇義书院，东关内；崇文书院，城南正街	府治东南总镇废署	
		县治东南		治东钟楼街、学宫左侧道废署、县治东北察院废署，县治东北按院废署各一	
	安定	城内街西		东关街北	
	通渭	县治西			
	会宁	县治东			
	伏羌	城西南			
	宁远	县治东北			
	靖远	城东南	培风书院，学宫西	关帝庙	谯楼东侧
	岷州	州治北			
	洮州	卫治西	凤麓书院，厅治北薛家崖凤山之右	卫学东	

府	县州厅	学宫	书院	义学	社学
平凉府	平凉（附郭）	府治东			
		县治西	崇文书院，在旧韩府东，后废		
	崇信	县治东	凤鸣书院，城西北隅		
	华亭	县治东			
	镇原	县治东	正学书院，儒学东南，后废		
	固原	治西北			
	泾州	治西			
	静宁	治东南	陇干书院，州东察院废基		
	庄浪	治东北			
庆阳府	庆阳（附郭）	府治东南			
		府儒学南			
	安化	治东			
	环县	治东			
	宁州	治东			
秦州	秦州	治西南		道署前	
	清水	治北			
	秦安	治东南			城内有二
凉州府	平番	治中大街			
宁夏府	宁夏宁朔（附郭）	府治北			
			揆文书院，在府学东	广武营城内	万寿宫东、西各一
	灵州	治东南	朔方书院在花马池城内	祖公祠内、火器库东南各一	
	中卫	治东北	应理书院在南门内西路		
	新渠	南门内街东			
	宝丰	南门内街东			

续表

府	县州厅	学宫	书院	义学	社学
西宁府	西宁（附郭）	府治东			
					城内
	碾伯	县治西	凤山书院，城西北隅		县治东北

资料来源：以乾隆《甘肃通志》卷9《学校》为主，参见同期各县方志学校类。

上表至少显示三点信息：

（1）按照府州县层级统计所设儒学的38个城镇中，均建有学宫，分布在城中不同方位。就整个甘肃省辖属城镇，大概而论，以东、东南、西向为主，其中东向有13个、东南9个、西向8个，分别占到34%、23.6%、21%。分府而论，平凉、庆阳和秦州，多分布在城中东、东南向。其余各府空间分布又有差异，没有太明显的指向。结合城镇行政机构设置的空间分布，即一般行政治所均在城的北部，含中部以北的偏东北、西北（参见图4-1清代黄河上游主要城镇行政官署布局示意图）。而上述文教机构的分布区，似乎也与这一现象重合。在所列38个城镇中，有明确指向的36个，其中为城镇治所北部的有28个。表明大部分城镇中的文教功能区设在城的北部，并以此为重心，至少宁夏、西宁、平凉、庆阳和后起的固原等一些重要的府州城，均分布在北部，显示了文教功能区与行政机构在城中有着同样重要的地位。

（2）乾隆中期以前的书院建筑，府级4个，县级13个。其中县级书院中有2个设置在附郭城内。书院中，有的创建于明代，入清后多有修葺。乾隆中期以前，也有新建，如狄道州的洮阳书院，就是在旧文庙的基础上几经周折，最后定在忠愍祠内。[①]书院以官办为主，只有河州书院为"士民出资"设置。

（3）各府州县厅基本都设有义学，或者社学，只是不同的府县其称谓有别。兰州、西宁，称为社学。临洮、平凉、庆阳称为义学。巩昌、宁夏和秦州混称，但巩昌多以义学相称。

---

① 乾隆《狄道州志》卷4《学校·书院》，《方志丛书·华北地方》第324号，第251页。

清中叶以后，书院建筑蔚然成风，清廷官方也积极兴办，书院发展成为支配和影响城市发展的重要教育机构与文化力量，并形成凝聚城市内部和辐射周边区域教育发展机制。除了上述 14 所书院外，新增书院大多是乾隆中期以后设，以光绪年间居多。主要书院情形略述如下。

西宁府属及所属各县厅城。乾隆五十年（1785），在西宁府城南建湟中书院。光绪初年建五峰书院，由地方官筹捐购民宅三院连同花园筹建。碾伯县城凤山书院，初建于乾隆二十六年（1761），原址在城西北隅。道光二十一年（1841），改移东关，重建屋舍。大通县城在道光九年时，建有大雅书院，位于东关儒学署侧。咸丰二年（1852），加以修葺。同治四年（1865）因战火毁坏严重，十三年，重新修缮，改名崇山书院。光绪二十一年（1895）毁于兵乱，二十七年，又在西关兴建泰兴书院，二十九年落成。废科举后，又改为高等小学校。贵德城的河阴书院，在城东街，同治年间被焚毁，光绪二年（1876）兴修。① 湟源城内大十字以南，有南义书院，光绪十三年改为海峰书院。②

兰州及所属各府县厅的书院。乾隆三十三年（1786），金县城北郭外建增秀书院。而位在靖远县署学西的培风书院，始建于康熙三十六年（1697），嘉庆二十四年（1819）重修。乾隆四十五年（1780），又在城西门内建敷文书院。道光四年（1824），在西郭外龙王庙右建观澜书院。③ 会宁城内有枝阳书院，在县西关。光绪十年（1884），又建洮州莲峰书院，位在厅治西，旧为七圣会馆址。④

兰州城中所设书院，除了表中所列外，还有嘉庆二十四年（1819）在城北兰州公廨一所址庆祝宫右侧所建的五泉书院。⑤ 道光二十二年（1842），于城中北端的贤后街建皋兰书院，由废提督右营参将府署改建，位在原县治东南隅的曹家厅。光绪九年（1883）建求古书院，位

---

① 光绪《西宁府续志》卷 2《建置志·学校》，第 83—95 页。

② 光绪《丹噶尔厅志》卷 3《地理》，《稀见方志》第 55 卷，第 810 页。

③ 道光《兰州府志》卷 3《建置志·学校》，《方志丛书·华北地方》第 564 号，第215、220 页。

④ 光绪《洮州厅志》卷 8《学校下·书院》，《稀见方志》第 49 卷，第 384 页。

⑤ 道光《兰州府志》卷 3《建置志·学校》，《方志丛书·华北地方》第 564 号，第215、203 页。

在贡院巷。①

甘南的临夏城有凤林、龙泉、爱莲书院。其中凤林书院，建于乾隆四十四年（1779），位于城内文庙街东口。同治年间被毁，后修复。光绪二十二年（1896 年）恢复重建。二十六年、二十七年又分别创建了宁河镇龙泉书院和莲花堡爱莲书院。前者于三十二年改为第三区第一高级小学，后者改为第五区第一高级小学，民国时期又改为爱莲小学校。

宁夏府属的书院，在黄河上游区域的书院规模中发展较快，除府城设有银川书院外，几乎各个州、厅、县城也都设有书院，统计有 11 个。详见表 4－2。

表 4－2　　　　　　　清代宁夏主要城镇书院分布概表

城镇	书院	选址	城镇	书院	选址
宁夏	银川书院	西南部	平远	蠡山书院	城内文昌宫侧
宁夏（满）	维新书院	城东大街	隆德	临泉书院	东北部
中卫	应理书院	西南部		峰台书院	城东门外
平罗	又新书院	西南部	固原	五原书院	城北王子街
灵州	灵文书院	东南部	化平	归儒书院	在城内
宁灵	钟灵书院	东南部	—	—	—

资料来源：光绪《甘肃新通志》卷 35《学校志·书院》，《稀见方志》第 24 卷，第 278—286 页，具体布局方位参见各府州县相关方志城池图。

清代书院在空间上的分布，有其固有特征，一般取清静景秀之处而建，建在城里的书院选址布局也不一定与儒学同区或邻近分布。如临洮府学在治东，书院在东。狄道县学在治西，书院在治东。宁夏府属书院又分布在各自城中的西南部、东部和东南部，此三个方位城镇书院的主要分布区域，与行政结构尚北向又有不同。

除了书院外，黄河上游区域的各府州厅县城，几乎都设有文庙，是为遵从清廷城内设施体制的需要。清廷令各省遍设文庙，专门管理，不

---

① 参见民国《兰州古今注·书院》，《史地文献》第 24 卷，第 38—39 页；民国《甘肃通志稿·甘肃教育志·书院》，《稀见方志》第 28 卷，第 228 页。

时责令修缮。康熙二十一年（1682），谕令：儒学文庙，关系文治，"理宜严肃洁清，不许污秽侵占"。违者察明治罪。二十三年，又谕各省照旧存留修理文庙银两，以供修葺。雍正年间，对文庙建筑等的各项规定更加明晰规范，要求直省府州县学宫、先师庙及祭器等项，如应行修葺，凡本籍科甲出身之人，及居家之进士、举人、生监等情愿捐资修葺者，听其自便，不必限数，亦不必勉强。①

由是，以文庙为主体的文教祠庙便成为地方府州县厅各城必建的公共设施，通常位于学宫附近，多分布在城的中心区，对建筑也有严格规定，要求建筑规制必须符合传统建筑模式的一般规律。如有大成殿、明伦堂、博文斋、约礼斋，敬一亭、尊经阁、魁星楼、奎文阁等，与文庙同时建筑的还有文昌祠、崇圣祠、忠烈祠、节孝祠、乡贤祠、名宦祠等。乾隆年间时，以兰州府中心区辖属各城镇的圣庙，即设于其学中，为大成殿。崇圣祠，皆在学东。名宦祠，皆在学宫。文昌祠，兰州府的在府学内，狄道州在旧县治，渭源县在城北，金县在城西隅，河州在州署南，靖远县在东郭外。② 乾隆以后，兰州府中心辖属各城又新建了一些与文庙相关的祠宇。如嘉庆六年（1801）春，在兰州县治府学东新建文昌宫。七年，在城东关建昭忠祠。光绪六年（1880）在城南建左公祠。十二年在东关建忠义祠。③ 形成具有神教功能的城市建筑群，建筑取向各异。

文庙在城中分布位置，虽没有一定之规，但其建筑规模布局各城基本相当。以兰州府及各属县的文庙为例。兰州府城文庙在城东南，中为大成殿，东西两翼为庑，前为戟门，再依次为棂星门、泮池和桥。大成殿后为明伦堂，堂前东西两斋。堂后为尊经阁，阁后临街，有休学铺。明伦堂左为教授署，右为训导署。崇圣祠④在东儒林门内直北又东。祠后为敬一亭，祠西为文昌阁。省牲所在西儒林门内。南城有坊学门，前

---

① 光绪《钦定大清会典事例》卷866《工部五·坛庙规制·直省坛庙》，第58、59页。
② 道光《兰州府志》卷3《祠祀志》，《方志丛书·华北地方》第564号，第245—248页。
③ 光绪《重修皋兰县志》卷16《志八·祀典》，《集成·甘肃府县志辑》第4册，第373—375页。
④ 崇圣祠在雍正朝之前称为启圣祠，属孔庙的祭祀部分。

有东西二坊。而县文庙在城内延寿巷西南。乾隆五年（1740）创县学，建文庙于延寿巷，原为明靖逆侯张勇故宅，规制大致同府文庙，中也为大成殿，东西两庑，碑亭2座，前为戟门，再前为泮池，又前为棂星门。崇圣祠在正殿东，尊经阁在正殿西。再前为明伦堂及东西斋房。教育署在东，训导署在西。省牲所在训导署前。奎文阁因地狭无处可建，便"以通远门城楼为之"①。

　　清代以来，各城镇以文庙为主体的与文教相关的建筑，有的沿袭明代，有的为清代所建，并不断修葺。新式教育实施后，或逐渐被书院替代，或年久失修毁弃，或替代为其他形式的祠庙。一般情形下，陇东、平凉地区的城镇文庙及相关文教建筑大多沿袭明代，种类相对齐全，保护修缮也到位。即便被灾或战火毁于一旦，也会重建。而西宁、宁夏府所属则多为兴建，相对种类也较少，仅有文庙、文昌祠等简单建筑。

　　前者如平凉地区镇原城文教建筑群，相对齐全。文庙，建筑在县治东，旧基为明洪武初年所建，万历重修。入清后，乾隆年间就修葺过2次，并增添补建。相关建筑群包括大成殿、明伦堂、尊经阁等。其中，大成殿，南向7间。其建筑的木料、围墙沿用前代。大成殿后建有明伦堂，万历年间，改建于殿西，明末倾圮。康熙二十一年（1682），重建于殿后，雍正、嘉庆年间重新修缮。其中乾隆三十六年（1771）在明伦堂后又添建尊经阁。② 形成相对完成的城镇文教建筑景观。

　　再如永登城的文庙更能显出祠庙群的特色。城中文庙，始于明洪武十年（1377），是年改一官宅为庙。嘉靖八年（1529），移东北隅旧基。顺治八年（1651），移建仓储之左。康熙三十九年（1700），改建于卫署。有圣殿三楹，东西有庑，前为戟门，门之前为棂星门，有泮池、圜桥、照壁。正殿右为崇圣祠三楹，正殿左为文昌宫三楹。正殿后为明伦堂五楹、东西斋房各三楹。戟门左侧，为乡贤祠三楹。③

　　洮州厅文庙原建在厅治西的永宁坊，同治五年（1866）毁于战火，

---

① 乾隆《皋兰县志》卷7《学校》，《集成·甘肃府县志辑》第3册，第73页。
② 民国《重修镇原县志》卷8《教育志·文庙》，《集成·甘肃府县志辑》第27册，第2页。
③ 民国《永登县志》卷2《建置志·学校》，《方志丛书·华北地方》第344号，第30页。

光绪七年（1881）重建，次年重修。有东西牌房，大门 2 座，泮池、圜桥 1 道。有棂星门、名宦祠、节孝祠、乡贤祠、大成门各 3 间。还有东西奎星楼 1 座，高 2 层。西面有文昌楼 1 座，高 2 层。有东西乐器房 6 间，大成殿旁有崇经阁 1 座，高 3 层，崇经祠 3 间。占地自崇圣祠后壁至棂星门长 36.4 丈，自庙门左至庙门右 10.5 丈，自棂星门至宫墙 8.6 丈。①

以西宁为中心的清代新设城镇如丹噶尔、大通等县城中的文庙及相关文教建筑，单一分散，维护程度不够。丹噶尔城内建有文昌阁，也称灯山楼，在城内西小十字正南北，与关帝庙牌坊相对，创建于咸丰九年（1859）。同时建筑的还有昭忠祠、文昌菩萨楼。前者位在城内东北街，光绪末年移置城外东岳庙。后者在万安桥之东，永寿街尽头。② 大通县文庙，原建于东门外数十步，光绪二十一年（1895）毁于战火，民国移于城内西街都司署地。③ 步入民国后新设在牧区边缘的共和县，其城中也设有与文教相关的"文昌庙"，地址在上郭密曹多龙庄。④ 详见表 4-3。

表 4-3　　清代以来黄河上游区域主要城镇文庙空间分布概表

城镇	治所	城镇	治所	城镇	治所
永登	城东北卫署	固原	城西隅	兰州	治东南
洮州	治西永宁坊	渭源	县治北	金县	署西
河州	城西南	临洮	府署东	靖远	城东南
崇信	城北	狄道	治东即旧府学宫	循化	城西南隅
同心	城内	通渭	后街至东	碾伯	鼓楼北街
化平	城内				

资料来源：参见各县地方建置志坛庙类。

---

① 光绪《洮州厅志》卷 7《学校上·文庙》，《稀见方志》第 49 卷，第 371—372 页。
② 光绪《丹噶尔厅志》卷 3《地理》，《稀见方志》第 55 卷，第 811—812 页。
③ 民国《大通县志》第 2 部《建置志·坛庙》，《稀见方志》第 55 卷，第 689 页；王昱、李庆涛编：《青海风土概况调查集》，第 59 页。
④ 王昱、李庆涛编：《青海风土概况调查集》，第 185 页。

近代新式教育兴起后，兰州作为黄河上游区域的核心区，其教育和文化中心的地位凸显，其学堂、官私所立大学、中学、小学以及各类专业成为培养新式人才之重地，各种民族教育也有起色。此外，其他新式报纸、杂志、图书馆、博物馆等新式文化机构也次第创办。甘肃分省，加快了学校教育在黄河上游区域的发展，构成城镇空间分布的主要景观。

甘肃各城镇内，均设有普通中小学，有的城内学校种类较多。师范类学校比较普遍，分别设在兰州、狄道、陇西、天水、平凉、西宁、宁夏等城内。陇西城内，设有陇西师范学校、南安中学校、初等高小学校。狄道县城内有县立中学、乙种工业、高等小学。另外，女子学校建立成为一时之风气，如狄道县城内设女高小一所，名为从德女学。也有贫民工艺所1所，国民学校17所。其教育发达，为甘肃省之冠。兰州城中有法政专门学校、女子师范学校和甲种农业学校各1所。在兰州、平凉、天水等城镇中建有中学5所。①

清末新政中，兰州城的学校教育场所，均沿用前代旧地，翻新修葺。在通远门外畅家巷，分别于光绪二十九年（1903）和三十年创办了甘肃文高学堂、武备学堂。宣统元年（1909）在西关举院创办政法学堂，1913年改为甘肃公立法政专门学校。自光绪三十二年（1906）至清末，兰州城的东、西关还创办有高等巡警学堂、农林学堂、矿务学堂。在求古书院址建有师范学堂，后改为初级师范学堂。原兰山书院改建为优级师范学堂。在兰州庄严寺建仵作学堂。

泾渭水流域上游，是黄河上游区域开发较早，受儒学传统教育影响较深的区域。这里新式学校的空间分布，亦以人口较为密集的城镇为中心，且沿袭了清代以来的文教场所，加以修葺利用。如崇信城新式学校教育场所，均利用旧有文教建筑。1919年，在城北关岳庙设县立第一初级学校。次年，在城南文昌宫设县立第二初级学校。1922年，在寺道巷设第一初级县立女子初级学校，次年移置城西北巷子，租赁民房。当然，崇信城周四乡教育也沿用旧地。如1916年，东区初级学校，地

①　民国《甘肃省志》，《稀见方志》第33卷，第39、41—42、47、125页。

在九功城，此处为平凉、崇信连界地，选圣母庙这一公共地点建筑为校址。1918 年，在补天寺设东区区立第一初级学校，为区立初级学校之冠。另外的两所学校是 1916 年在新窑镇设的南一区区立第一初级学校，在木林镇设东区区立第二初级学校。[①]

以西宁为中心的青海地区，新式学习教育空间分布均以城内为主。光绪三十年（1904），改湟源城内大十字以南的海峰书院为高等小学堂，1916 年，改为女子小学校。[②] 1918 年，将原兵备副将衙署改建为第一小学校，并设置教育局。湟源城中还有高级小学 1 所，初级小学数所，女子初级小学 1 所，平民夜校 1 所。在西宁城中有省立第一中学、师范学校、职业学校和女子师范学校。在乐都县城中有县立乐都中学。[③] 在大通城内原泰兴书院地，创办高等小学校，城乡各处也设有 4 所。[④] 另外，在西宁南川加牙地方设有职业学校 1 所，专门制作毡毯。巴燕县城内有教育局 1 所，二级小学 1 所。四乡共有初级小学校 11 所。此外还有民众夜班学校 1 所。同仁县有初级小学 1 所。共和设县后建县立第二高级小学校，附设初小 1 所。在恰卜恰之加拉大庄，有初级小学校 1 所，在县附近曲沟大庄筹设县立第一高级小学 1 所，内亦设初级小学 1 所。县西之沙珠玉亦新设初小一所。[⑤]

青海教育最发达的地方为西宁、湟源。[⑥] 兹就民国时期二处城内学校空间分布与大体状况列表如下（见表 4 - 4、表 4 - 5）。

表 4 - 4 　　　　　　　　**1930 年西宁中等学校调查概况**

学校名称	校址	学级数	学生数	教职员	每月经费	负责人
省立西宁高级中学	城内西街	高中一级，简师四级	211 人（总）	38 人	2605 元	穆建业

① 以上均见民国《重修崇信县志》卷 2《学校志·学务》，《方志丛书·华北地方》第 336 号，第 213—215 页。

② 王昱、李庆涛编：《青海风土概况调查集》，第 119—120 页。

③ 王金绂编：《西北地理》，第 333—334 页。

④ 民国《大通县志》第 2 部《建置志·学校》，《稀见方志》第 55 卷，第 688—689 页。

⑤ 王昱、李庆涛编：《青海风土概况调查集》，第 110、178、182—183 页。

⑥ 王金绂编：《西北地理》，第 310 页。

学校名称	校址	学级数	学生数	教职员	每月经费	负责人
省立西宁初级中学	宏觉街	共三级	182 人	37 人	1260 元	王守均
回教促进会设西宁初级中学	城南关外	共三级	182 人	20 人	1278 元	马霄石
省立西宁工业学校	职业街	工科三级农科二级	183 人（总）	56 人	1930.95 元	马绍武
省立蒙藏师范学校	城西门外	二级	60 人	18 人	400 元	吴世瑾
省立西宁女子简易师范学校	公安街	四级	64 人	22 人	1143.45 元	
省立乐都初级中学	城内西街	二级	29 人	14 人	566.66 元	吴邦桢

资料来源：见《青海风土概况调查集》中《青海概况》表，第 39 页。

表 4 - 5　　　　　　民国时期湟源城及周边学校分布状况

学校名称	校址	占地面积（方尺）	创办时间及变更
县立第一小学	城内中大街北	24144	1918 年于清副将衙署址开建，次年建成，合并城关高校、初级五校为一校
县立女子学校	城内中南街	4095	旧址为南义学，后改为海峰书院。光绪三十年，改设高等小学，因地狭小，1916 迁往东关，开设女学
县立第一初级学校	东关北小庄	8000	原系养中义学，后改为第三国民学校。1915 年，新建教室 2 座，与城内高小校合并，1920 年全校复迁至城内新校，1923 年复设第一初级学校
县立第二初级学校	西关火祖庙东侧	6048	西关旧有养正义学 1 处，改为第四国民学校，1920 年，归城内新校。嗣因校址狭小而变价，于火祖庙东侧新建，1924 年设立本校

续表

学校名称	校址	占地面积（方尺）	创办时间及变更
第二区第一初级小学校	西乡立达庄	3024	原系义学，1921 年改
第三区第一初级学校	西乡池汉庄关帝庙内	5504	原系育英义学，1928 年设立
第三区第二初级学校	西乡塔湾庄	2058	原系敦秀义学，1922 年改
第三区第三初级学校	西乡拉石崖庄	1852	原为义学，1929 年改
第四区第一初级学校	南乡大纳隆庄	1680	原系正德义学，1929 年改
第四区第二初级学校	南乡察汉素庄火祖庙内	3150	原系长善义学，后迁修于火祖庙，1925 年改

资料来源：王昱、李庆涛编：《青海风土概况调查集》，第 150—151 页。

晚清至民国时期随着新式教育的推行，在宁夏为中心的各城镇区内新式学堂、职业学校、女子学堂等相继出现。据《甘肃新通志》记载，清末"新政"期间，在宁夏府、固原州等地先后设立 2 所中学堂、完全小学 4 所、高等小学堂 7 所、初等小学堂 121 所。①这些新式学堂多数也是由旧有的儒学、文庙、文昌宫、守备署、关帝庙、娘娘庙等文教、行政机构和部分祭祀祠庙改设而成，其文教机构布局的变化，详见表 4－6。

---

① 宁夏府中学堂、固原州中学堂，参见光绪《甘肃新通志》卷 38《学校志·学堂》，《稀见方志》第 24 卷，第 298—301 页。

表 4 - 6　　　　晚清至民国宁夏建省前各县城小学教育布局状况

城镇	学校名称	校址	创办时间
宁夏	第一高级小学校	郡城骡马市东北	1914 年前艺徒学堂改建
	第二高级小学校	郡城西南隅棕木巷	1920 年建
宁朔	第一高级小学校	城东大街	1915 年维新书院改建
中卫	第一区高级小学校	城中街	1912 年就大公馆改建
	模范初级小学校	城中街	1918 年就应理书院改建
	女子初级小学校	城中街文昌宫三代祠	1922 年创办
	第一区初级小学校14 所	建于城内东南隅圆通寺、西南隅经堂庙、东关武庙等地	—
平罗	本城高级小学校	城西南隅	1915 年就又新书院改建学堂，1922 年改为本城高级小学校
灵武	第一高级小学校	本城东南隅灵文书院	民国初年改为第一高级小学校
	第二高级小学校	吴忠堡西街文庙	1917 年创办
金积	本城高级小学校	本城东南隅旧钟灵书院	民国初年改为高级小学校
	本城清真高级小学校	城内	1918 年创办
盐池	本城高级小学校	城内文昌宫	1918 年创办
镇戎	本城高级小学校	城内北街	光绪三十三年由原守备署改建
固原	第一区县立第一高级小学校	县城提署街，以固原直隶州中学堂改设	1912 年建
	第一区县立初级小学校 8 所	—	—
	第一区县立女子初级小学校 2 所	分别设在县城内、东关县城外任家巷	—

续表

城镇	学校名称	校址	创办时间
海原	第一区公立第一高级小学校	以海城县高等小学堂改设	1912 年建
	第一区公立初级小学校 4 所	分别在县城内北街、小北街、县城外西关营、双东儿	—
	第一区公立女子初级小学校	设在县门口	
化平	第一区公立第一小学校	以化平直隶厅两等小学堂改设	1912 年建
	第一区公立初级小学校	县城东关	—
隆德	第一区县立第一完全小学校	以隆德县高等小学堂改设	1913 年建
	第一区县立第二完全小学校	设在沙塘铺	1928 年建
	第一区区立女子初级小学	附设于教育局	1920 年设

资料来源：民国《朔方道志》卷 10、12《学校志》；民国《甘肃通志稿·甘肃教育志》，《稀见方志》第 28 卷，第 271—275 页。

可见，步入民国后，黄河上游区域的城市教育发展较快，各城镇内所设学校种类逐渐增多。1911 年，临洮创办树风小学，继之而起者有 30 余处。往各省及国外留学者，"颇不乏人"①。20 世纪 30 年代前后，在兰州增设甘肃大学。据 1932 年 8 月统计，全省省立学校有 20 余所，各县以临洮最为发达。在西宁、宁夏城中的师范等各级各类学校增多。兹根据《中国分省地志》调查，列表于下（见表 4-7）。

---

① 王金绂编：《西北地理》，第 325 页。

表4-7　　　　　　　　　1932年甘肃省教育概况

分类	学校数	学生数	经费
师范	11	695	77056 元
中学	5	953	54657 元
高级小学	215	12099	109250 元
初级小学	2192	101810	148980 元
甲种实验	1	121	23128 元
合计	2424	115678	413071 元

注：包括宁夏、西宁及省立、县立、私立。

　　设立民族学校，是黄河上游区域学校教育的特色，以回、蒙、藏等民族为主的学校，基本分布在民族集聚的各城镇中。乾隆五十五年（1790），在洮州厅西门外设回民义学。[①] 据1932年的调查显示，仅甘肃一省的回教清真寺学校就有8所。[②] 以临潭为例，1934年，在城西街建女子完全小学。1938年在南关成立回民学校。[③] 另外，如永靖县，1940年在城治莲花堡建立回民教育促进会；1948年于回民聚居区设立高级小学2所，初级小学5所。[④] 夏河也在其县署中心区，设1所藏民学校。[⑤] 除此，在兰州城也设有教会学校，名协和中学。[⑥] 宣统二年（1910），在西宁城中设立青海蒙番学校。共和在设县之前，儒学教育较弱，"番民赖以识字者，多于各寺院读念佛经而已，纯系藏文"。1919年，在下郭密亦杂石塘城设立蒙番初小1所。[⑦]

　　为促进各城镇民族教育，尤其是促进回民教育的发展，于1930年前后，在青海各城成立了回教促进会，总会设在西宁城内，省内其余各城镇设有分会，共14处。西宁城周设有两处，一是设在上庄的

---

① 光绪《洮州厅志》卷8《学校下·义学》，《稀见方志》第49卷，第385页。
② 王金绂编：《西北地理》，第324—325页。
③ 王树民：《陇游日记》，《甘肃文史资料选辑》第28期，第161页。
④ 永靖县志编纂委员会：《永靖县志》，兰州大学出版社1995年版，第490页。
⑤ 民国《夏河县志》卷之七《政治》，《方志丛书·华北地方》第346号，第79页。
⑥ 民国《甘肃省志》，《稀见方志》第33卷，第126页。
⑦ 王昱、李庆涛编：《青海风土概况调查集》，第182—183页。

"西宁上庄第一回教促进分会"，另一是设在鲁沙尔的"西宁鲁沙尔第二回教促进分会"。其余设在门源、大通、民和、化隆、循化、互助、贵德、乐都、同仁、共和各城镇内，① 且于各分会内附设高级小学校 54 所，在西宁城垣内设直属初小 2 所，次年，又增师范讲习所 1 处。②

　　清代黄河上游区域的各城镇所设私立学校也较多，主要在城镇周边，初为私塾，新学兴办后，改为公立学校，一般以小学为多。如河州地方有私塾 28 处，分别设在刁祁、尹集、兰达、双城、铁寨浸路、咀头、三角曹家、朱潘家、侯段家、卢马家、上石、程家川等处。清末以来，部分私塾改为小学校的同时也加以兴办，如创办了北塬尚文义学和西乡韩家集尊闻义学，1918 年在西乡韩家集创办西区小学。1931 年，在双城、上阴洼、新集、牙背庄、邱家寺、段家湾、杨家坪等处设立分校。1936 年改西区小学为云亭中心小学。是年，统计包括积石山县所在的临夏，有高级小学 5 所，初级小学 28 所。与 1928 年全县仅有的高级小学 2 所、初级小学 20 所相比，有所增加。③ 1938 年，在云亭小学东修建私立云亭中学，1941 年设立高中班。④

　　各城镇中也建有一些属于公共教育的机构和场所。1934 年，在临潭县府对面建有图书馆。⑤ 镇原城木塔寺地方，由省城教育推广处设立公共体育场，"无论任何人，皆可入场"⑥。

　　民国时期，以宁夏为中心的各城镇中，文教功能机构也包括图书馆、阅报所、讲演所等社会公共教育场所，体现了这里城镇公共文教景观的重要特征。详见表 4-8。

---

　① 文郁：《青海省宗教的调查》，《海泽》1934 年第 6、7 期。
　② 《新甘肃》杂志社记者：《青海回民教育现状》，《新甘肃》1932 年创刊号。
　③ 《临夏县志》，第 485—486 页。
　④ 《临夏县志》，第 499 页。
　⑤ 王树民：《陇游日记》，《甘肃文史资料选辑》第 28 期，第 161 页。
　⑥ 民国《重修镇原县志》卷 8《教育志·新学校》，《集成·甘肃府县志辑》第 27 册，第 76 页。

表 4 - 8　　　民国时期宁夏地区城镇社会教育机构分布状况表

城镇	机构名称	地址	创办时间
宁夏	宁夏县图书馆	柳树巷鲁班庙	1928 年
	宁夏讲演所	米粮市、新华街	1927 年
	宁夏阅报所	新华街	1925 年
宁朔	宁朔县讲演所	县府西	1925 年
	宁朔阅报所	县府东	1925 年
灵武	灵武县图书馆	北大街	1927 年
	灵武讲演所	北大街	1925 年
	灵武阅报室	讲演所内	1927 年
盐池	盐池县讲演所	大什子口	1926 年
	盐池县阅报所	讲演所内	1926 年
平罗	平罗县讲演所	城内西大街	1925 年
	平罗县阅报所	城内西大街	1925 年
中卫	中卫县平民学校	县城内	—
	中卫县图书馆	文庙	1928 年
	中卫县讲演所	县府东	1926 年
	中卫县阅报所	县府大门内	1926 年
金积	金积县讲演所	大街	1926 年
豫旺	豫旺县讲演所	县党部	1927 年
固原	固原县民众学校	县府、教育局、同仁学校	1927 年
	固原图书馆	山货市	1927 年
	固原讲演所	城内南月城子	1926 年
	固原阅报所	城内南月城子	1925 年
海原	海原县平民学校	海源县城	—
	海原县图书馆	县府门外	1928 年
	海原讲演所	东北校场	1925 年
化平	化平县讲演所	县城内	1919 年
	化平县阅报所	县城内	1919 年
隆德	隆德县讲演所	县教育局	1926 年
	隆德县阅报所	县教育局	1926 年

资料来源：民国《甘肃通志稿·甘肃教育志》，《稀见方志》第 28 卷，第 295—296 页。

（三） 城区及周边主要桥梁建筑

城垣外围各处或城内有桥梁建筑，说明河流或渠道的存在，表明城池选址对水源的依赖程度，也是城内人文建筑景观的呈现，属于城中公共设置。黄河上游区域的桥梁建筑，除了少部分在城内，大多耸立于各县城外四周，近则里许，远则十几余里，均因黄河及其支流多绕城曲折而行。河流穿城而过，城中建筑桥梁，最著名的为兰州城内黄河铁桥。

道光《兰州府志》记载，明代时，兰州西北城外黄河上有"镇远桥"。洪武五年（1372），建于城西 7 里，以济师。两年后，移建于县西 10 里，名曰镇远。十八年，又移建于西北城外。用"巨舟 24 艘，横亘河上，架以木梁，周以栏楯，上铺平板，南北两岸为铁柱，四系铁缆二，各长一百二十丈"。而建桥的原因在于"兰州当两河孔道，绾东西来往之襟喉。城北面即枕黄河，车马辐辏，络绎不绝，咸赖桥以济河"[1]。参见图 4 - 2 与图 4 - 3。

图 4 - 2　清代镇远桥

---

① 道光《兰州府志》卷 3《建置志·津梁》，《方志丛书·华北地方》第 564 号，第 224—227 页。

图 4 - 3　同治年间的黄河浮桥

清前期对镇远桥的经营也是着眼于兰州地理位置的重要。巡抚刘于义在任时，予以加固。雍正八年（1730），刘于义上任档口，亲见河桥被冲。至乾隆元年（1736）六月，大水骤涨，河桥又断。在不到 7 年的时间里，桥就被冲断 2 次，这引起刘于义的重视。经考察前朝造桥经验，扬长避短，"将两岸马头各减退三丈五尺，仍照洪武年间原制，用二十四舟铁索，各增五十丈系于铁柱，以复宋卫二公之旧。惟西岸所少一柱，用大木代之，约定三年一易"，以期坚固。① 但是，即为浮桥，无坚固可谈，一遇河水大涨，洪峰到来，或冬日天寒，冰凌挂桥，有碍通行。所以，直到清中叶，镇远桥常常难以通行。咸丰八年（1858）六月，黄河大涨，冲断浮桥。光绪三十年（1904）六月，连续 7 天大雨，黄河暴涨，桥面处水位 1517.46 米，流量 8600 立方米/秒。②

为了改变这种状况，左宗棠任陕甘总督时，就有过修建铁桥之议，但因价高作罢。光绪三十一年（1905），升允任陕甘总督时，设立了甘肃洋务总局，由兰州道彭英甲兼洋务总局总办。次年五月，与德商天津泰来洋行的喀佑斯商议，修建黄河铁桥，桥价 165000 两，经德方勘测，认为黄河水性，虽云湍急，若如所议章程架修铁桥，"甘愿保固八十

---

①　道光《兰州府志》卷 3《建置志·津梁》，《方志丛书·华北地方》第 564 号，第 228 页。
②　《兰州市志》第 7 卷《市政建设志》，第 230 页。

年"。九月十一，甘肃洋务总局与德国泰来洋行正式签订黄河铁桥包修合同，黄河铁桥的各项建设筹备工作全面展开。① 三十三年，升允上书慈禧太后和光绪皇帝，次年二月，朱批允行。同时，铁桥动工。至宣统元年（1909）六月竣工。总费用 306691.898 两。② 铁桥长 70 丈，宽 2 丈 2 尺 4 寸，下设 4 墩，墩用水泥铁柱做成，墩上用石块铺垫。"桥面两边翼以扶栏，旁边徒行，中驰舆马，安稳异常，行旅称便。"为兰州对外重要交通孔道。

1929 年，甘肃分省，主席刘郁芬改挂于铁桥南端名为"第一桥"的牌厦为"中山桥"，一直沿用。铁桥建成后，经受了几次黄河特大流量冲击，大修 5 次。其中 20 世纪 40 年代因大雨、暴雨被水冲击的有 2 次，即：1943 年 6 月下旬，黄河陡涨，流量 5060/秒。1946 年 9 月初，黄河又涨，流量 5900/秒，相应水位 1516.22 米，淹没桥墩，浪花溅上桥面，桥上无法通行。大修 5 次中，1949 年前为 3 次。其中 1940 年，日本飞机轰炸，损坏 2 号桥墩和钢桁架上部构件。次年秋，一辆汽车在桥上爆炸，部分桥面板和纵梁烧毁。1949 年 8 月，兰州战役中，炮弹击中桥上国民党 2 辆军车，车上弹药爆炸，引起大火，桥南端两孔 18 节木桥面全部及部分纵梁被烧毁，1 根拉杆被毁。③

铁桥成为兰州城重要建筑，带动了兰州城不断向北扩展。所以，城内的水道与桥梁设施建筑，也成为城市内部立体架构的一部分，属于城市公共建筑。清代，兰州城内桥梁，包括黄河铁桥第一桥在内有 17 座，主要为道光年间建筑或整修重建。如道光五年（1825），在通远门外里许建的太平桥。九年，在西园南重砌的石桥，即西津上桥，对应的有西津下桥，位于西园西北。④ 十一年，改建的东岗镇石桥，即巩金桥。十二年，改建位于东柳沟的张家桥，也称石桥。二十二年改建城南五泉山

---

① 朱批奏折，陕甘总督升允，《奏为筹建兰州黄河铁桥请饬部立案事》，光绪三十三年十二月十九日，档号：04 - 01 - 01 - 1084 - 024。

② 朱批奏折，陕甘总督升允，《奏请核销创建兰州黄河铁桥用过银两事》，宣统二年四月二十五日，档号：04 - 01 - 37 - 0156 - 037。

③ 《兰州市志》第 7 卷《市政建设志》，第 230、138 页。

④ 道光《兰州府志》卷 3《建置志·津梁》，《方志丛书·华北地方》第 564 号，第 230—231 页。

麓的先登桥，该桥始建于正德年间。光绪十二年（1886）改建了段家
滩的迎旭石桥，十四年，重修东柳沟张家桥。其余桥的建筑时间不明，
如拱兰门外的南秀桥，东关的石桥。① 与上述西津上、下桥相关的还有
西津桥，俗名卧桥，位在兰州县西2里的阿干河口，架木横空，长10
余丈，高3丈，下无柱。嘉庆二年（1796），本县乡绅捐银3000两，进
行一次较大的修缮。② 至民国末，兰州城内保留有桥梁13座，即改名
后的黄河铁桥中山桥、土门墩桥、骆驼巷桥、雷坛河握桥、雷坛河砖台
木面平桥、天胜桥、五里铺桥、拱星墩桥、岸门桥、店子街巩金桥、李
麻沙沟桥、阳洼砭桥和烧盐沟靖远路桥。③

　　黄河上游区域各城镇内及邻近周边有桥梁设施的城镇很多，如金县
南郭外有浩亹桥，北郭外有神济桥。河州大夏河上有桥4座，为大夏
桥，在州南3里，共有56孔，水泛涨多冲没。道光年间，改立木桥。
另外，大夏河上还有折桥，在城东10里。洩湖桥，城东30里。南城门
外里许，有通济桥，始建于康熙八年（1669），四十四年重修。④ 另外，
在河州境黄河上有通西宁的积石关渡口，黄河下渡口在剌麻川，为莲花
寨通庄浪处。康熙四十五年，于莲花寨、哈脑、黑城、潘家各设一
舟。⑤ 靖远县县西有索桥，县西黄河上有乌兰桥。⑥

　　洮州厅境南面的洮河上，建有桥梁约52座，⑦ 以沟通水系交通。
大多建在距离城30里以外，距离城1—2里的为城东南外1里许的南门
河桥，同治兵燹被毁，光绪三十二年（1906）重建。城西北2里处建
有1桥，旧城东明山之麓建有1桥。

　　西宁城坐落在南山脚下，北有湟水，西有南川河，南北阻隔，行旅

---

① 《兰州市志》第7卷《市政建设志》，第130页。

② 道光《兰州府志》卷3《建置志·津梁》，《方志丛书·华北地方》第564号，第230页。

③ 《兰州市志》第7卷《市政建设志》，第130页。

④ 又说永济桥，方位为州西1里，见康熙《河州志》卷1《桥梁渡口》，《稀见方志》
第49卷，第535页；道光《兰州府志》卷3《建置志·津梁》，《方志丛书·华北地方》第
564号，第235—236页。

⑤ 道光《兰州府志》卷3《建置志·津梁》，《方志丛书·华北地方》第564号，第
236—237页。

⑥ 康熙《河州志》卷1《桥梁渡口》，《稀见方志》第49卷，第535页；道光《兰州府
志》卷3《建置志·津梁》，《方志丛书·华北地方》第564号，第237页。

⑦ 光绪《洮州厅志》卷3《建置·津梁》，《稀见方志》第49卷，第332—334页。

深感不便。尤其在雨季洪水期间，更难跋涉。乾隆年间，西宁道杨应琚捐俸重建城外小峡河厉桥，新修城西门外惠民桥，还在贵德城郊和康家寨黄河渡口添设官船。[①] 贵德黄河渡口，即滴水崖渡，在贵德城东 1 里。乾隆四年（1739）设，有官船 2 只，每船水手 8 名。又设救生船 1 只，水手 4 名。[②] 康家寨渡，在康家寨新城北。乾隆五年设，官船 1 只。[③] 1920 年，在贵德渡口筑南关石桥，长 1 丈，宽 0.9 丈，石柱 4 根。[④] 1934 年，贵德渡口建浮桥。1941—1946 年，大修三次，更换船只、桥面，用铁绳取代原用的麻绳。

至民国时期，绕大通城四周，所设桥梁分东西南北四区排列。各区中距离城 5 里以内的桥分别为：东区的普济桥、太和桥，南区的大通河桥（城南 5 里），西区的永济桥（城西北半里许）、和裕桥（和义桥，城西北里许）及武胜沟桥（城西 5 里），北区的桥离城较远。其中普济桥为木桥，藉土石建筑而成。[⑤]

桥梁连接城镇间的联系。1934 年 8 月，陆亭林至兰州之西宁间的海石湾，经享堂桥，记下了享堂桥的建筑情况，"桥为青海建设厅所建，横悬崖壁间，状极玲珑，且上覆屋顶，两边绕以围栏，涂以丹青，尤为雅观。即为甘青两省交界之处，又为往来行人必由之路"[⑥]。

二　庙坛建筑空间分布

自清至民国的 300 多年间，黄河上游区域城镇建筑中主要的学宫书院、庙坛祀宇的空间分布与兴废，不仅反映了这里城镇居民的精神信仰，也是城市经济、政治、文化等社会功能的彰显。仅从城市建筑的角度而言，可以说，居民信仰促成了城市建筑，建筑风格又反映居民信

---

① 李文实：重刊《西宁府新志》弁言，第 30 页。

② 乾隆《西宁府新志》卷 13《建置志·津梁》，第 332—333 页；民国《贵德县志》卷 2《地理志·津梁》，《稀见方志》第 57 卷，第 165—166 页。

③ 乾隆《西宁府新志》卷 13《建置·津梁》，第 333 页。

④ 民国《贵德县志》卷 2《地理志·津梁》，《稀见方志》第 57 卷，第 166 页。

⑤ 民国《大通县志》第 1 部《地理志·附津梁》，《稀见方志》第 55 卷，第 682—683 页；《青海风土调查集》，第 80 页。

⑥ 陆亭林：《西宁等处实习调查日记》，《地政丛刊·土地问题资料》，第 94677 页。

仰，但都继承了一些象征意义的传统建城原理。

当然，学宫、书院、庙坛等城市中重要建筑的空间分布，是城内建筑布局一般规律的反映，是中国传统神道设教在城市景观上的体现，也包含了城镇文化的内容。美国学者芮沃寿根据中国早期文献《周礼》所记以及传统文化的特点，在《中国城市的宇宙论》一文中指出，早期城市中的两大祭祀中心，即是王侯宗庙居左（东方），社稷坛居右（西方），其余如行政衙署、商业市场则为南朝北市的格局分布。① 这些规定在后世的筑城活动中尽管不能原样照搬，但其内涵被保留了下来，且得以发扬光大。

坛庙等有着官方背景的用于祭祀的设施，是文化传承和文化延续的重要载体和象征，也是有效治理地方的精神利器，起着整肃礼治、稳定社会秩序和振兴教化的作用。清前期，在巩固和完善管理体制的过程中，重视城镇文化，加强了对各个城镇坛庙的维修和新建。黄河上游区域各城镇的文庙、社稷坛、先农坛、城隍庙、忠义祠、关帝庙、东岳庙、文昌宫等公共设施，② 与城垣、官署一样引起重视，得到重建，且屡次修葺。

康熙十三年（1691）谕令，各省修理五岳五镇四海四渎庙宇倾颓者，以昭诚敬。四十二年，又饬令修葺"岳镇海渎"庙宇。雍正四年（1726），令各省及府州县厅所，择洁净之地，置籍田 4.9 亩，设先农坛。要求坛高 2.1 尺，方 2.5 丈，并建神仓、神库、神厨。嘉庆四年（1799）重申修葺谕令，并要求实力奉行，以存贮闲款，用以修葺如先农坛、文庙、关帝庙、城隍庙，以及此列入祀典各坛庙日久倾圮之处，以为民祈福，以敬神庇民。③

检查黄河上游区域城镇中如上所述的文化景观，可分为两种类型：

---

① ［美］施坚雅：《中华帝国晚期城市》，第 53 页。

② 以文庙、社稷坛为主的小庵小庙等祭祀场所，在学界被看成民间信仰的一部分，先期的研究成果较多，乌丙安：《中国民间信仰》，上海人民出版社 1985 年版，第二章第二三节，第 28—54 页；曾传辉：《中国的民间信仰是不是宗教？》，《中国社会科学报》2014 年 1 月 20 日。与本研究直接相关的成果见刘景纯《城镇景观与文化——清代黄土高原地区城镇文化的地理学考察》，中国社会科学出版社 2008 年版，第 130—140 页。

③ 以上均见光绪《钦定大清会典事例》卷 866《工部五·坛庙规制·直省坛庙》，第 58—60 页。

一类为官府主持祭祀的祠庙，包括文庙、社稷坛、先农坛、忠义祠、节孝祠等，宣传君权神授、重本贵生、忠孝节义以及清廷正统统治观念。另一类为官府赐号的祠庙，如河神庙、城隍庙、关帝庙、东岳庙、文昌宫等。尽管在城镇布局上，各庙祠的区别不大，各城的祠庙建筑也大同小异，但反映了一些城镇地域特点和民间信仰的特色，有的祠庙为个别城镇所独有。延至民国时期，各地祠庙建筑，大多坍塌，或年久失修，残破不堪，除了个别城镇较为重视，稍有修葺沿用外，更多的则重视建筑物与地产的所有权归属，不再耗费财力修缮，且或变卖，或改做学校，或为他用。

敬畏天地自然，修建祭祀坛庙，是中国传统民间信仰的基础。位于黄河上游河畔的各城，均建有河神庙。如兰州府所属州县位于河畔的城镇，就建有河神庙，附郭皋兰县的建在西北城外黄河南岸。河州城属的在积石关外，雍正八年（1730）建，后又移建于州南门外。渭源的建在城西，靖远的建在北城外河岸。靖远还建有治水的禹王庙。另外一些祷水的神庙，如狄道州西 2 里的洮水神庙，乾隆四十九年（1784）重建。以及河州和政驿北的宁河王庙和渭源县城西的渭水神庙。至民国时期渭源县关于水神的庙有 3 个，龙神祠在县城南清源河滩，禹王庙在县西 15 里，还有河神祠。①

黄河支流洮水流域的洮州厅城与水相关的龙神祠，建在城东瓮城和城隍庙内。每岁五月端午，作为 18 位龙神赛会之所，被继承下来。旧城南 2 里，也建有龙王行宫，同治二年（1863）毁，八年重修。而河神庙，则建在厅南 40 里的秦百户寨、洮河中心石矶涌的突出部。②

西宁府属各城镇所建祭祀水神的庙宇，仅有循化、丹噶尔和大通。其中，大通城龙王庙，原在东门外南，民国时已无。③ 循化所设称为河源神庙，建于雍正九年（1731），在城北黄河南岸，距城"不及里"④。丹噶尔称为龙王庙，在南郊营盘东南湟水磨渠北，乾隆时创修，同治二

---

① 民国《渭源县志》卷 4《祠祀志·坛庙》，《方志丛书·华北地方》第 326 号，第 131—132 页。

② 以上均见光绪《洮州厅志》卷 3《建置·坛庙》，《稀见方志》第 49 卷，第 331—332 页。

③ 民国《大通县志》第 2 部《建置志·坛庙》，《稀见方志》第 55 卷，第 689 页。

④ 乾隆《循化志》卷 6《祠庙》；又说雍正六年建，见光绪《西宁府续志》卷 3《祠祀志》，第 134 页。

年（1863）焚毁，光绪元年（1875）重建于近东城门东面的永寿街。^①出于对龙王神的虔诚，每年四五月间，丹噶尔四乡民众敛钱演戏，以赛龙王。届时，城乡男女皆会聚而来，盛极一时。当遇旱需要祷雨时，四乡农民，每家出一人，聚者数千人，"以肩舆请其木偶娘娘"，遍历城乡庙宇及山岭水池之处。^② 以上两种纪念活动百年未曾间断，与丹噶尔地处农牧交界带、干旱半干旱气候相关联。而循化则完全是因处于黄河九曲之地，祺祀河神，求得福佑。

河神庙和龙王庙在黄河上游建筑较多，分布广泛，尤其是农业发展依赖水利灌溉的宁夏北部平原地区，因"享河水之利，宜祀河神"^③。民国《朔方道志》所载的龙王庙就有19座，其中仅府城所在的宁夏、宁朔两县就有9座，分别建在府城镇远门外唐来桥、城内道署南、任春堡惠农渠正闸、大坝堡唐渠正闸、小坝堡汉渠、昌润渠渠口堡、莎罗模山灵武口、城北和北关外，基本布局在城的外围。其中有5个城镇的庙宇建在城南部（含西南），占到所建龙王庙8个城中的62.5%。宁夏府城的龙王庙则布局在城东北门外，此即为城市位于黄河右岸，宜于祭祀、便于灌溉的地理选择。

城隍，作为城池的护卫神，每个城镇都有供奉，按时祭祀。西宁府所属各城中的城隍庙空间分布没有一定的规程，以每一城镇所在具体方位而定，但均设在城内。如以西宁为中心的各城镇中，其府城的城隍在城北隅，乾隆四十一年（1776）修。碾伯在治西南隅，洪武十九年（1386）建。^④ 大通在西关梢门内路北，建于乾隆年间，宣统三年（1911）重修，1926年秋改建完成。"庙貌庄丽，与关岳庙埒"^⑤。循化城隍庙在城东大街的关帝庙后，同治五年（1866）毁，光绪二年（1876）重建。^⑥ 湟源设在城内西大街

---

① 民国时人称小龙王庙。光绪《丹噶尔厅志》卷3《地理》，《稀见方志》第55卷，第811—812页。

② 光绪《丹噶尔厅志》卷5《风俗》；《稀见方志》第55卷，第853页。

③ 乾隆《宁夏府志》卷6《坛庙》，《稀见方志》第50卷，第285页。

④ 康熙《碾伯所志·崇祀》，《稀见方志》第57卷，第22页。

⑤ 民国《大通县志》第2部《建置志·坛庙》，《稀见方志》第55卷，第689页；王昱、李庆涛编：《青海风土概况调查集》，第59页。

⑥ 乾隆《循化志》卷6《祠庙》，第235页；光绪《西宁府续志》卷之三《祠祀志》，第134页。

北近西城门处。① 巴燕戎格厅，在城西南隅。②

宁夏府属各城镇中，有城隍建筑的8个。其中，府城的设在城北，满城的设在城西北隅。中卫的设在城中部，平罗的设在城东南隅，灵州的设在城西北隅，盐茶厅的设在城西。固原州的设在城内中部州署街，隆德的设在城西南隅。相对位置而言，宁夏地区城隍设在西方和北方（含西北）方位较多，有5个，占到有城隍庙8个城的62.5%。布局在其他方位的是中卫和固原的城隍庙，均置城中，邻近官署区。

以兰州为中心的甘肃所属各城镇城隍建筑，以治所北半部为主。如狄道、河州在治北，金县、靖远在治西。③ 靖远的西街因有城隍庙，其巷道也称为城隍庙街或巷。④ 靖远西城门外，有城隍行宫，建于嘉庆二年（1797）。镇原城隍庙在东门外。⑤ 庄浪的城隍庙在县治东，建于洪武三十一年（1398）。⑥ 检查史料，兰州的城隍庙记载有异，乾隆时的记载在城内鼓楼北，道光时记载在城内东北。⑦ 可能前者所记是依据迁府兰州城的位置，后者是临洮府城中位置。而在乾隆《甘肃通志》中详细记载有"州署东北"的字样。⑧ 显然，道光时期的《兰州府志》与乾隆《甘肃通志》相符。渭源的城隍记载也存在明显差异，道光时的记载为县东，民国时在县城北。⑨ 不知何故。

各城镇地方重视城隍庙的建筑与祭祀，一旦毁坏，均予以修葺或重修、扩建。通渭县城隍庙，旧在县署东，康熙五十七年（1718）地震，山覆城圮，城隍"皆仰壑矣"。后于城西关北隅草创。⑩ 乾隆十三年

---

① 光绪《丹噶尔厅志》卷3《地理》。《稀见方志》第55卷，第811—812页。
② 光绪《西宁府续志》卷3《祠祀志》，第134页。
③ 道光《兰州府志》卷3《祠祀志》，《方志丛书·华北地方》第564号，第253页。
④ 道光《靖远县志》卷2《坊表》、《祀典》，《稀见方志》第35卷，第155、158页。
⑤ 民国《重修镇原县志》卷6《建置志·坛庙》，《集成·甘肃府县志辑》第26册，第136页。
⑥ 乾隆《庄浪志略》卷6《坛庙》，《集成·甘肃府县志辑》第18册，第226页。
⑦ 乾隆《皋兰县志》卷10《祠祀》，《集成·甘肃府县志辑》第3册，第90页。
⑧ 乾隆《甘肃通志》卷12《祠祀》，《边疆丛书》第2辑第26卷（2）第1285页。
⑨ 道光《兰州府志》卷3《祠祀志》，《方志丛书·华北地方》第564号，第253页；民国《渭源县志》卷4《祠祀志·坛庙》，《方志丛书·华北地方》第326号，第131页。
⑩ 李南辉：《移建城隍庙记》（乾隆年间），光绪《通渭县新志》卷之十二《艺文》，《方志丛书·华北地方》第330号，第547页。

（1748），觅旧址移建城东北隅，四十九年毁于兵火。后重建，规模扩展。光绪十八年（1892）重修。仍在城东北角。①

洮州厅除了建有城隍庙外，还建有城隍行宫，均各有二。在厅治北的南向文昌宫前有城隍庙一，同治年间毁。光绪七八年间重修。另一位在旧城北街，建于明天启年间，康熙三十五年（1696）重修。城隍行宫，一在城东门外，另一在旧城北城外。同治二年（1863）毁，光绪二年（1876）重修。②

除了以上与水、与护城关联密切的庙坛空间分布外，普遍建筑的还有社稷坛、先农坛等，现以道光年间兰州府属空间分布为例，作一简单梳理，至晚在道光十三年（1833）时，兰州府属城镇所建筑民间信仰的主要坛庙如社稷坛、风云雷雨山川坛、先农坛和关帝庙等在城中空间分布大致情形为：

社稷坛，兰州府在南郭，皋兰在城西莲花池东，狄道州在北郭，渭源县在城西南，金县在城北，河州在城西北，靖远县在城西南。风云雷雨山川坛，兰州府在南郭，皋兰在城西莲花池南，又有雷坛在城西，亦称金天观。狄道州在城南，渭源县在城东南，金县在城南，河州在城东南，靖远县在南郭。先农坛，兰州府在东门外，皋兰县在城东门外水车园，狄道州、渭源县、金县、河州、靖远县俱在东郊。关帝庙，兰州府属的在桥门外，县属皋兰有五，分别在鼓楼西、桥门外、上沟宏敞寺东、龙尾山以及康熙四十七年（1708）于石子山所建者。狄道在岳麓山，渭源在城东，金县在城北，河州在城西，靖远县在县治南。八蜡庙，兰州府属与县属皋兰均在城西古峰山华林寺西侧，狄道在城南2里，渭源在城北，金县在城南，靖远在西郭外。火神庙，兰州在城东北，狄道州在城南。另外，兰州城东郭外还有三将军庙。③

当然，在清代文献中还保留了关于兰州附郭皋兰城内一些庙坛建筑的空间分布。如风云雷雨坛，在东梢门外，建于嘉庆十四年（1809）。

---

① 光绪《通渭县新志》卷之三《地域》，《方志丛书·华北地方》第330号，第97页。
② 以上均见光绪《洮州厅志》卷3《建置·坛庙》，《稀见方志》第49卷，第331—332页。
③ 道光《兰州府志》卷3《祠祀志》，《方志丛书·华北地方》第564号，第248—250页；乾隆《皋兰县志》卷10《祠祀》，《集成·甘肃府县志辑》第3册，第90页。

白云观，在桥门外汇园西，建于道光十九年（1839）。[1] 还有火神庙，在东门街。风神庙，在府东郊。刘猛将军庙，在风神庙内，以此为驱蝗正神。[2] 至民国时期，一些庙坛已废，如渭源的社稷坛、先农坛。前者旧在城南1里许，后者原在东郊骡子道。[3]民国时已不存矣。

永登城内坛庙空间分布，除了设有各城普遍均有的坛庙，如先农坛，城东门外里许。风云雷雨山川坛，在城南门外里许。厉坛，城北门外里许。还设有天坛，在南门外。地坛，城北门外。雷坛，城外西坪。至民国时期，依然保有的庙坛为关帝庙，城内建有1处，周边乡镇有多处。东岳庙，在东关。马王庙、火祖庙、城隍庙，均在城西。由于缺水，在城的南北十八渠各建一庙，或龙王、牛王、马祖等不一而足。[4] 不得不提的是，永登城周边的堡寨营镇，除了设有文昌庙、祖师庙等外，均设有关帝庙、马神庙或称马祖庙。显示了民间尚武、守御护卫的意识及对马图腾的崇拜。这里畜牧经济所产马匹，自古以来多用于战场，也为主要运输工具。表明了城及其以外的村镇民间信仰相关庙宇在地域空间分布上所具有的普遍性。详见下表（表4-9）。

表4-9　　　　　　　　**民国时期永登城周庙坛空间分布**

堡寨营镇	庙坛设置	空间分布
平城堡	上帝庙、关帝庙、三官庙、马神庙	俱在堡内
裴家营	关帝庙、马祖庙	俱在堡内
阿坝堡	祖师庙、关帝庙、三官庙、城隍庙、龙王庙、土池庙、马神庙	俱在堡内
南大通	关帝庙、魁星阁、马神庙、雷祝庙	俱在堡内

---

① 道光《皋兰县续志》卷5《祠祀》，《稀见方志》第34卷，第249页。
② 光绪《重修皋兰县志》卷16《志八·祀典》，《集成·甘肃府县志辑》第4册，第368页。
③ 民国《渭源县志》卷4《祠祀志·坛庙》，《方志丛书·华北地方》第326号，第122页。
④ 民国《永登县志》卷2《建置志·坛壝》《建置志·寺观》，《方志丛书·华北地方》第344号，第30、38页。

续表

堡寨营镇	庙坛设置	空间分布
红城堡	关帝庙、三官庙、元武庙、雷祖庙、三圣庙、马王庙、龙王庙、火祖庙、感恩寺、吉祥寺、魁星阁	俱在城内
苦水堡	玉皇庙、上帝庙、文昌庙、关王庙、二官庙、马神祠	俱在堡内
	西山寺	去堡西5里
通远堡	关帝庙、元帝庙、马神庙	俱在堡内
西大通堡	关帝庙、雷坛、元真、龙王庙、马神庙	俱在堡内
岔口堡	关帝庙、文昌宫、元帝庙、龙王庙、马王庙	俱在堡内
镇羌堡	石佛寺	堡北门外

资料来源：民国《永登县志》卷2《建置志·寺观》。

可见，清廷规定，各省府州县城均须设置先农坛、社稷坛、风云雷雨山川坛、东岳庙、关帝庙等传统祭祀坛庙。兹就清代以来，黄河上游区域属于民间信仰的府一级，包括直隶州在内的共 11 个城镇基本情况列为下表（见表 4 - 10），其中化平直隶厅城建于同治十一年（1872），城中所建庙坛也有城隍庙、关帝庙，风云雷雨山川坛、先农坛、文庙、文昌庙和崇圣祠等。[①] 宁夏满城也建有关帝庙、城隍庙等，[②]未列于表。

三　宗教建筑分布

城内建筑物是组成城市空间立体构架的重要部分，其中除去供给人们居住的房屋和参与社会经济活动的一般建筑外，还包括象征寄托人们精神层面的建筑，即官私文化教育的学校、书院建筑及维系民间信仰的场所，乃至宗教信仰的场所。可以说，宗教与城市的形成密不可分，但这种不可分的关系更直接的原因是宗教与政治密不可分。这也符合世界城市文明的一般规律，即"世界上许多地区的古老城市都是神权

---

① 光绪《钦定大清会典事例》卷 866《工部五·坛庙规制·直省坛庙》，第 63 页。
② 松筠：《新疆识略》卷 5《坛庙祠宇》，《边疆丛书》第 1 辑。

表 4 - 10　　府州层级城及周边民间信仰建筑布局概表

	兰州	宁夏	西宁	陇西	狄道	平凉	庆阳	秦州	泾州	固原
社稷坛	南郭	西南门外	城南 3 里	西关	北关内	城南山麓	北关外	城西	北门外	城北
风云雷雨山川坛	南郭	西南门外	城南 1 里	城北关	城南郭	城中太平桥东南①	城西北隅	城北山麓	—	—
先农坛	东门外	城东门外	东郭门外 2 里	东关	城东	东郭	北关西郭	东郭	东郊	东郊
厉坛	城西南萧家坪	城西门外	城北 1 里	城西	北关内	西郭	城北 3 里	北关城东北	城北郊	城北郭
城隍庙	县治东北	城北	城西城隍庙街北	城内东北	治北东门内	县署东	西街道门坡	城北街	县治北后街	城内中部
八腊庙	在古峰山华林寺西	东门外 7 里	东郭门外	城北郊外	城南 2 里②	金城湾	北关西③	城西北	城东门外	城南门外
马王或马神庙	西北城外黄河南岸	城东北隅	南门内	—	州西 2 里	和阳街	城北街	—	城西北隅	城东
河神或龙王庙	桥门外望河楼西	东北门外	北门外西北隅	县治	河州积石关外	县南 5 里	城内西街	城中街	回中山	城南门外

① 此为风神庙，其雹神庙在县街东。另外，庆阳府城内也将风、雹神分列。表中仅标记风神庙。见民国《甘肃通志稿·建置志三·斛宇二》，《稀见方志》第 27 卷，第 326 页。

② 临洮府在城东门，见乾隆《甘肃通志》卷 12《祠祀》，《中国边疆丛书》第二辑第 26 卷（2）第 1286 页。

③ 乾隆二十五年前在南门外，之后迁此。见民国《甘肃通志稿·建置志三·斛宇二》，《稀见方志》第 27 卷，第 326 页。

续表

	兰州	宁夏	西宁	陇西	狄道	平凉	庆阳	秦州	泾州	固原
火神庙	城东北	西北隅	南门内	城内东北	城南	正街十字	—	小西关内	—	城南门外
关帝庙	桥门外①	东南门外、南关内各1	城北大街	武安门外1里许	东门外岳麓山	城内正街	北关城西	城东关中街	县治后街	城南月城
东岳庙	东大街	城东门外	南郭门外1里	洽西郭内	—	城东关外	城南关外	县东北	县北5里	城东郊

资料来源：乾隆《甘肃通志》、乾隆《宁夏府志》、民国《化平县志》、宣统《固原州志》、民国《朔方道志》、乾隆《西宁府新志》、光绪《平凉县志》、民国《甘肃通志稿》等。

---

① 所设关帝庙较多，兰州府城有5，分别在鼓楼西、桥门外、上沟宏敞寺东、龙尾山及石子山，后者为康熙四十七年建。见乾隆《皋兰县志》卷10《祠祀》、《集成·甘肃府县志辑》第3册、第90页。

政治的中心，统治者享有神圣的权力，成了神的化身"①。城市是集宗教和政治于一体的中心而建立起来的聚落。所以，宗教建筑形态是构成不同宗教空间形态的基本单元，是不同宗教与当地文化相结合的反映，更是地域城镇文化发展的折射。各城内和城镇之间众多耸立的宗教建筑，为黄河上游城市体系构建中所独有的特色，在汉传佛教、藏传佛教、伊斯兰教、道教及基督教等的建筑中，以藏传佛教和伊斯兰教的建筑为最多。

（一）佛寺道观分布

这里所说的佛寺道观，主要指以汉传佛教为主的寺院及道教建筑场所，也涉及不易区分的藏传佛教寺院。清代以来，尽管各府州县城镇设有僧纲司、道纪司等管理机构，但是，由于宗教与政治的关系，城内建筑的佛寺道观较少，既有建筑也必须择地而建，要与行政建置的政治机构置于不同的空间中。因而，大部分的佛寺道观即建于县城周边或远离县城处。黄河上游区域的宗教建筑场所选址符合中国宗教建筑的一般规律，城镇中所占比例不大，仅有一两所，大部分建筑分布在城镇周围20里以内，且相对密集。另外，尽管汉传佛教在府州县城镇中占主流，但是，随着清廷"兴黄教以安众蒙古"宗教政策的实施，藏传佛教宗教建筑场所的数量和规模超过了前代。一般情形下，各宗教建筑相对稳定存在，少有人为拆毁损坏，也不时有人修葺。而引起变更的原因，则大部分是社会动荡，或战火被焚。

在以兰州为中心的甘肃境内各城镇中，总体而言，泾渭水流域的道观分布较多，而西部的黄河、洮水等流域，则汉传佛教寺院占多数。城中建筑较少，大多在城外，且较为密集，此局面与近城人口、城镇堡寨分布集中无不关联。限于史料，在对所考察情形加以叙述时，有的城镇佛寺道观建筑分而记之，有的则混而不分，或仅录有佛寺。道观建筑中记载有确切年代的，多是明代。

清前期兰州府城内仅记载了几座佛寺，即有位于鼓楼西的庄严寺，居城中心部位。普照寺，城内东南，俗名大佛寺。道光时，陕甘总督杨

---

① ［美］H. J. 德伯里:《人文地理:文化、社会与空间》，王民等译，第194页。

遇春修复。嘉福寺，城西北隅。康熙年间遭火，后重修木塔。[①] 而邻近兰州西北向的靖远城内，道观多于佛寺，分别位于城南的东西两方。城东南隅有集庆寺，明成化十年（1474）修建。城西南有道观 2 座，观音寺 1 座，正统三年（1438）建。三清宫，成化年间建。红山法泉寺，在城东 15 里。[②]

兰州西面永登城内的佛寺道观建筑并不分明。如城西有千佛寺、江东庙。城北有十王庙、海德寺。城东北有永安寺、大佛寺。南关有宝藏寺、集福观、禅堂等。城外周边分布情形大致相同，城东半里还有东山寺，城南 5 里有十方院，城南 12 里有万寿寺，城南 20 里有观音洞，城西 5 里有西武当，城北半里有北灵。[③]

清前期甘南临洮城内佛教盛行，至同治年间，城内的大小佛寺 29 座大部分毁于战火。延至民国时期，城内尚存有五大寺院，其中东北角的圆通寺，为最大寺。还有宝塔寺，内奉元国师八思巴像，每年农历四月十二日设蘸诵经载护神，会期 3 天，为佛教最大盛会。[④] 另外，洮水流域的洮州也多佛教寺院，其旧城之南有麻尔寺、录巴寺等，前者为洮州五僧刚之一，距旧城三四里，1929 年被焚。后者在洮州南岸之录巴湾。[⑤]

泾渭水流域的崇信、渭源、镇原城镇佛寺道观建筑情形也类似上述所言，只不过有的因年代久远不断修葺，有的因战火焚毁仅存基址。崇信西城外的石佛寺，民国时已毁。西峰寺，因兵燹于光绪三年（1877）重修。东城门外的东峰寺，因宣统二年（1910）地震圮，两年后重修。北城外有玉虚观，民国时也已毁。[⑥] 渭源城内仅有一寺，即治西的万寿寺。而城周 25 里以内有寺 5 座，包括城北 10 里的青瓦寺，城西 10 里的马藏寺，城南 23 里的腰崖寺，城南 15 里锹峪集的锹峪川永庆寺，城南 15 里潘家店的安儿寺。另外，在距城 20 里的城北大寨镇剪子岔有凤

---

① 乾隆《皋兰县志》卷 10《祠祀》，《集成·甘肃府县志辑》第 3 册，第 90 页。

② 道光《靖远县志》卷之二《寺观》，《稀见方志》第 35 卷，第 185—187 页。

③ 民国《永登县志》卷 2《建置志·寺观》，《方志丛书·华北地方》第 344 号，第 38—39 页。

④ 临洮县志编委会编：《临洮县志》（下册），第 629 页。

⑤ 王树民：《陇游日记》，见《甘肃文史资料选辑》第 28 期，第 209 页。

⑥ 民国《重修崇信县志》卷 3《古迹志·寺观》，《方志丛书·华北地方》第 336 号，第 269 页。

岗寺、花蓝寺，清末兵燹焚毁，民国时仅存旧址。^① 镇原城内有雷祖寺，在城东南赵回庄，奉祀雷祖。城东北有观音寺，元至正年间建。石空寺在城西，上有湫。再城东 4 里许有石佛寺，城南 20 里有同立寺。

宁夏府城和满城可谓寺观林立，居民兼信佛道。宁夏城内就有宁静寺、承天寺、护国寺、永祥寺、边宁寺、福宁寺、白衣寺、大佛寺、吉祥寺、华严寺、财神庙、药王庙、洞宾庙、送子庵、地藏庵、大悲庵、姑子庵等 50 多处，布局于各处。府属灵州城内有 7 处，为千佛寺、华藏寺、卧佛寺、白衣寺、牛首寺、一百八塔寺、三清观。中卫城内道观多而佛寺少，有元坛庙、三皇庙、玉皇阁、东岳庙、牛王寺、藏经阁 6 处，其余则多分布于城周集镇堡寨中。^②

清末时，固原城内的十几处宗教建筑中，道观比例较大，有赞化宫、三圣宫、磨针观、天王宫、观音堂、土地祠、圣母宫、罗祖殿、长生祠，以及大佛寺、菩萨殿等。近城周边也有不少，如城南门外的安安桥的财神楼，城东南郊里许的雷祖殿，城北郊二里许的太白祠等。^③

清代以来，河湟地区各城镇的宗教信仰中，以佛教为主且盛行，各派林立，表现在宗教建筑中，也主要以佛教寺院为主，且密集分布在近城二三十里的市镇堡寨中。大通城周 20 里内的佛教寺院有：窝尔错寺，城东 15 里。静房寺，城南 15 里。平安寺，城南 20 里。奴木气寺，城西 5 里。祁家寺，城西 8 里，在祁家堡中的居民皆为藏族。张家寺，城北 20 里。距离县城较远，却很著名的是藏传佛教广惠寺，位于城北 70 里。该寺原名郭莽寺，雍正初年毁于战火，十年（1732），敕赐重建。^④ 乾隆以来，佛教发展很快。直到民国，佛教寺院仍分布四处。据 1932 年调查，大通城周著名的佛教寺院为城北区的广惠寺、却藏寺，还有东区的祁家寺、张家寺、逊布寺，西区的平安寺、铁佛寺等，除广惠寺

　　① 民国《渭源县志》卷 4《祠祀志·坛庙》，《方志丛书·华北地方》第 326 号，第 161—164 页。

　　② 乾隆《宁夏府志》卷 6《建置二·坛庙》，《稀见方志》第 50 卷，第 289—291 页。

　　③ 宣统《固原州志》卷 2《地舆志·祠宇》，《集成·宁夏府县志辑》第 8 册，第 156—161 页。

　　④ 民国《大通县志》第 2 部《种族志·附僧寺》，《稀见方志》第 55 卷，第 699—700 页。

外，其余规模均较小。①

清前期时，循化城周藏传佛教寺院很普遍，分布在以韩家集为主的各镇，属于藏族"中马"②十九族。有确切记载的寺院20座。其中除去距离城较远的有确切里数的7座寺院外，大多无里程记载。为表明城与镇的关系，系数录出。详见表4－11。

表4－11　　　　　　　　清前期循化藏传佛教寺院

寺院	所在部族	距离方位	在寺喇嘛	寺院	所在部族	距离方位	在寺喇嘛
永昌寺，又名普刚寺	珍珠族韩家集	东150里	31名	丙灵寺，即冰林寺	鸿化族	河州北60里，厅治东北190里	29名
马营寺	灵藏族马营集	东北140里	22名	红崖寺	红崖族		61名
鸿化寺	鸿化族	东北140里	57名	端言寺	端言族		36名
虬藏大寺	虬藏族	东140里	69名	仰化寺	仰化族		
哈束寺	虬藏族		9名	墩平寺	红崖族		10名
牙塘寺	牙党族		11名	吉祥大乐寺	老鸦族	东120里	30名
川撒寺	川撒族		10名	显庆寺	河州城中		33名
哈家寺	甘家寨	南200里	16名	古雷寺	起台沟古雷庄		
边都寺	边都沟旦麻庄			上隆务寺	上隆务庄		
下隆务寺	下隆务寨曲卜藏庄			黑作寺	黑作寨	南280里	

资料来源：乾隆《循化志》卷6《寺院》。

---

① 王昱、李庆涛编：《青海风土概况调查集》，第82页。
② 乾隆时期特指以马匹作为"番贡粮"缴纳的藏族19个部族。

至民国时，循化境内依旧有藏族寺院 16 处，其中"每沟每处有三四所、五六所不等"[①]。此外，河湟地区其余城镇中大小佛寺很多，有的还是藏传佛教的主要寺院，不论是占地规模、社会影响、经济地位还是政治影响力，都非常大。

康熙年间时，碾伯地方的居民仍以藏族为主，只不过居地近府县体制者，也即近城镇者和居城中者，多为受汉文化影响程度较深者，且逐渐从事农耕生产，或经营其他手工业，多信仰藏传佛教，佛教寺院建筑分布广泛。城周有佛寺 27 处，分布在东南北向，包括东境的莲花台寺，南境的瞿昙寺、药草台寺，北境的弘善寺等。[②] 民国时期，乐都全县划分 3 区，保留有佛教寺院 11 处。邻近的民和城周有佛教寺院 19 处，有的寺院由县府发给喇嘛衣单口粮，有的不发。

互助自西宁析出，置县威远堡。1926 年，辖境分区管理，有寺院 8 座，即第一区的碟尔寺，第二区有佑宁寺，第四区有花园寺、白马寺、馒头寺、松树湾寺、倬隆寺、邯郸寺等。其中佑宁寺为章嘉呼图克图的属寺。1930 年，巴燕辖境亦分四区管理，城中有多大寺、麻大寺、得加寺；第二区有沙冲寺、支札寺；第三区有加曲官巴寺、彦观寺；第四区有卡尔岗寺、尕加寺。另外，尚有小寺若干，规模较小。

湟源城内有金佛寺，[③] 又名承专寺，隶属于东科尔寺。东科尔寺位于城南 50 里。城周附近还有扎藏寺，距城西 25 里。上拉拉寺、下拉拉寺，均距城西南 15 里。各寺"皆宗黄教之风，亦间有红教者"[④]。另外，黄河源头境的共和县，有寺院 5。即下郭密尕让地方的白马寺和尔加寺，中郭密豆浪之德清寺、千不立族之千不立寺、恰卜恰之新寺。贵德的藏传佛教寺院中，属于黄教寺院 37 寺，红教寺院 4 处。各派所属

[①] 据王昱、李庆涛编《青海风土概况调查集》统计，第 112 页。

[②] 另外还有南境的普华寺、打不受寺、冶尔吉寺、工巴寺、古迭寺、汤尔源寺、兴宁寺、慈利寺、广惠寺、洛巴寺、弘通寺、延寿寺、如来寺、吉祥寺、静觉寺。北境有弘善寺、宝刚寺、鹫峰寺、开化寺、广教寺、宝佛寺、祁康哥寺、小西纳寺、静宁寺、卧佛寺。参见康熙《碾伯所志·番寺》，《稀见方志》第 57 卷，第 24—25 页。

[③] 以上均见王昱、李庆涛编《青海风土概况调查集》，第 94、99—100、90、107、159 页。

[④] 光绪《丹噶尔厅志》卷 5《宗教》，《稀见方志》第 55 卷，第 854 页。

与分布"少有变更"。同仁县有寺院 18 处，较为著名的为隆务寺、曲麻寺。其中隆务寺有经堂一座，庄严灿烂，门前悬木匾一面，上书"西域胜境"，上下款题"大明天启二年岁次壬戌夏吉旦钦依保安堡防御都指挥捏印献"①。

河湟中心的西宁城中建有不少佛教寺院，多为汉传佛教。除明代所建洪通寺、莫家寺外，清代所存所建汉传佛教较著名的寺庙尚有北禅寺、雷鸣寺、印心寺、葆宁寺、崇兴寺、普济寺、九华寺、甘露庵、南禅寺、广济寺、铁佛寺、正觉寺、塔院、广嗣宫等。其中北禅寺，又名永兴寺，在北门外湟水北岸土楼山下，号称湟中第一古寺。② 铁佛寺也在土楼山下寺台子地方。

西宁城内藏传佛教各派寺院，大多建筑于明代。如城南门内有弘觉寺、金塔寺、藏经寺，均建于明代。位于城中西大街的大佛寺，则建于元代，明洪武二十三年重建。③ 至乾隆时，西宁城中喇嘛教寺院，除上述三寺外，还有城内驿街脑的毛家寺，饮马街的汪家寺。城外亦遍布寺庙，合计 30 余处。其中尤以府城南向的藏传佛教塔尔寺最为著名，为青海各寺规模最宏大、最富有。详述于下。

（二）藏传佛教寺院建筑

黄河上游区域是藏传佛教主要盛行之区，自清代以来，由于蒙藏族居民多信奉喇嘛教，故若家有三子，必度一僧或二僧。雍正时，西宁府城中心"各喇嘛庙的僧侣多者二三千，少者五六百"④。以各城镇及周边地区为中心，建造寺院，规模空前。截至 20 世纪 50 年代，仅青海境内有各类藏传佛教寺院 722 座。⑤ 其中格鲁派黄教所属的六大寺院中，就占有塔尔寺、拉卜楞寺 2 所圣地。富丽堂皇的寺院建筑群成为所在城镇的标志。

塔尔寺 藏语称"衮本贤巴林"，意为"十万佛身慈氏洲"。是中

---

① 王昱、李庆涛编：《青海风土概况调查集》，第 185、197、175、177 页。
② 乾隆《西宁府新志》卷 15《祠祀》，第 367—369 页。
③ 参见蒲文成主编《甘青藏传佛教寺院》，青海人民出版社 1990 年版，第 6—8 页。
④ 《清世宗实录》卷 20，雍正二年五月戊辰，第 333 页。
⑤ 蒲文成主编：《甘青藏传佛教寺院》，第 3 页。

国藏传佛教格鲁派的六大寺院之一。位于西宁城南约 50 里的鲁沙尔镇铁山中，梵宇僧舍，因山势高下，垒甃而成平地。至民国时期，领用喇嘛衣单口粮[1]者有 3600 余人，实际人数常逾万人，仅附寺而居的"熟番"有数千户。寺周 200 余里，皆其寺产。[2]

塔尔寺是由众多殿堂组成的宗教建筑群。大灵塔是塔尔寺最早的建筑，相传建于明洪武十二年（1379）。康熙五十一年（1712），大灵塔得以扩建，乾隆十三年（1784），加固塔基，在塔座内加砌石墙，将塔基内供僧徒顶礼膜拜的佛龛封闭。自此，大灵塔就成了无门可入的实心塔。[3]

塔尔寺建筑面积最大的殿堂是大经堂，位于大金瓦殿和弥勒佛殿前。始建于明万历四十年（1612），是一座汉式大殿。崇祯十年（1639），将旧经堂改建为有 36 根柱子的藏式平顶大殿。顺治十八年（1661），扩建为有 90 根柱子、两层回廊的藏式大殿。乾隆四十一年（1776），再次扩建，有柱子 154 根。1912 年 11 月 12 日，大经堂失火焚毁。后用两年半时间重建，1915 年 5 月 15 日举行竣工典礼。

改建后的大经堂为典型的土木结构藏式双层平顶建筑，包括一个面阔 13 间、进深 13 间的双层平顶大殿和以双层回廊环绕的长方形庭院（藏语称欠拉）。大殿正面底层为宽 9 间、深 1 间的前廊，顶部为面阔 7 间的回廊，两边为一种名为"边麻"植物装扮的墙饰，上嵌巨大的"朗究旺堆"铜饰。大殿全部为木梁柱结构，168 根藏式楞柱对称排列，构成内外两圈柱网，外圈 90 根短柱，上架设木梁，并铺楼板成为回廊。回廊中间构成一个占地 28 间，上下贯通的天井，用来通风采光。这种建筑格局不但解决了大殿因四壁无窗而无法采光的问题，又使大殿显得宏伟宽畅，方正匀称。

大金瓦殿最金碧辉煌，其建筑始于康熙四十七年（1708），后不断扩建。五十年，扩建为有 15 根柱子的三层歇山式建筑，并在大殿的第

---

① 参见赵珍《清代喇嘛衣单口粮述略》，《攀登》1996 年第 2 期。
② 黎小苏：《青海喇嘛教寺院》，《新亚西亚》1933 年第 5 卷第 4 期；又民国《甘肃省志》，《稀见方志》第 33 卷，第 87 页。
③ 青海省社会科学院、塔尔寺藏族历史文献研究所编：《塔尔寺概况》，青海人民出版社 1987 年版，第 40—41 页。

一层歇山顶覆盖上鎏金铜瓦。自此大殿始具规模，称大金瓦殿。嘉庆二十一年（1816），将大殿底层改砌为绿琉璃砖墙，底层檐口也铺设琉璃瓦。为加固墙根，又在大殿内壁四周铺设石条。而大金瓦殿前的长方形庭院，以双层回廊代替院墙，隐蔽了庭院边界，既弥补了庭院封闭式建筑狭隘、压抑、堵塞的弊病，又在封闭中求得疏朗，达到了闭而不塞的效果，增加了空间层次。[①]

文殊菩萨殿位于弥勒佛殿南面，是一座汉式歇山式建筑，面积达595平方米。整个殿堂由9个开间组成，俗称九间殿。大殿规模宏敞，气势雄伟，建筑手法别具一格。前廊10根巨大的朱红藏式八楞柱，以大块整木雕成的鱼掌做托，上雕刻精美的链珠枋、蜂窝枋，再上为弓形肘木纵横交错叠构成的斗拱，人字形琉璃瓦屋顶坡度平缓流畅。雍正十二年（1734），对三世佛殿进行维修、扩建，并改成现今的九间殿格局。[②]

大拉让，坐落在塔尔寺西北角山腰上。在藏传佛教中，"拉让"一词是指教主或活佛等宗教上层的私人办事机构和私人公馆，大约开始于萨迦派八思巴时代。顺治七年（1650），塔尔寺的大拉让，兴建为汉式寝宫。康熙二十六年（1687），将汉式寝宫扩建为一所具有四柱八梁三进院落的藏式建筑。乾隆四十二年（1777），修建了宫墙、华门、牌坊等，赐名"永慧宫"。嘉庆十四年（1809），大拉让四柱宫失火被焚，十八年，重修。经过此次及后世的维修，大拉让成为一个由大小三座殿堂、华门、牌坊等组成的建筑群。

同治七年（1868）四月，回民起事，双方交战于塔尔寺。密宗学院、时轮学院、达赖遍知殿、森康贡玛（上寝宫）以及拉科、当彩、却西、土观、嘉木样、西纳、嘉雅等活佛的噶尔哇（府邸）均被毁坏，大拉让、小护法殿和阿嘉、却藏、米纳、香萨等活佛的噶尔哇也相继失火，塔尔寺遭到建寺以来最严重的一次破坏。

塔尔寺作为一个宗教建筑群，自清以来，有几次大规模的兴建，

---

① 青海省社会科学院、塔尔寺藏族历史文献研究所编：《塔尔寺概况》，第30、38、45页。

② 以上均见青海省社会科学院、塔尔寺藏族历史文献研究所编《塔尔寺概况》，第45—46、30、38、45、51、52页。

主要在乾隆年间。初具九间殿的格局是在雍正十二年（1734），其时，维修扩建三世佛殿。乾隆五年（1740），重镀大金瓦殿金瓦，并在殿脊安置大金顶宝瓶。二十二年，创建曼巴札仓（医宗学院），并修建了曼巴札仓的经堂。四十一年（1776），集资扩建大经堂。同年，在塔尔寺广场修建如来八塔。五十四年，修缮了居巴札仓（密宗学院）。嘉庆十四年（1809），将小金瓦殿的屋顶改建为鎏金铜瓦殿顶，与大金瓦殿的金顶相互媲美。二十一年、二十二年的两年中，维修了大金瓦殿，将该殿砌成琉璃砖墙，又创建丁科尔札仓（时轮学院）。道光七年（1827），兴办印经事业，刻印宗喀巴师徒三尊全集，由此发展成塔尔寺印经院。

经过上述一系列的修建，塔尔寺的建筑格局基本定型，以后虽然还有一些小的兴建和重建殿堂的工程，但是均未能改变整个塔尔寺的基本格局。①

拉卜楞寺 藏语称札木奇尔寺，位于夏河流域北岸的甘家寨、夏河县拉卜楞镇西头，坐北朝南。该寺为青海蒙古郡王所辖。在寺的西端，有黄河南亲王府，与保安司令部望衡相对。清初时，夏河一带均为郡王的牧地。② 乾隆四十二年（1777），赐名慧珠（觉）。③

拉卜楞寺初建于康熙四十七年（1708），④ 自此至民国时期的约240年间，其形成了一个规模宏大的宗教建筑群落，占地面积达1000余亩，有经堂6座，大小佛殿48座，其中7层1座，6层1座，4层4座，3层8座，2层9座，鎏金铜瓦顶4座，绿色琉璃瓦顶2座，嘉木样大师及各大昂欠的藏式楼房31座，各个昂欠活佛住舍30院，吉哇院6所，大厨房6所，印经院1所，讲经院2处，嘉木样别墅2处，经轮房500余间，普通僧舍500多院各种塔若干座，以及牌坊等

---

① 以上均见青海省社会科学院、塔尔寺藏族历史文献研究所编《塔尔寺概况》，第81—82、30、26—27页。

② 参见民国《夏河县志》卷之七《政治》，《方志丛书·华北地方》第346号，第83—84页。

③ 乾隆《循化志》卷6《寺院》，第258页。

④ 民国《夏河县志》卷之一《地位》，《方志丛书·华北地方》第346号，第9页。

各种建筑。①

拉卜楞建筑群，按其用途及所供佛像之不同，分为经堂、大经堂、佛殿、讲经坛和喇嘛住宅。其中经堂为寺的中心，分佛学、密宗、佛事、法事和医学札仓。佛学札仓规模最大，喇嘛最多，地位亦最高，常有 1200 人左右。院址就在大经堂内。佛殿为大活佛诵经处，共有 18 处。讲经坛分冬、夏两季。喇嘛住宅，皆系普通平房。大经堂为寺院中枢。其正殿前有宽广的庭院，四围有游廊，墙壁上绘有各种笔画。正殿有 11 间，宽 100 公尺，深 70 公尺，可容纳 4000 人，有大可合抱柱子140 根，高 5 丈许。大经堂右为大厨房，置 5 口大铁锅，径 6 尺，深 6尺。还有嘉木样公府，规模最大，陈设最佳。嘉木样在外的公府，有别墅数所，位于昂濯朴庄，距拉卜楞寺西南数百步，前临大夏河。札西拉特在本寺西南 3 里。

拉卜楞寺的建筑风格为藏式，楼阁棕墙金瓦。房屋高达三四层，最高为如悟真寺，5 层，内供有宗喀巴化身，用绿琉璃瓦。寿禧寺，6 层，高 20 公尺以上。有金瓦寺 7 所，屋顶用铜瓦，外涂赤金。墙垣、院落、阶梯等，以石材为主，内部以木材为主，故有"寺院外不见木，内不见石"的说法。② 墙垣石材均采自附近山里的砂岩或石灰石，凿为方块，叠置而成，极为坚固。墙垣表面因饰以红土或石灰，故为红墙。屋顶多用黑色板岩铺成，板岩亦产于邻近山上，形多为薄片，最宜盖屋。较为重要的阶梯处，多用黄冈岩石条，取自位于东北 60 里的沙沟寺。内墙很少用砖，均以黄土筑成。③

1958 年前，夏河有寺院 63 座，其中主要为格鲁派黄教寺院，有 57座，大多为拉卜楞的属寺。另有宁玛派红教寺院 5 座，苯教寺院 1 座。

（三）伊斯兰教的清真寺

黄河上游区域是中国伊斯兰教传播的重要地区，也是所信仰民族的集聚中心地，临夏就有中国的"小麦加"之称。甘青宁全区清真寺

---

① 罗发西、曲又新等编：《拉卜楞寺概况》，甘肃民族出版社 1987 年版，第 4 页。
② 以上均见民国《夏河县志》卷之八《宗教》，《方志丛书·华北地方》第 346 号，第90 页。
③ 民国《夏河县志》卷之五《矿产》，《方志丛书·华北地方》第 346 号，第 62 页。

（也称礼拜寺）建筑最多的时候达到 1500 个。① 显示出清真寺分布与民族人口聚居地相符的一般特征。

临夏的清真寺始建于元末，明清建筑最多，后因战火，焚毁很多。1921 年以后，开始重建，至 1948 年时，大体得以恢复。就其回族集聚的城关镇，即临夏城的南关及其附近区域而言，建有很多清真寺，有"八坊十二寺"之称。② 韩家集分上、中、下三庄。清真寺之规模亦甚大。③ 详见表 4-12。

表 4-12　　1948 年临夏城关八坊、韩家集清真寺空间分布

清真寺	地址	初建年代	重建年代	占地面积
八坊大寺	南关北口	洪武初年	1921 年	六七亩
王寺	八坊魁峰路	明末		约 5 亩余
华寺	八坊云亭路	成化年间	1941 年	约 5 亩余
城角寺	城关八坊			
韩家寺、木场寺、白家庄寺	城关八坊	民国初年		
小南寺	城关八坊	1939 年		
祁寺、北寺、西寺、水泉寺、上下二社寺、大西关寺	城关八坊	清代		
韩家集磨川大寺④	韩家集	明末	清初	约有 6 亩
乩藏大寺、大河家大寺、莫泥沟山庄大寺、河家大寺、多木庄大寺、马连滩大寺	韩家集	清末		

资料来源：马兹廓：《穆斯林在临夏》，《西北通讯》1948 年第 3 卷第 1 期。

俗称的韩家集上中下三庄中，上庄指的是韩家集，中庄即磨川庄，

① 党诚恩、陈宝生主编：《甘肃民族贸易史稿》，第 61 页。
② 十二寺指大寺、王寺、华寺、城角寺、上二社寺、下二社寺、大西关寺、祁寺、北寺、西寺、水泉寺、铁家寺。见马兹廓《穆斯林在临夏》，《西北通讯》1948 年第 3 卷第 1 期。
③ 王树民：《陇游日记》，《甘肃文史资料选辑》第 28 期，第 278 页。
④ 明末建于阳洼山，称搭板寺。清初移建于磨川，称为求雨寺，光绪初年，改名川寺，1922 年改称磨川。

下庄为阳洼山。20 世纪二三十年代时，三庄共有人口 800 余户，除了上庄有汉族 10 户外，其余皆为回民，故清真寺规模甚大。① 除去表中所列大寺外，有小寺六七十座。大寺能容纳 2000 余人，小寺为七八百人。②

据 1943 年调查，甘肃全省的清真寺分布情形如下表所示（见表4－13）。

表 4－13　　　　　1943 年黄河上游甘肃地区清真寺分布　　　　单位：座

城镇	寺数	城镇	寺数	城镇	寺数	城镇	寺数
皋兰	15	永登	4	景泰	1	靖远	1
会宁	24	定西	12	榆中	4	康乐	10
岷县	10	临潭	13	陇西	3	夏河	1
平凉	155	固原	35	海原	36	静宁	13
隆德	12	庄浪	3	化平	95	崇信	5
华亭	30	庆阳	1	泾川	10	灵台	3
天水	4	秦安	22	清水	36	临夏	28
宁定	57	永靖	4	和政	28	总计	675

资料来源：《甘肃省回教寺院拱北教派及教徒数目表》（1943 年调查），《新西北》1943 年第 6 卷第 7 期。

河湟流域的西宁回民甚众，故伊斯兰教亦盛。"礼拜寺遍城设立"，按其规模，80 家以上者为上寺，50 家以上者为中寺，50 家以下者为下寺。西宁县属之大寺有 17 所，中寺 14 所，小寺 27 所，共 58 所。③ 城内较大的清真寺有 6 座，其中最著名的是位于城东关的"东关清真大寺"。经顺治五年（1648），甘州丁国栋、米剌印和乾隆四十六年（1781）的苏四十三两次反清波折，西宁回民及其所崇奉之伊斯兰教为清廷所抑制，尤其自乾隆中后期始，西宁东关清真大寺屡经兵燹，其地

① 王树民：《陇游日记》，《甘肃文史资料选辑》第 28 期，第 277 页。
② 马兹廓：《穆斯林在临夏》，《西北通讯》1948 年第 3 卷第 1 期。
③ 民国《青海志》卷 3，《稀见方志》第 55 卷，第 102 页。

遂废。后虽"屡议兴复，卒以不得地基而止"①。民国初期，宁海镇守使马麒重建，1921 年又扩建，有大殿 5 间，耳殿 5 间，可容纳 3000 人礼拜。②

西宁以外的其他城镇中，乐都有礼拜寺 1 所。贵德城乡回民 300 余家，有清真寺 1 所。同仁有礼拜寺 1 所，1924 年建。③ 另外，黄河九曲的循化，为中国唯一的撒拉族聚居区，亦信仰伊斯兰教。城内按"工"的基本单元划分，有八工。另有五工，俗称"外五工"④，属化隆辖境。循化除了本城文庙西有大寺 1 座外，其余八工清真寺空间分布详见表4－14。

表 4－14　　　　清代至民国循化城周清真寺分布略表

各工名称	乾隆五十四年				1939 年数目	1939 年人口数
	大寺		小寺			
	数	地址	数	地址		
查汗大寺	1	下庄	2	上庄、中庄	3	1035
苏治（只）	1	苏只庄	6	苏只小庄、乙麻木黑庄、乙麻木小庄、哈庄、别列庄、别列哈庄	4	1556
（草滩坝）街子	1	街子庄	10	古节列庄、孟打山庄、偏度庄、定匠庄、脱巴石坡庄、西沟庄、汉坪庄、草滩坝庄、瓦匠庄、沙坡庄	16	6449
查家	1	羊窟窿庄	12	果什旦上庄、果什旦下庄、窝迭根上庄、羊巴杂庄、波拉黑庄、苏哇什庄、白拉黑庄、波立只庄、乙麻木庄、札龙度庄、何家庄、乙麻木上庄	11	2395

---

① 《重建西宁大寺碑记》（1914 刻），现存西宁东关清真大寺。

② 甘肃省图书馆编：《西北民族宗教史料文摘（青海分册）》，甘肃省图书馆，1986 年，上册，第 48 页；下册，第 611 页。

③ 王昱、李庆涛编：《青海风土概况调查集》，第 94、197、175 页。

④ 外五工为：甘都、水地川、卡勒岗、黑城子和巴燕戎。

续表

各工名称	乾隆五十四年				1939 年数目	1939 年人口数
	大寺		小寺			
	数	地址	数	地址		
张噶（哈）	1	张哈庄	12	在朱格庄、思我家庄、衣力盖庄、铁木什但庄、三近庄、立伦上白庄、下白庄、里章庄、羊拉庄、拉边庄、查汉克庄、札木庄	11	3924
乃（崖）曼	1	乃曼庄			4	1997
清水（打速古）	1	河东庄	4	河西庄、红庄、打速古庄、瓦匠庄	8	2761
孟达（打）	1	孟打庄	4	汉坪庄、索同庄、他撒坡庄、木厂庄	7	992
合计	8		50		64	21109
	58					

资料来源：乾隆《循化志》卷 6《寺院》；李廷弼：《撒拉回民》，见《回民言论》1939 年第 1 卷第 8 期。

从表 4 - 14 可知，截至 20 世纪 40 年代时，循化城周清真寺总体呈增加趋势，大体而言，增加 5 座，但是，个别工又显示减少，其中查家工减 2 座，苏治工减少 3 座。而查汗大寺工保持不变，其余工有所增加。再说，清真寺的建筑，与人口数有直接的对应关系。街子工是循化撒拉族移民的最初中心，地位较高。这里人口相对集中，清真寺最多，有 16 处。人口居第二的为张噶、乃曼工，清真寺有 15 处。其余人口与寺的数量基本成正相关。不过，孟达工的情形较为特殊，人口较少，清真寺则有 7 处，且主要是在民国时期。

各工清真寺在空间分布上，除了大寺按照一工一寺布局外，其余小寺，有每村设一清真寺者，也有两三村合设一清真寺者。[1]"至拜之日，小礼拜在本寺，大礼拜则归于街子工大寺"。乾隆末年，虽颁行新例，然旧例"尚未尽革"[2]。

———————

① 据王昱、李庆涛编《青海风土概况调查集》统计，第 112 页。
② 乾隆《循化志》卷 6《寺院》，第 258 页。

　　另外，清真寺的建筑，也与政治管控和民族政策有关。乾隆中期以后，清廷对回民实行抑制政策，尤其是苏四十三起事后，对清真寺的兴建有严格要求，规定除已有清真寺外，未经许可，不得随意建寺。① 再加之，同治、光绪年间，教派之争及地方官吏的颟顸无能等多种矛盾交织的回民起事接连不断，清廷的整治政策严厉苛刻，清真寺的建筑和扩展受到限制。不仅数量没有增加，文献记载也少。这也是循化城为中心的河州地区清真寺发展趋势的基本特征。

　　伊斯兰教在宁夏府城为主要宗教，这里也是回族集聚的重要地区，清真寺较多。宁夏地区有清真寺的明确记载是明宣德《宁夏志》，当时被称为"回纥礼拜寺"，位置在宁静寺之北。即"回纥礼拜寺，宁静寺北。永乐间，御马少监者哈孙所建"②。乾隆三年（1738），该寺在地震中坍塌，后"回回重建殿宇，巍焕工丽，正殿供万岁牌，不设别像。每逢七日，回回俱到寺中礼拜"③。

　　截至乾隆中期，宁夏城中"清真寺，回教建"，共有 3 处。"一在宁静寺西，一在什子北，一在镇远门南"④。光绪年间，海城县地方志的《城池图》中标志西北隅有"回寺"⑤，却未说明寺的地点名称及建置年代。清初时，平远（镇戎、豫旺）有清真寺 3 处，分别在豫旺城、同心城、韦州堡，又另有礼拜寺 5 处。⑥ 至宣统年间，有 26 处，步入民国后，增加很快，达到 104 处。⑦ 化平城内城东关有清真寺 1 座，四

---

　　① 乾隆《循化志》卷 6《寺院》，第 256 页。

　　② （明）朱㫋：《宁夏志》，见吴忠礼编著《宁夏志笺证》，宁夏人民出版社 1996 年版，第 57 页。

　　③ 乾隆《银川小志·寺观》，《稀见方志》第 51 卷，第 72 页。

　　④ 乾隆《宁夏府志》卷 6《建置·坛庙》，《稀见方志》第 50 卷，第 289—291 页。

　　⑤ 光绪《海城县志》卷 1《建置志·城池图》，标点本，宁夏人民出版社 2007 年版，第 17 页。

　　⑥ 民国《朔方道志》卷 4《祠庙》，《集成·宁夏府县志辑》第 2 册，第 268 页，关于同心县的清真寺，也有 6 处之说，即除了始建于明代的同心清真大寺外，还有下关中街的清真中寺、东街口的东寺、北南关的南寺、上坦的小东寺、西关的西寺。中寺建于 1912 年，小东寺建于 1913 年，西寺建于 1923 年。参见金绪尧《宁夏同心城穆民概况》，《月华》1933 年第 5 卷第 24 期。

　　⑦ 同心县地方志编纂委员会编：《同心县志》卷 11《民族志》，宁夏人民出版社 1995 年版，第 667 页。

乡清真寺大小 80 余座，有规模宏大者，有形同民房者。[①] 其余各城镇，关于清真寺记载与上述类似，或不载，或仅有数目，或仅有寺名，具体分布等信息不详。仅就地方志所见有大致建筑年代及今人研究成果中的部分清真寺统计如下（表 4-15）。

表 4-15　　　　　清代至民国宁夏地区部分城市清真寺一览表

序号	名称	所在位置	创建时间
1	回纥礼拜寺	宁静寺北	始建于明永乐中，乾隆年间重建
2	宁静寺西清真寺	宁静寺西	乾隆年间
3	什子北清真寺	什子北	乾隆年间
4	镇远门南清真寺	镇远门南	乾隆年间
5	南关清真寺	南门商城附近	顺治元年
6	西关清真寺	城区西郊北塔村	康熙二十六年
7	北关清真寺	城区北门外	乾隆五十三年
8	南关东清真大寺	郊区大新乡民乐村	同治年间
9	东关清真大寺	郊区红花乡高台村	1915 年
10	清真中寺	城区解放西街中寺巷	1931 年
11	新华清真寺	城区新华街市场巷	1948 年
12	通贵清真老大寺	郊区通贵乡通贵村	明末
13	纳家户清真大寺	永宁县杨和乡纳家户村	明嘉靖三年
14	望远桥清真寺	永宁县望远桥乡红旗村	宣统二年
15	宁城清真寺	银新乡宁城村	光绪二十四年
16	宝丰清真大寺	平罗县宝丰镇镇关村	天命八年，乾隆初年毁
17	双渠桥清真寺	银新乡双渠口村	1919 年
18	滚钟口清真寺	银川西贺兰山滚钟口内	顺治元年
19	同心清真大寺	同心县城旧城	始建于明代，乾隆五十六年、光绪三十三年重修
20	韦州清真大寺	同心县	明末清初（康熙四十三年）

---

① 民国《化平县志》卷 1《建置志·庙寺》，《稀见方志》第 54 卷，第 314—315 页。

续表

序号	名称	所在位置	创建时间
21	六坊寺	固原县城内	乾隆三十二年
22	化平清真寺	城内东关	不详，1939年记载

资料来源：乾隆《宁夏府志》卷6《坛庙》；光绪《海城县志》卷1《建置志·城池图》；民国《化平县志》卷1《建置志·庙寺》；何兆国：《宁夏清真寺概况》，宁夏少数民族古籍整理出版办公室，铅印本，1992年。

由于回族居民大部分聚居于礼拜寺周围，所以清真寺的选址和布局就影响着本区回民居住的聚合程度和方位。清真寺的建筑密度，在某种程度上决定着回民聚居区分布的疏密程度。由表4-15统计可知，本区各城镇的清真寺大多分布于城市的边缘地区，即"城关"或"城郊"地带。大部分寺的建筑时间是在明末清初，即乾隆以前建筑的有14个，同光宣时期3个，民国后建的4个。乾隆以后，直到清末，文献所载的具体建筑信息相对较少，似乎与这一时期整个社会安定局势及清廷的严控政策相关。但是，在一些民国时期的统计数据中，又显示清真寺的数目相对较大，如上文所述，同心县有104处，化平县属有80多处。若不是因民国以来普遍建筑，则相抵牾的原因，尚待进一步研究。民国时期的韦州清真寺参见图4-4。

西道堂是临潭一带伊斯兰教派别的名称，既是一个宗教组织，也是一个商业经营集团。光绪十七年（1891）创办后，主要在洮州厅一带传教。二十八年，在西凤山下建立临潭西道堂传教寺，有教民400余户，1000人左右，多为大商人。先后在平凉、西宁、民和、循化、和政、临夏、宁夏等城镇建寺传教，发展教众。由于以事业办教，主要经营商业和农牧副业。[①] 至民国时期，"西北著名道堂有三大处。宁夏则有三桥二府之称。三大处者，甘肃河州之沙沟及张家川，与宁夏之板桥也"。"板桥为三桥之一，余则为马家桥、理化桥、亦均在金积附近"。"二府之一，为红罗府，又一不详"。[②]

---

① 党诚恩、陈宝生主编：《甘肃民族贸易史稿》，第57页。
② 白寿彝：《绥宁行记》，见《白寿彝民族宗教论集》，北京师范大学出版社1992年版，第530—531页。

图4-4 民国时期的韦州清真寺

（四）基督教等教堂建筑

基督教等宗教人士在黄河上游地区的出现时间相对较早，据《甘肃通志稿》载，应该在元代，但有具体教堂实体的时间记载是在清末。① 可见，至迟至光绪年间，已经有教堂出现。

兰州地区的教堂建筑相对较早。光绪二年（1876），在兰州箭道巷南口建山字石基督教堂，是当时最大的教堂。四年，基督教在黄河上游的兰州、宁夏、西宁三城中设置布道区。② 敦巴、格达二牧师设西宁教堂司，劝教于青海，将新、旧约全书译成蒙、汉、回文字，四处散布。③ 八年，兰州天主教徒张子厚捐献畅家巷院落1处，作为堂点。二十七年，甘肃建两个天主教教区，兰州教区管理陇西至河西布教事务。④ 1917年，英国人克省吾夫妇自美国转至临洮，改原圣经学校为"神学校"传教。1920年，在石桥西修建教堂1座，规模宏大。⑤ 兰州城内的教堂参见图4-5。

---

① 《甘肃通知稿·民族志》，见《稀见方志》，第27卷，第527页。
② 青海省志编纂委员会编：《青海历史纪要》，第236页。
③ 许公武编：民国《青海志略》，第110—111页。
④ 张联渊：《甘肃实习调查日记》，第93922页。
⑤ 临洮县志编委会编：《临洮县志》（下册），第631页。

图 4 - 5　兰州城内的教堂（1933）

　　镇原城及周围，亦有天主教与福音堂。光绪十年（1884），一裴姓女修士，先在庆阳西峰镇，再转至距城120里的萧金镇传教。福音堂建筑分2处，城内田家巷，有地基6亩多，建三院。萧金镇，有地基约2亩，楼房4间，南北厦房各9间，传道所4间。天主教，在城内传教始于光绪二十二年，有教堂3处，设在城内西南隅的有地基约50亩。设在屯子镇西门外，有地基约10亩。而在太平镇街西的有地基约25亩。[①]

————————

　　① 民国《重修镇原县志》卷9《军政志·教会》。

　　民国时期，平凉城内有福音堂 2 所。城内有耶稣教会的男女宣教师 5 人，在福音堂旁设有慈惠医院，信徒约 40 名。[①] 夏河城也有美国传教士新振华、季维善二人，各筑楼房 1 所。所需木料系拉卜楞寺供给，每年向寺院缴纳房租。[②]

　　光绪十七年（1891），基督教牧师英国人胡立礼夫妇在西宁城内北斗宫街先租后买了段姓民房，设福音堂。三十年，又在教场街购李姓民房，改建为福音堂。1915 年后，基督教先后在大通后子河、化隆马坊街、湟源南城壕、贵德居家沟、循化城西大街、乐都城东街、民和川口西大街、门源浩门镇等城镇设立福音堂。教徒多者百人，少者仅两三人。[③]

　　20 世纪 30 年代时，西宁城中已有规模较大的基督教堂，负责人房理是英皇家地理学会会员，在青海从事传教工作 30 年。[④] 这里福音堂设置基本在城中，称呼不一，有的称耶教神召会，有的称耶教内地会。而天主堂的分布，则多在城周堡寨村镇。兹就青海各城教堂分布列表如下（见表 4 – 16）。

表 4 – 16　　　　　　　　　　1934 年青海城市教堂分布

城镇　　　　教派	天主堂分布	福音堂（耶教）分布
西宁	省城南街、西川彭家寨、南川加牙西家庄，城北川外近大通城间的扎麻隆拉沙尔、黑咀尔、猫尔茨沟、后子河各一处	省城西街、北川外后子河各一处
湟源	城东关	城内（神召会）

<hr>

　　① 民国《甘肃省志》，《稀见方志》第 33 卷，第 66 页。

　　② 民国《夏河县志》卷之七《政治》，《方志丛书·华北地方》第 346 号，第 77 页。新振华，也作辛振华。父名新普选。

　　③ 青海省志编纂委员会编：《青海历史纪要》，第 236 页。

　　④ 止戈：《西宁一瞥》，《旅行杂志》1945 年第 19 卷第 3 期。又，房理，疑与胡立礼是同一人。一是读音翻译相近，均为英国人。二是其在西宁传教时间也吻合。关键在西宁的教堂就只有教场街的存在时间最长，今天依然还延续。

续表

教派 城镇	天主堂分布	福音堂（耶教）分布
大通	县属新添堡、陶家寨、老虎洞各一处	城内（内地会）
互助	城东关东，县属甘家堡、新元堡、羊圈堡、白崖堡各一处	城内（内地会）
乐都	城东关、高庙子、乐巴沟、定家庄各一处	—
化隆（巴燕）	—	城内马坊街（内地会）
门源	—	城内（内地会）

资料来源：无名氏：《青海耶教之调查》，《开发西北》1934年第1卷第4期。

　　天主教和基督教并行不悖，在宁夏、青海的各城镇均有传播，一般均在城内租借民房，改建为教堂。雍正时，有天主教传教士穆致远在西宁传教。光绪四年（1878），天主教亦于西宁南大街设天主堂1处。[1]光绪十七年前后，天主教传入宁夏。

　　1922年，美国传教士伯立美在青海湟源城内承租民人陈光恭房业一处，建福音堂。1932年时，传教士回国，请人留守。1925年，美国传教士在同仁县城建教堂1处，入教汉民有四五家。1926年，互助甘家堡、城东关，有天主教堂各1处。1930年，巴燕境内第一区有福音堂1处。据1932年调查，大通城建有教堂四五处，如在城内、新添堡、陶家堡建有天主堂；向阳堡、丰稔堡建有福音堂。乐都城有天主教堂1处。贵德有福音堂1处。[2]

---

　　① 民国《青海耶教之调查》，《开发西北》1934年第1卷第4期。
　　② 王昱、李庆涛编：《青海风土概况调查集》，第159、175、177、90、107、82、94、197页。

第五章　市镇与居民

　　城市作为人们活动的场所，能够方便和从事社会生产和生活才是最基本的方面。所以，可以说，城市的很多方面也是人们经济生活景观的缩影。[①] 包括商业群体、企业工人、市场、金融、财富、交换活动等，而经济贸易成为城市内主要的活动形式之一。黄河上游区域城市体系中，不论城垣大小，行政等级高低，都包含提供人类日常经济生活的痕迹。即便只有一条大街的城垣内，也都有自己的街市、市集，与之相关联的城的空间分布上还有集镇连接。所以人们在这些场所从事以商贸经济为主的各种社会活动，既体现了城市经济功能，也表明市镇一级在城市体系形成中的主体性作用。

一　商业市场

　　城市与商业贸易的关系密切。商业贸易是城镇发展的基础，发展中的城市为商品集散提供场地，是商品发展的条件。城镇发展形成的商业贸易中心以及交易流通网络，成为联结一地与周边城镇的环节，进而促成城镇的稳固发展与体系的形成。正如施坚雅所认为的，在区域体系理论框架下，包含着以镇和市为连接点的本地和区域体系的层级。而每一本地或区域体系均是一个有连接点的、有地区范围的，又有内部差异的人类相互作用的体制。每一个体系处在不断的有规律的运动之中，而其中的镇和市处于一个城市区域体系的中心，"起着连接和整合在时空中

---

　　① ［德］奥古斯特·勒施：《经济空间秩序》，王守礼译，商务印书馆 1995 年版。

进行的人类活动的作用"①。清代以来，在商业经济的带动下，以兰州为中心的黄河上游区域城镇，以本城、城关、堡寨村镇，在城镇间的系列轨迹开展经济活动，且有了较快的发展，尤其是步入近代，及延至民国的西部大开发，对这里城市布局的构建和体系的最终形成，起到了十分重要的作用。

既然街市、市集或市镇是城市发展的重要环节，又是城市研究绕不开的话题，因而回顾学界对相关问题的关注和研究，就显得十分必要。关于市镇的问题，韩大成在研究明代城市时，就详细地论述道：市镇，或称市集，是商贾凑集、进行贸易的处所。小的市集设立于农村，大的则设置于镇。镇在早期是指一些处于冲要地区的军事城堡或据点。② 随着人口集聚，经济发展，人们生活所需的主要物品在这些场所得以交换。当然，至于村、镇，明代人的认识有所不同，对于"郊外居民所聚谓之村，商贾所集谓之镇"③。

此外，韩大成认为，在明代除了定期的集市外，还有固定的店铺，被当时人称为镇市或市镇。即所谓"市镇所以聚贾"。而"集市是介于城乡之间的社会细胞，是城市的胚胎与雏形"。集市大致分为几种形式：最原始的形式是不定期的，规定大致贸易时间的属于半定期，最常见的是指有固定的集场与集期的定期市，比较发达的集市贸易则称为常市，或日市。④ 根据集市贸易的规模数量不同，又有大市（集）、小市（集）和"会"之分，其中"会"是一种特殊的集市贸易形式，是指集期之外所进行的比一般集市贸易繁盛的集市。由于贸易在不同的地点进行，也分为城集、乡集、山市、庙市与寺市。"山市"是指在荒山广场进行的贸易，每年开市一两次，盛况却超过一般集市。庙、寺市形式，即于寺庙地方进行的集市。这些均为城市市镇研究廓清概念，为后人研究所起的基础作用不可低估。

刘景纯的清代黄土高原地区市镇研究，涉及黄河上游所在的甘青宁

① ［美］施坚雅：《中华帝国晚期的城市》前言，第3页。
② 韩大成：《明代城市研究》，第99页。
③ （明）正德《姑苏志》卷18《乡都·市镇村附》，《天一阁藏明代方志选刊续编》，上海书店影印，1990年。
④ 韩大成：《明代城市研究》，第100、101—102页。

三府州县部分市镇。其分类与上述韩大成的主张相同。如将地处边地汉族与其他民族间贸易的市口镇与一般性市镇相区别，对泾州以东的陕西、山西地区的市镇研究等，是目前所见研究中较为充分者。而对甘青宁三府州县的市镇，则以显见几种方志为线索，以城镇的经济职能为重要方面，自空间分布展开讨论，给我们的研究奠定了可信的基础，也留有深入讨论的余地，[①] 使我们的研究可以将重点放在泾州以西的繁盛市镇的考察上，较多而深入地关注西宁、宁夏中心，进而讨论西宁府辖边界之日月山农牧交界处长期存在的"市口镇"。

实际上，日月山垭口处的贸易，自明代以来就十分活跃，清初，在对蒙古贵族实行控制管理时，也制定有相应的贸易规程。所以，不论是在清初，还是在清中叶，乃至在民国初年，这里都是一个重要的市镇中心。另外，黄河上游区域的寺庙集市也十分普遍，且是农牧区以及乡村与城镇之间极其重要的交易市场。有的还演变为重要市镇，进而发展为城镇。所以，从街市、市集到市镇的兴起，也是清中期以来黄河上游区域城市发展的重要特征之一。可见，市镇的发展与商品经济发展有着直接的联系。兹就黄河上游区域的城市街市、市集、市镇及相关组织机构等方面加以讨论。

（一）城内街市

黄河上游区域兰州、西宁、宁夏三个中心所属城镇的街市中，大部分自清代以来，就划定有专门市场，尤其是百姓日常所需的米粮肉菜等生活必需品，基本分布在城中人口相对集中的街衢。至民国时期，一些较为重要和较高层级的城镇中，出现了具有综合性的商品批发零售兼营的近代意义上的大型市场。

兰州城街市的分布格局自清初基本定型，直至民国初年没有大的改变。康熙时期，兰州城内的商业街已按经营类型划分。有专门从事粮食贸易的称为"谷粮市"，进行牲畜交易的称为牲畜市，如谷粮市在南门内、东关、西关市场。牲畜市有牛驴、猪羊市场各一，均在城东新关。

---

① 详见刘景纯《清代黄土高原地区城镇地理研究》，第148—154、148—157页。

商贾市在东关、南关、南门内。[①] 至乾隆年间时，街市贸易类型和场所基本保持不变，如"南市、西市多五谷，东新关市多挐畜，南门外即南郭店铺，则商旅萃焉"[②]。时人称兰州府城"山环水绕，炊烟出屋瓦者万家，廛居鳞次，商民辐辏，扼敦煌、酒泉诸郡，此则总其枢纽，成一大都会，而居其形胜地"[③]。

延至民国，街市分布依旧，只是交易规模和形式随着近代元素的增加而有所改变。民国初年，"城南门内及东关、西关多五谷；东新关城壕，多挐畜；南门内外、西大街及南关店铺，则商旅之货萃集焉"[④]。1915 年前后，街市在上述格局的基础上有所扩展，表现在兰州雷坛河、中山铁桥南头、水北门、西城壕、东梢门一带，先后自发地形成小的蔬菜市场。每天清晨有农民、菜贩、市民进入市场，买卖蔬菜。菜价随行就市，自由交易。[⑤]

当然，城内形成的很多大商店，逐渐开始"司钱谷之权"。所经营的输出品以黄烟、水烟、羊毛、羊皮、药材、食盐为主，输入品以白大布、洋布、斜布、杂货、糖、纸、茶、瓷器等为主。此外，有外国洋行7 处，专购羊毛及其他土货。其购羊毛年额达 300 万斤。近代新兴工厂织呢局在通远门外，规模宏大。洋蜡胰子工厂，在城北黄河之畔，并产陇缎、漆器、毛毡、皮革。呈现出"商贾骈集，阛阓四达，肩摩毂击，冬令尤甚"[⑥] 的商业繁荣情形。

1928 年，将城内东大街普照寺一带改建为综合性的市场，名为"中山市场"。历时半年，"三月经始，九月落成"。整个市场依照地形而成，东西狭，南北长，东西 21 丈，南北 83.8 丈，面积 1743.16 方丈。有南北两个口。南口在学院街，有砖门 3，便门 2。北口在东大街，

---

① 康熙《兰州志》卷 1《地理志·坊市》，《集成·甘肃府县志辑》第 1 册，第 63 页。

② 乾隆《皋兰县志》卷 12《古迹·坊市墓寺观附》，《集成·甘肃府县志辑》第 3 册，第 102 页。

③ 绰奇：《修建北山慈恩寺碑记》，碑存兰州黄河北岸白塔山寺。文参见乾隆《皋兰县志》卷 18《艺文·碑记》，《集成·甘肃府县志辑》第 3 册，第 40 页。

④ 民国《甘肃通志稿·建置志一·县市》，《稀见方志》第 27 卷，第 243 页。

⑤ 兰州市地方志编纂委员会等编：《兰州市志》第 27 卷《蔬菜志》，兰州大学出版社 1997 年版，第 113 页。

⑥ 民国《甘肃省志》，《稀见方志》第 33 卷，第 30—31 页。

有砖门 1，前为棚门。市场内有街道 3，街名 5，即中街、东街、西街、东后街、西后街，铺面 180 余间。工商业 79 家，饭店 7 家，小贩地摊 69 处。配套的服务设施为戏园 1 所，济贫及工校、监狱、营业部 3，银行兑换所 1，展货陈列所 1，教育推广处、阅报所 1。东西后廊、公共厨房 2，厕所 3，蓄水池 1，井 5，天棚 3 段，套房 93 间，货架 60 具。① 随着中山市场商业规模提升，仅股份有限公司 12 家，分公司 17 家，资本额高达 8685.74 万元。②

　　1932 年，城内商业繁华的街市有东大街、西大街和南大街，其中以南大街为最盛。其他还有学院门、马坊街、楼南街、府门街，县门外的绣铺街等。外城则有西关街、袖川街、南关街、东关下街、新关大街、桥门街、炭子街、福禄街、孝友街、横街子等。③ 城内的商店总数也逐年增加，有商行 30 多个，分别为皮货、药、砖茶、烟丝、杂货、山货、酒坊、粮油以及京货行等，各行店铺多者百家，少者数十家。④ 分布在城内大街小巷。如"城内西大街以钱庄、绸缎店、布匹、百货、军衣社、印字馆居多；省政府之南的中山林，皮货店、古玩店、照相馆、书店等多聚集于斯；中山市场在东大街，布匹洋货等摊不下百余处；道升巷内，多西药店。其他如医院、客栈、成衣、理发店、当铺、药肆，各街都有。南关大街，行店极多。东关多烟行，规模宏大。商业精华，最主要集中在此两关。尤其是南关，更是兰州城商业最集中、最繁华的地方。许多著名的行店都设在这里。如许多京货店、行栈店即分布于此"⑤。

　　至 1945 年时，城内商行已经达到 2095 家，营业额达十多亿元。⑥ 不过，抗战后期，兰州城市商贸经济有衰败趋势。1948 年春，兰州城内倒闭的商店就有 35 家。次年，自行关闭的 79 家，申请停业的 48

---

①　民国《甘肃通志稿·建置志一·县市》，《稀见方志》第 27 卷，第 248 页。

②　杨重琦主编、魏明孔副主编：《兰州经济史》，兰州大学出版社 1991 年版，第 170 页。

③　王金绂编：《西北地理》，第 418 页。

④　杨重琦等：《兰州经济史》，第 170 页。

⑤　钱宗泽：《兰州商业调查》，陇海铁路管理局发行，1935 年，第 2 页；又参见杨重琦等《兰州经济史》，第 170 页。

⑥　陈鸿胪：《论甘肃的贸易》，《甘肃贸易季刊》1943 年第 4 期。

家。① 处于社会转折期的一般状况之中。

但是，无论如何，自清代以来，兰州城内经济由最初的街市商贸发展到城市商业经济，与省会城市的最终确立相关。再加之兰州长期作为黄河上游区域的中心城市，无论是其行政建制的管理，还是交通网络的构建，抑或是人口迁移往来，信息快速传递等，都提升了这里城市发展的水平，也带动和促进了黄河上游区域城市体系的形成与完善。

以兰州中心而言，其周边城镇中的街市也十分兴盛。会宁县城东西与南北相交的四街俱有货店廛房，其中，客店在西关及南河坡。米粮市，清初设在城南北二街，后移到县南，至道光时期，轮流设于城的四门。牲畜市，在东关，至晨而散。木行市，在南关。至民国时期，城内已设常市。② 城内最繁盛街市设在自南门至北门的一条大街上。这里铺户林立，商店棋布，市民往来，终日不绝。县署门前的一条东西向大街，与北大街成十字形状。两街相交之处，称为十字口，繁华程度较南大街稍逊。另外，与清代相比，原经营木材的南关，时已经大半转营为粮食市、饭铺和酒馆，间有杂货等铺。各铺户将多余的房屋"或为商人住宅，或为军人脚骡客栈"。城东关也不再是牲畜市，而是"多官绅第宅及学校地址"。其他如北关，多为农家及居民住所，有骆驼厂数处。西关由旅客区变为下层社会住宅区，后又因河岸坍塌，无人居住，变为空地。③

洮水流域的临洮，城内街市整齐，道路宽阔。光绪初年，城内有粮食市、灰盐市、骡马市、线市、柴草市等便民的专门市场。至民国时，城内北东西南四条大街中，商业以东、西、北三大街为最繁盛，住户以城西、南为最稠密。已有了专门经营粮食、灰盐的市场，生意兴盛，占据整条街道，被称为市街。粮食市为米粮屯集之区。灰盐市，为布商荟萃之地。煤炭商则以南大街为集散之区。各街店铺林立，均有布匹日杂，粮食油籽、中西医药及其他商品，属经常性集市。④ 临洮城外无商业，唯近城之西门外，有榨香油之坊。东、南城有水烟工厂。北门内外

---

① 甘肃省政府编：《甘肃省情》第 1 卷，甘肃省图书馆藏，第 115 页。

② 民国《甘肃通志稿·建置志一·县市》，《稀见方志》第 27 卷，第 245 页。

③ 民国《甘肃省志》，《稀见方志》第 33 卷，第 36、37 页。

④ 临洮县志编委会编：《临洮县志》（下册），第 283、281 页。

为木作漆器之所。城西南的木厂，木材堆集。木材源自野林关，那里森林茂密，林木被伐后，顺河北下，分散各方。也多放木筏入黄河，销售于宁夏。故临洮城内外，仅林木就为销售大宗，林木商人云集，促成繁盛的商业。[1]

陇西城内商肆以中山大街为中心，市面繁阜，与临洮相若。其中旅店集中之所称为新街。这里原为万寿宫旧址，街面宽阔。1917 年前后，民众集股，买地建屋，"道舍整齐"，为城内之冠。[2] 亦为商旅云集，街市繁盛的标志。

河州城内商业在清初时就较有起色。康熙四十三年（1704），重修枹罕镇所在的南关市客店 8 座，作为商贾居住专栈。四十五年，再加整修，商旅往来便利。[3] 城内有专门经营粮食的粮货市，称为盛万大市，位在大城中北面，"至辰而散"。畜类市，称为中市，位于大城中卫门口，也是至辰而散。至民国时期，城内有了常设市。其中西南关，回民聚处，商务最盛。[4] 另外，与河州城相邻的临潭城内以十字街为繁华中心，回民麇集之处，亦在城南关，这里舍宇整齐，商业繁盛，"每十日一集，逢一开市"[5]。

位于黄河上游东部的泾渭水流域天水平凉区，城镇历史发展稳定，市容街衢布局中已经包含有丰富的商业文化等多种元素，城内街市布局合理。如静宁城内商业殷盛，为平凉以西所罕见。其商市繁华之地，为通东西门之大街，有商务公会、三晋会馆等商业机构。回民占城内 2 万人口之 7/10。再如平凉内外城中，街衢布局规矩，类型分明。东关庙街，商贾客栈，并集于是。其间还设有陕西会馆、厘金局等部门。城庙街，有城隍庙、警察署。繁盛程度仅次于东关庙街。[6] 还如承担着川陕商务的天水，也是城垣毗连，业务繁盛。[7] 城内市场多集中在市区西关

---

① 民国《甘肃省志》，《稀见方志》第 33 卷，第 41 页。
② 王树民：《陇游日记》，《甘肃文史资料选辑》第 28 期，第 124—125 页。
③ 康熙《河州志》卷 1《市廛》，《稀见方志》第 49 卷，第 533 页。
④ 民国《甘肃通志稿·建置志一·县市》，《稀见方志》第 27 卷，第 249 页。
⑤ 王树民：《陇游日记》，《甘肃文史资料选辑》第 28 期，第 160 页。
⑥ 民国《甘肃省志》，《稀见方志》第 33 卷，第 68—69、66 页。
⑦ 民国《甘肃通志稿·建置志·县市》，《稀见方志》第 27 卷，第 249 页。

一带,商店最多。中城街道的南端,是一个以牲畜为商品中心的闹区,称为猪羊市。① 街市专门性突出。

就河湟地区的西宁中心城镇而论,西宁城内各专门的货物"市"场,至乾隆年间时,已相继形成。菜果市在道署西,骡马驴市在石坡街,柴草市在大什字,石煤市在大什字土地祠前和小街口东,石炭市在驿街口和小街口西,缨毛市在祁家牌坊西,牛羊市在湟中牌楼东,骡马驴市、柴草市俱在小街口,硬柴市在北古城街。乾隆四年(1739)以前,西宁无粮面市,人们将粮食"各藏于家",一城之中,价格互异。自是年起,在地方官的倡导下,"建铺数十楹",以为储存粮面及交易之所。自此卖价不二,"买者卖者皆称便"。后又另设东关粮面上、下市,上市自史家大店起至柴家牌楼止,下市自东梢门起至西纳牌楼止。②

民国时期,西宁城内商店规模以销售药材、绸缎、皮庄等的铺子为最大。20世纪30年代,西宁城的大小商号多集中于道门街,即东大街。1933年,在原贡院地址设置了中山市场,综合性经营。货物丰富,来自四面八方。有些高档品质的洋货,在西宁的店铺也能买到,甚至可以买到"卡几布、大炮台烟以及其他的真正英国货",这些货物"全是靠一些专门徒步来往西藏与印度的商人",青海人称之为"藏货",商人称"藏客",由懂汉语的藏胞和少数汉民组成。而每次"从西宁至加尔各答的时间,包括冰冻和暑热的阻碍,约需整整的一年"。这些人组成西宁商业界中一个特殊的集团。③ 西宁城内街道参见图5-1。

至于西宁以北大通城镇的商业情形,民国时期的方志纂修者如此记载:"古者,日中为市,互聚货财,以交以易,盖有市无镇也。递至于今,生齿日以蕃,备用日以广。于是,本土不足,则必取给于外来,此邦不足,则必取给于他国。贩运于千万里之外,分散于数百户之乡。闾阎则日用而日多,阛阓则愈增而愈众,市之所由始,镇之所由终也。"

---

① 窦建孝:《猪羊市的变迁》,《天水文史资料》1991年第5辑,第151页。
② 乾隆《西宁府新志》卷9《建置·城池·街市附》,第274页。
③ 止戈:《西宁一瞥》,《旅行杂志》1945年第19卷第3期。

图 5 - 1　民国时期的西宁城内街道

　　在县志纂修者看来，人口增加，消费增多，贸易繁盛，不仅用于交易的场所扩大，市场增多，而且城垣的限制从"市"的层面被打破，城内街市与乡镇市集合而一。

　　实际上，方志纂修者在对大通城内街市与乡镇集市的记录时，也是将城垣街市与周边乡镇市集整体处理的。如其进一步记载道：时大通县城分为四部分，县城中心位居西关，衙门庄为东区，新城在南区，北区由北大通、口门子、永安城、俄博营组成。其中西关，连郭门，长半里，南北铺屋共百户，有典当 1 家；东区衙门庄，距离县城东 40 里，市长里许，有铺屋约百户以上。新城，距离县城南 35 里，市长过 2 里，各项铺屋共约 300 户，有典当 1 家。北区的北大通，距离县北 120 里，城内外铺屋共 200 余户，有典当。口门子，距离县城西北 150 里，居北大通西，铺屋三四十户。永安城，距离县城西北 160 里，居北大通西，城内外铺屋共六七十户。俄博营，距离县城西北 280 里，居永安之西，市长 1 里，铺屋约百户。① 不仅详细记载了

---

　　① 以上均见民国《大通县志》第 2 部《建置志·市镇》，《稀见方志》第 55 卷，第 690 页。

城内街市状况，对城外繁盛之市也连带叙述，展现出大通城及周边商业经济的整体面貌。

位于日月山垭口处的丹噶尔城，至光绪四年（1878）时，城中街市分布的专门性特点明显。如粮市在东街永寿街，青盐市在隍庙街南，柴草市在东西大街，牛羊骡马市在东关丰盛街，羊毛市在西关前街。① 民国时期，城内旧有街市布局基本沿袭不变，增加了新的商行，有烟行3家，酩流酒铺数家，大当铺3家。而城周利用畜力、水力经营的粮油作坊，也有增加。1926年，在旧有旱水油磨81盘条的基础上，增至157盘条。②

位于湟水西宁以东的碾伯地方，在康熙年间，尽管还是一个"所"级行政建置，但城内日常交易便利，百姓平日所需的米粮菜果则"日有集"。米粮市、菜果市，在中街。柴草市、骡马市、牛羊市，在东关。缨毛市、铺陈市，在鼓楼十字街。③

民国时期，贵德城街有粮食市，在城隍庙前。牛羊市，在卫门街。骡马市在鼓楼街。但在乾隆以前，由于"向无市集"，又"不使银钱"，以至于军民商贾"咸称不便"。乾隆年间，创设南关厢，又分东南西三街，移粮食、牛羊、骡马各市于关厢，召集商贾营业贸易。每旬以三八为期，一月六集。④"清蚨白选，始有识者"⑤。再说，循化城建立之初亦无市，后将临街营房租于城中回民或守军，"始立街市"⑥。

宁夏府城是黄河宁夏中心最大的商业中心城镇，至乾隆年间，城镇的经济职能在以政治功能为主导的前提下有所凸显。乾隆三年（1738）地震后，由于城池布局得以重新修整规划，街市较为规范，形成专门的货物经营区。位于镇远门和清和门间的东西大街，是府城商业经济活动的核心地段，各类商品有专营的街区或市场。大什字街的四牌楼是本城

---

① 光绪《西宁府续志》卷之二《建置志·街市》，第75页。
② 王昱、李庆涛编：《青海风土概况调查集》，第143页。
③ 康熙《碾伯所志·市集》，《稀见方志》第57卷，第20—21页。
④ 民国《贵德县志》卷2《地理志·贵德所·街市 附》，《稀见方志》第57卷，第152—153页。
⑤ 民国《贵德县志稿》卷2《地理志·城池》，《集成·青海府州县志辑》第14册，第20页。
⑥ 《循化志》卷3《营讯》，第104页。

的商业中心，"通衢四达，百货杂陈，商贾云集"。西自镇远门起，各种街市相间分布，且向南北小街巷延伸。米粮市在四牌楼西大街，是本城的商业中心，俗称四鼓楼。羊市在城守营署前，猪市在南关，炭市在羊肉街口南，东柴市在鼓楼街，西柴市在镇武门东，骡马市在新街口北，碓子市在会府西，青果市在会府南，番货市在四牌楼南，旧木头市在箱柜市西，新木头市在道署南，故衣市在羊肉街口，麻市在什子东，箱柜市在管达街口西。①

除了上述专门性的市场外，城中大街两边还有许多固定店铺和官营铺子，包括会馆。如在前营北临街有店铺 5 间，黄公祠南有官铺 17 间，米粮市有官铺 5 间。还有"棉花店二座，当铺四十四座，布店九座，山货店五座，骡脚店一座"②。城内"人烟辐辏，商贾并集，四衢分列，蕃夷诸货并有，久称西边一都会矣"③。山西商民会馆，就在黄公祠对面大街南财神楼的位置。但是，同治年间，因陕甘回民起事，社会动荡，商贸经营一度萎缩。

另外，明清之际，宁夏城内还有许多坊的建筑。如熙春坊、感应坊、清宁坊、修文坊、毓秀坊、永春坊等。各坊也设有专门的小市场，十分兴盛。有胡麻市、糟糠市、杂物市、布帛市、果品市、颜料市、纸笔市、帽靴市、苏杭诸货市、五谷肉菜市、猪羊肉脯果菜市、马牛骡猪羊市等。乾隆三年（1738）地震后重建，坊名不存，市亦各异。此外，有鸡市、菜市、煤市、蓝石炭市等。④ 市场交易的各类货物，均与普通市民的日常生活息息相关，据记载，"清代全盛之时，全城人口曾远在 10 万以上"⑤。大量人口的消费，无疑带动了府城商业贸易的兴盛。

民国初期，宁夏城商贸依然繁盛，市场格局基本保持不变，各类商品专营分布在固定的街区，如有当铺 19 家，大杂货店 17 家。⑥ 随着外

---

① 乾隆《宁夏府志》卷 6《建置二·坊市》，《稀见方志》第 50 卷，第 294 页。
② 乾隆《宁夏府志》卷 7《田赋志·杂税》，《稀见方志》第 50 卷，第 317 页。
③ 乾隆《宁夏府志》卷 6《建置二·坊市》，《稀见方志》第 50 卷，第 294—295 页。
④ 乾隆《银川小志·物产》，《稀见方志》第 51 卷，第 156 页。
⑤ 叶祖灏：《宁夏纪要》，《史地文献》第 25 卷，第 531 页。
⑥ 民国《甘肃省志》，《稀见方志》第 33 卷，第 81 页。

地经商者的到来，城内商人数量增多，规模扩大。1928 年，城内商店经营者中，晋商居十之六，秦商居十之二，余则为天津、湖南、四川及本地商店。① 尤其是建省使府城变为省城，街市的繁盛程度增加。连接东西城门之间的主干道（中正大街）仍是本城商业主街，以玉皇阁为中心的"东、西、南、北四条大街为繁华街道，其中西大街最为繁华"②。由大什字至财神楼段的西大街米粮市是当时最大的集贸市场，生意极为兴旺，"每天到此做买卖的和逛市场的人有几千人之多"③。由此还带动了磨坊、碾坊、粉坊、油坊等与粮食相关行业的发展。一条自南关贯穿全城至北关的南北长街，在城中央与东西大街交汇，时人称之为"羊肉大街"，十字交叉路口为全城繁华处，集中了来自天津、汉口等各地商人，各类小商贩亦不少。④ 至 1932 年时，城内有"居民三千余户，商店三百余家，市面繁盛，街道整齐，具内地都会之风味。城内多成为洋式门面之商店，其中以中山街、西大街、南北门大街，尤平坦繁荣"⑤。1935 年前后，城内商号增至 428 家，经营的百货中以羊皮为大宗。⑥

　　可见，自清至民国时期，宁夏省城的众多专门性市场都集中分布在东西横向的中心大街（中正大街），并有逐渐向南北街道纵向扩展的趋势，市场分布范围扩大。经营商品种类和行业，除了大量的专门性店铺外，传统的米粮市、骡马市、炭市、羊市、猪市、柴市、故衣市等近 20 种专门市依然保留延续。其中有固定店铺的坐商，从事贩运的行商和提篮小卖的流动小商贩等，经营规模既有店铺鳞次栉比的商业街区，也有小型的交易市场。详见宁夏府城主要商业街市分布示意图（图 5 - 2）。

　　属于宁夏南部的固原，在咸丰年间时，城垣基地平坦，居民稠密，

---

① 王金绂编：《西北地理》，第 420—421 页。

② ［日］马场锹太郎：《新修支那省别全志·宁夏史料辑译》，第 49 页。

③ 于小龙、唐志军：《百年银川：1908—2008》，宁夏人民出版社 2008 年版，第 98 页。

④ ［日］东亚同文书会编：《支那省别全志·甘肃省附新疆省》第 12 册，第 213 页。

⑤ 林鹏侠：《西北行》，甘肃人民出版社 2002 年版，第 191 页。

⑥ 刘继云：《旧银川的八大商号》，《宁夏文史资料选辑》1986 年第 12 期，第 127 页。

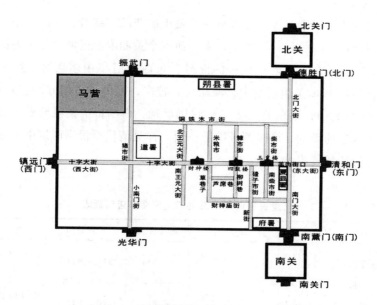

图 5 - 2　宁夏府城主要街市分布示意图

资料来源：据乾隆《宁夏府志·府城图》、民国《朔方道志·城池图》改绘。

"城四门关厢亦开铺面，南门处有过客店一处，以安行旅"①。至民国初期，固原城内有"中山街、南大街、山货市及东门外的东关构成了商业街，汇集着大小商铺"②。

位于黄河宁夏北部最南端的中卫，居自兰州至宁夏间的商贸要道，城内街市十分繁荣。城东西门之间的东西向大街构成主要的商业街区，店铺字号集中分布。乾隆时期，城"东、西街立二市，乡民以晓集，交易粟帛"。至民国时，城内依然"列肆丰盈，人烟凑集，居然富庶之风矣！"③ 东西大街以鼓楼为界，连接东西两城门。"街面宽约三四间，两旁商铺鳞次栉比，十分繁华，多为皮毛、布匹商、杂货商等"④，摊贩沿街交易。各种店铺商号有百余家，老字号有尽盛魁、永盛元、德兴

　　① 佚名纂：咸丰《固原州宪纲事宜册》，咸丰五年抄本，甘肃省图书馆油印本1965年版。

　　② ［日］马场锹太郎编：《新修支那省别全志·宁夏史料辑译》，第71页。

　　③ 乾隆《中卫县志》卷2《建置考·城池》，《集成·宁夏府县志辑》第5册，第25页。

　　④ ［日］马场锹太郎编：《新修支那省别全志·宁夏史料辑译》，第57页。

堂、西顺成和德泰永等，经营范围涉及土矿产品、绸缎、布匹、中药材和日用杂货等。另外，城的东、南、西三个关厢附近区域也是重要的商业区，尤其是东关附近有较多的商号，东西二门"中多店舍，往来行旅栖托焉!"① 南关附近地带，流动人口较多，据民国《朔方道志》载："本城内外列肆，而南关尤盛。"② 民国后期，由于苛捐杂税繁重和货币贬值等因素的影响，许多商号纷纷倒闭。详见清代至民国时期中卫县城主要商号店铺概表（表5-1）。

表5-1　　　　清代至民国时期中卫县城主要商号店铺概表

商号店铺	经营时间	地址	商号店铺	经营时间	地址
永盛元	清代	城内旧鼓楼东中街	王兴和	1919—1949年	城内旧鼓楼东中街
德泰昌	1919—1949年	城内旧鼓楼东中街	永兴远	1919—1949年	城内旧鼓楼东中街
永昌福	清代至民国	西关	瀛顺胜	清代至民国	西关
金太恒	清代至民国	西关	潘家庆	民国时期	旧鼓楼西
万益勇	清代至民国	旧鼓楼西	复盛泰	清代至民国	中街
自立成	清代至民国	中街	聚清和	清代至民国	中街
范家铺	清代至民国	中街	金太飞	清代至民国	中街
万太和	清代至民国	中街	瑞和祥	清代至民国	东街
德兴和	清代至民国	中街城隍庙边	增盛元	清代至民国	中街城隍庙边
振太恒	清代至民国	中街戏院对面	兴泰昌	清代至民国	中街戏院对面
生永德	清代至民国	中街	天庆长	清代至民国	中街东
西兴元	清代至民国	中街东	西顺成	民国时期	西街
隆盛兴	清代至民国	新鼓楼南侧	福兴成	民国时期	东街
三盛元	民国时期	东街	万镒隆	民国时期	东街

① 乾隆《中卫县志》卷2《建置考·城池》，《集成·宁夏府县志辑》第5册，第25页。
② 民国《朔方道志》卷5《建置志下·集市》，《集成·宁夏府县志辑》第2册，第305页。

商号店铺	经营时间	地址	商号店铺	经营时间	地址
孙茂盛	民国时期	东关	德茂祥	民国时期	东关
张染坊	民国时期	旧鼓楼西	德泰永	清代至民国	中鼓楼
发兴堂	民国时期	中街	德厚生	民国时期	西街
富春公	民国时期	东街	兴盛堂	民国时期	东关
回生堂	民国时期	东关	王太厚	民国时期	东关

资料来源：中卫县地方志编纂委员会编：《中卫县志》，宁夏人民出版社1995年版，第411—415页。

　　总之，黄河上游区域城市中的街市十分普遍，尤其是兰州、西宁、宁夏三府城的商业贸易更为繁盛，集期主要是每旬三日集、常集。随着人口增加，货物需求与商业经营规模扩大，城内建筑格局日益密集，不仅使城内商业得到发展，且带动了周边乡镇集市的兴起与繁荣。兹就部分城镇街市概况列表如下（见表5-2）。

表5-2　　　　　清代以来黄河上游区域部分城镇街市概表

名称	集期						概况
	每旬	单日	双日	两日	常集	隔日	
榆中		单日					
红水							城内仅有小商数家
靖远					常市		
洮沙			双日				
豫旺①	三六九日						本城列肆十余处
临潭	十日一集						城南门外有市
和政						间日	烟户繁盛，间日一聚②
夏河							有商店百余家③

---

　　① 民国《豫旺县志》卷2《建置志·市集》，《集成·宁夏府县志辑》第5册，第334页。

　　② 和政县城，明弘治八年立宁河镇，市三日一聚。康熙四十一年，移建和政驿，间日一聚。民国《和政县志》卷2《建置志·城郭》，《稀见方志》第49卷，第654页。

　　③ 夏河无城垣，县治所在即为县城，商店规模仅及一普通市镇。藏民称县府所在地为唐瓦，即市街。见民国《夏河县志》卷之七《政治》，《方志丛书·华北地方》第346号，第78页。

续表

名称	集期						概况
	每旬	单日	双日	两日	常集	隔日	
漳县	每月			五十日			县城西门外有市
渭源							当铺二，杂货商十数家①
通渭	三日一周期						由西北而南，各街分日集市
武山			双日				北城内有街市数条，有商廛②
甘谷			双日				北街商家栉比，商务较繁盛者为北门内外
华亭	三六九日						
庄浪		单日					城内与南河滩轮流分集
庆阳				三八日			每月
正宁						间日	
崇信		单日					
镇原						间日	
泾川							城内商业繁荣，东关亦稍殷盛
大通					日市		分七街，市在西阴吊桥西颜兴城
湟源					常市		城及南城台有商肆
互助③							城内有烧房5家，小商20余家，出售零用小商品

----

① 渭源市街土屋相并，极为寂寥，有旅店三四户。民国《甘肃省志》，《稀见方志》第33卷，第46页。

② 北城商廛有钱铺、杂货铺，商品有洋布、棉花。南城内为学校，有高等小学、初等小学，也有寺院。民国《甘肃省志》，《西北文献》第33卷，第55页。

③ 王昱、李庆涛编：《青海风土概况调查集》，第92页。

续表

名称	集 期						概 况
	每旬	单日	双日	两日	常集	隔日	
乐都					常市		米粮菜果则日有集
循化					常市		1932 年，城内商业萧条，市面零落，不及内地之一镇。①
贵德				三八日			南关厢，又分东南西三街
巴燕							分为东西两街，皆有集市
宁夏							郡城市集 17 处
平罗	三、十二、二十二日						本城市集一处，也说每逢二日交易
宝丰	二五八日						市集一处
灵武②	一四七日						城内米粮市一处
金积					常市		列肆数十处
盐池					常市		列肆数十处
镇戎	三六九日						列肆十余处
中卫							内外列肆，而南关尤盛。
隆德③					每日上午		兴隆街口。市街在城内南北两边。南多官署，北多商贾
固原							市街大道纵横，南门、附城最为繁华
海原	三六九日						

资料来源：未标明出处者均为民国《甘肃通志稿·建置志·县市》，《稀见方志》第 27 卷；民国《甘肃省志》，《稀见方志》第 33 卷，第 57、70、74、77 页。

① 王昱、李庆涛编：《青海风土概况调查集》，第 117 页。
② 乾隆《宁夏府志》卷 6《建置二·坊市》，《稀见方志》第 50 卷，第 297 页。
③ 民国《隆德县志》卷 1《建置·县市》，《方志丛书·华北地方》第 555 号，第 69—70 页。

（二）乡镇集市

清代以来，黄河上游区域各城镇内的商业分布，除了有以商铺、商店为主的经常性的固定的经营场所外，还有每月常设或定期的市集，设在城外固定繁华的街道或城关外。这些县城外的集市，也即乡镇集市，实际就是最基层的市场。其存在是构成城内市集繁盛的辅助条件，也是城市外延拓展的基础场所。而城门则成为城市与周边区域间来往的交通节点，所以"紧靠城门外的地区是为乡村居民服务的集市和商业最有利的地方"，城门外附郭的发展，使城市向郊区辐射与发展成为必然。如"客栈和迎合客商需要的其他服务设施设置，在通远距离商路的几座特定的城门之外"①。当然，清代后期及至民国，随着人口的增加，原有城的面积不能支撑日益增长的人口需要，城市边界与城郊界限打破，无城垣城市出现。这一现象的发展，势必在空间上形成连接城门以外具有相对稳定市场的区域，而这些区域就又成为城镇扩展辐射的下一个对象区。

民国时期纂成的《甘肃通志稿》中，保留了黄河上游城镇周边相关乡镇集市空间的详细材料，兹根据记载做简单整理，就其与城距离、地点及集期等作为主要讨论要素，以考察乡镇集市的功能与其对城镇存在与发展的影响。详见表5-3。

表5-3　　民国时期黄河上游城镇周边乡镇集市空间分布概表

城镇	与城方位距离	集市地点	集期	城镇	与城方位距离	集市地点	集期
兰州4	东南130里	甘草店		榆中4	东30里	清水驿	三六九日
	西南40里	阿甘镇			南40里	新营	三六九日
	西70里	新城			南120里	漫洼	二五八日
	北80里	水埠河			东北50里	金家崖	常集

① 参见［美］施坚雅《中华帝国晚期城市》，第108页。

城镇	与城方位距离	集市地点	集期	城镇	与城方位距离	集市地点	集期
临夏 18	东 40 里	锁南镇	二五九日	渭源⑤ 3	东北 30 里	北寨镇	二五八日
	东 100 里	唐汪川	一四七日		西北 30 里	广平镇	一四七日
	东 40 里	千达坝				锹家铺	商务颇繁盛
	南 50 里	马家集		定西 8	东 60 里	西巩驿	三六九日
	南 60 里	洛家集			南 40 里	李家镇	四八两日
	南 80 里	买家集			南 60 里	宁远镇	五九两日
	南 40 里	尹家集①	三六九日		西南 60 里	通远镇	三六九日
	西南 40 里	双城堡②	三六九日		西 40 里	内官营镇	三六九日
	西南 80 里	瞿集	一四七日		西 50 里	沙坡子	一四七日
	西南 50 里	韩家集③	二五八日		东北 60 里	新集镇	二五八日
	西 80 里	刘家集			东北 50 里	葛家岔	三六九日
	西 40 里	居家集		陇西⑥ 7	东 20 里	东铺	
	西北 120 里	积石关④			南 30 里	汪家坡	三八两日
	北 40 里	莲花城			西南 30 里	赛子河	五十两日
	北 40 里	汪哥集			西南 70 里	衙下镇	一四七日
	北 50 里	白塔寺			西南 40 里	首阳镇	三六九日
	北 50 里	小岭集				呀哈镇	
	北 50 里	三角滩				通安驿	

① 有当铺 10 余家，有饮食、杂货、棉布、木器加工、油漆绘画、粮食等行业商户 100 多家，以及流动商贩 300 多户。还有药材、牲畜、缝纫、维修、理发、照相等各业。1933 年改集期为一四七日，参见临夏县志编纂委员会编《临夏县志》，第 328—329 页。

② 韩家集分上中下三庄，俗称韩家集指的是上庄。中庄曰磨川庄，下庄为阳洼山。韩家集即上庄有三街，各长里许，集期为二五八日，数十里以内之人均来交易。参见王树民《陇游日记》，《甘肃文史资料选辑》第 28 期，第 277 页。明清以来官设边市贸易。参见临夏县志编纂委员会编《临夏县志》，第 328—329 页。

③ 全县最大集市。光绪二十三年，由韩土司所设，每月二八五逢集。分别有棉布业、饮食业、杂货业、屠宰业，也有药店、照相等，有摊贩 200 余户。参见临夏县志编纂委员会编《临夏县志》，第 328—329 页。

④ 明代置茶马司于河州，此为市易处。

⑤ 锹家铺县西官堡集与临洮分属，商务颇繁盛。

⑥ 县城常市，在县东四十里铺。

续表

城镇	与城方位距离	集市地点	集期	城镇	与城方位距离	集市地点	集期
临洮① 8	西南40里	衔下集②		会宁 9	东南25里	张成堡	三六九日
	北40里	新添(铺)镇③	二五八日,月九集		东南70里	太平镇	单日
	东50里	窑店	二五八日集		90里	义青镇	一四七日
	东90里	漫洼	三六九日集		40里	义翟镇	三六九日
	东80里	站滩	一四七日集		30里	新添铺	二五八日
	南80里	峡城			110里	老君镇	二五八日
	西70里	马家集	三六九日集		90里	乾沟驿	常集
	西70里	苏家集	三六九日集		东北108里	郭城驿	常集
洮沙 3	南20里	辛店	三六九日			高稜镇	
	北80里	漫坪	单日	岷县 11	东120里	闾井镇	三十两日
	东50里	中堡	单日		东140里	马坞镇	一六两日
靖远 8	东南70里	打拉池	单日		东南80里	荔川寨	四九两日
	南60里	大房子	长期		东南120里	红崖寨	
	西南60里	北湾镇	长期		南60里	哈答镇	三八两日
	北30里	东湾镇	长期		南120里	宕昌镇	三六九日
	东北120里	磁窑镇	长期		南95里	高桥镇	
	东北155里	一条山	长期		南180里	良恭镇	
	东北130里	芦塘			东北60里	炭场镇	
		五方寺	长期			申都镇	
						梅川镇	

---

① 又说有集镇21个,较为著名的有衔下集、新添集。参见临洮县志编委会编《临洮县志》(下册),第256页。

② 1949年前,住户不到百家。西大街长约150米,宽约4米,北街长约60米,宽约4米,南街长约100米,宽约5米。每逢集日,有八九百人。镇内有寺洼山小学及私人药铺两家。参见临洮县志编委会编《临洮县志》(下册),第256页。

③ 镇为南北走向的长街,长1里,宽10米,另有7条小巷道,每逢集日,峡口、上营、好水、改河、辛店、城关、三甲、广河、康乐等地的粮食、油料及农副土特产均在此销售。集镇附近出产黄烟,镇上有7家黄烟作坊,成品远销碧口、中坝,下街有糖厂1处,熬糖户20多家,饮食业7家,中药房7家,私人药铺2家,小学校2所。临洮县志编委会编《临洮县志》(下册),第256页。

续表

城镇	与城方位距离	集市地点	集期	城镇	与城方位距离	集市地点	集期
秦安 12	东 80 里	大寨镇	双日	漳县 8	东 15 里	柯寨集	每年腊月二十六日一集
	东 80 里	莲花镇	单日		东南 70 里	新市镇	四八两日
	东 120 里	陇城镇	单日		南 5 里	盐井镇	常集
	东 150 里	龙山镇	单日		南 40 里	四族镇	二日
	东南 90 里	叶湾镇	单日		南 100 里	草滩集	二七两日
	南 60 里	云山集	单日		南 30 里	马兰滩集	七日
	北 60 里	太平镇	单日		西 35 里	三岔镇①	三八两日
	北 35 里	白鹤镇	二五八日			腰崖庄	
	北 110 里	碧玉镇	单日	天水 26	东 40 里	马跑泉	双日
	北 30 里	王家铺	一四七日		东 60 里	甘泉寺	单日
	北 40 里	郭家镇	双日		东 90 里	北洋曲	一四七日
	北 30 里	安伏镇	单日		东 220 里	三岔	三六九日
甘谷 7	南 70 里	艾家川			东南 70 里	街子镇	一四七日
	西 50 里	盘庆镇	一四七日		东南 50 里	杜棠镇	单日
	西北 80 里	礼丰镇	二五八日		东南 30 里	皂角镇	二五八日
	东北 40 里	金山镇	一四七日		南 60 里	牡丹园	三六九日
	东北 30 里	渭阳镇	双日		南 80 里	娘娘坝	一四七日
	东北 40 里	永丰镇			南 40 里	殿洞庙	一四七日
	东北 50 里	大石镇			南 80 里	兴隆镇	一四七日
清水 7	东 80 里	弓门镇	一三五日		南 90 里	天水镇	三六九日
	东 30 里	白沙镇	二四六日		南 60 里	平壤川	三六九日
	南 60 里	山门镇	一三五日		南 160 里	高桥	一四七日
	西 50 里	白驼石镇	一三五日		西南 80 里	关子镇	三六九日
	西 60 里	松树镇	二四六日		西 50 里	郑集寨	一四七日
	北 70 里	张家川镇	二四六日		西 30 里	三十里店	三六九日
	东北 60 里	百家镇	二四六日				

---

　　① 三岔镇为彰县巨镇，集市的三、八两日时，县西乡之民均至此，交易商品为粮食、牲畜、药材、日用品等。参见王树民《陇游日记》,《甘肃文史资料选辑》第 28 期，第 132 页。

续表

城镇	与城方位距离	集市地点	集期	城镇	与城方位距离	集市地点	集期
武山 9	东 30 里	乐善镇（乐门）	三八两日	大水 26	西 90 里	杨家寺	三六九日
	南 30 里	滩歌镇			西 60 里	铁驴坡	二五八日
	南 40 里	寺门寨	一四七日		北 40 里	石佛镇	二五八日
	南 40 里	碱滩镇	二五八日		北 30 里	金家集	三六九日
	西 70 里	新寺镇	四十两日		北 60 里	沿河城	三六九日
	北 30 里	榆 XX			北 60 里	王集	三六九日
		天衙镇			北 50 里	巡家集	一四七日
		贺家店			北 30 里	崔家石滩	一四七日
		合河镇			东北 60 里	云山集	三六九日
通渭 19	东 30 里	碧玉镇	双日	平凉 8	东 70 里	白水镇	常集
	东 70 里	金城镇	双日		东 40 里	四十里铺	常集
	南 120 里	安远镇	三六九日		东 90 里	花所镇	二五八日
	南 100 里	集义镇	三九两日		东 100 里	抄岁镇	三六九日
	南 30 里	李家店			南 70 里	月明沟	
	南 30 里	马家店			西 40 里	安国镇②	
	南 40 里	商河镇				碳石镇	
	西南 10 里	峡口铺				郡观镇	
	西南 90 里	榜罗镇		静宁① 21	东南 135 里	通边镇	二七两日
	西 60 里	马营镇	双日		东南 150 里	章麻镇	二五八日
	西北 100 里	拓远铺			东南 40 里	邹家河	一四七日
	北 60 里	义岗镇	四六两日		东南 170 里	焦韩店	单日
	北 50 里	寺子镇			南 120 里	朱家店镇	单日
	东北 30 里	陇阳镇	五十两日		南 100 里	沟儿寺	二五八日
	东北 60 里	许家堡	三六九日		南 60 里	雷大湾	双日
					南 40 里	威戎镇	单日
	北 70 里	蔡家坡镇	单日		西南 70 里	新店子	双日
	东北 80 里	麻沟镇			西南 60 里	治平镇	双日

① 曹务底店、计都新集、门扇川，皆旧集市，民国时已萧条。

② 道光时期，谓四连卫途，实为要镇，民国筑新堡。

续表

城镇	与城方位距离	集市地点	集期	城镇	与城方位距离	集市地点	集期
通渭 19	东北80里	高山镇		静宁 21	西南50里	乾沟镇	二五八日
	东北60里	川口镇			西50里	雷阳镇	四九两日
华亭 6	东40里	安口窑	二五八日		西80里	寺沟河	三七两日
	东南40里	下关	一四七日		西15里	马家坡	二五八日
	南40里	上关	四八两日		西40里	高家堡①	三六九日
	西北30里	马峡口	一四七日		西60里	界石铺	二五八日
	西北50里	山寨	二五八日		西北40里	单家集	一四七日
	北40里	新店子	二五八日		西北90里	平峰镇	三六九日
庄浪 6	南30里	卧龙镇	一四七日			曹务底店	
	西南50里	陈家豁岘	双日			计都新集	
	西南60里	双岘儿	单日			门扇川	
	西30里	小河口	三六九日	合水 11	南40里	店子原	一六两日
	北30里	曹娑镇（杜家堡）	二五八日		南60里	固城镇	三六九日
					西南90里	何家畔	一六九日
	北130里	烂泥河			西60里	西华池	五十两日
庆阳 6	西南130里	西峰镇	一四两日		东50里	河东堡	
	西南90里	驿马关	一四七日		东30里	大河驿	
	西南170里	什杜镇	一五八日		东70里	靖边驿	
	西南50里	赤城镇	三六九日		东南120里	张义堡	
	东北80里	悦乐镇	一四七日			太白镇	
	西北30里	广福镇	一五两日			打火店	
正宁 4	东60里	山河镇	三六九日	宁县 5		汉城集	
	东南17里	永和镇	四十两日		东30里	凉平镇	三七十日
	东南50里	湫头镇	二五八日		东60里	平子镇	二五八日
	东北40里	坪子镇	三八两日		西30里	蕉村镇	

---

　　① 又高家堡，为静宁县属市镇，位于县西51里。市街周围，有青家堡。市街长1里多，有土墙围绕。民国时期，市况萧条，有72户，350人。堡东5里是倒回沟，因洞水东流至静宁，再西入灌河，注于渭水，故为倒回。河上有利济桥，长12丈。桥西3里，有履顺桥，长16丈。参见民国《甘肃省志》,《稀见方志》第33卷，第69页。

续表

城镇	与城方位距离	集市地点	集期	城镇	与城方位距离	集市地点	集期
环县 4	南50里	木钵镇		宁县 5	北60里	盘客镇	
	西30里	石昌镇			北30里	春荣镇	三七十日
	西70里	安寨堡		乐都②			多有肆无集
	北200里	甜水堡		循化 2		马营集	无集期
						韩家集	无集期
泾川 8	东70里	窑店镇	常集	崇信 4	东30里	木林镇	三六九日
	东40里	高家镇	常集		南70里	赤城	三七十日
	东55里	瓦云镇	常集		西南60里	新窑	
	南30里	盘口镇	河北岸有市①		西30里	铜城镇	三六九日
	西40里	王村堡	一四七集	镇原 8	东50里	屯子镇	双日
	西北40里	党原镇	三六九日		东120里	萧金镇	双日
	西北25里	丰台镇	四七十日		西70里	新城镇	一四七日
	北30里	王都庙	二五八日		西90里	马渠镇	单日
灵台 10	东南50里	邵泰镇			西南40里	平泉镇	二五八日
	西南100里	朝那镇	四五九日		西南60里	瓦窑镇	三六九日
	西南50里	百里镇			北40里	孟坝镇	单日
	西南70里	新集镇			东北50里	太平镇	单日
	西80里	上良镇	三七十日	永登 13	东南70里	红城堡③	常市
	西120里	良源镇			南120里	苦水堡	常市
	西140里	龙门镇			南70里	秦王堡	常市
	西北50里	什字镇	一五八日		西120里	连城	常市
	北30里	西屯镇	二六九日		西南140里	窑街	常市
	东北15里	独店镇	一三五七日		西南120里	马兰滩	常市
					西南150里	黑嘴子	常市

① 光绪《甘肃新通志》卷9《舆地志·关梁》，《稀见方志》第23卷，第519页。

② 乐都在康熙年间时，称为碾伯所，有市集，"向例每旬一五两集，月凡六集。自康熙十二年五月起，改为每旬三六九，共三集，月凡九集"。参见康熙《碾伯所志·市集》，《稀见方志》第57卷，第20—21页。

③ 平番第一市镇。城周3里有奇，居民2000余家。民国《甘肃省志》，《稀见方志》第33卷，第96—97页。

续表

城镇	与城方位距离	集市地点	集期	城镇	与城方位距离	集市地点	集期
西宁①4	东70里	平戎堡		永登13	西南150里	南冲寺	常市
	西50里	镇海堡			北30里	武胜驿	常市
	西南55里	鲁沙尔庄			北50里	岔口驿	常市
	北90里	威远堡	以上皆繁盛		北70里	镇羌驿	常市
宁夏②4	东30里	金贵堡	三六九日		东北70里	花庄子	常市
	南40里	杨和堡	逐日交易			东大通	常市
	南90里	叶升堡	三六九日	灵武4	南40里	吴忠堡	三六九日
	西南30里	许旺堡	逐日交易		南20里	胡家堡	
宁朔2	南70里	李俊堡	二五八日		北70里	横城堡	逐日交易
	南100里	瞿靖堡	一四七日		列肆十余处	崇兴镇	二五八日
盐池3		惠安堡④	逐日交易	金积3		秦坝堡	商旅辐辏
		大水坑	三六九日			中营堡	逐日交易
		宝塔	逐日交易			汉伯堡	逐日交易
隆德9	南30里	三合镇	三六九日	固原18	东60里	石家沟口	
	西南20里	岳家峡	二五八日		东100里	白杨城	单日
	西南30里	巩龙寺	一四七日		南40里	开城镇	
	西30里	沙塘铺	三六九日		南90里	瓦亭镇	
	西45里	神林铺	二五八日		南60里	青石嘴	
	西60里	乱柴铺	一四七日		南120里	高店	单日
	西北60里	兴龙镇	三六九日		西90里	硝河城	
	北30里	杨家河	二五八日		西90里	张易堡	三六九日
	北90里	平峰镇	三六九日		西130里	马莲川	
豫旺③3	列肆十余处	韦州堡	逐日交易		西120里	新营	
	列肆十余处	同心城	逐日交易		西140里	什字路	一四七日
	列肆十余处	豫王城	逐日交易		北60里	葛家川	
					北110里	黑城镇	一四七日
					北60里	营镇	二五八日

① 商肆殷繁，河湟间都会。
② 商务最盛，西北著名都市。
③ 民国《豫旺县志》卷2《建置志·市集》，《集成·宁夏府县志辑》第5册，第334页。
④ 产盐区，设盐捕通判，繁盛。

续表

城镇	与城方位距离	集市地点	集期	城镇	与城方位距离	集市地点	集期
海原 7	东 140 里	杨郎镇	三六九日	固原 18	北 130 里	七营镇	三六九日
	南 150 里	新营镇	二五八日			高国堡	
	东南 90 里	李旺堡	一四七日			张春堡	
	北 120 里	兴仁镇	二五八日			马昌堡	
		新堡子		化平 1	南 30 里	北面里	有集市
		关桥堡					
		郑旗堡					
中卫① 6	列肆十数处	宣和堡	逐日交易	平罗④ 6		宝丰	三五八日
	列肆数十处	旧宁安堡				黄渠桥	三六九日
		恩和堡	三六九日			头闸列	一四七日
		鸣沙州②	一四七日			石嘴山	一十二十日
		白马滩	二五八日			李刚堡	逐日交易
		广武堡③	渐有起色			洪广堡	逐日交易

资料来源：表中及相关注释未标明者均为民国《甘肃通志稿·建置志·县市》，《稀见方志》第 27 卷。

上表共有集场 347 个，其与城镇之间的空间距离不等。若按照每二三十里为等，则可分为四等，一等为距城镇约 25 里以内，有集场 12 个；二等为 30—55 里，有集场 128 个；三等为 60—80 里，有集场 90 个；四等为 90 里以上，有集场 73 个，另外，无明确里数的有 44 个。在一等中，最近的为 5 里，是漳县的盐井镇。12 个中，漳县占 2 个。

① 民国《朔方道志》卷 5《建置志下·市集》，《集成·宁夏府县志辑》第 2 册，第 305 页。

② 又说鸣沙洲，列肆十余处，逐日交易。参见民国《朔方道志》卷 5《建置志下·市集》，《集成·宁夏府县志辑》第 2 册，第 305 页。

③ 广武堡，元明列肆最多，清初亦盛。咸同以来，屡被回扰，城中市肆，颇觉荒凉，近渐有起色矣。参见民国《朔方道志》卷 5《建置志下·市集》，《集成·宁夏府县志辑》第 2 册，第 305 页。

④ 民国《朔方道志》卷 5《建置志下·市集》，《集成·宁夏府县志辑》第 2 册，第 305 页。

数量少的原因，应该是与距离城镇太近，能够在城镇城垣内外，或者近城关处可以贸易解决所需，没有必要设置集市。除非特殊情况，如盐井镇，因以盐矿资源为优势而设置。除了 42 个无明确表明者外，四等集场也是少数，基本都在 90 里以上，而且多分布在永登、固原地势较为开阔的城镇，永登就有 6 个，几占本城乡镇集场 13 个的一半。固原有 10 个，占其集场 18 个中的一半。而固原的 18 个集场中，有 3 个无明确标注，距离在 60 里的为 4 个，40 里的 1 个。

集场空间分布最普遍的是 30—55 里，有 128 个，占到总集场 347 的 37%。三等的 60—80 里，约有 90 个，也占到总集场的近 1/4。如此的布局设计，应该与参与集市贸易及购物、交换者的往返距离、备货时间等因素相关。在以畜类为主要交通工具的时代，备货周期相对较长。另外，在商品交换与消费需要并不急需的前提下，这样的设置似乎更符合贸易交换的规律。当然，在城镇分布密集区，可以选择性参与相邻城镇间的集市，以弥补不时之需。① 如此，空间距离与集期的设置就产生了密切关系。

关于集期，从上表集市的空间设置可以看出，每月集期的设定差异性很大，大致分为六类。即常集、单日、双日、两日、9 日集和无明确集期，也有稍微特殊情况的集期。其中 9 日集是按照每月三旬的每旬为周期，择日定集，也即每 10 天有 3 天集日，每月 9 天。如有 1—4—7 日、2—5—8 日、3—6—9 日。这是最常见的，每旬中每相隔 2 日有一天为集日，也较为有规律。还有如 4—5—9 日、3—7—10 日、1—5—8 日、2—6—9 日，这些尽管也是以 10 日为限期，选择集日，每月 9 天，灵台城周乡镇的集期就是这样，但是，安排并无规律，短的连续 2 天，长的间隔 3 天，也有间隔 1 天的。也有每旬 4 天集日的，如灵台东北 15 里的独店镇，以"一三五七"的奇数定日，每月 12 天。上表所列的此类乡镇集期有 138 个，约为总集场的 40%，主要分布在泾渭水上游和陇东地区，以及府城与所属重要的城乡镇。如兰州、西宁、平凉、临夏、临洮、静宁等，都存在无标注的情形。在 9 日集中，有些集场交易

<hr />

① 此方法受施坚雅关于空间与市场结构关系论述的启发，参见 [美] 施坚雅《中国农村的市场和社会结构》，第 25—28 页。

历史悠久，有的十分繁盛。如临夏县境内的双城集是自明清以来官方设立的边市贸易，韩家集是全县最大的集市。后者分上中下三庄。上庄通称韩家集，中庄称磨川庄，下庄称阳洼山。上庄有三条街道，各长里许，集期为二、五、八日，数十里以内农民皆来交易。① 西宁的鲁沙尔、镇海堡就是寺院和民族贸易重地。

那么，此处所说的两日集，也是按照每旬计算集期，只是规定了严格的日期，每旬的 2 天间隔时间不一而足，有如 1—4 日、1—5 日、1—6 日、2—7 日、3—7 日、3—8 日、3—9 日、3—10 日、4—6 日、4—8 日、4—9 日、4—10 日、5—9 日、5—10 日等，最长的间隔时间有 6 天。另外，无明确集期的乡镇集市有 94 个，有常集 38 个，单日集 27 个，双日集 17 个。单、双日集，以月为周期，每月 15 天。还有极特殊的集市，每年仅有 1 天，如漳县的柯寨集，定于每年的腊月二十六日为集日。在漳县还有每旬的第 2 天或第 7 天为集日的，前者为四族镇，后者为马兰滩集。平罗是石嘴山，也较为特殊，以初一、初十、二十日为集日，也就是说，集期是以每月计，有 3 天。

在无明确集期的 92 个中，因资料所限，不能明确区分，但不能排除无常集的可能，因为其中一些集场原本就是商贸流通的中心或资源开发之处。如兰州的阿甘镇由于煤、漳县的盐井镇以产盐而十分兴盛。当然，也有可能是既如纂修方志者所言："集，聚也，镇，重也，聚区村之民，于重要之地交易而退谷，各得其所，由来尚矣"。"镇，或有市、有集，或仅有镇名，而无市无集，有市无集者，此种贸易场之盛衰，当以生齿之繁简，地域之广狭，距离之远近，交通之便否为标准"②。

在 38 个常集中，主要分布在榆中（1）、会宁（1）、靖远（6）、漳县（1）、平凉（2）、泾川（3）、永登（13）、宁夏（2）、灵武（1）、盐池（2）、金积（2）、豫旺（3）、平罗（2）。其中永登、豫旺全部为常集，其次是靖远，占到 3/4 个。空间位置分别在四个中心点。即宁夏

---

① 王树民：《陇游日记》，《甘肃文史资料选辑》第 28 期，第 278 页。
② 民国《华亭县志》卷 2 《区村·附镇集堡寨》，《方志丛书·华北地方》第 554 号，第 199—200 页。

为中心的黄河沿线，平凉为中心的泾渭水交通主干道，以及兰州东北的榆中、会宁、靖远三角带和兰州西北的永登中心。宁夏的常市占到 12 个，除了永登外，位居第二。

　　再结合表中宁夏中心的所有集场讨论，在本区 12 个城镇中，有乡镇集市 66 个，占到上述所有集场 347 个的几乎 20%，而中卫、平罗的乡镇集市就有 12 个，平均每个 6 处，灵武、金积、盐池、豫旺有 13 个，平均也有 4 个，形成以宁夏为中心，以中卫、平罗、灵武、金积、盐池、豫旺以及惠安堡、宁安堡等为次中心的"省会 1—城镇 12—集市 66"的"省会—城镇—堡寨"模式的市场网络。

　　当然，表 5-3 的统计并不能代表黄河上游区域集市的全部，仅是以一部志书为主要的集场统计，虽能反映一般的规律。但若以别的志书为参照，对上述的集场还会有补充。新修《临洮县志》记载，临洮县有集镇 21 个，较为著名的有衙下集、新添集。① 民国时，在此处考察过的人也记载说，临洮的西大寨是洮州百姓从事交易的场所，"人民交易均须赴西大寨，与藏民往来甚鲜"②。相反，一些新设的街市某种程度上也仅相当于集市的规模。夏河县，治在寺院东里许，藏民称县府所在地为唐瓦，义为市街。这里有商店百余家，规模"仅及一普通之市镇"。经商者以回民为最多，汉人次之。③ 另外，在隆德县地方志中，对 9 个集场的具体地点有十分清楚的记载，如沙唐（塘）铺市东西街口轮流，神林铺市在菩萨庙前交易，乱柴铺市在中街，三合镇市在上街口市，杨家河市、兴隆（龙）镇市均在中街，平分（峰）镇市在街南口，滚（巩）龙寺市在寺庙院里。只不过能对应的只有 8 个，其中岳家峡和公议镇市不符，以后者而论，集场地点在镇东首。④

　　所以说，一定乡村地域范围内的市镇经济职能活动的强弱，则往往通过集市数量和集期频率表现出来。一般而言，"各堡寨距城稍远者，

---

　　①　参见临洮县志编委会编《临洮县志》（下册），第 256 页。
　　②　王树民：《陇游日记》，《甘肃文史资料选辑》第 28 期，第 159 页。
　　③　民国《夏河县志》卷之七《政治》，《方志丛书·华北地方》第 346 号，第 78 页。
　　④　民国《隆德县志》卷 1《建置·县市》，《方志丛书·华北地方》第 555 号，第 69—70 页。

或以日朝市，或间日、间数日一市，或合数堡共趋一市，大抵米、盐、鸡、豚、用物而已"。其"布帛什器犹多市于城，若灵州之花马池、惠安堡，中卫之宁安堡，当孔道，通商贩，其市集之盛，殆与州邑等"①。又如渭源县并无富商大贾转京津沪汉洋广川陕各货而在商战场竞争者，唯"城乡各镇只小贩零售"支撑着民生所需。② 所以，乡镇集市不仅繁荣了城镇周边贸易经济，也成为补充和支撑城镇经济的基础。

清代至民国时期，各城镇周边的市镇不仅在数量上，而且在形式上均有很大变化。有的增加，有的减少，有的一直以来都十分繁盛。如位于兰州东北方向常集三角带的会宁城镇，在康熙年间时，有翟家、乾沟、郭城、陡城、水泉五个市镇。至道光时期，有青家驿、翟家所、陇西川、碱滩铺、谢家岔、王家集、牛营堡、乾沟驿、郭城驿9个市镇。至民国时期，市镇数目相同，名称有所变化，集期也各有不同。市镇的繁荣表现在"巢户云集，籴车载道，凉兰两路皆取资焉"③。清代以来会宁县市镇空间分布及变化详见表5-4。

不过，有些市镇，虽然名称存在，但实际作用已经不大。如位于会宁与定西之间的西巩驿，位于会宁西60里，原本也是会宁的重要市镇。而距定西县城西北60里的秤钩驿，也曾是一个市镇，民国时期，不过为仅有60户人口的一个寒村。④ 再如，康熙时期，河州的市镇主要有2个，即宁日镇市，在州南60里，居民500余家。定羌镇市，州南120里，居民也是500余家。两市镇均为明弘治年间立市，集期定为三日一聚。⑤ 民国时期，已经不见记载，州南仅有距离80里的买家集，西南80里的瞿家集。想必是因为远离城镇而逐渐被淘汰。相反，西宁东部日益兴起的巴燕城，直到民国时期，境内无镇。仅有札什巴

---

① 乾隆《宁夏府志》卷6《建置二·坊市》，《稀见方志》第50卷，第294页。
② 民国《渭源县志》卷4《祠祀志·坛庙》，《方志丛书·华北地方》第326号，第118—119页。
③ 道光《会宁县志》卷之二《舆地志·市廛》，《集成·甘肃府县志辑》第8册，第62页。
④ 民国《甘肃省志》，《稀见方志》第33卷，第38、47页。
⑤ 康熙《河州志》卷1《市廛》，《稀见方志》第49卷，第533页。

表 5－4　　　　　　　　　　清代以来会宁县市镇空间分布及变化概表

时期	数目	市镇名称	持续存在	间断存在	集期					
					在街	1—4—7	2—5—8	3—6—9	单日	常集
康熙	5	翟家沟、乾沟、郭城、陡城、水泉	翟家、乾沟	郭城						
道光	9	青家驿、陇西川、谢家岔、王家集、牛营堡、郭城驿、翟家所铺、馪滩集、乾沟驿	翟家、乾沟		青家驿市、翟家所市	谢家岔市、王家集市、牛营堡市	陇西川市、乾沟驿市	馪滩铺市、郭城驿市		
民国	9	张成堡、义青镇、太平镇、义翟镇、新添铺、老君镇、乾沟驿、郭城驿、高崄镇	义翟、乾沟	郭城驿		义青镇	新添铺、老君镇	张成堡、翟镇	太平镇	乾沟驿、郭城驿

资料来源：道光《会宁县志》卷之二《舆地志·市廛》；民国《甘肃通志稿·建置志·县市》。

堡、甘都堂堡。[1]

同在黄河九曲的洮州，是甘肃西南地区的商业重镇。清末以来，集市也十分繁盛，所不同的是，史志中别称其为"墟市"。关于此，方志作者也解释道："洮州墟市，或称为盈，或名为集，而日中为市，著于经墟则未见虚。古墟字，战国策孟尝君谓市，朝则满，而夕则虚。南越中，野市曰虚，满即盈之义，虚即墟之名所由昉也"。实际就是与周围城镇周边雷同的集市。即"洮州墟市，十日一会，聚时少而散时多，故又谓之集"。主要有两个大集。一是城南门外的南门外营，每十日一集，谓之盈上。另一是旧城西门外的西河滩集，主要是"番汉贸易于此"。按年固定集期，除了城南门外的牲畜市场 10 天一期外，有三月会集、七月会集等。还有与寺院相关的寺集，即杨土司所治卓尼寺。也在每年的六月、十月中举行，俗谓之六月寺，十月寺。[2] 六月寺在六月初旬，十月寺在十月下旬，皆十日为期。交易期间，演戏十天或半月。集场均在临潭城南门外"买骡马牛之所"[3]。当然，临潭城南的牲畜交易集场，也是西道堂的集市贸易地点，集期同时，被称为六月集、十月集。随着人口增加，消费需求增大，会期外的每个月也有交易，一般在二月较少，四月、五月更少，六月以后至十月，交易最旺盛。集市有各种杂货摊、粮食、牲畜、畜产品等，参加的人很多。[4]

泾水上游的平凉城管理秦陇商务最盛。清末时，其市镇不仅包括城东关，又在县方圆以内者有四，最大的是白水镇，商业隆盛。其余为花所镇、郿县镇、安国镇，亦属于商旅辐辏之集镇。[5] 至民国时期，其中的白水镇、花所镇、安周镇，依然为要镇，还在安周镇增建了新堡。位于渭水之滨、天水城北 50 里的市镇三阳川，为天水县境第一大镇，人烟稠密，地产丰厚。[6] 另外，黄河宁夏中心的中卫，在乾隆时期有乡镇集市 9 处，至民国时期只剩 6 处，缺少了张恩堡、石空寺堡和枣园堡 3

① 王昱、李庆涛编：《青海风土概况调查集》，第 106—107 页。
② 民国《甘肃通志稿·建置志一·县市》，《稀见方志》第 27 卷，第 255 页。
③ 光绪《洮州厅志》卷 3《建置·墟市》，《稀见方志》第 49 卷，第 336 页。
④ 党诚恩、陈宝生主编：《甘肃民族贸易史稿》，第 59 页。
⑤ 光绪《平凉县志·建置·驿递》，《稀见方志》第 43 卷。
⑥ 民国《甘肃省志》，《稀见方志》第 33 卷，第 51 页。

处，其中张恩堡每逢三日、六日、九日交易。①

总之，乡镇集市作为城镇与乡村的边界，在不断的分化组合中，肩负了自己的使命。除了繁荣区域商业的主要功能外，还成为城内街市不足的补充，也为城镇扩展增添了经济和物质基础。

二　商贸与商业化

城市作为一个人工建造的自然景观，依然是一个动态复杂的系统，其自组织内生动力并不是城市发展的唯一动力，外部推动也起着一定的作用。在外力注入初期，每一个城市都以自己传统的方式运转，久之，城市巨系统内部的不稳定性就会加剧，系统自组织对这种不稳定涨落的调控，所达到的再次稳定，一定是原有城市发展层次或水平的提高。清代以来，黄河上游城市及其相互间的商业贸易，由最初简单的内生、内需性，向区域以外城市间扩展，此与本区域所具有的较强的民族性相关联，得益于这里农牧业经济的支撑。近代以来，伴随着黄河上游区域畜牧产品贸易融入国际市场，外省籍商人资本流入，商业会馆、金融机构及洋行设立，以及近代工厂的出现，引起了这里各城及相互间关系演变。各城市原本简单的商品贸易，逐渐向较大规模投资、运营及加工生产品的商业化转型。

（一）商行会馆及金融机构

在黄河上游区域，与商业经济相关联的商号、会馆、机构大批的出现，是在清末至民国的前三十年中，主要是在以兰州、西宁、宁夏为中心的较大城市，以及具有较强经济功能、位于交通要道、处于农牧经济交接地的以商业集散贸易为主要功能的重要城镇。兰州不仅成为甘肃的省府，也成为推动甘肃以及西北商业经济发展的大都会。

至20世纪30年代之前，兰州已相继建有三晋会馆、八旗会馆、两湖会馆、浙江会馆、广东会馆、江西会馆、江南会馆、山陕会馆等，均是内地各省的富商大贾在城外关厢开设。会馆所属各行帮及会所，有布

---

① 乾隆《宁夏府志》卷6《建置二·坊市》，《稀见方志》第50卷，第297页。

行、油行、杂货行、布店行、当行、绸行、山货行、钱行、东市山货行、西市山货行、韩城行、箱板行、杂货行、烟行、药材行、铁货行、估衣行、过载行、清油行、青器行、棉花行等行业以及千秋社、五福会、绸缎会、三吉会、三星社等会社。以至于兰州"金融之权，操纵于山陕京帮之手。各大行店，晋商称胜。钱庄药号，秦人居多。购办皮货绸缎杂货事业，津晋两帮，又称并驾。制造青条黄烟，陕甘两商亦足齐驱"①。

深入洮河流域的临洮城，在光绪初年时，仅有新荣永、庆有张等几家商户，至民国初年，新设了一些大商号，如长发荣、德丰厚、茂源泰等，有较强的经济实力，能左右临洮的市场运转。1921 年前后，陕西、山西籍商人又开设了自立公、自立合等十多家商号，形成所谓的山陕帮口。控制临洮金融业支柱的三大当铺、两大木厂。所以，清末以来，临洮木材运输业兴起，经洮河运往黄河，再经兰州销往各地。如商庆泰、兴西等十多家木厂就建在城西木厂村，每年从洮河上游的临潭、卓尼、羊沙等地放运木材至临洮、兰州有 2500—3000 立方米。另也经营部分林副产品、小型农具、毛竹、薪柴、木炭等。

随着商号和商帮的增多，货物品种和来源渠道也发生了改变，自清末以来，临洮的商品主要从陕西汉中、四川中坝进货。民国时期，输入城内的主要商品有汉中的生铁，宝鸡、西安的机织布，山西土布，兰州的陶瓷器皿及其他各地的绸缎、棉线、红白糖、中西药材、纸张、食盐等。输出的商品有黄烟、青烟（水烟）、中药材、木油漆家具、马鬃尾、皮张、羊毛、粮食、木材等。②

城市商业发展的一个显著标志是商业组织的建立。清末以来，陕西籍、山西籍商人基本掌控着黄河上游区域的商业经济，每一个城镇中基本都建有会馆。如在通渭县的西关中街，有山陕会馆。③ 平凉城山西人、陕西人所经营的钱行和当行就有 20 余家，东关外有宏大的山陕会

---

① 钱宗泽：《兰州商业调查》，陇海铁路管理局发行，1935 年，第 2 页；又参见杨重琦等编《兰州经济史》，第 170 页。

② 以上均见临洮县志编委会编《临洮县志》（下册），第 269、283 页。

③ 光绪《通渭县新志》卷之三《地域》，《方志丛书·华北地方》第 330 号，第 86 页。

馆，内附设商务总会及阅报所等。① 固原州的四川会馆，在州城大南市巷。② 宁夏城内商民会馆有 6 座。"两湖宾馆在骡马市巷左公祠西，陕西会馆在城西南铁局街，平阳会馆在城西草巷东，太汾会馆在城东南新华街西，邠阳会馆在城东羊市街口南，宁灵会馆在城北山货市街北"③。其中平阳会馆、太汾会馆为山西商帮建立。陕西商人建的邠阳会馆历史最久、规模最大，有商家 150 余户；其次为四川会馆，有商家 50 余户；另外还有湖南会馆等。④

宁夏城内三四百家大小商店中，山西籍商人约占 3/5，陕西籍商人占 1/5，其余为天津、湖南、河南、四川籍及当地商人。资本较大的商铺有 8 家，约计 200 万元。中等商铺有 10 余家，资本计 100 余万元。小商铺 30 余家，资本计 30 余万元。其余更小的商铺，仅有铺面而已。⑤ 最有名气的商号当属"敬义泰""天成西""隆泰裕""合盛恒""百川汇""广发隆""福新店"和"永盛福"，称为"晋商八大家"。主要是向其他省份输出大宗的羊毛、羊皮、甘草、枸杞等土特产品，输入棉丝布、火柴、砂糖等日用杂品。生意兴旺时，每家年收入可达 5 万至 20 万银元。商户的销售方式，清末以零售为主，民国则以批发为主。商号大多坐落于店铺云集的柳树巷，即鼓楼南街。该街巷位于中正大街南部，北起鼓楼，南与新华街交接处。1949 年，"银川仍有大小店铺400 多家，其中山西帮商号约占 75%"⑥。

河湟地区的商人中，以山西、陕西籍为最。山陕商人在西宁开设的合盛裕、晋益老等商号，贸易兴旺。至清末民初时，西宁最大的 4 家商号都是由山陕商人经营的，以贩运皮毛药材等获得厚利。如西宁一地的30 多家中药铺，基本是陕西华阴人开设的。20 世纪 40 年代，西宁较大的四五十家大商号，也是由山陕商帮经营的。较大的为裕丰昶商号，主

① 民国《甘肃省志》，《稀见方志》第 33 卷，第 67 页。

② 宣统《固原州志》卷 2《地舆志·祠宇》，《集成·宁夏府县志辑》第 8 册，第 159页。

③ 民国《朔方道志》卷 5《建置志下·寺观附》，《集成·宁夏府县志辑》第 2 册，第257—258 页。

④ ［日］东亚同文书会编：《支那省别全志·甘肃省附新疆》第 6 卷，第 882、786 页。

⑤ ［日］马场锹太郎编：《新修支那省别全志·宁夏史料辑译》，第 53 页。

⑥ 刘继云：《旧银川的八大商号》，《宁夏文史资料选辑》1986 年第 12 期，第 127 页。

要经营布匹、绸缎、百货、茶叶，兼营沙金、猪鬃、大黄、鹿干角、牛马尾等，20世纪40年代中，其资金达到100万银元。除了在西宁、湟源建有分号外，在汉口、天津、成都、兰州、拉萨也设有庄口，在青海牧区的祁连、刚察兴办有裕丰牧场。①

青海的山陕商人，大多是光绪十四年（1888）前后迁移来的，在西宁东门外建有著名的山陕会馆。民国初年，又先后在大通城西关、民和下川口、湟源城内、贵德河阴镇建立了分会馆，也均称为山陕会馆。会馆内以16家商号的经理为会首。后为了与官僚资本商业对抗，部分河南、河北、山东籍的商人也加入其中。

随着近代商业转型，宣统三年（1911），西宁商会成立，有会长、副会长各1人，设有特别会董4人、会董12人。陕晋人占大多数，本地人占少数，鲁豫人更少。经商者一百五六十人，艺徒1600多人。经营种类有羊毛、杂货、海菜、布匹、绸缎、绫缎、京货、药材数种。1913年前后，大通、贵德、湟源、循化、乐都、化隆等城镇也相继成立商会。大通城乡有五六十家商铺，均系小本杂货生意，经理者多为山西客商。1932年前后的调查显示，大通县城居市贸易的只有十几家，多半挑担至乡间自行销售。贵德县城经商人数182家，也以山西、陕西及甘肃河州人居多。所经营的大黄、发菜销于天津、北京等处，每年输出大黄约3万斤。

湟源因地理位置和农牧产品的优势，商会的规模较大，与商业有关的机构较多，1915年设的湟源皮毛公卖分所，1917年设的湟源百货征收局、湟源牲畜税局，均位于县城垣的东关。还有湟源烟酒分卡以及1923年设的湟源邮包落地税分局，次年设的药材统税局等。②

清末民国时，黄河上游区域的商业贸易中，西北"三马"，即青海马步芳、宁夏马鸿逵、甘肃马鸿宾的势力最大，几乎垄断了有利可图的经营项目与行业。其中河湟地区城市间最大的官办商业贸易以马麒、马步芳、马步青父子所持有的马氏家族资产为主，马步芳继承其父马麒的

---

① 廖霭庭：《解放前西宁一带商业和金融业概况》，《青海文史资料选辑》第1辑。
② 以上均见王昱、李庆涛编《青海风土概况调查集》，第55—56、68、88、204—205、144—145页。

事业，并有所发扬。经营手段属于军政商合一，经营范围不仅覆盖青海的各个城镇，也波及牧业区。清末民初，马氏家族最先在循化、临夏建立了较大的商号，如德顺昌、德义恒、德盛厚等，从事西宁至天津间的货物贩运，获取厚利。后将德顺昌移至西宁城中，改为总号，经营大宗的羊毛、皮张、茶叶、百货等。建省后，又把在化隆的义源祥商号迁到西宁，并在贵德、同仁、大通、循化、乐都、门源、互助等城镇建立分号，主要从事皮毛、金沙、药材等货物购销。1932 年，生意扩大，设立了协和商栈，主要经营皮毛和药材。1939 年，改义源祥为德兴海，与协和商栈构成青海最大的城市商业贸易经营机构，在省内外广设分支机构，成为最大的官僚资本商业网络，垄断进出口商业。1946 年，合并为湟中事业有限公司，又在包头、宁夏增设办事处，在泾川、庆阳设立茶庄，有的业务扩展至印度加尔各答。①

1941 年元月，甘肃"西北贸易公司"成立，是为黄河上游区域商贸经济发展的顶峰，为官商合股的经营性质，股本总额 10 余万元。公司主旨在于调剂物资供应，发展地方经济。基本垄断了五金、文具、颜料、粮食、纸张、糖、茶叶、花纱、棉布、服装等行业。同时在夏河、临夏、临潭及张家川设有办事处。②

就黄河上游区域的金融业而言，清初的兰州商业虽然较盛，但票号仅有四家，主要为兰州向重庆、西安等地贩卖羊毛的商家提供金融服务。另有当铺两三家，资本额不大。③ 近代以来，城市近代金融业发展起来，旧有的钱庄、票号、典当业逐渐向新式金融组织银行转变。清末民初，兰州城中出现了专门从事银钱的"三市钱行"④。仅钱庄就有 60 多家，以存放汇兑业务为主。期汇业务利润很大，"数额横有数十万乃至百万之钜者"。⑤ 至民国初年，典当业在数量上也有了一定程度的发

---

① 陈秉渊：《马步芳家族统治青海四十年》，青海人民出版社 1987 年版，第 189 页。
② 党诚恩、陈宝生主编：《甘肃民族贸易史稿》，第 64 页。
③ ［日］东亚同文书会编：《支那省别全志·甘肃省》第 6 卷，第 140、827 页。
④ 三市指东、南、西市。张令琦：《解放前四十年甘肃金融货币简述》，《甘肃文史资料选辑》第 8 辑。
⑤ 潘益民：《兰州之工商业与金融》，商务印书馆 1936 年版，第 175 页。

展。甘肃分省前后，兰州的典当行增至 14 家。[①] 其余分布在临夏、永登、天水等城镇。

宁夏黄河中心的传统金融典当业，于乾隆年间已有起色，在地方税收中占有较大的比重。如宁夏有当铺 44 座，岁课银 220 两；宁朔有当铺 48 座，岁课银 240 两；平罗有当铺 22 座，岁课银 110 两；灵州有 50 座，岁课银 250 两；中卫有 41 座，岁课银 205 两。[②] 近代以来，宁夏的金融机构依然沿袭传统典当等方式，数量和种类有所增加，主要有当铺、票庄和银楼。府城内较大的当铺有 21 家，其中属宁夏的有 13 家，总资本为 10 万余两；属宁朔的有 8 家，总额约为 5.8 万两。共计 15.99 万两。此外，还有三盛、德盛等两三家小当铺，资本很少。当铺大多设在东西贯通的大街和南北贯通的羊肉街附近。[③] 府城内有从事兑换业务的票庄，最大的为"协同庆"号，有资本 20 万两。另有银楼 10 家，规模都较小。较大的 7 家，又均经营制作金银饰品，与金融业无关。

近代以来，黄河上游区域城市金融业一个新的变化就是银行的出现。光绪三十二年（1906），甘肃官营钱局正式成立，资本为兰平银 30 万两，由甘肃藩库与统销局各承担半数。是为甘肃第一家银行。1913 年改组为甘肃官银号，1921 年停办。三年后，省财政厅着手筹办甘肃银行，同时，国民军在兰州设立了西北银行兰州分行。1926 年，在天水、平凉等地设立办事处，并将甘肃银行划归西北银行督管。不久改组为甘肃农工银行。1930 年，国民政府出面成立富陇银行，资本 150 万元，实行董事会制。其后，甘肃银行的改组变化较大，直到 1939 年，改组为甘肃省银行，其组织和规模得以扩展，带动了以兰州为中心的甘肃及青海、宁夏等城市金融业的发展。至 1948 年，甘肃境内城市各种金融机构已经达到 121 个，其中总行 13 个，分支行 26 个，办事处或分理处 82 个。[④]

近代城市商贸业转型的一个重要特征表现为洋行的设立。不仅开埠

---

① 赵景亨：《兰州的当铺》，见《甘肃文史资料选辑》第 13 辑。
② 乾隆《宁夏府志》卷7《田赋·杂税》，《稀见方志》第 50 卷，第 317 页。
③ ［日］马场锹太郎编：《新修支那省别全志·宁夏史料辑译》，第 118—119 页。
④ 均参见张令琦《解放前四十年甘肃金融货币简述》，见《甘肃文史资料选辑》第 8 辑。

通商城市逐渐演变成洋货倾销与土产收购的集散地，内地中小城市也普遍成为洋行的经营区，逐渐渗透至内陆深处的黄河上游区域。仅光绪十九年（1893），英、美、法、德、日等国在中国沿海、沿江各主要通商口岸设立的洋行达580家，[①] 截至光绪三十一年，外国洋行纷纷至黄河上游的兰州、西宁、宁夏三府城及所属城镇开设分行。在兰州开办的洋行有英商设的新泰兴洋行、高林洋行、仁记洋行、隆成洋行、礼和洋行、聚立洋行，德商设有瑞记洋行、兴隆洋行，美商的平和洋行等。在西宁的丹噶尔开设有十几家，包括英商的新泰兴、礼和、仁吉（记）、怡和，德商的瓦利、美最时，美商的平和等。[②] 以英商居多，仅光绪十九年设立的洋行中，属于英商的就有宝顺、怡和、隆贸等。洋货销售网络形成。

洋行销售的商品以鸦片、洋布为大宗，除此有五金、机器、药材、颜料、瓶盎、针钮、肥皂、灯烛、钟表、玩器等各类生产生活用品，以各通商口岸城市为集散点，倾销于中国城乡。以至于"虽僻陋市集，靡所不至"[③]。同时，洋商大量购买茶叶、生丝、皮货、纱头、草帽、黄铜器、棉制品、褐制品、肠衣、猪鬃、古玩、蛋制品、瓷器、锡器、藤器、漆器、绣货、发网、籽仁、生皮、兽脂等原材料和各种土产，由各通商口岸输往海外。光宣之际，洋行收购的土产包括砂金、皮毛、马匹、木料、狐狸皮、牛黄、鹿茸、麝香之类。其中皮毛土产多运销天津，再由天津贩运杂货、布匹、茶叶、京洋杂货等售于青海。买卖之间获利数倍。[④]

洋行经营的一般程序是，先由外商经本国领事请报所购羊毛等货物种类，获准后，方可前往购办货物。如英德商人通过本国驻天津领事，请报购物单，取得同意函后，再委托代理商，携带巨资，前往黄河上游区域的甘青宁省会城市，或深入农牧交接处的城镇，采购皮毛等畜产

　　① 姚贤镐编：《中国近代对外贸易史资料》，《中国近代经济史参考资料丛刊》第五种，中华书局1962年版，第1000页。
　　② 青海省志编纂委员会编：《青海历史纪要》，第89页。
　　③ 彭泽益主编：《中国近代手工业资料》第2卷，《中国近代经济史参考资料丛刊》第四种，中华书局1962年版，第165页。
　　④ 许公武编：民国《青海志略》，第80页。

品。再经过陆路或水运，销往天津，输运海外。因洋商实际购物的数量，远远大于报单所请数目，从而自光绪二十四年（1898），实行新章，即请报单、买货后，收回报单，换给运照，并在运照内注明实买的货物数、报单的日期，号数，以凭核对办理。① 光绪年间，在西宁府辖丹噶尔城收购畜产品最多。

如光绪二十二年，英国孙某代理领事函称，新泰兴行赴甘肃西宁府、兰州府买生熟羊皮、羊绒毛、驼绒，请报单20张。② 二十三年，驻天津的德国艾某署领事函称，瑞记行赴甘肃西宁买羊毛、驼绒、皮褥、山羊绒、生熟皮张、毡、羊皮袄、马尾、马鬃、生熟猾皮（山羊羔皮），请报单15张。又准驻天津的英国宝某领事函称，平和行赴甘肃西宁府买皮袄、羊毛、驼绒、毛羊绒、生熟皮张，请报单15张。③ 二十四年，驻天津的英国司某领事函称，新泰兴行赴甘肃西宁府买驼绒毛、羊绒毛、生熟皮张，请报单10张。买货后，收回报单，换给运照，按照新章执行。④ 是年，津海关道宪李某，准驻津德国瑞记行赴甘肃西宁府买羊毛绒、驼毛绒、生熟皮张、皮褥、马鬃尾、滩皮袄、滩皮、猪鬃、大黄、麝香，请报单30张。俱按照新章的手续办理。⑤ 也就是说，实行新章后，为满足购货需求，洋行不得不再增请报单。同年，先是英商仁记洋行报单10张，平和洋行报单15张。继之，仁记洋行又增加报单20张。⑥

洋行派往甘青宁地方收货的代理人，也需要向中国方面报呈采买货物，拟请领护照，并报名采购路线及所携带物品等。光绪二十四年五月

---

① 西宁府欧阳口口为英国新泰兴行赴甘肃等地购买驼绒等物事致循化厅，光绪二十四年六月二十八日，档案馆代号463001，全宗号07，案卷号2210。

② 西宁兵备道联口口，为英商新泰兴行赴甘肃西宁买生熟羊皮等物准给报单事致循化厅，光绪二十二年十月初十日，档案馆代号463001，全宗号07，案卷号2211。

③ 西宁府为德国瑞记行赴甘肃西宁等地卖羊毛驼绒等事致循化厅，光绪二十三年四月十九日，档案馆代号463001，全宗号07，案卷号2211。

④ 西宁府欧阳口口为英国新泰兴行赴甘肃等地购买驼绒等物事致循化厅，光绪二十四年六月二十八日，档案馆代号463001，全宗号07，案卷号2210。

⑤ 西宁府欧阳口口，为德国瑞记行赴西宁等地采买羊驼绒事致循化厅，光绪二十四年六月十九日，档案馆代号463001，全宗号07，案卷号2210。

⑥ 西宁府燕口口，为英商仁记洋行赴甘肃等地采买羊驼绒事致循化厅，光绪二十四年七月二十九日，档案馆代号463001，全宗号07 ，案卷号2209 。

二十七日，驻天津的英国司领事函称，英商仁记洋行派遣王万银赴西宁府丹噶尔厅采买土货。由归化城起票，沿途骡驮船装。带现银 2 万两，行李 25 件，洋枪 4 杆。请发给护照。同时还报名携带有高林行赴西宁府属购买畜牧产品的报单 2 张。①

洋商货物转运也带动了转运集散地商业的兴起。如前所述，石嘴山市场洋行兴办后，由小渔村而转型成为黄河上游区域羊毛业的一大集散重镇，每年由此地转运的羊毛 1000 万斤。主要洋行有英商新泰兴、天长仁、仁记、平和等，还有德商瑞记、兴隆等洋行。"凡新疆、青海、甘肃河套之羊毛，皆萃于是"。装船运入包头，每船可载重 19600 斤上下。② 可以说，外商资本投入及洋行的设立，是黄河上游区域城市经济得以发展的不可低估的外部推动力。

（二）商业贸易

就城市间的相互作用而言，"城市与外部环境以及系统内各组织要素之间的相互关系，在每个组成要素或系统整体内可能产生有意义的变化。这种特征也有可能存在于某一城市，其中某一要素或城市的变化对相互关联的所有要素或城市都将产生影响"③。所以，商贸经济的发展，尤其是皮毛贸易，其实就是扩张本区城市间集聚与扩散能力的主体。贸易场所除了黄河上游区域三省区的中心城市外，还包括位居水陆交通要道、民族集聚中心、农牧生态的交点城镇，而商贸城镇即综合了这几个内容，极具有典型性。不过，货物转运的城镇空间分布，不仅与清代以来政区划分的府城体制相关，也与民国以来的省市行政体制相联系。其中一级中心，主要是兰州、西宁和宁夏，分布于一级中心之间的为次一级中心城镇，这样的城镇，自西向东，自北而南，包括河湟地区的湟源，黄河九曲的临夏，黄河中卫、石嘴山，洮水临洮，经渭水流域的平凉、庆阳和天水等。聚居于城镇的贸易从业者，除了汉族外，主要是回族，集中居住在临夏、宁夏，经营波及湟源等处，掌控黄河水运。充分

---

① 西宁府燕□□，为英商仁记洋行派遣王万银等赴西宁采购土货事致循化厅，光绪二十四年七月十四日，档案馆代号 463001，全宗号 07，案卷号 2209 。

② 民国《甘肃省志》,《稀见方志》第 33 卷，第 85 页。

③ 顾朝林等:《集聚与扩散——城市空间结构新论》，第 2 页。

体现了回民经济的主体能量。

　　总体而论，甘肃、青海、宁夏三省区货物输出、输入，主要由一条运道两部分组成，运道中界在内蒙古的包头，包头以西多集中在湟源、西宁、兰州、中卫、石嘴山、磴口，再转而包头、归绥一带，包头以东，主要经张家口而集于天津，由天津出口。自天津输送内地的货物，至包头后分散输往黄河上游区域各城镇。① 除此外，其余各城镇也有自己零星商道，贸易量相对较小。所以，兰州、西宁和宁夏的重要交通商贸地位，带动了这里城市商业经济的发展，也奠定了迈开城市化步伐的基础。

　　黄河上游区域输出品中，兰州中心主要以羊皮、羊毛、青条烟、水烟为大宗。黄河宁夏以羊皮、滩羊裘、羊毛、枸杞、甘草、栽绒毡为大宗，玫瑰酒、驼毛次之。河湟西宁以羊毛、皮张、大黄、药材为大宗，狼皮、狐皮、猞猁皮、鹿茸次之。渭水流域的天水等城镇以酒及药材为大宗，褐布、木器次之。平凉地区以羊皮、羊毛为大宗。永登是出入河西走廊的咽喉，此区主要以羊皮、羊毛、大米为大宗，驼毛、狐皮次之。以上各城镇的输入品主要是大布、洋布、绸缎、纸张、海菜、纸烟、茶叶等，其中，茶为最大宗，以官茶为多。仅兰州城南关设有官茶号数十家，大都为湘人执掌，每年营业数十万。②

　　兰州中心　兰州作为黄河上游区域的中心、西北的重镇，有着便利的交通优势。其商路四通八达，主要有五：东路经天水通陕西、河南；南路达巴蜀；北通宁夏、包头；西经河西走廊东端永登，通往新疆，延伸至中亚各国；西南经青海，往西藏。五条商路中的北路，是为商品出入的主干商路，也是兰州的中心商路，尤其是近代以来的羊毛、皮货贸易和加工业的兴起，本商路地位最为突出，加快了这里城镇商业化的步伐。

　　自清以来，兰州一直是重要的货物集散中心。清代，兰州本地土产输出商品不多，仅以水烟、土药、兰绒为主。贸易经济的繁荣，主要依赖经此地集中行销的货物，也就是说这里转运货物的能量凸显了城市的

---

① 参见王金绂编《西北地理》，第190—191页。
② 民国《甘肃省志》，《稀见方志》第33卷，第173—174页。

商业功能。内地货物经兰州贩运西北各地销售的，初以棉布、杂料、粗物为主。同治战乱，商路受阻十余年，即棉布粗物亦不能运输，"商务衰败不堪"。迨至光绪初年，左宗棠安置回民于各城镇周边，开通六盘山车路，道路疏通，沿途城镇人烟渐密，兰州商务渐兴。① 各类货物由兰州分销青海、宁夏及省内各处。尤其是近代以来的皮毛贸易，开发和加大了兰州商贸城镇的转运能力。至民国时，经兰州城而南来北往的货源更加丰富。各种货物的输入总金额年达 1000 万两左右，仅 1932 年，就达 700 万两左右。②

据统计，1932 年到 1934 年，在兰州资本为 5 千元到 1 万元的皮商有 12 家，各皮行每年在皮毛上市季节，"携巨资赴各地办货，所办之货，均系生货，剥割未久，血污狼藉，且极坚硬，此项生货运归兰州，即开始硝制"③。显然兰州不仅是西北皮货交易的一个中心，也是皮货加工之中心。至 20 世纪 40 年代，在兰州经营皮毛的商家有 20 家，有皮商兼营毛业、杂货兼营毛业、驼行兼营毛业、钱庄兼营毛业、运输中介行兼营毛业，甘肃银行也兼营皮毛，估计资本在 45 万元至 60 万元的有 5 家，在 7 万元至 10 万元的有 7 家，在 1 万元至 10 万元的有 5 家，1 万元以下有 1 家，2 家资本不详。④ 可见，由于皮毛，尤其是羊毛有利可图，遂吸引各行业加入经营，专门投资，成为兰州市镇发展和扩大的一支重要力量，构成兰州城市经济兴起的中流砥柱。当然，这一点在黄河上游区域的其他几个重要城镇中也十分突出。

抗战前后，就在近代皮毛业国际商路经济萎缩转型的档口，因战事需要，以兰州为中心的西北交通网形成，商品吞吐量加大，输入的货物不论是在品种上还是在数量上都有了战时新元素，战备物资的运转，为城镇的持续繁荣创造了条件。如 1943 年，仅输入兰州的布匹就有 6 万多匹，面粉达 1314 万担。1945 年前后，兰州城内商店总数已经达到

---

① 彭英甲编：《陇右纪实录》卷 8《甘肃商务情形说略》，甘肃官书局，宣统三年石印本。

② 王金绂编：《西北地理》，第 417—418 页。

③ 潘益民：《兰州之工商业与金融》（中央银行丛刊），商务印书馆 1936 年版，第 68—69 页。

④ 李屏唐：《兰州羊毛市场之调查》，《贸易月刊》1943 年第 4 卷第 8 期，第 44—45 页。

2095 家，营业总额增加到十多亿元，店员人数也达 1.3 万人之多。^① 出现了具有较大规模的综合性商店总汇，如兰州中山商场股份有限公司达到 12 家，分支公司有 17 家，资本额高达 8685.74 万元。^② 与此同时，面粉、毛织品等产品的机器加工业出现，加速和方便了兰州城市商业经济发展。

甘肃南部的商业贸易，自清以来，一直较为繁荣，尤其是回民在商业贸易中的作用突出。甘肃西南部商业市场，以岷县及临潭旧城为首，夏河次之，卓尼附近虽为木材麝香等物品产地，但因交通不便，商业资金流通滞阻，仍以岷县、临潭旧城为集散市场。岷县商业以木材及药材为主，临潭旧城及夏河，则以皮毛为主。尤以临潭、夏河商贸城镇地位突出。

临潭县商业以旧城为最盛，新城虽为政治中心，而人口不如旧城多，商贾也逊色。临潭旧城交通位置更为突出，其西北近拉卜楞寺，南连上下叠部，西达双岔毛里西仓，均为藏区，集散较新城便利。且商业贸易以藏地出品为多，如皮毛、药材。可见，集散市场之交通距离对城镇的发展尤为重要。另外，这里城镇周围回族人口比例较大，如和政县回族为全县人口之 90%，临夏县城的人数，占全县人口 60%，洮沙县城人数，占到 40%。而临潭北边及西北部，主要为回民聚居区，当地商业不可避免地要与临夏、洮沙、和政各县密切交往，而旧城与上述各县联系最近，无形中成为这里各处信仰伊斯兰教回民的商业中心，而深入藏区收货者，十之九又为回民。更加之这里是西道堂的中心居地，均对繁荣商业贸易起到了重要作用。

1939 年，临洮旧城贸易物品及数量，牛羊及各种野生动物皮毛达 11 种 515000 张（只），麝香 200 只，药材 600 担，木材 160000 根。1940 年，超过上年，价值 12023000 元，其中皮毛类价值 6913000 元，占全部输出之 57.50%，牲畜类价值 388 万元，占 32.27%，药材类价值 26 万元，占 2.16%，木材类价值 84 万元，占 6.98%，羊肠、猪油等价值 13 万元，占 1.08%。进口货物，以棉花、布匹为最多，次为粮

① 陈鸿胪：《论甘肃的贸易》，《甘肃贸易季刊》1943 年第 4 期。
② 杨重琦等编：《兰州经济史》，第 175 页。

食，再次为青盐、纸张等杂货，总价值 880000 元。两项比较，出超 6463000 元以上。所以，旧城不仅是甘南藏区的商业重镇，且为货物转入卓尼的要地。每年由临潭转输卓尼物品，及卓尼输入合计 548000 元，占临潭旧城输入总值的 181%，输出合计 4524000 元，占旧城输出总值的 3.76%。① 详见表 5 - 5。

表 5 - 5　　　　　　　　　临潭一地货物中转运输概表

临潭转输卓尼货物		临潭转口输出货物		临潭转口输出货物	
货物数量	价值（元）	货物数量	价值（元）	货物数量	价值（元）
杂粮 6000 石	900000	羊皮 10 万张	400000	羊毛 1 万余斤	20000
布匹 700 卷	420000	狐皮 1000 张	70000	木材 35000 根	245000
青盐 2000 斤	14000	狼皮 1000 张	70000	麝香 1000 个	100000
杂货	250000	水獭 50 张	19000	马 1000 余匹	1500000
总计	1584000	猞猁皮 5000 张	1300000	牛 2000 余头	800000
				总计：4524000	

资料来源：王志文：《甘肃省西南部边区考察记》（1942），《民俗文献》第 19 卷第 135 册，第 391—392 页。

夏河县对外贸易的种类与临潭旧城相似，只是贸易额相对较大。1940 年出口货物价值为 2882071 元，进口额 2277899 元。其中出口额中皮毛类价值 2667141 元，占全部输出 92.54%，牲畜及其副产品价值 196720 元，占 6.83%，药材类价值 8211 元，占 0.28%，布匹类价值 1 万元，占 0.35%。其进口货物中油盐糖类价值 326460 元，占全部额的 14.33%，粮食类价值 1799000 元，占 78.98%，布匹类价值 4 万元，占 1.76%，杂货类价值 111438 元，占 4.89%。1941 年 1—9 月份出口货物价值为 10602871 元，进口为 8116607 元。其中出口额中皮毛类价值 10558388 元，占全部输出 99.58%，牛羊油及羊肠、羊筋等类价值 25101 元，占 0.24%，药材类价值 25101 元，占 0.24%，木材类价值

① 以上均见王志文《甘肃省西南部边区考察记》（1942），《民俗文献》第 19 卷第 135 册，第 386—387 页。

10410 元，占 0.09%。其进口货物中糖盐类价值 457780 元，占全部输出额的 5.64%，布匹类价值 243200 元，占 2.99%，粮食类价值 7320000 元，占 90.19%，药材类价值 2647 元，占 0.03%，杂货类价值 92980 元，占 1.15%。[1] 从整个甘肃西南部贸易额进出口比较来看，皮毛输出比重最大，几乎占所有输出品的百分之九十多，为出超现象的主力。详见表 5 - 6。

表 5 - 6　　　　　　　　　甘肃西南部贸易额进出口比较

县别	年度	进口总值（元）	出口总值（元）
岷县	1939	800000	6355000
临潭	1940	28000	12013000
卓尼	1940	1584000	4524000
夏河	1940	2277898	2882071
合计		4856898	25784071

资料来源：王志文：《甘肃省西南部边区考察记》（1942），《民俗文献》第 19 卷第 135 册，第 400 页。

另外，甘肃东部泾渭水流域的商业贸易也有其特色。平凉作为西安至兰州间的第一都会，陕甘之门户，通衢繁盛，货物云集。这里设有天水驻甘肃的转运支局，以输送货物、保护行旅。平凉城商业殷盛，多烟草、毛皮、石炭等商品，还有钱行、当行 20 余处，皆山西、陕西人所经营。城内家庭制毡业亦十分兴盛，主要供应本地。[2] 与平凉毗连的天水，地当汉中四川之冲要，商务甚盛。川糖由此入陕，陇之水烟由此入川，其他如纸、药材、杂货、木耳、皮货、漆等，皆属重要商品。[3] 另外，至 20 世纪 30 年代中期时，河西走廊东端永登人口仍以藏族为主，

---

① 均见王志文《甘肃省西南部边区考察记》（1942），《民俗文献》第 19 卷第 135 册，第 399 页。

② 民国《甘肃省志》，《稀见方志》第 33 卷，第 67 页。

③ 王金绂编：《西北地理》，第 443—444 页。

与内地的贸易，主要是以麝香、皮革换取洋货、布匹。①

所以，有评价说：其时兰州成为西北地区联系关中、华北、中原以及长江流域的重要商埠，内地南北各货均可购办，俨然成为甘肃全省及西北商务总汇，其商业之兴旺与否对西北数省商业盛衰影响甚巨。②

河湟地区　河湟地区的西宁，系蒙、藏与内地贸易孔道，"举凡汉蒙藏货物莫不总汇于此"③。康熙年间时，这里"城中牛马羊常以万计，四境之牧无不至此，羽毛、齿革、珠玉、布帛、茗烟、麦豆等种类繁多，车载马驮，交错于道路"。城东为商贾聚集之处，商铺林立，时人有"举袂成云，挥汗成雨"之慨。④尤其是茶马交易，依照旧制，增加茶引，及折价银易马，⑤依然兴旺。以致河洮一带虽邻近蒙古牧区，而一切交易俱在西宁，不赴河州，故商贾辐辏殷繁，不但河西莫如，"虽秦塞犹多不及"⑥。

近代皮毛贸易兴起以后，地处黄河支流湟水之滨的西宁，其"唐番古道"交通咽喉的地位复显，为中国上等羊毛商业中心。青海藏区所产之羊毛皮革皆集中于西宁，羊毛年产百余万斤，专售于各洋行，进而转运内地或国外。所以，这里的羊毛有"西宁毛"之称。西宁羊毛，占全国年出口羊毛的一半。每年西宁城北的湟水南岸，"羊毛堆积如山"⑦。藏区"所产羊毛必由此通过者，约七万担"⑧。据顾执中、陆诒在西宁考察时所引商会统计，输入西宁的商品，"每年约在六百二十万七千余元，输出商品以羊毛、皮革、牲畜、油木、药材为大宗，每年约计在一千五百四十九万七千余元"。

西宁毛的运输分陆路和水运。陆路运输十分壮观，"每年夏末秋

---

① 李扩清：《甘肃省县实习调查日记》，见萧铮主编《地政研究·土地问题资料》，第93415页。

② 福克：《西行琐录》，《小方壶斋舆地丛钞》第六帙。

③ 许公武编：民国《青海志略》，第80页。

④ 《秦边纪略》卷1《西宁卫》，第63—64页。

⑤ 乾隆《西宁府新志》卷16《田赋·茶马》，第432—433页。

⑥ 许公武编：民国《青海志略》，第80页。

⑦ 周振鹤编：民国《青海》，第206页。

⑧ 王自强：《中国羊毛之探讨（续）》，《新青海》1934年11月第2卷第11期，第11页。

初,青海平野山谷,缓缓移动者,类皆运输羊毛之犁牛队也"。柴达木一带牧民,多用橐驼。湟中一带有用骡车者。运至西宁以东,则由皮筏或橐驼运至包头镇,再运往天津。而水运羊毛,被时人看成"实为西北有之经济敏速方法"。其主要经营者为甘南河州人。每年由水运输出的羊毛占"最大部分"。西宁毛用皮筏运至兰州,再由兰州运至包头,20余日可达。因其所用之皮筏,以生牛皮连缀而成,故载之羊毛,可塞于皮胎内。当然,皮筏上也承载其他货物,如水烟箱,就平铺于皮筏上,以麻绳系紧,一般数十皮胎,连城一筏,轻浮易行。大者可装货三四万斤,小者亦万余斤。①

图 5 - 3 黄河上游的羊皮筏运输

所以,在皮毛贸易的带动下,西宁不仅成为青海最大的商业中心,而且还是重要皮毛加工基地,"西宁辖境内,关于工业之原料,以皮毛为大宗",其中以皮毛加工的产品,在 20 世纪 30 年代初,年产值约为93642 元。② 故西宁因由青海皮毛等商品的集散中心而变成了仅次于包

---

① 民国《甘肃省志》,《稀见方志》第 33 卷,第 132—133 页。

② 以上未标注均参见顾执中、陆诒《到青海去》之《西宁主要工业出产品表》,商务印书馆发行 1934 年,第 304、311、300 页。

头、兰州的又一商业中心。

在西宁中心周边城镇的集散地中，最著名的当为湟源。湟源城地居农牧交界处，唯有东路通西宁，其余几面连接牧区，是农牧货物的集散中心。嘉道之际，商业特盛，青海、西藏番货云集，内地各省客商辐辏，每年进口货物价至百二十万两。牧区货物，每年玉树的牛皮、羔皮、野牲皮、毛褐、蕨麻、茜草等类，均运到丹噶尔销售。道光年间，售银达六七万两。光绪末时，有二三万两。近代商贸兴起后，丹噶尔的羊毛贸易空前繁荣。"售卖羊毛之商，来者日多，各项皮货贩者亦众，故货价皆蒸蒸日上，视曩昔似大有进步矣"①。天津之羊毛商，咸集于此。② 城内除了设有洋行外，还有专门从事皮毛贸易的中间商人"歇家"。以至于货价增高很多，至清末时，仅"羊毛一项，比诸光绪初年7倍于前"。当然，在货物价值增高的同时，物品短缺明显，如"鹿茸一物而论，昔年至七千百余架之多，今则三四百架而已"③。

丹噶尔既然作为集散地，由西宁一带输入的物品主要包括绸缎、布匹、桃枣、糖果、丝线、佛金、玩器、铜铁各货。每年输入两次，皆靠马驮，车亦罕有。其中洋布自西安、天津采办而来，大部分售给蒙藏，每年约为5千匹，银3万两。大布自陕西三原运来者多，每年约1000卷，银2500两，基本在境内销售。伏茶自兰州运来，每年万余封，大半售予蒙藏民众，共银20000两。其中黄茶由竹筐所盛，砖茶为川字号，无纸封。羽绫等物，自内地运来，每年约100匹，全部售给牧区蒙藏民众。自内地运来的还有洋缎、佛金、铁锅、铜器（锅、罐、茶壶）、铁、大米、小黄米、麻、细泥瓷器、陶器、石煤、煤砖、纸张、药材等，另外，酒自西宁运来，靛青自兰州运来，土药自碾伯及西宁所属各乡运来，麦面、青稞、木炭亦自西宁所属各乡运来。④

输入货物中比例较大的是粮食、茶、布，均自西宁输入。光绪末年，自西宁各地输入货物中，小麦每石价10两左右，青稞、豆子每石7两左右，伏茶每封为1两，斜布每板（一板等于10丈）价银5两左

---

①　均见光绪《丹噶尔厅志》卷5《商业出产类》，《稀见方志》第55卷，第848页。

②　王金绂编：《西北地理》，第201页。

③　均见光绪《丹噶尔厅志》卷5《商业出产类》，《稀见方志》第55卷，第848页。

④　光绪《丹噶尔厅志》卷3《地理》，《稀见方志》第55卷，第845页。

右。1926 年前后，"本境内人口亦骤增，自外县前来者多，用度维艰则荒旱迭遭"，粮食的输入量加大，价格也猛增。小麦每石由 12 两涨到 20 两有奇，伏茶每封涨至一两七八，斜布每板也涨至七八两。其他日常生活用品，均较 10 年前之物价升高数倍，间有增至 10 倍者。尤其是每年七、八月，蒙藏商人自牧区入湟源交易，尽管百物齐集，但粮价大涨。① 这也是城镇商贸随行变价的调试现象。

黄河宁夏　黄河宁夏北部各城镇，分布于黄河沿岸，交通畅通，自河湟、甘南汇集而来的畜牧产品运至兰州后，绝大部分走水路，经中卫、宁夏、石嘴山，最后至包头起卸，再经张家口运往京津一带。自兰州的陆运，也是经中卫、宁夏、石嘴山，然后通过黄河水运到包头。宁夏各地的羊毛也基本沿这两条通道，先集中于中卫，然后经吴忠、宁夏、石嘴山，最后经黄河水运汇聚于包头。因而，石嘴山也由一个小渔村而兴起，成为重要城镇。宁夏南部海原、固原、隆德等地货物，则集中于平凉，经陆路运往天津、汉口。就宁夏全区而言，自兰州至中卫始，黄河水运成为贸易运输的核心，黄河连接了中卫、吴忠、宁夏、石嘴山，直至包头这些重要城镇，其中，除了中卫、宁夏原本就是县级城镇外，吴忠、石嘴山均具有城堡转型特征。后者发展的结果，既增加了这里城镇数量，也加快了城镇化步伐。

宁夏城在近代皮毛贸易兴起以前，能称之为商业交易的，主要是与北部蒙古人之间的"市口"贸易，咸丰年间，城内商铺不多，也无资本雄厚的大商号，小商小贩是商品交易的主流。皮毛贸易兴起以后，不仅其毗连牧区的地理优势显现，位居黄河襟带的水运交通功能也更强。自这里西越贺兰山，往北通阿拉善，是重要的皮毛产地，所产畜牧产品，顺黄河北运至包头、归化城。东隔黄河与陕西北岸之诸城镇连接。南部是固原、平凉，为通陕西的大道，沿黄河南向，经中卫，连接兰州、西宁及河西走廊。各城镇间所有货物的往返输送，使宁夏货物集散中心的地位凸显。

当然，自阿拉善等处而来的畜产品中，尤以套毛又称石嘴山套毛的

---

① 　王昱、李庆涛编：《青海风土概况调查集》，第 131 页。

图 5-4　民国时期黄河上的皮筏与羊毛运输

品质优良而著称，① 光绪末年，宁夏城的八大商号，绝大部分从事或兼营皮毛贸易，其他大商户"多是由小商贩和倒卖二毛皮发展起来的"②。1918 年，宁夏城年输出皮张，包括老羊皮、黑羊皮、牛皮，约千担，每担 360 张，羊毛 1000 余万斤，驼毛、羊绒 40 万斤。输入各货，一万三四千担，通过货物约 7000 担。"东来者以洋货为大宗，西来者以皮毛为大宗"，时宁夏全城有大小商店 325 家。③ 在皮毛贸易的带动下，宁夏城的毡织业也得到了极大的发展，1916 年宁夏有毡坊 13 家，④ 到1931 年则发展到 34 家，有工人近 300 名。⑤ 抗战前，宁夏贸易达到极

　　① 王自强：《中国羊毛之探讨（续）》，《新青海》1934 年 11 月第 2 卷第 11 期，第13 页。
　　② 李凤藻：《解放前的宁夏商业》，《宁夏文史资料》1999 年第 22 辑，第 212 页。
　　③ 林竞：《蒙新甘宁考察记》，第 56 页。
　　④ 吴成等口述，刘策、高树瑜整理：《银川毡坊》，《宁夏文史资料》第 20 辑《宁夏老字号》，宁夏人民出版社 1997 年版，第 153 页。
　　⑤ 刘士勋：《毡坊和纸坊》，《宁夏文史资料》第 20 辑《宁夏老字号》，第 150 页。

盛，"每年由此下行皮约百万张，羊毛不下三千万斤"①。因此，宁夏城的发展同兰州、西宁有异曲同工之效，皮毛贸易确实是推动因素之一，很大程度上可以说是主要因素。

宁夏南部的中卫，为兰州与宁夏水陆交通枢纽，东过黄河与固原、平凉、庆阳、环县，西经沙漠达永登，再由永登通青海，北上凉州，故军事与商业皆为要道。② 历来是通西蒙的重要"市口"，为交通位置重要的集镇。也由于近代皮毛贸易兴起，地位凸显。又因其"位于西宁与凉州之通路"，加之本县城周就有牧业经济，羊毛"到处出产"，尤其以黄河以南之秀山、海城一带最多，总额 200 万斤以上。所以，中卫、宁安堡、五佛寺等地也成为主要集散地。③ 1918 年时，中卫城中有商店大小 200 余家，有尽盛魁、合盛恒等的分号。附近的宁安堡，也有较小商号 340 余家，承担北路羊毛集散，设有羊毛行 4 家。输出品中，除了以皮毛为大宗外，还有量大且受市场欢迎的特产枸杞、甘草、红枣、稻米等。每年输出枸杞一千四五百担，每担 240 斤。甘草千余担，红枣两千余担，米七八百担。主要依赖黄河水运，陆运次之。④

综合中卫城的贸易行类，主要为毛商、皮商、布商、杂货商。以毛商资本最大，每年购集羊毛六七十万斤，顺黄河水运输出。皮商每年运羔羊皮万余张，赴山西、北京。布商以布易枸杞、发菜、甘草，价值约 5 万两。杂货由津购来，年值 20 万两。稻米运向兰州、西宁。⑤ 民国时人考察时，记录下当地老人的回忆片段，说中卫城内商店旧址达数里之长，运送皮毛的商船，盛时连绵几里，晚上船火通明。实为当时西北一重镇，"为宁夏省商业政治中心"⑥。

总之，20 世纪 30 年代以来，宁夏商业达到极盛时期，从北到南，形成以宁夏府城为中心，以吴忠、石嘴山、宁安堡、中卫等城镇为次级

---

① 叶祖灏：《宁夏纪要》，《史地文献》第 25 卷，第 531 页。

② 范长江：《中国的西北角》，见《稀见方志》第 128 册，第 308 页。

③ 王自强：《中国羊毛之探讨（续）》，《新青海》1934 年 11 月第 2 卷第 11 期，第 12—13 页。

④ 林竞：《蒙新甘宁考察记》，第 65 页。

⑤ 民国《甘肃省志》，《稀见方志》第 33 卷，第 83 页。

⑥ 王自强：《中国羊毛之探讨（续）》，《新青海》1934 年 11 月第 2 卷第 11 期，第 12 页。

中心的商贸网络。而黄河宁夏商业网络的初步形成，也使宁夏在黄河上游区域的通商口岸和物资集散的地位更加巩固，成为连接西北与华北经济往来的重要枢纽和通道，尤其是在平绥铁路通车后，运输量前所未有地加大，方便快捷经济，京津一带的日用百货和工业品，几乎全自宁夏中转运往甘青各城市，同时，甘青各种各样的特产，包括羊毛在内的畜产品，也大量经由宁夏运至京津。铁路促成了商贸更有利地发展，且带动了人流、物流的汇集，加快了城市发展进程。

三　城市与人口规模

　　人口集聚与城市的兴起发展密切相关。而构成城镇人口规模的各要素，如数量、分布、族别、分层、信仰、职业等，也成为衡量一个城市标识的重要方面，并成为衡量城市规模、等级和地位等的要素，决定着城市的盛衰。清代至民国时期，黄河上游区域是典型的多民族聚居区，多民族成分自东至西、自兰州中心至四周逐渐增多，形成多民族大集聚，单一民族小聚居的分布特点，体现出这里城镇发展有别于其他地方的特点。随着近代因素的增加，城市人口数量、从业人口规模与构成也发生着改变，加快了这里城市发展进程。必须强调的是，囿于资料，对有些城镇人口和县属人口的统计区分上，难免将以县城为重心的周边人口数作为分析数据，而实际情况是，至民国时期，一些新立县的城镇概念发生变化，不单指有城垣的城镇，而是以旧有城垣为中心，向周围延伸。这也反映出城镇人口增加是主流趋势。

（一）城内各民族分布

　　黄河上游的甘青宁地区人口分布多寡程度与城镇建立和发展程度相关。青海人口分布密集之区，正是河湟城镇发展的中心。宁夏人口密度较大的地方，也皆在黄河沿岸附近、交通便利，气候温和，宜耕宜牧之处。而宁夏南部山区则人口相对稀疏。甘肃的西北部人口较东南稀疏，东南则经济发展相对成熟，人口稠密。[1] 又由于各城镇所处地理条件有

---

① 以上据王金绂编《西北地理》整理，第255页。

别，人们所选择和从事的经济方式各异，民族分布比例不同。一个明显的特征是，除了人口比例居首位的汉族外，信仰伊斯兰教的回民，多分布在城垣周围城乡结合的过渡带，同时从事以商贸为主的经济活动，在沟通结合带商贸经济等方面起了重要作用。

河湟地区的西宁府城居民以汉族为最多，回民次之，另有部分藏、蒙等族。回民中有小部分为元代以后自新疆、云南、江南、陕甘等地迁入者，至清代已变成土著。大部分回民则是雍正年间从甘肃甘州、凉州以及河州等地迁来。① 同治十二年（1873）五月，回民起事平息后，西宁知府龙锡庆迁城内后街回民于南关、东梢门。此后，汉人多住城内，回民则多住在东关一带及东、南、北梢门外，有3000多户，1万多人，约占全西宁城3万人口的1/3。②

西宁中心以北的大通城镇人口分布，基本与周边各乡镇紧密相连。因在清以前，大通一带为游牧地，很少有汉族，其间"或藉居，或流寓，原籍于此者为数无几"。入清以后，"有以军人者，有以商人者，亦有由内地各县分迁入者，加之改县以后，加拨西宁所属十堡，内除石山一堡皆回族外，其余均系汉民，此汉族之所以日见其多也"。回族也是后移入者，多是雍正年间，"或由河州，或由甘凉，或由西宁府属各邑，渐次迁入，日增日盛"。藏族最早居于此地，即"大通素为羌戎所出没，故其地为该族占多"。

至民国时期，大通县城居民构成主要为汉族、回族，其次为藏族和土族。汉族有3494户，回族3963户，藏族520户，土族1234户。至1931年时，民族构成稍有变化，汉族居多数，回族次之，土族、"家西番"占到1/5。不过，居住区不同，居民的族别比例也不尽相同。如大通西区的多洛、阳化、逊让3堡人口共有7045人，其中汉人1300多人，其余5000多人都是土族。北区的元墩、丰稔、兴隆、阿家、多隆5堡的人口共12790人，内有家西番4760多人。回族多集中居住在西区的极乐、良教2堡，东区的河州、凉州、新庄、旧庄4堡，以及南区

---

① 中国科学院民族研究所、青海少数民族社会历史调查组编印：《青海回族调查资料汇集》（回族资料之二），1964年，第3页。

② 甘肃省图书馆编：《西北民族宗教史料文摘（青海分册）》上册，第48页；下册，第611页。

的石山堡。散居在雪沟、樵渔、古娄、硖门、柴家、伯胜、元墩各堡。总计大通回民有23000多人，土族5000多人，家西番4700多人，汉人38800多人，合计共有人口71508人。①

清初时，碾伯设所，地广人稀。顺治二年（1645），人丁6538。②至民国时期，有人口9689户，66418口，其中汉族8627户，49506人；土族312户，6330人；藏族521户，9540人；回族229户，1042人。回族居于城东关附郭一带。另外，新设的民和县有汉族2500户，约12500口；回族约5000户，25000口；土族约2000户，约10000口；藏族约500户，约2500口。合计1万户，5万人。

互助县是民国时期，自西宁北析出的新县，以威远堡沙塘川镇一带为中心。辖境以内有汉、土、回、藏族，除了汉族外，土族人数较多。集中于第一区的塘巴堡、朵思代、白嘴堡。在第二区的老幼庄、佑宁寺及斜吉崖、华林、梭布滩，第四区的那家、东沟一带，十之八九亦为土族，汉族为十之一二。回族集中分布在第一区内之字庄，第三区的山庄、邵家沟、干沟门、中岭、刚冲。第三区除了数庄居住回族外，均为汉族庄堡。而第二区之二加定、白马寺、松尕，第四区的北山后邯郸寺等处，均为藏族居住区，其余多为汉族堡寨。以上四区共有汉族83640人，土族7639人，藏族1621人，回族1801人，合计13957户。③

黄河九曲的循化、贵德和巴燕三城镇居民主要是汉藏回，循化和巴燕多撒拉族。具体而言，循化民族系汉族、回族、撒拉族和藏族。至1932年时，汉族有3390余丁口，主要分布在本城及第三区之马营等处，回族与撒拉族是主体，有15916丁口，居于城附近的街子、张尕等8工，藏族有6428丁口，居于边都、起台等5沟。各族总共5777户，其中男13135丁，女11599口。"城内虽有银匠、画匠等工人，均属学而未精"。

巴燕居民大多为汉、回、藏、撒拉族。分布在县境6区。信仰伊斯兰教的回民中，又分"番回""撒回"，即有的藏族也信仰伊斯兰教，

① 此处"家西番"指居住邻近汉族区和接受汉文化程度较高的蒙藏民族，主要指藏族，参见王昱、李庆涛编《青海风土概况调查集》，第82页。
② 康熙《碾伯所志·赋税》，《稀见方志》第57卷，第60页。
③ 以上参见王昱、李庆涛编《青海风土概况调查集》，第94、99、89—90页。

以区别撒拉族。至于各族住地，并无界限。如汉回杂处于治城及附近数十里村庄内，藏族大率住于县属东西方向，如上什族、下六族，而科才族则独居于南部。撒拉族居住在东南方，如卡尔岗、水地川、甘都工等处。县城共汉族 1080 户，回族 2113 户，藏族 1364 户，撒拉族 130 户，合计 4687 户。

贵德县城汉族为 4/10，藏族 5/10，回族 1/10。汉族住东西南三乡，回民杂居城关，即康、李、杨三屯。东西南三区住户 4422 户，人数 19002 口。此外，有外国人男 2 女 1，有黄教格鲁派僧人 1360 名，红教宁玛派 735 名，道教 5 名，汉藏尼姑 311 名。统计汉土藏回各族共 9814 户，约计 42686 口。

同仁人口规模和构成，汉族均为以往驻守官兵被遣散后留居者。至 1930 年前后调查统计，约有 120 户。汉回有居住于县街者，也有居住在保安镇者。这里务农的藏族也住土房，畜牧的藏族住帐房，藏族僧人住寺院。汉回共 250 户，1008 口；土房藏族 1564 户，4720 口；帐房藏族 2279 户，6722 口；寺院僧人 1642 口。全县 4093 户，14092 口。按同仁县习俗，居民有生三了者，二子为僧，一子为俗，日久，既多有绝户者，以致"生齿日减"①。

民国新设的门源县城民族构成主要为汉回蒙藏及零星土民。汉族多居住在黄河河北第一区，回族多居住在黄河河南一带，附近藏族分为四族，即兴马那隆族，住老虎沟河迤西；日新顺族，住加多寺；向化族，住那龙窝一带；归化族，住班固寺。全县汉回藏族共 2000 余户，9000 余口。②

民国时期，在青海考察者根据省府统计和个人调查，得出各城镇民族人口分布概况的一组数据，其中可知，除了蒙古族多分布在共和、贵德、大通、湟源及门源等县城外，汉回中的多数和少部分藏族已经居于城内，此仅就部分城镇汉、回、藏民族人口大致情形略制如表 5 - 7。

---

① 王昱、李庆涛编：《青海风土概况调查集》，第 174—175、178 页。

② 以上均见王昱、李庆涛编《青海风土概况调查集》，第 112、106—107、196—197、167—168 页。

表 5 - 7　　　　　　　民国时期河湟西宁部分民族人口数与分布

地名	汉族		回族		藏族	
	人数	居所	人数	居所	人数	居所①
西宁	108231	城内附郭东南西川	49385	城内东关及1—4区	7001	第2—4区
乐都	49506	城内及各乡	1042	城内东关及附郭	9540	雪山顶一带
贵德	17200	城内及东西南乡	1900	城内及附郭	95001	
化隆	5500	城内及近数十里	12500②	城内及附郭	7000	
湟源	22000	城内及附郭四区	1650	城内及附郭		
共和	1370	郭密一带	145	城内及各区	17500	
互助	30000	城内及第一二三区	1000	第1—2区	2400	
同仁	1008③	城内及保安营等处		保安镇	1400	
门源	9000	城内及浩亹北各区		浩源河南一带		
民和	31550	城内及各区	17814	城内及各区	2600	
循化	3858	城内及马儿坡	16563④	城内	4228	
大通	38800	城内及各区	23000	西东南三区	4700	包括广惠寺

备注：表内各注释如同仁汉族，化隆、循化回族及藏族居所各项，分见页下注。

资料来源：周振鹤编：民国《青海》，《亚洲民族考古丛刊》第5辑，第47—50页。

　　以黄河兰州为中心的甘肃境内汉族，约占全省人口的1/2，"以自四川移来者为最多"⑤。兰州城中，汉回杂处，回族占有一定的比例。回族围寺而居，在城内形成几个主要的居住区，如绣河沿、桥门巷、海家滩和陈官营等。⑥ 民国时，约15000户，8万人。泾渭水流域居民也基本类似，至乾隆年间时，自宁夏至平凉千余里，尽系回庄。同治年间，平定金积堡起事后，回民中"其贸易侨居之客民及被掳胁之甘回

---

　　① 藏族主要指各县境内者，时依藏族居住与接受汉文化程度分为"熟番"和"生番"，主要居住在贵德、循化、化隆、共和、同仁、门源各县城镇。

　　② 附撒拉族130户600人。

　　③ 同仁和门源人口数包括境内回藏等人数。

　　④ 附撒拉族2882人。

　　⑤ 王金绂编：《西北地理》，第288页。

　　⑥ 马永真：《兰州回族发展历史》，《兰州文史资料选辑》1988年第9辑，第13—14页。

三千余名"，安插平凉。①

　　延至民国时期，平凉城内有户 3000，人口 15000，回民皆住平凉城东关，占总人口的 6%。位于陕甘通路的泾川城内有人口 5000。渭源市街有人口 3000。灵台全境人口 62737 人，城内人口 3000，回民均居住于城东 3 里的东川，有人口 1800。② 陇西城北关，居民约千户，土著不过 3%。至民国时，境内回民甚少，唯西乡三河口、北乡马家河及北关苏家堡子，共有百余户。"苏家堡子一名回回城，在北关东北隅，乃左宗棠西征时，为归附之教民苏某等指定之处所"。

　　甘肃南部的临潭境内人口中，汉族约占 75%，散居全境各城镇。回民约占 15%，除新城南关外，以旧城附近最多。其余 10% 则为藏族，居于卓尼接壤处及东北部与北乡各地，如阎家寺附近等，多接受汉文化程度较深。③ 临夏境内主要有汉、回、东乡、保安、撒拉、土、藏、满等族。④ 岷县的汉回藏各族中，汉族为多数。光绪三十二年（1906），全县有 237817 人，其中汉族为 118326 人，回民 900 余人，至民国时期的统计，19 乡 6 镇 308 堡，计 213641 人，其中男 109633 人，女 104008人。其中回民 2000 余人，藏族 3000 余人。⑤ 基本反映出城镇民族人口比例。

　　黄河宁夏地区民族分布，主要有汉、回、蒙、满，人口的集聚历经波折。如宁夏府城，清前期的居民以蒙、回、汉、满为主，回族最多。⑥ 且多从戎。乾隆帝在说西北回民时，就以固原镇的绿营兵举例说，"陕省回教人多，性悍心齐"，"如固原镇兵，回教十居七八"⑦。

　　然咸同之际，历经兵劫，回民多死亡逃散。清廷又"尽驱宁夏回

　① 《左宗棠全集》卷 38《奏稿七》第 7 册，上海书店影印本，1998 年，第 1319 页。
　② 民国《甘肃省志》，《稀见方志》第 33 卷，第 25—29、66、74、46、75—76 页。
　③ 以上均见王树民《陇游日记》，《甘肃文史资料选辑》第 28 期，第 125、164 页。
　④ 临夏县志编纂委员会编：《临夏县志》，第 176 页。
　⑤ 王志文：《甘肃省西南部边区考察记》（1942），《民俗文献》第 19 卷第 135 册，第 318 页。
　⑥ 梁敬镎：《宁夏輶轩录》，《东方杂志》1934 年第 31 卷第 10 号。
　⑦ 《清高宗实录》卷 290，乾隆十二年五月壬寅，第 803 页。

民于灵武、吴忠堡一带"①。土著汉民经战乱后，仅余十分之一。② 清末，府城回民较前大为减少。不过，就整个地区而言，民族构成中，回族占有很大比重，几乎遍及全区各城镇。尤集中在南部的泾源、西吉、海原、固原、同心和河东平原的金积、灵武、吴忠等城镇。其人口一般都占当地总人口的 1/2 以上，泾源高达 98% 以上。③ 而宁夏中部的中卫（包括 1933 年析出的中宁）以及盐池所占比例相对较少。民国初，固原城人口有 8000 余人，其中回教徒为多，主要居住在西门外，汉人皆住在城内。④

　　这一局面的形成，与历次回民反清起事失败后清廷的善后有关，起事回民被"密行查办远迁，断绝根诛杀"⑤。顺治、乾隆、同治、光绪各朝，无一不是采用此法。尤其是同治年间大规模的西北回民起事失败后，清廷"令觅水草不乏，川原相间，荒绝无主，各地自成片断者，以使安置"。由是，被安置在人迹断绝、条件艰苦的固原等地，移金积堡老弱妇女 12000 余名于固原州附城数十里地方，分拨荒地安插。⑥ 仅新置化平川厅就移回族 1 万多人。⑦ 至光绪三十年底，回民已经占到固原城乡人口的 40%。正是政治上的强制迁移，才导致了本区回族居民短期内的大量聚居，作为构成各城镇的主要民族群体。宣统元年（1909），化平厅城四里共计 3185 户，共 16590 丁口，回民 3092 户，男 8813 丁，女 7425 口，共 16238 丁口。汉族仅有 93 户，男 230 丁，女 123 口，共 353 丁口。回族占总人口的 97.88%。至 1939 年，化平厅所在包括泾源人口，仍分回汉两族，回族占总人口的 99%。⑧ 20 世纪 40 年代，整体人口比例呈现上升的趋势。详见表 5 - 8。

---

①　叶祖灏编：民国《宁夏纪要》，《史地文献》第 25 卷，第 536 页。

②　民国《化平县志》卷 10《经政志·邮政》，《稀见方志》第 54 卷，第 357 页。

③　胡序威、刘再兴等：《西北地区经济地理》，第 109 页。

④　[日] 马场锹太郎编著：《新修支那省别全志·宁夏史料辑译》，第 71 页。

⑤　参见赵珍《清代黄河上游地区民族格局演变浅探》，《青海民族研究》1997 年第 4 期。

⑥　《左宗棠全集》卷 38《奏稿七》第 7 册，第 1319 页。

⑦　同治十年，安抚陕甘回众 1 万有奇，除亲属认领外，共男女 9400 余名口。民国《化平县志》卷 2《经政志·邮政》，《稀见方志》第 54 卷，第 357 页。

⑧　以上均见民国《化平县志》卷 10《经政志·邮政》，《稀见方志》第 54 卷，第 357 页。

表 5 - 8　　　　　　20 世纪 40 年代宁夏地区各县及城镇回族人口

城镇 （县）	总人① 口数	回族人数 （1940）	城镇 （县）	总人 口数	回族人数 （1947）
省城	38634	994	固原	128345	48935
宁夏		26648	西吉	69947	34323
宁朔		7768	隆德	64680	13411
平罗	58135	30814	海原	47712	37248
金积	47736	16111	化平		21979
灵武	81776	34187	合计		155896
中卫	87088	675			
中宁	79327	1479			
盐池	27265	222			
同心	33810	28294			
合计		147192			

资料来源：《十年来宁夏省政述要》、1940 年国民政府主计处统计局编印《中华民国统计摇要》、1948 年《甘肃省政府人口统计报告表》，见常乃光主编《中国人口·宁夏分册》，中国财政经济出版社 1988 年版。丁国勇主编：《宁夏回族》，宁夏人民出版社 1993 年版，第24 页。

　　总体而言，清代以来，黄河上游区域各民族人口的分布呈现大分散、小聚居的特点，其中以回汉杂居，或以回民为主体在各城镇的分布尤其明显。这也是被学界认同的分布规律，现有的研究成果也显示了这一特性。关于回民聚落的分布，尤其是同治年间以前的大致分布状况，尚待深入研究。路向东对这一问题的研究，值得信赖。借助其关于同治年间以前回民在各城镇的分布数据库建设，就本研究范围内的回民聚落略约统计，大致有 313 个聚落。② 其成为构成黄河上游区域城镇人口中

---

　　①　为 1945 年的人口数，其省城人口为银川市数据。参见丁国勇主编《宁夏回族》，宁夏人民出版社 1993 年版，第 24 页。
　　②　其中本研究所在的兰州中心所属聚落为 185 个，西宁府 54 个，宁夏府（包括北部平原和南部山地）74 个，路向东：《同治以前陕甘回民聚落分布与数据库建设》，《西北民族研究》2012 年第 4 期，又见氏著《清代陕甘人口专题研究》，上海书店出版社 2011 年版，第298 页。

不可忽视的主体部分。

（二）人口规模

城市形成和发展的重要表现之一，还在于城市人口的增加以及人口构成中从业人口比例的变化。而中国传统计算人口数，总是以征收赋税、摊派劳役为标准，把耕地与人口统一起来，以从事农业经济的人口为基准统计。也就是说，所留传下来的有关人口统计资料，基本是以府县层级占有田亩多寡为范围和标准，这样的人口数目，包括了城区与农区的所有人口。施坚雅在研究中亦提出，19世纪90年代，尽管中国在一个特定的大区域内，城镇人口只占总人口的7%，属于极少数。① 但是，在某种程度上，农业对城市发展的重要性取代了城市需要有密集人口的一面。换言之，在同样的时段，人口并不是城市发展的重要标志。这一模式对于地广人稀的黄河上游区域而言，有参照作用。所以，从城镇与乡村的层面区分清代的人口比例，只能是一个推算，当然也不排除清末时期，对个别城市人口的粗略的统计数。至民国时期，对城市人口和职业等方面已经有了初步统计并逐步细致，本研究在时段上谨遵循资料现状和既有习惯，加以讨论。

关于清代城市人口的研究，目前可信且为代表性研究成果的是曹树基所提出的"在各类城市中寻找尽可能多的样本，以个别推求整体"的实证加推理的较为妥当的方法，并以此推出了清代中期不同省区城镇人口模式。与黄河上游区域相关的部分，是陕甘地区城市人口等级模式的研究，其中将包括甘肃在内的西北地区城镇人口规模分为4个等级，即县城及镇为2000人，州城和直隶州城为12000人，府城为25000人，省城为55000人。按照这一模式，结合黄河上游区域方志资料记载，统计乾隆四十一年（1776）时，甘肃全省，即包括后来划出的青海东部和宁夏地区，有人口1579.9万。曹树基推测清中期甘肃城市化水平，即城市人口与总人口之比为2.7%。详见乾隆四十一年甘肃城镇人口的估测概表（详见表5-9）。

---

① ［美］施坚雅：《中华帝国晚期的城市·中文版前言》，第4页。

表 5 - 9　　　　　　　乾隆四十一年甘肃城镇人口估测

行政和商业等级	数量（个）	平均人口（万人）	总人口（万人）
省会	1	2.5	2.5
府城	7	2.5	17.5
直隶州、州城	12	1.2	14.4
厅、县城、小镇	40	0.2	8.0
合计	60		42.4

资料来源：《中国人口史·清时期》第 5 卷第 17 章《清代中期城市人口》。

　　清中叶后，由于受陕甘回民起事及自然灾害叠加的影响，人口呈骤减现象，但是史料记载匮乏。为此，在曹树基的研究中，又将光绪末年甘肃城镇人口规模估测为 3 级，即一般的县治为 2000 人，较大的县州城镇为 5000 人，府城 5000 人左右。又参照社会常态后甘肃府县城镇人口统计略数，估算出光绪十九年（1893）甘肃城镇人口为 27 万。再根据清末时甘肃的总人口数，推算出同年甘肃人口城市化的平均水平为 4.6%。[①] 与前期的 2.7% 相较，城镇人口总体呈上升趋势。

　　按照上述对黄河上游全区的研究模式，结合宁夏地区方志资料，兹将宁夏府辖属城镇在清代中、晚期的人口规模作为个案加以估测，以考察人口与城镇发展之关系，讨论农业人口原本就是城镇人口发展的源头，包括农村及近城边界处在城市发展中的地理基础作用是不可忽视的重要性。

　　就清代中期以来整个宁夏地区人口而言，南部山地城镇人口资料极缺，仅固原州城的方志中有一条光绪年间"本城汉民共七百八十五户"的记载。[②] 所以，对清中期宁夏各城镇人口的估算，还需要参照曹树基所估算的清中期甘肃城市人口与总人口之比 2.7% 的比率，并利用乾隆四十五年（1780）有关宁夏府各州县总人口的数据加以统计和讨论。

---

　　① 葛剑雄、曹树基：《中国人口史》第 5 卷（清时期），复旦大学出版社 2001 年版，第 723—726、746—747、796—797 页。

　　② 宣统《固原州志》卷 2《地舆志·户口》，《集成·宁夏府县志辑》第 8 册，第 174 页。

通过对乾隆四十五年的城镇人口统计（详见表 5-10 及示意图 5-5）可知，人口达到 1 万以上的只有包括宁夏和宁朔附郭县在内的府城，总数为 16809 人，灵州直隶州城为 7689 人。此数据与曹树基所推出的甘肃府城平均 2.5 万人的水平相较，则相对偏弱，与所估测的直隶州城平均城市人口为 1.2 万人的标准也有偏差。相反，平罗、中卫两县的城镇人口统计数，却又分别为曹树基推出一般县份同期人口平均为 0.2 万人标准的约 2 倍和 3.9 倍，高于其测算标准。

表 5-10　　　　乾隆四十五年宁夏北部主要城镇人口估算概表

城镇	总户数	总人口数	每户平均口数	城镇人口数
宁夏	61228	300351	4.9	8109
宁朔	34200	322244	9.4	8700
平罗	16490	158360	9.6	4276
中卫	41980	286794	6.8	7743
灵州	45885	284776	6.2	7689
合计	199783	1352525	6.8	36517

资料来源：乾隆《宁夏府志》卷 7《建置·丁税》，《稀见方志》第 50 卷，第 208—209 页。

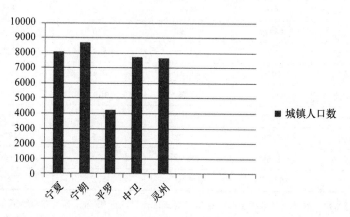

图 5-5　乾隆四十五年宁夏北部主要城镇人口柱状示意图

也就是说，清代中期，宁夏北部 5 个城镇人口总数为 36517 人，平均人口 7303 人，与曹树基所测算的平均城镇人口相比较，宁夏、宁朔、中卫、灵州 4 城镇人口数均高于标准，仅平罗低于平均标准。

    清末甘肃全省的人口统计数据，目前所见研究成果中，均以宣统元年（1909）成书的《甘肃新通志》数字为依据。详见表 5－11 及示意图 5－6。兹就该数据为基础，尽可能参照同期其他记载进行考察。如《宣统海城县地理调查表》中统计的海城城镇人口为 2312 人，比新通志的约 1947 人，仅多 365 人，[1] 此表明，宣统元年人口数相对可信。以此再与曹树基估测同期甘肃人口城市化平均水平 4.6% 的比率为模式，讨论宁夏地区的人口规模。

表 5－11　　　　　宣统元年宁夏主要城镇人口估算表

州/县	总户数	总人口数	每户平均口数	城镇人口数
宁夏县	9553	52575	5.5	2418
宁朔县	6977	33357	4.8	1534
平罗县	11296	48766	4.3	2243
中卫县	12860	66782	5.2	3072
宁灵厅	5279	40960	7.8	1884
灵州	6939	23375	3.4	1075
花马池州	816	5947	7.3	274
固原州	14912	98737	6.6	4542
硝河城	962	5131	5.3	236
海城县	6930	42334	6.1	1947
打拉池	502	3076	6.1	141
化平厅	3176	16612	5.2	764
隆德县	7476	41872	5.6	1926
平远县	3659	19659	5.4	904
合计	91337	499183	5.5	22960

资料来源：光绪《甘肃新通志》卷 17《建置志·户口》，参见《稀见方志》第 24 卷，第 23—24 页。

---

[1]　刘华编校：《明清民国海原史料汇编》第 6 卷《宣统海城县地理调查表》，宁夏人民出版社 2007 年版，第 159 页。

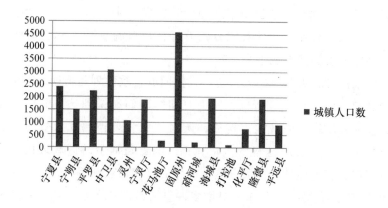

图 5-6 宣统元年宁夏地区主要城镇人口示意图

从宣统元年人口数据表及示意图可知，清末，宁夏地区城镇人口规模没有出现超过 5000 人的，人数最多的是固原直隶州，为 4542 人。而宁朔县、宁灵厅、灵州直隶州为 1000—1500 稍强，甚至平远县的城镇人口尚不盈千，仅为 904 人，均没有达到曹树基所测算的 2000 人的标准。① 而从城镇平均人口来看，整个宁夏地区城镇总人口为 22962 人，城镇平均为 1640 人，与平均城镇人口相比较，北部地区的宁夏、平罗、中卫以及宁灵厅的城镇人口高于或近似于平均水平，南部地区的固原、海城、隆德 3 城镇超过平均水平。其中，2000 人以上的城镇有 4 个，占 28.6%；1000—2000 人的城镇有 5 个，占 35.7%；1000 人以下的有 5 个，占 35.7%。

与清中期相较，清末宁夏地区的城镇人口规模偏低。此与中叶以来，社会动荡，战火频燃相关。同光以来接连不断的回民起事，持续十多年，人口大量减少。如同治二年（1863），宁夏府城陷，"汉民十余万被屠殆尽"。同年"马化隆又陷灵州，城中民人死者二万余"②。乱后经张曜办理善后事宜的调查，宁夏府所在的"宁地前后殉难官绅商民人等，约有三十万之多"③。正如民国方志纂修者所言："清初户口最为

---

① 葛剑雄、曹树基：《中国人口史》第 5 卷（清时期），第 794 页。
② 光绪《甘肃新通志》卷 47《兵防志·戎事下》，《稀见方志》第 24 卷，第 541 页。
③ 民国《甘宁青史略·正编》卷 23，《史地文献》第 22 卷，第 104 页。

繁盛，道咸以降，迭遭兵燹；同治之变，十室九空。宣统三年（1911），又值匪乱，民之死亡以数万计，户口凋零"①。这对城镇规模持续稳定发展必然造成不利影响。

清末民初，大部分的人口统计，依旧以行政区划为依据，很难严格区分城镇与农业构成。所以，民国时期的人们在说到这里的经济发展时，总兼及城镇与农业人口构成，认为"农人要占西北人数的百分之九十九了"②。当然，这样的人口比例，随着黄河上游区域近代工业的逐渐兴起，交通道路的发展，城镇商贸的兴起而逐渐得以改变。尤其是20世纪30年代以后，外来人口增多，包括经商从政乃至观光旅游者的到来，关心西北的呼声增高，对各民族的关注，对城镇人口数的统计也渐趋于规范和相对标准。

1926年，宁夏地区有人口77003户，39万余人。至1934年人口达1353803人。③对此，也有不同的结论，据参与社会调查者的估算，宁夏省人口，不包括阿拉善、额济纳两蒙古旗，人口至多不过60余万。其中以"宁、朔、灵、金、中卫、中宁人口占多数，平、磴、盐、豫次之，阿、额两旗，尤较稀少"④。20世纪30年代宁夏主要城市人口统计，详见表5-12及示意图5-7。

表5-12　　　　20世纪30年代宁夏主要城市人口统计概表

城市	城镇户数	城镇人口数	每户平均口数	全县人口数	城镇人口所占全县比例
省城	—	50000	—	276222	18%
宁朔县	200	1000	5	158039	0.6%
平罗县	1800	9000	5	219582	4.1%
中卫县	600	4000	6.7	275142	1.5%

---

① 民国《朔方道志》卷9《贡赋下·户口》，《集成·宁夏府县志辑》第2册，第481页。

② 康天国编：《西北最近十年来史料》，第2页。

③ 民国《朔方道志》卷9《贡赋下·户口》，《集成·宁夏府县志辑》第2册，第479—481页

④ 陈赓雅：《西北视察记》，第74页。

续表

城市	城镇户数	城镇人口数	每户平均口数	全县人口数	城镇人口所占全县比例
灵武县	450	2300	5.1	143859	1.6%
金积县	500	3500	7	136721	2.6%
盐池县	200	1200	6	55040	2.2%
豫旺县	1000	800	8	72573	1.1%
化平县	—	—	—	25042	—
隆德县	800	4000	5	81698	4.9%
固原县	—	8000	—	153474	5.2%
海原县	—	—	—	54720	—
合计				1652112	

资料来源：傅作霖编：《宁夏省考察记》，正中书局印行1935年；［日］马场锹太郎编：《新修支那省别全志·宁夏史料辑译》。

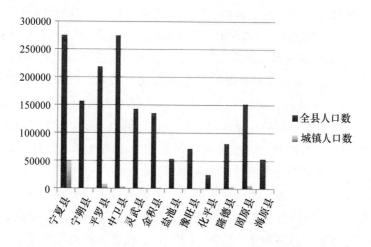

图 5-7　20 世纪 30 年代宁夏主要城市人口柱状示意图

从上可知，20 世纪 30 年代，宁夏北部城市人口增长很快。省城达到 5 万人，占宁夏全县总人口 276222 的 18%，人口规模明显高于其他城市，为市级行政建置城的确立奠定了基础。当然，随着宁夏建省，市政机构建立，与宁朔县分置，人口总数的准确性增强，城镇户口开始单独统计，遂呈现下降趋势，没有达到初建省时省城人口 5 万的数值。详见 1934—1940 年，省城户口统计，详见表 5-13。

表 5-13　　　　　　20 世纪 30 年代宁夏省城户口统计表

宁夏省城	户数（户）	人口数（人）			每户平均人数	性别比	定比速度（％）
		合计	男	女			
1934 年	5285	24362			4.6		100
1936 年	6529	30886	18474	12412	4.73	148.8	126.8
1938 年		32982	20648	12334		167.4	135.4
1939 年		40492	23886	16606		143.8	166.2
1940 年	6422	28533	17676	10857	4.44	162.8	117.1

　　资料来源：1934 年的统计数据依据当年 10 月《开发西北》第 2 卷第 4 期《宁夏近况》。1936 年是据当年《知行月刊》所载中央社电。1938 年至 1940 年均据《十年来宁夏省政述要》第 2 册《民政篇》，参见常乃光主编《中国人口·宁夏分册》，第 58 页。

　　总体而言，宁夏建省前后，因市区确立过程中，对宁朔县人口调整过大，人口几经迁移。1928 年，宁朔县移治于省城西 10 里的新满城。1931 年，新城建机场，县治移往王洪堡，其后又迁至城北约 50 里的养和堡。[①] 所以，统计数据呈现出城市人口比例最低，仅为 0.6%。而中卫也因在 1934 年时，析出中宁，以黄河为界，黄河左岸为中卫，右岸为中宁。人口规模分散，显示出城市人口比例也较低，仅为 1.5%。如上表明，人口的增减，对城市发展的影响力不能忽视，尤其是行政调控，影响到城市人口各项指标和发展规模。

　　再说，宁夏南部山区，尽管固原、隆德城镇人口比例保持在 5% 左右，但是，总人口数还是明显低于北部地区。城镇周边人口偏低，与农业生产连年遭灾歉收相关。1928—1930 年，连续 3 年的特大旱灾，加之兵匪祸害，"三年于兹，死人逾二百万"。而隆德、海原、固原灾情最为严重，一年多内就饿死 7 万多人，其中全户、全族、全村死绝者甚多。隆德县城仅存留四五户人家。"以人为食之事，在该省已司空见惯，不足

――――――――――

　　① ［日］马场锹太郎编：《新修支那省别全志·宁夏史料辑译》，第 55 页。

为奇"①。人口骤减。尽管至 20 世纪 50 年代前夕,各县人口总数略有增加,但是,城市人口比例呈现下降趋势,为 3%—8%。详见表5－14。

表 5－14　　　　　1928 年、1947 年宁夏南部各县人口统计表

县名	1928 年				1947 年			
	户数	人口数	户均口数	人口比例	户数	人口数	户均口数	人口比例
固原	16862	97857	5.8	43%	21304	136714	6.4	39%
海原	12659	52346	4.1	23%	8429	52926	6.3	15.1%
西吉					11125	70812	6.4	20.2%
化平	3761	21090	5.6	9.3%	3976	22394	5.6	6.4%
隆德	9034	56255	6.2	24.7%	11268	67659	6.0	19.3%
合计	42316	227548	5.4		56102	350505	6.2	

资料来源:1928 年甘肃省民政厅各县户口调查表;1948 年 3 月甘肃省政府编印的《甘肃省人口统计报告表》,参见《中国人口·宁夏分册》。

自同治以后,宁夏南部地区的人口变化幅度弱于宁夏北部,直至民国末期,也没有出现北部那样人口再度下降的现象。宁夏南部各县的人口规模基本处于稳定状态。

上述讨论了黄河宁夏中心的人口规模与城市发展的关系,至于兰州、西宁两个中心区的详细人口增减,尤其是乾隆时期兰州府属各州县城的人口规模情形,曹树基也有研究,认为兰州府城升级为省会城市后的人口规模,也不能与西安一样,只能与一般府城相等,即 2—3 万人。平凉府署静宁州在乾隆四十一年(1746)的人口规模,相当于山东小府、大县层级的人口规模,约 1.4 万。而庆阳府的合水县城镇人口在乾隆二十六年时,为千余人。在曹树基看来,整个甘肃省所在的甘青宁三地各城市人口的发展呈现减缓的趋势。即在乾隆四十一年时为 43.4 万人,至光绪十九年(1893)时为 27 万人。当然,

---

① 甘肃省赈务会编:《甘灾纪略》,1931 年,见常乃光主编《中国人口·宁夏分册》,第 64 页。

同期的总人口也呈现下降的趋势。也就是说，在清代城镇发展的水平，"并不完全由城市人口的多少来决定，在很大程度上，反而是由区域人口总数来决定"①。

如是，在没有确切人口数字情形下的估测，不失为还原历史原貌的一种方法，尤其是在民国三四十年代以前，黄河上游区域连续确切城市人口规模记载资料匮乏的情形下，有其价值。

以下就以兰州、西宁为中心的主要城镇发展进程中，有具体县份人口及相对城市人口记载的情形加以考察，包括人口的民族构成与变化方面。

甘肃南部的河州，自清中叶以来，尤其是自同治年间起，有较为详细的人口记录。同治元年（1862）时，有42315户，347825人。同治战乱后人口锐减，十三年时，有27876户，153456人。光绪十八年（1892），有36572户，296125人，二十四年时，有25843户，193421人。宣统三年（1911），有25160户，208219人。时人口数据大体包括今天永靖、东乡、和政、积石山等县以及临夏市的人口数。进入民国后的1917年，河州一度改称导河县，有39487户，315672人，1928年，30795户，161570人。1945年，改称临夏，有37552户，205128人，其中男107553人，女93575人。1949年，有39466户，227308人。民国时期的数据包括东乡、积石山及临夏市在内。总体而言，人口呈现增长趋势。其中1949年时，城关镇有14433人，城内镇有20789人。②

洮水流域的洮州厅，人口密度较小。在同治兵燹后，人口有所减少。至光绪五年（1789）清查时，有汉族3541户，共20430口；回民1250户，10116口。光绪三十二年，有汉族5672户，40920口；回民1668户，10683口。③ 1930年，县府清查人口时，共有9106户，42420口，其中男20310口，女23120口。另外，回民七八千人，藏族人口

---

① 以上均见曹树基《清代北方人口研究——兼与施坚雅商榷》，《中国人口科学》2001年第4期。
② 临夏县志编纂委员会编：《临夏县志》，第155、158页。
③ 此项数字包括卓尼人口。光绪《洮州厅志》卷4《赋役·户口》，《稀见方志》第49卷，第341页。

21300 余口。①

民国时新置夏河县占地 4800 余平方里，人口 7500 余户，34000 余口。拉卜楞保安司令部直辖十三庄，共一千二三百户，其外之地则各由土官即洪布管理，自成族落。十三庄皆在寺院附近，最初仅有塔洼，后增加三个庄，最多的时候实际有十九个庄，而十三庄的称呼未变。② 1942 年时，城内居民计 4130 户，34265 口，男子 13706 人，女子 20559 口，内汉回居民约 200 户，其余则为藏族居民，分布数量较众，无具体人口数的统计。按照拉卜楞司令部所抽调壮丁数 9750 人推算。即每户出壮丁 1 人，9750 人则当有同等数量户数，每户以 3 人计，则有藏族人口为 29250 人左右。③

有清一代兰州城镇人口变化较大。乾隆年间，兰州城商业繁盛，居民增加至 25000 余人。④ "市集人口寝盛，随处皆满，故未可以数记也。"⑤ 至清末时，增长近 5 倍。按照曹树基的估算，光绪十九年（1893），兰州府城人口达 10 万人左右。⑥ 民国时期，西部开发，人口西向趋势十分明显，甘肃一省的外来人口增长很快，仅兰州一带的外来人口，几乎占到流入全省总人口的一半。在此借用一组数字，以表明增长的程度。1936 年，兰州城所在的皋兰县有人口 222191 人，兰州市区人口不详；1940 年，皋兰县有 148222 人，兰州市区人口为 80063 人，合计 228385 人。此后，市区人口增加很快，即 1941 年时，兰州市区有人口 139202 人，至 1943 年达到 150702 人，1944 年为 170018 人。而自 1946 年起，兰州城市人口开始逐渐下降，为 156468 人，1947 年为 129241 人。⑦ 升降的主要原因，是抗战时期，中心西移，人口大规模迁入，包括各类工厂、学校、军队等，之后又大量迁出，影响了城区人口

---

① 《甘肃省西南部边区考察记》（1942），《民俗文献》第 19 卷第 135 册，第 322 页。
② 王树民：《陇游日记》，《甘肃文史资料选辑》第 28 期，第 243 页。
③ 《甘肃省西南部边区考察记》（1942），《民俗文献》第 19 卷第 135 册，第 336 页。
④ 葛剑雄、曹树基：《中国人口史》第 5 卷（清时期），第 748 页。
⑤ 乾隆《皋兰县志》卷 12《古迹·坊市墓寺观附》，《集成·甘肃府县志辑》第 3 册，第 102 页。
⑥ 葛剑雄、曹树基：《中国人口史》第 5 卷（清时期），第 797 页。
⑦ 甘肃省档案馆编：《甘肃历史人口资料汇编》（第 2 辑）上册，第 385—410、293、313、321、325、464、535 页。

规模。

以黄河兰州为中心的其他各城市中仅有县城人口统计的情况，均在民国三四十年代。当然，清末也有少量城镇人口统计。如宣统二年（1910）会宁城内有 15000 人。[①] 临潭全县人口共 7500 余户，42000 余人。其中城内居民约有 300 户，偏于城内东南一隅者，均为汉族。城外"麕集于南关，均回民"。城关居民共分四堡，600 余户，3000 余人。民族比例约为汉一回二。[②]

河湟地区中心各城镇中的湟源城，在道光九年（1829）时，城乡有汉民编户 2978 户，丁口 15371。同治三年（1864），编查城乡户口，共汉民 2116 户，牌 212，甲 40，男女大小 15712 名口。光绪十六年（1890），编查城乡户口，共汉族 2959 户，男女大小 16059 名口。至光绪末年时，城乡人口统计已有区分，城关有 900 户，东南各乡 1460 户，西南各乡 1020 户，西北各乡 740 户，总共 4120 户。[③] 若每户以 5 人计，则城关约有 4500 人，全县约为 20600 人。[④] 1926 年，湟源全县统计户口 4376 户中，回族 317 户，汉族 4059 户，不包括蒙藏两族户口数。[⑤]

当然，不能忽略的是，在民国初期的 1920—1930 年的 10 年中，甘肃连年奇旱，再加社会动荡，导致"在西北各城市，因受不了重重叠叠的负担，于是停业。倒闭、关门，把许多繁华的市镇，都关成穷无生气"！据 1929 年 4 月 28 日《兰州通讯》载，自兰州城内设立粥厂后，各县难民相拥而至，街头巷口，人满为患，不仅"商号廊檐之下，皆横挺难民"，就是"摆食物摊者"，也各自歇业。"市面情形极不佳，各铺关门"，"此市俨然一难民市矣！"同日《通渭通讯》也载，由于旱灾，城东某户，十日未见举火，待破门而入，一家 8 口，已死去多日。农村遭受旱灾，灾情波及城镇。陇西连续三年旱灾，加之匪害横行，物价飞涨，"城中元气大伤"。《北平通讯》言：甘省人口，死亡已达 300

---

① 是年大地震，统计人口，城内房屋坍塌者较少，死六七十人。民国《甘肃省志》，《稀见方志》第 33 卷，第 37 页。

② 王树民：《陇游日记》，《甘肃文史资料选辑》第 28 期，第 160、202 页。

③ 光绪《丹噶尔厅志》卷 3《户口》，《稀见方志》第 55 卷。

④ 光绪《丹噶尔厅志》卷 5《实业》，《稀见方志》第 55 卷，第 849—850 页。

⑤ 王昱、李庆涛编：《青海风土概况调查集》，第 159 页。

余万，定西人相食，统计全县人口，饿死及被害者，"减少十分之六"。隆德县因连遭匪旱，"县城原有住户二百余家，今则仅剩四五家"。"城垣墟丘，寂无人烟"。

1928 年，河州回民起事。次年二月，其中一支由循化趋贵德，至湟源，围攻县城。守城民团与起事攻城者展开激战，终因守城力量分裂，城破。此战，被"杀死三千余人，财物损失四百余万，民舍烧毁千余间"。再说，马仲英合各路起事者万余人，经大通趋武威，在六月十三日，又破宁夏城，经济损失在百万元以上。1930 年 4 月，国民军东撤，地方军阀乘机占据陇南，烧杀掳掠。在 9 个月里，天水、通渭、定西、武山、甘谷、清水、武都等城内四乡被屠者有 15 万余人。[①]

灾荒与战争导致人口减少，甘青宁的人口死亡估计达 300 万，占到总人口数的 1/3。[②] 人口减少，也影响到城镇发展。当然，抗战时期，甘肃境内各城市人口又均有不同程度地增加，尤其是陇海线沿线各交通要道的城市。如 1943 年，天水城内人口即有所增加，有 20918 人，为全县人口 279517 的 7.4%。[③]

（三）从业人口构成

城市从业人口的多寡，体现了城市的发展程度。城市人口分工的加快、不同行业人员比例增大，也是城市发展水平的标志。清代以来，黄河上游区域的城镇从业人口由最初的以农业与非农业划分转向了具有近代工业社会的人口结构，在原本单一的以经营农商贸为主型城镇人口中，增加了从事机器生产的产业工人，提高了城镇发展的水平。

河湟地区 随着黄河上游区域各城镇皮毛贸易发展，皮毛制造加工业兴起，制造业人员增多，成为改变城镇总人口结构的一个重要方面，而且回民是各少数民族中，从事工商业者比例最高的群体。如西宁城内回民的主要职业为皮毛业，其他如食品、衣鞋、屠宰、棉布、杂货等业

---

① 以上均见康天国编《西北最近十年来史料》，第 14、16、18、26、99、101、104—105 页。

② 张其昀、任美锷：《甘肃省人文地理志》，《资源委员会季刊》1942 年 3 月第 2 卷第 1 期（西北专号一），第 71 页。

③ 甘肃省档案馆编：《甘肃历史人口资料汇编》（第 2 辑）上册，第 322、324 页。

次之。每年冬季，经营者四出，购买羔皮，至二三月加工制造，除了有男工在皮厂剪裁外，缝纫多为妇女。^① 大通县的回族务农者较少，有的在阿尔金山一带挖金子，有的在别处做小生意，也有的做煤矿营生。清末时，大通煤矿由回汉各半经营，矿工多是大通本县人，也有来自互助、乐都、民和、湟中等地者。至民国时，有 300 多工人。1947 年，工人增加至 600 人。^② 当然，物价、灾歉也会导致失业人口增多。1926 年前后，仅大通县全境失业者就有 3280 余人，这些剩余人口或进入城市，成为工厂兴起与发展的劳动力。另外，乐都的回民多事贩运、小买卖、屠宰，也有农、商者。互助县城内计有泥、木各工 300 余人，均系待雇用之人。循化城内虽无像样工业，但城内有银匠、画匠等手艺人，也有纺织褐布、麻布及擀碾毛毡者。^③

清末时，丹噶尔城内从事实业为生者 2000 余人，主要从事木、银、皮、铁项，还有染、画、石、窑、毡、缝、油漆等工。从商者有千余人，资以食者 4000 余人。其中即有开铺坐贾者，有从事出口贸易者，有开歇店者，有提篮行卖者。开歇店者，即以招徕从事蒙藏贸易的商人，蒙古人居住者无，仅有藏族居店。歇家必须请领执照才能营业，丹噶尔城内有 50 余家。^④

至民国时期，丹噶尔（湟源）城境内从事商业人口所占比重较大，"恃商业而生活者，比户皆是"。借各种匠工手艺营业者，全境有 200 余家，其中有大资本者，十之一二，余者全恃手艺生活。劳动者每人每日所得之工资，在 3 钱上下。但是，"徒恃手艺以资生活，数口之家，不能生活"。也就是说，城内尽管"谋业较容易，失业者少。然行乞之人，充斥市井"，所以，施救慈善也成为城内一项重要事务，做慈善事业者将"游惰无赖之人咸集中而来，总计有四五百口之多"。

其余各城镇从事士农工商者，也以汉族最多，就蒙藏全体而言，居住城内者较少，几乎都从事畜牧业经济。尤其在地处农牧交界处的城镇

---

① 甘肃省图书馆编：《西北民族宗教史料文摘（青海分册）》，上册，第 48 页；下册，第 611 页。
② 青海省志编纂委员会编：《青海历史纪要》，第 168—169 页。
③ 王昱、李庆涛编：《青海风土概况调查集》，第 84、94—95、65、92、117 页。
④ 光绪《丹噶尔厅志》卷 5《实业》，《稀见方志》第 55 卷，第 849—850 页。

中极明显。贵德汉族多务农或营工业，间有营商者。藏族有畜牧者外，多事耕作。再如门源城内汉回土民族多以耕种为主，以畜牧为附产，间有为商做小本营业者。藏族纯以畜牧为主。

当然，一些城镇实际仍然处在农业经济为主体的社会状态中，城垣之外即是农田，城内亦不泛其状。如巴燕城居民的职业而言，务农者多，经商者寥寥无几，亦兼有以畜牧为生者。汉回生活，由来恃农，"藏、撒则由游牧生活现已进于耕稼生活"。再如民和县的4区78乡镇人口，大都从事农业。另外，还有一些城镇的畜牧经济依旧占主导。共和县人口有蒙藏汉回等。蒙藏多以游牧为生，其余汉回多务农。全县藏族游牧之区约占全县4/5，蒙古族为1/5。蒙藏占全县人口的90%以上。也有的"蒙古、龙哇、土人、汉民、回民多半耕半牧。惟除蒙民外，亦间有业工经商者"。全县工业仅有裁毛制造及木匠、铁匠、小手工业者。①

直至1930年前后，青海各城市从事农业者占绝大多数，80%以上，蒙藏民族仍以畜牧业为主要经济。尽管因交通不便及社会供求简单，经营工商业者甚少，但各城市的从业人员情况已经在悄然发生变化。调查显示，西宁中心城市以外的其余各城镇从业行业增多，相对比例增加。就"工"而言，互助最高，为11.4%，商业来看，循化最高，为3.5%。详见表5-15。

表5-15　　　　1930年青海各县人口职业百分比　　　　（%）

类别\百分比\县别	政	军	学	农	工	商	牧	医	僧	游	其他
乐都	0.3	1.7	3.7	87.5	1.2	2.3			1.0	0.3	2.0
民和	0.3	2.8	0.61	93.0	1.2	1.8				0.3	
互助	0.03	0.33	6.5	68.5	11.5	2.5	10.2	0.15	0.15	0.32	0.02
大通	0.4	2.2	6.0	85.0	4.2	1.0	0.14	0.06	1.0		

---

① 以上均见王昱、李庆涛编《青海风土概况调查集》，第132、169、108、104、181、190、193页。

类别 百分比 县别	政	军	学	农	工	商	牧	医	僧	游	其他
湟源	0.17	0.17	10.4	61.0	7.5	1.1	3.7	0.03	1.72	0.21	14.0
循化	0.4	1.0	3.3	79.0	0.4	3.5	1.7		7.0	1.6	2.1

资料来源：《青海风土概况调查集》中《青海概况》表，第32页。

以上是青海各县城镇抑或全县人口从业的大体情形。建省后，对城市人口构成的统计愈加关注。兹就建省初期各县人口、城市居民登记情形列表于下（详见表5-16）。

表5-16　　　　　青海各城镇人口概况表（1930年）

县别	登记公民（人）	区数	镇数	乡数	外侨人数	人口总数	面积（平方里）	人口密度（人/10平方里）	出生率（%）	死亡率（%）	警察 人	警察 区
乐都	486	3	5	61	5 [美] 2 [德]	68495	13500	50.7	2.3	19.4	44	3
民和	561	4	5	75	4 [美]	52005	12000	44	3	20	34	5
互助	3140	4	1	73	1 [比利时]	94601	13000	73			41	4
大通	6776	4	4	20		79008	23200	34	5	4.5	38	6
湟源	674	3	1	22	3 [美]	23700	11000	22	15	12	38	3
共和	13082	6	2	39		20240	24000	8.4	15	5		
贵德	1056	3		28		18042	37800	4.8			34	4
循化	785	3	2	18	1 [美]	25635	16800	16	6	2.3	24	5
化隆	18847	3		29		23485	12600	18	6.3	0.51	38	3

备注：1. 区设区长1人，助理若干，均支薪；乡镇设正副镇乡长各1人，监察委员若干，义务。2. 外侨自清末始有，久居西宁者最多，1926年以前，势力甚，多教徒。设有教堂、学校。3. 人口密度为每10平方里人数，西部牧业区有不到1人者。4. 流行病症，成年人多为花柳、伤寒、霍乱、痢疾、白喉、杂疮、胃病、肺病，小儿为天花、白喉、痢疾等。5. 各县警察力量主要设有人员和分警区，包括经费来源（略）。

资料来源：据王昱、李庆涛编《青海风土概况调查集》中《青海概况》各表制，第27—31页。

　　随着城镇的兴起与发展，青海城市人口比例悄然发生变化。1931年时，西宁城区人口为 32400 余人，占到全县 163000 余人的约 20%。[①]尽管这一改变较小，且来之缓慢。但是，至 1949 年，省会西宁城市人口增加，完全以农业人口为主的结构向城市人口的模式迈进。据第二历史档案馆藏史料的不完全统计，1947 年，发展相对较快的西宁、乐都、大通、贵德、湟源五城市共有 234862 人，除去从事农业人口 168035 人外，在城市讨生活者占到一定的比重，即从事工业者 6754 人，商业7140 人，公务人员 8403 人，交通运输者 1098 人，矿业 846 人，人事服务 4847 人，自由职业 1647 人，其他 286 人，无业者 35816，共计66827 人，占到总人口的 29%。其中，发展较快且作为省会的西宁城，共有人口 48553 人，其中农业人口 3266 人，从事工业者 5043 人，商业者 4670 人，矿业者 14 人，交通运输 175 人，公务 5200 人，自由职业456 人，人事服务 2521 人，其他 224 人，无业者 26984 人。城市人口占到总人口的 94%。不过，其余四城的人口与农业人口之间比例悬殊较大，如湟源为 6.13%，大通为 3.44%，人口的绝大多数仍然以农业为主。[②] 20 世纪 40 年代，西宁城里的市民，以汉族居多，回族次之，偶尔在街上也可碰到"环佩丁当，红绿满身的藏女"[③]。

　　黄河兰州　以兰州中心城市从业人口和构成而论，乾嘉时期，兰州城内 340 多家经营商业的较大商户中，回族就有 70 多户。[④] 民国后期，聚集于兰州城内从事商业贸易的人口增多，尤其是来自外地的人口增加，改变了兰州城市人口结构。如著名的山西绛太帮，在兰州经商的有 1 万多人。兰州的海菜行、行栈业几乎全由山西人经营，还有绸布、百货、五金、铁器、杂货、行商等也多由山西人经营。当然，陕西商人在兰州也占有市场份额，主要从事水烟等商品的经销，另外京津一带西进的商人，也大多驻足于兰州，经营京货、杂货。凡此，均在兰州城内形成了别具一格的经营规模。以至于兰州城中"金融之权，操纵于山陕京帮之手；各大行店，晋商称雄；钱庄药号，秦人居多；购办皮货绸缎杂货事

---

①　魏崇阳：《西北巡礼》，《新亚西亚》1934 年 8 卷 5 期。
②　参见翟松天主编《中国人口·青海分册》，中国财政经济出版社 1989 年版，第 69 页。
③　止戈：《西宁一瞥》，《旅行杂志》1945 年第 19 卷第 3 期。
④　林永匡：《西北民族贸易史》，中央民族学院出版社 1991 年版，第 418 页。

业，津晋两帮，又称并驾；制造青条黄烟，陕甘两商亦足齐驱"[1]。

至 1945 年时，兰州城内从业店员已有 1.3 万人。[2] 同时期的另一调查也显示，兰州城市商业经济呈现增长的势头，具体而言，1941 年有商业 1110 户，1943 年有 1398 户，1944 年有 2071 户，1945 年有 2178户，1946 年有 2455 户，1947 年有 2862 户。[3]

永靖原为河州北乡之莲花城，建于光绪二十六年（1900），至1929 年始自临夏划出建县。1938 年，全县居民 8000 余户，回民居 3/10，多在北乡二区境内。县城内居民仅百余户，店铺甚多，以城内十字街与南关为其集中之地。[4] 另外，永登城内回民，在南关街西居住，有七八十户，"以宰牲划皮贩缨杂货为生，间亦有为农者"[5]。永登从事挖金者约 300 人，多系回民。[6] 清末时，岷县有人口 237817 人，不同行业的比例为：喇嘛 265 人，士 500 人，农 115826 人，工 800 人，商1200 人。[7]

甘南夏河县城及拉卜楞寺内各种劳作之事，均雇用藏族妇女，1928年前后每日工价约 2 角，瓦匠、木匠等手艺人，皆雇用临夏工人，每日工价三四角。[8] 时夏河县有人口约 34000 人，人口密度 10 人/平方千米。[9] 县城分为市场、寺院二部分，共有人口 5200 人，寺院、市场人口各占一半，市场以汉回民族为主，以经商为业。县城人口占全县人口的 15%，市民中，藏族占 45%，回族占 36%。[10] 再如临夏韩家集三庄共有人口 800 余户，除上庄有汉族 10 户外，皆为回族。居民务农者约

---

① 钱宗泽：《兰州商业调查》，第 2 页。

② 陈鸿胪：《论甘肃的贸易》，《甘肃贸易季刊》1943 年第 4 期。

③ 全国图书馆文献缩微复制中心编：《中国西部开发文献》第 5 卷《西北商业概况》，全国图书馆文献缩微复制中心，2007 年，第 154 页。

④ 王树民：《陇游日记》，《甘肃文史资料选辑》第 28 期，第 286 页。

⑤ 民国《永登县志》卷 2《风俗志·回回》，《方志丛书·华北地方》第 344 号，第44 页。

⑥ 王金绂编：《西北地理》，第 144 页。

⑦ 《甘肃省西南部边区考察记》（1942），《民俗文献》第 19 卷第 135 册，第 318 页。

⑧ 民国《夏河县志》卷之四《农业》，《方志丛书·华北地方》第 346 号，第 47—48 页。

⑨ 民国《夏河县志》卷之一《地位》，《方志丛书·华北地方》第 346 号，第 13 页。

⑩ 民国《夏河县志》卷之三《民族》，《方志丛书·华北地方》第 346 号，第 38 页。

占 9/10，其余皆经商。① 1947 年，据统计，临夏回族约占全县人口的
55%，其中城关镇 11481 人。②

黄河宁夏　就黄河宁夏中心而言，清代以来，宁夏中心各城镇的商
业与手工业相对繁荣，清初时始有"小南京"之称。雍正时，宁夏城
有手工业制造户 141 户，工匠 1314 人。近代羊毛贸易兴起后，宁夏地
方从业人数猛增。如 1915 年，石嘴山的洋行新泰和仁记联合开办皮毛
加工包装工厂，雇用 1500 多个工人，专事清理污物及冲洗和晒干羊毛
工作。③

民国时期，宁夏城市人口结构依旧没有大的改观，农业人口仍占有
较大比重。据 1930 年的统计，宁夏共有农户 96400 户，占总户数的
77.74%。其中北部有农户 53600 户，占 70.86%。④ 而兴办的电灯、面
粉、棉铁等工厂从事工业生产的人口不足 100 人。但近代工业发展趋势
逐渐兴盛，至 1949 年，在工商业较为集中的宁夏省城，工厂职工已有
430 人，从事手工业者 2448 人，另外有大小商户 775 户，摊贩 723
户。⑤ 马鸿逵任主席期间，在关注官办工业的同时，也发展了一些私营
企业。如兴夏毛织股份公司、光宁火柴公司、德昌煤矿、德兴煤矿、利
宁造纸厂等。详见表 5 - 17。

表 5 - 17　　　　　抗日战争时期马鸿逵家族经营的宁夏工业

企业名称	地址	资金	创办时间
宁夏电灯股份有限公司	银川	10 万银圆	1935 年 10 月
兴夏毛纺股份有限公司	银川	13 万法币	1945 年
兰鑫炼铁股份有限公司	石嘴山大武口		1943 年 2 月

---

①　王树民：《陇游日记》，《甘肃文史资料选辑》第 28 期，第 278 页。
②　这里指八坊，即临夏城的南关及其附近。马兹廓：《穆斯林在临夏》，《西北通讯》
1948 年 3 卷 1 期。
③　[美] 詹姆斯·艾·米尔沃德：《1880 年—1909 年回族商人与中国边境地区的羊毛贸
易》，李占魁译，《甘肃民族研究》1989 年第 4 期。
④　常乃光主编：《中国人口·宁夏分册》，第 62 页。
⑤　《银川市工商业的今昔》，《宁夏日报》1950 年 3 月 13 日。

续表

企业名称	地址	资金	创办时间
兴华陶瓷股份有限公司	石嘴山大武口	50 万法币元	1944 年 3 月
宁夏制药厂	银川	10 万法币元	
鸿丰烟草股份有限公司	银川		1944 年
光宁火柴股份有限公司	银川	60 万法币元	1942 年 6 月
德昌煤矿	平罗县汝箕沟		1943 年
德兴煤矿	灵武县磁窑堡		1943 年
兰鑫机器厂	银川		1944 年
利民机器面粉厂	银川		1943 年 8 月

资料来源：宁夏政协文史资料研究会编：《宁夏三马》，中国文史出版社 1988 年版，第 264 页。

所以，近代工业兴起后，直接影响了黄河上游区域的甘青宁三省城市人口构成。一般而言，工人较多的有 1000 多人，少的也有一二百人。如同治十一年（1872），在兰州城内畅家巷创办了甘肃机器局，光绪三十三年（1907），迁到小仓子。1916 年迁往萃英门旧举院新址，1942 年，扩建新址于兰州西郊土门墩。该厂位在小仓子时有工匠 110 余人。后又从天津高薪招聘工人二三十人，全部职工达千人以上。除此之外，甘肃织呢局也是具有较大规模的现代企业，为就地取材的毛纺织业，建厂后，有职工 120 多人。再如 1939 年开始兴办的兰州毛纺织厂，至 1944 年时，有职工 179 人。[①] 该行业是出现于甘肃的最早的近代工业部门，仅抗战时期出现的工厂或合作社有 156 家。[②]

创办于宣统二年（1910）的兰州光明火柴厂，从业职工分为内、外工两种，"内工"，即正式工人，约 130 人，"外工"为临时工，约 300 人。内工人数自建厂以来恒定不变，外工最高时达到五六百人。1919 年，天水火柴业中的炳兴火柴公司成立，"一些农工纷纷投入工厂做工。当时除内厂、山厂雇有固定工人外，其余糊盒、排签、装盒、包封等工序均雇用临时工，其中以女工居多"。继此于 1931 年正式投产的

① 均见政协五省（区）等编《西北近代工业》，第 96—97、298、324 页。
② 西北问题研究室编：《西北问题论丛》1942 年第 3 辑，第 169 页。

兰州同生火柴公司，共有工人 90 余人，其中装火柴的女工 20 多人。另外，雇用在家中临时糊纸盒的女工六七十人。①

电力方面有 1914 年创办在兰州城东大街的兰州电厂，1922 年创办有天水电厂。至 1949 年时，兰州电厂有职工 242 人，天水电厂有 53 人。而 1934 年，设在宁夏城南门的宁夏电灯有限公司，也是一发电厂，有职工 51 人。其中技术人员 17 人，来自北平、宁夏本地工人、学徒 19 人。位于西宁城内工会巷的西宁电厂，1941 年 2 月开始发电，有职工 51 人。还有其他的一些工厂，如设在兰州城旧举院潜园的甘肃造币厂，工人最多的时候达到三百八九十人。平凉市南部的华亭煤矿，至 1949 年时，有矿工 200 人。

当然，抗战时期，为适应战时经济需要，国民政府在甘肃发起、创办了不少的近代企业，较著名的有甘肃化工材料厂、甘肃机器厂、兰州机器厂、西北毛纺织厂、洗毛厂、火柴厂、制药厂等。1937 年，甘肃有工厂 9 家，至 1942 年时达到 139 家。其中西北毛纺织厂有职工约 500 人，即职员 39 人，工人 270 人，临时拣毛工每月 170 人。

甘肃的印刷业相对较盛，自 1912 年至 1949 年，先后开办印刷厂 112 家，其中，兰州市 100 家，各城镇 12 家。仅 1943 年，全省 43 家印刷业分布在 16 县，属于黄河上游地区的有兰州 35 家，从业人员 131 人；天水 7 家，从业者 34 人；清水 5 家，从业者 16 人；临夏 4 家，从业 9 人；岷县 3 家，从业 15 人；临洮 2 家，从业 20 人；甘谷 2 家，从业 7 人；秦安 2 家，从业 18 人；临潭 1 家，从业 2 人；靖远 1 家，有 5 人；镇原 1 家，有 3 人；固原 4 家，有 20 人。43 家共计 280 人。宁夏的银川印刷业，有工人近 30 名。②

尽管青海、宁夏间的现代工业较甘肃为弱，但是，在资源型的开发利用方面，相对较强。西宁金矿开采中，如 1946 年，马步芳的湟中实业公司，直接或间接控制五六十处金场，每年在这些金场的民工不下三四万人。这些人农忙时生产，农闲时采金，虽然不是完全的产业工人，

---

① 此处"山厂"是指为解决交通不便，在甘泉镇、元店、峡门附近斩山芟林，修建的外厂。见政协五省（区）等编《西北近代工业》，第 516、519、523 页。

② 以上均见政协五省（区）等编《西北近代工业》，第 261、277、282、124、188、316、549—550、559 页。

但是,随着经济收入的增加,消费的程度相对提高,有利于城市商业经济的发展。

　　总之,近代工业的兴起与发展,使机器生产从无到有,城市无产者从业途径增加,产业工人在黄河流域也从零到出现,再至增加,加快了这里城市发展的步伐。当然,也需要说明的是,上述所列城市人口数量、从业人口的状况,与现今的城市人口数量和城市人口构成相较,不可同日而语。当时的城市虽然有了现代城市初期的主要标志——近代工业,但是,其发展并不充分,而在更大程度上所体现出的是农业时代城市的特征。另外,当时城市人口统计,可能基本是指在城墙内以及邻近地区的人口,必然包括了大量的农业人口。所以说,城市人口的多寡,在很大程度上与其所在地区农牧业的发达程度关系密切,并与以农牧产品为对象的商业的发展密切相关。

结　语

　　通过对黄河上游区域城市兴起、发展和演变一系列特征的一番考察，可以看到，不论是历史城市研究方法，还是现代城市学的理论，很大程度上，是建构在对城市长时段发展的研究基础之上的，既如黄河上游区域城市体系的形成过程中，各城的格局形成与城市间的邻近效应，交通发展构成的传输效应，城市本身的自组织功能，畜牧产品外销而推动的商贸经济，以及政治管理体制、行政设置、文化宗教、民族人口等方面的聚散功能等，均对城市体系的形成有着极大的核心吸力，同时，也是城市体系形成的重要元素。而城市所具有的这些多功能性，最终归结于国家意义上的由行政建置调控的城镇管理体制，为当地城市行政功能的提升做出贡献，是今天城市化得以起步的雏形。

　　清代城市沿袭中国历代城市的空间布局，具有以城垣为城市空间的外部边界特征，城市人口和城市的各种活动主要集中在城垣范围内，且在城垣内形成了以衙署为中心的基本空间格局，城市的整体性亦因此而得以体现。黄河上游区域的城市发展应该归于这一范式之中，而其人口构成、生活方式和宗教信仰等方面与内地城市相较的差异性，也正是本区城市体系所固有的特征。

　　康雍乾时期，随着黄河上游区域城镇经济逐渐发展，城市人口的增加，城镇间的联系加强，城关向周边堡寨村镇的外延力增强，向城垣外发展的趋势明显。尤其是中国主要开埠通商城市空间布局随着西方现代工商业发展而出现巨大变化，这就使城市空间逐渐突破城垣的约束与限制，向城垣外呈开放式地拓展，并最终使部分城垣的拆除成为现实，从而改变了中国城市数千年来的空间分布格局。

　　城市空间布局的另一重要变化是城镇组团式布局与新的功能分区出

现。清代以来，宗教建筑和场所增多，使黄河上游区域的宗教区得以呈规模扩展。寺院贸易经济的发展，催生了一些城镇，改变了本区城市的空间结构。不过，大部分成为街市中心的地位，自清代确立直至民国，不仅没有改变，而且有所稳固和发展，专门性、综合性增加，繁荣程度有所增强。另外，在一些城镇内部，商号或洋行的开办，也给城镇带来了新的生机。尤其是毗邻牧业区的城镇，和具有交通运输优势的城镇，在近代皮毛贸易的推动下，商贸繁盛一时，促使一般堡寨城镇转型加快，且在行政建置城镇化的进程中，奠定了城市体系的形成基础。

清季，黄河上游区域城市文化空间也发生了较大变化。府县学、书院和寺庙祠堂等传统文教空间，逐渐为新式学校和文化机构所取代，部分新式学校因规模较大而选址建在城垣外，从而进一步改变了城市的空间布局。受外部文化的影响，市民生活也随之变化，城市公共空间也发生较大的变化，出现了现代公园等重要的文化活动公共空间，形成更加多元的城镇空间格局。

诚然，不论是最初府县层级的城镇，还是省市经历中的城市，均和初期乡村有着众多的不同特征，最基本的区别是经济特征的不同。即传统的乡村转变为现代化的城市，最根本的变化就是商品经济代替自然经济，现代产业代替传统产业，现代化生产方式代替传统的生产方式。①黄河上游区域城市根本性的变化，不仅在于外来人口移入，更大程度上取决于这里农牧业综合经济的优势，尤其是在畜牧经济产品带动下而产生兴起的区域城市间以及联系国际市场的皮毛贸易，是这里城镇系统演变并通过自组织调节，达到高层次稳态的关键，随之而起的近代毛纺织工业，以及因矿产资源利用而发展起的初级新式产品制造业，不仅关联着国际市场，而且在促进本区域人们经济生活、影响周边城市经济进程中也产生了重要影响。而其中，特别是对于一些具有资源、交通等基础优势的中心城市来说，成为推动黄河上游城市体系迈向现代城市化发展的重要动力。

不得不说的是，在城市体系形成发展过程中，农牧交界带农牧双重

---

① ［苏］克拉米息夫（W. Karamisheff）：《实业丛书·中国西北部之经济状况》，王正旺译，商务印书馆 1933 年版，第 79—80 页。

经济模式下的多样化产品贸易,对集市、市场的繁荣作用不可低估,更推动着这里城镇迈开了近代化的步伐。不可否认的是,经济的兴衰,很大程度上影响了城镇的发展,尤其是具有近代元素的皮毛交易国际地位的衰退,对城镇经济的负面影响巨大。

19 世纪 80 年代以来,天津港的羊毛、驼绒等出口量较前大增。1885 年,在宁夏设了分行。青海、甘肃藏区的羊毛大半经转宁夏后,由天津出口,每年 469000 担左右。期间,因欧洲战场的影响,也有涨跌。战争前的 6 年间,平均为 330000 担。战后的五六年里,出口下降明显,平均为 350000 担左右。① 但是,自 20 世纪 30 年代中期以后,皮毛贸易出口受阻而萎缩,以致于甘青宁各城市的商业、金融受到重创。

贸易繁盛一时的拉卜楞全境"赖以活动的皮毛商业既经停滞,全境经济情形也很枯竭"②。辉煌一时的宁夏商业八大家,也开始从兴旺走向衰败。自 1937 年到 1949 年,先后倒闭了五家,其他三家也是惨淡经营。③ 河湟地区的情形也类似。自嘉道以来即已盛兴的湟源,也因皮毛贸易锐减,市场资金缺乏,"市面停顿"。作为皮毛等项大宗货物集散地的西宁,"因国际发生经济恐慌,及东北事件发生波及平津以来,此间之此项大宗货物,凡昔日以平津为销售之尾闾者,今则大受影响,各商店在平津一带订购之货款,既无现洋偿还,亦乏皮毛作抵,彼此交困,坐待穷迫,而有效之解决办法,尚不知从何说起,故商业的凋敝,将愈趋愈不堪了"④。导致"青海产毛的牧民,以及业毛的商人,既已全部陷入危困之境,全省整个经济基础,急剧地破裂,这样一来,人民生活日益艰难,其惨苦情形真不堪言状"⑤!羊毛在黄河上游的经济重心作用失去后,直接影响到财赋税收,影响经济的正常运转,城市商业经济受损。

---

① 自强:《中国羊毛之探讨(续)》(附表),《新青海》1934 年 12 月第 2 卷第 12 期,第 27 页。

② 顾执中、陆诒:《到青海去》,第 105 页。

③ 苗子安等口述,刘继云、徐世雄整理:《宁夏八大商号》,宁夏区政协文史资料委员会编:《宁夏文史资料》第 20 辑《宁夏老字号》,第 9 页。

④ 顾执中、陆诒:《到青海去》,第 166、375 页。

⑤ 张元彬:《一蹶不振的青海羊毛事业》,《新青海》1933 年 9 月第 1 卷第 9 期,第 8 页。

晚清至民国时期，近代新因素的出现和一些相关政策的制定，推动了黄河上游区域城市的转变。如近代工业的出现，推动了这里城市的进一步发展。光绪三十二年（1906）五月，彭英甲在兰州创办了甘肃省劝工场，设有制革、制鞄、皮箱、皮靴、栽绒、绸缎、织布、玻璃、皮盒、铜铁器等科。1916年5月，在兰州黄河北岸的光明火柴股份有限公司，每日出产火柴5箱，每箱600包，销往陕西、凤翔和甘肃全省。制造火柴的木料取自大通、碾伯一带。每年可获利7000元。[①] 当然，近代产业工人人数在黄河上游区域的从零至有，再至逐渐增加，改变了这里城镇人口结构，也成为促进城市体系形成的新元素，使传统的城市商贸经济迈出了向商业化转型的步伐。

民国时期，制定以改变游牧部落生产形式的新政策，如《建设新青海刍议》[②] 的头条即为"政治建设"，明确提出"分野设县，化部落游牧生活为农工"。当然，其他如经济建设方面的发展交通、提倡农工、开发天然宝藏，以及社会建设的普及教育，"调和感情"，保障人民治安，包括城市管理中警察制度的建立等，所有这些措施或多或少，或深或浅地逐步实施，对黄河上游区域城市建设有较大的推进作用，也使这里的城市边界有了向农牧交界带以外的牧业区延展的可能。

所以，从某种程度上说，只有孕育和具有厚重文化积累的城市，才能成为区域经济中心，同时也成为政治中心。黄河上游城市体系的形成中，各要素相互交织，以中心带动周边，逐渐步入城市化的轨迹。

---

① 民国《甘肃省志》，《稀见方志》第33卷，第175页。
② 田生兰：《建设新青海刍议》，《新青海》1935年1月第1卷第4期，第15页。

征引文献

官书、政书、档案及史料汇编

（元）脱脱：《宋史》，中华书局校勘本，1985 年。

（南宋）李焘撰：《续资治通鉴长编》，中华书局标点本，1995 年。

（明）李贤等修撰：《大明一统志》，三秦出版社标点本，1990 年。

（明）程道生撰：《九边图考·甘肃》，武进庄氏玉青馆石印本。

《明神宗实录》，上海书店影印本，1982 年。

张廷玉等撰：《明史》，中华书局标点本，1974 年。

《清世祖实录》，中华书局影印本，1985 年。

《清世宗实录》，中华书局影印本，1985 年。

《清高宗实录》，中华书局影印本，1985 年。

赵尔巽等撰：《清史稿》，中华书局标点本，1977 年。

伊桑阿等纂修：（康熙朝）《大清会典》，沈云龙主编：《近代中国史料丛刊三编》，第 73 辑，文海出版社影印本，1985 年。

昆冈等：光绪《钦定大清会典事例》，中华书局影印本，1991 年。

张廷玉、纪昀等撰：《清朝文献通考》，浙江古籍出版社影印本，2001 年。

刘锦藻撰：《清朝续文献通考》，浙江古籍出版社影印本，2001 年。

松筠：《新疆识略》，沈云龙主编：《中国边疆丛书》第 1 辑，文海出版社影印本，1966 年。（以下和文中简称《边疆丛书》，仅注卷册，不赘注出版信息）

奕訢、世铎、李鸿藻等纂修：《钦定平定陕甘新疆方略》，《中国方略丛书》（1—4）第 1 辑第 1 号，成文出版社影印本，1968 年。

鄂尔泰纂:《八旗通志初集》,东北师范大学出版社点校本,1986 年。

纪昀等编:《钦定八旗通志》,吉林文史出版社影印本,2002 年。

穆彰阿等纂:《嘉庆重修大清一统志》,《续修四库全书·史部·地理类》,第 618 册,上海古籍出版社影印,1994—2002 年(以下及文中简称"四库本",仅注册号,不赘注出版信息。)。

顾炎武:《肇舆志》,四库本,第 593 册。

顾祖禹:《读史方舆纪要》,中华书局标点本,2005 年。

王锡祺辑:《小方壶斋舆地丛钞》,杭州古籍书店 1985 年版。

彭英甲编:《陇右纪实录》,沈云龙主编:《近代中国史料丛刊三编》第 40 辑,文海出版社有限公司影印本,1990 年。

佚名纂:《固原州宪纲事宜册》,咸丰五年抄本,甘肃省图书馆油印本,1965 年。

梁份著,赵盛世、王子贞、陈希夷校注:《秦边纪略》,青海人民出版社 1987 年版。

文孚著,魏明章标注:《青海事宜节略》,青海人民出版社 1993 年版。

道光《宁夏满城事宜》,宁夏银川市文管所藏抄本。

中国第一历史档案馆编,王小虹等编译:《康熙朝满文朱批奏折全译》,中国社会科学出版社 1996 年版。

中国第一历史档案馆编:《雍正朝汉文朱批奏折汇编》,江苏古籍出版社 1989 年版。

国家档案局明清档案馆编:《清代地震档案史料》,中华书局 1959 年版。

水利电力部水管司等编:《清代黄河流域洪涝档案史料》,中华书局 1993 年版。

季永海等点校:《年羹尧满汉奏折译编》,天津古籍出版社 1995 年版。

哲仓·才让辑编:《清代青海蒙古族档案史料辑编》,青海人民出版社 1993 年版。

国家清史工程数据库,宫中档朱批奏折。

国家清史工程数据库,军机处录副奏折。

国家清史工程数据库,军机处寄信档。

国家清史工程数据库,青海档。

甘肃省图书馆编：《西北民族宗教史料文摘（青海分册）》，甘肃省图书馆 1986 年版。

甘肃省档案馆编：《甘肃历史人口资料汇编》第 2 辑，甘肃人民出版社 1990 年版。

刘华编校：《明清民国海原史料汇编》第 6 卷，宁夏人民出版社 2007 年版。

彭泽益编：《中国近代手工业资料》，《中国近代经济史参考资料丛刊》第四种，中华书局 1962 年版。

姚贤镐编：《中国近代对外贸易史资料》，《中国近代经济史参考资料丛刊》第五种，中华书局 1962 年版。

全国图书馆文献缩微复制中心编：《中国西部开发文献》，全国图书馆文献缩微复制中心，2007 年。

康天国编：《西北最近十年来史料》，西北学会铅印本，1931 年。

政协甘肃、陕西、宁夏、青海、新疆五省（区）暨西安市文史资料委员会编：《西北近代工业》，甘肃人民出版社 1988 年版。

［日］东亚同文书会编：《支那省别全志·甘肃省附新疆》，东亚同文会，大正六年。

［日］马场锹太郎编：《新修支那省别全志·宁夏史料辑译》，和龚等译，北京燕山出版社 1995 年版。

地方史志

*文中所引地方志，第一次出现时，标注丛书卷册，之后仅注方志名称与卷目。

（明）朱旃撰修：宣德《宁夏志》，吴忠礼编著：《宁夏志笺证》，宁夏人民出版社 1996 年版。

（明）王珣修，胡汝砺纂：弘治《宁夏新志》，《天一阁藏明代方志选刊续编》，上海书店影印本，1990 年。

（明）王鏊等纂：正德《姑苏志》，《天一阁藏明代方志选刊续编》，上海书店影印本，1990 年。

（明）胡汝砺编，管律重修：嘉靖《宁夏新志》，宁夏人民出版社校勘本，1982 年。

（明）赵廷瑞修，马理、吕楠纂：嘉靖《陕西通志》，陕西省地方志办公室点校本，三秦出版社 2006 年版。

（明）赵时春纂修：嘉靖《平凉府志》，中国西北文献丛书编辑委员会编：《中国西北文献丛书·西北稀见方志文献》第 41 卷，兰州古籍书店影印本，1990 年（以下与文中均简称《稀见方志》，仅注志名及卷次，不赘注出版信息）。

（明）杨经纂辑，刘敏宽纂次：嘉靖、万历《固原州志》，宁夏人民出版社校勘本，1985 年。

（明）唐懋德纂：万历《临洮府志》，中国科学院图书馆选编：《稀见中国地方志汇刊》第 9 册，中国书店影印本，1992 年。

黄居中修，杨淳纂：顺治《灵台志》，《稀见方志》第 42 卷。

杨凤藻等纂修：顺治《庆阳府志》，甘肃人民出版社影印本，2001 年。

王全臣纂修：康熙《河州志》，《稀见方志》第 49 卷。

常景星修，张炜纂：康熙《隆德县志》，《中国方志丛书·华北地方》第 334 号，成文出版社有限公司印行，1976 年。（以下和文中简称《方志丛书·华北地方》，仅注卷号，不赘注出版信息）

李天祥纂：康熙《碾伯所志》，《稀见方志》第 57 卷。

杨恩原纂，纪元续修：康熙《巩昌府志》，《中国地方志集成·甘肃府县志辑》第 2 册，凤凰出版社 2008 年版。（以下与文中均简称《集成》，仅注志名及册次，不赘注出版信息）

耿喻修，郭殿邦纂：康熙《金县志》，《集成·甘肃府县志辑》第 6 册。

王钟鸣等纂修：康熙《庄浪县志》，《集成·甘肃府县志辑》第 18 册。

刘斗修，陈如稷纂：康熙《兰州志》，《集成·甘肃府县志辑》第 1 册。

呼延华国修，吴镇纂：乾隆《狄道州志》，《方志丛书·华北地方》第 324 号。

张延福修，李瑾纂：乾隆《泾州志》，《稀见方志》第 42 卷。

陶奕曾纂修：乾隆《合水县志》，《稀见方志》第 44 卷。

朱亨衍修，刘统纂：乾隆《盐茶厅志备逸》，《稀见方志》第 54 卷。

杨应琚纂：乾隆《西宁府新志》，青海人民出版社标点本，1988 年。

龚景翰纂修：乾隆《循化志》，青海人民出版社点校本，1980 年。

王烜纂修：乾隆《静宁州志》，《集成·甘肃府县志辑》第 17 册。

何大璋修，张志达纂：乾隆《通渭县志》，《集成·甘肃府县志辑》第
　9 册。

赵本植纂修：乾隆《新修庆阳府志》，《集成·甘肃府县志辑》第
　26 册。

耿光文修：乾隆《庄浪志略》，《集成·甘肃府县志辑》第 18 册。

高观鲤纂修：乾隆《环县志》，《稀见方志》第 45 卷。

邵陆原修，耿光文补修：乾隆《庄浪县志》，《方志丛书·华北地方》
　第 335 号。

张珣美修，曾钧纂：乾隆《平番县志》，乾隆十四年《五凉考志六德集
　全志》本，《方志丛书·华北地方》第 560 号。

许容等监修：乾隆《甘肃通志》，《边疆丛书》第 2 辑第 26 卷。

张珣美修，曾钧等纂：乾隆《五凉全志》，《方志丛书·华北地方》第
　560 号。

张金城修，杨浣雨纂：乾隆《宁夏府志》，《稀见方志》第 50 卷。

黄恩锡纂修：乾隆《中卫县志》，《集成·宁夏府县志辑》第 5 册。

汪绎辰纂：乾隆《银川小志》，《稀见方志》第 50 卷。

钟庚起纂修：乾隆《甘州府志》，《方志丛书·华北地方》第 561 号。

黄建中纂，吴鼎新修：乾隆《皋兰县志》，《集成·甘肃府县志辑》第
　3 册。

杨芳灿纂修：嘉庆《灵州志迹》，《稀见方志》第 52 卷。

赵先甲纂修：嘉庆《华亭县志》《集成·甘肃府县志辑》第 35 册。

秦维岳纂，陆芝田、张廷选续纂：道光《皋兰县续志》，《稀见方志》
　第 34 卷。

陈之骥修，尹世阿纂：道光《靖远县志》，《稀见方志》第 35 卷。

毕光尧修纂：道光《会宁县志》，《集成·甘肃府县志辑》第 8 册。

恩福修，冒翼纂：道光《金县志》，《集成·甘肃府县志辑》第 6 册。

陈士桢修，涂鸿仪编：道光《兰州府志》，《方志丛书·华北地方》第
　564 号。

郑元吉纂修：道光《续修中卫县志》，《稀见方志》第 53 卷。

阮士惠修，郑睿、王安民纂：光绪《平凉县志》，《稀见方志》第
　43 卷。

张彦笃修,包永昌纂:光绪《洮州厅志》,《稀见方志》第 49 卷。

陈日新纂修:光绪《平远县志》,《稀见方志》第 52 卷。

佚名:光绪《花马池志》,《稀见方志》第 52 卷。

邓承伟、来维礼等纂:光绪《西宁府续志》,青海人民出版社标点本,
　　1982 年。

张庭武修,杨景升纂:光绪《丹噶尔厅志》,《稀见方志》第 55 卷。

高蔚霞修,苟廷诚纂:光绪《通渭县新志》,《方志丛书·华北地方》
　　第 330 号。

张国常纂修:光绪《重修皋兰县志》,《集成·甘肃府县志辑》第 3、
　　4 册。

杨金庚纂,刘华点校:光绪《海城县志》,宁夏人民出版社点校本,
　　2007 年。

王学伊等纂修:宣统《新修固原直隶州志》,《集成·甘肃府县志辑》
　　第 8 册。

升允、长庚修,安维峻纂:光绪《甘肃新通志》,《稀见方志》第 23—
　　26 卷。

刘郁芬等修,杨思、张维等纂:民国《甘肃通志稿》,《稀见方志》第
　　27—29 卷。

朱允明撰:民国《甘肃省乡土志稿》,《稀见方志》第 30—32 卷。

白眉初:民国《甘肃省志》,《稀见方志》第 33 卷。

马凯祥修,王诏纂:民国《和政县志》,《稀见方志》第 49 卷。

张逢泰纂修:民国《化平县志》,《稀见方志》第 54 卷。

刘运新修,廖徯苏纂:民国《大通县志》,《稀见方志》第 55 卷。

康敷镕纂修:民国《青海志》,《稀见方志》第 55 卷。

赵万卿纂:民国《贵德县志》,《稀见方志》第 57 卷。

周树清等修纂:民国《永登县志》,《方志丛书·华北地方》第 344 号。

桑丹桂修,陈国栋纂:民国《隆德县志》,《方志丛书·华北地方》第
　　555 号。

张明道修,任瀛翰纂:民国《重修崇信县志》,《方志丛书·华北地方》
　　第 336 号。

郑震谷等修,幸邦隆总纂:民国《华亭县志》,《方志丛书·华北地方》

第 554 号。

马福祥、陈必淮修,王之臣纂:民国《朔方道志》,《集成·宁夏府县志辑》第 1—2 册。

朱恩昭纂:民国《豫旺县志》,《集成·宁夏府县志辑》第 5 册。

焦国理编纂,邹介民、钱史丹修:民国《重修镇原县志》,《集成·甘肃府县志辑》第 26 册。

张东野等修,王朝俊等纂:民国《重修灵台县志》,《方志丛书·华北地方》第 556 号。

张其昀纂:民国《夏河县志》,《方志丛书·华北地方》第 346 号。

陈鸿宝纂修:民国《创修渭源县志》,《方志丛书·华北地方》第 326 号。

高增贵等纂:民国《临泽县志》,《方志丛书·华北地方》第 557 号。

张维:民国《兰州古今注》,中国西北文献丛书编辑委员会编:《中国西北文献丛书·西北史地文献》第 24 卷,兰州古籍书店影印本 1990 年版(以下与文中均简称《史地文献》,仅注志名及卷次,不赘注出版信息)。

叶祖灏:民国《宁夏纪要》,《史地文献》第 25 卷。

慕寿祺辑:民国《甘宁青史略》,《史地文献》第 22 卷。

许公武编:民国《青海志略》,商务印书馆 1945 年版。

青海省志编纂委员会编:《青海历史纪要》,青海人民出版社 1987 年版。

吴忠礼:《宁夏近代历史纪年》,宁夏人民出版社 1987 年版。

康秀林主编:《环县志》,甘肃人民出版社 1993 年版。

临洮县志编委会编:《临洮县志》,甘肃人民出版社 1990 年版。

永靖县志编纂委员会编:《永靖县志》,兰州大学出版社 1995 年版。

临夏县志编纂委员会编:《临夏县志》,兰州大学出版社 1995 年版。

兰州市地方志编纂委员会等编:《兰州市志》,兰州大学出版社 1997 年版。

中卫县地方志编纂委员会编:《中卫县志》,宁夏人民出版社 1995 年版。

同心县地方志编纂委员会编:《同心县志》,宁夏人民出版社 1995

年版。

游记、调查资料

顾执中、陆诒:《到青海去》,商务印书馆 1934 年版。

无名氏:《青海耶教之调查》,《开发西北》1934 年第 1 卷第 4 期。

王金绶编:《西北地理》,北平立达书局发行铅印本 1932 年版。

范长江:《中国的西北角》,《稀见方志》第 128 册。

陈赓雅:《西北视察记》,甘肃人民出版社 2002 年版。

顾颉刚:《西北考察日记》,《甘肃文史资料选辑》第 28 期,甘肃人民
出版社 1988 年版。

马鹤天:《西北考察记·青海篇》,《亚洲民族考古丛刊》第 5 辑,南天
书局有限公司影印本 1936 年版。

林竞:《蒙新甘宁考察记》,甘肃人民出版社 2003 年版。

督办运河总局编辑处:《调查河套报告书》,京华印书局 1923 年版。

钱宗泽:《兰州商业调查》,陇海铁路管理局印行 1935 年版。

王昱、李庆涛编:《青海风土概况调查集》,青海人民出版社 1985
年版。

于式玉:《于式玉藏区考察文集》,中国藏学出版社 1990 年版。

何让:《兰州实习调查日记》,萧铮主编:《中国地政研究所丛刊·民国
二十年代中国大陆土地问题资料》,成文出版社有限公司、(美国)
中文资料中心,1977 年版(以下和文中简称《地政丛刊·土地问题
资料》,不赘注出版信息)。

陆亭林:《西宁等处实习调查日记》,《地政丛刊·土地问题资料》。

李扩清:《甘肃省县实习调查日记》,《地政丛刊·土地问题资料》。

张联渊:《甘肃实习调查日记》,《地政丛刊·土地问题资料》。

聂守仁:《甘肃省西南部边区考察记》,中国西北文献丛书编辑委员会
编:《中国西北文献丛书·西北民俗文献》第 19 卷,兰州古籍书店
影印本 1990 年版(以下与文中均简称《民俗文献》,仅注志名及卷
次,不赘注出版信息)。

李孤帆:《西行杂记》,《民俗文献》第 19 卷。

马鹤天:《甘青藏边区考察记》,《民俗文献》第 20 卷。

王志文：《甘肃省西北部边区考察记》（1942），《民俗文献》第 19 卷。

俞湘文：《西北游牧藏区之社会调查》，《民俗文献》第 22 卷。

中国科学院民族研究所青海少数民族社会历史调查组编印：《青海回族调查资料汇集》（回族资料之二），中国科学院民族研究所，1964 年。

甘肃省财政厅调查：《甘肃省近三年进出口货物调查比较表》，藏甘肃省图书馆，1935 年抄本。

王树民《陇游日记》，《甘肃文史资料选辑》第 28 期，甘肃人民出版社1988 年版。

近人论著

钟侃、陈明猷主编：《宁夏通史·古代卷》，宁夏人民出版社 1993年版。

吴忠礼、刘钦斌主编：《宁夏通史·近现代卷》，宁夏人民出版社 1993年版。

吴忠礼、陈育宁等编：《宁夏通史》，宁夏人民出版社 1993 年版。

甘肃省政府编：《甘肃省情》，甘肃省图书馆藏。

郭卿友：《中华民国时期军政职官志》，甘肃人民出版社 1990 年版。

郑宝恒：《民国时期政区沿革》，湖北教育出版社 2000 年版。

牛平汉主编：《清代政区沿革综表》，中国地图出版社 1990 年版。

刘涛编：《中国统计年鉴 1999》，中国统计出版社 1999 年版。

谭其骧：《中国历史地图集》，中国地图出版社 1975 年版。

周一星：《城市地理学》，商务印书馆 1995 年版。

马正林：《中国城市历史地理》，山东教育出版社 1998 年版。

耿占军、赵淑君：《中国历史地理学》，西安地图出版社 2000 年版。

吴忠礼、鲁人勇、吴晓红：《宁夏历史地理变迁》，宁夏人民出版社2008 年版。

青海省水利志编委会办公室编：《青海河流》，青海人民出版社 1995年版。

顾朝林：《集聚与扩散——城市空间结构新论》，东南大学出版社 2000年版。

李智信：《青海古城考辨》，西北大学出版社 1995 年版。

许学强、周一星等编：《城市地理学》，高等教育出版社 1999 年版。

韩大成：《明代城市研究》（修订本），中华书局 2009 年版。

侯仁之、唐晓峰主编：《北京城市历史地理》，北京燕山出版社 2000 年版。

李孝聪主编：《唐代地域结构与运作空间》，上海辞书出版社 2003 年版。

乌丙安：《中国民间信仰》，上海人民出版社 1985 年版。

刘景纯：《清代黄土高原地区城镇地理研究》，中华书局 2005 年版。

刘景纯：《城镇景观与文化——清代黄土高原地区城镇文化的地理学考察》，中国社会科学出版社 2008 年版。

陈琦主编：《甘肃公路交通史》，人民交通出版社 1987 年版。

阮西湖主编：《都市人类学》，华夏出版社 1991 年版。

马世骏主编：《现代生态学透视》，科学出版社 1990 年版。

青海省社会科学院、塔尔寺藏族历史文献研究所编：《塔尔寺概况》，青海人民出版社 1987 年版。

罗发西、曲又新等编：《拉卜楞寺概况》，甘肃民族出版社 1987 年版。

蒲文成主编：《甘青藏传佛教寺院》，青海人民出版社 1990 年版。

高永久主编：《西北少数民族地区城市建设研究》，兰州大学出版社 2003 年版。

田澍、何玉红主编：《西北边疆社会研究》，中国社会科学出版社 2009 年版。

藩益民：《兰州之工商业与金融》（中央银行丛刊），商务印书馆 1936 年版。

党诚恩、陈宝生主编：《甘肃民族贸易史稿》，甘肃人民出版社 1986 年版。

陈秉渊：《马步芳家族统治青海四十年》，青海人民出版社 1987 年版。

宁夏政协文史资料研究会编：《宁夏三马》，中国文史出版社 1988 年版。

白寿彝：《绥宁行记》，见《白寿彝民族宗教论集》，北京师范大学出版社 1992 年版。

林永匡：《西北民族贸易史》，中央民族学院出版社 1991 年版。

杨重琦主编、魏明孔副主编：《兰州经济史》，兰州大学出版社 1991
年版。

于小龙、唐志军：《百年银川：1908—2008》，宁夏人民出版社 2008
年版。

葛剑雄、曹树基：《中国人口史》第 5 卷（清时期），复旦大学出版社
2001 年版。

翟松天主编：《中国人口·青海分册》，中国财政经济出版社 1989
年版。

常乃光主编：《中国人口·宁夏分册》，中国财政经济出版社 1989
年版。

刘江：《中国地区发展回顾与展望·宁夏回族自治区卷》，中国物价出
版社 1999 年版。

石宗源主编：《张思温文集》，甘肃民族出版社 1999 年版。

何兆国：《宁夏清真寺概况》，宁夏少数民族古籍整理出版办公室，
1992 年版。

［俄］W. 克拉米息夫：《实业丛书·中国西北部之经济状况》，王正旺
译，商务印书馆 1933 年版。

［英］J. M. 汤姆逊：《城市布局与交通规划》，倪文彦、陶吴馨译，中
国建筑工业出版社 1987 年版。

［英］A. E. J. 莫里斯：《城市形态史》，成一农译，商务印书馆 2011
年版。

［德］奥古斯特·勒施：《经济空间秩序》，王守礼译，商务印书馆
1995 年版。

［德］沃尔特·克里斯塔勒：《德国南部中心地原理》，常正文、王中兴
等译，商务印书馆 1998 年版。

［美］H. J. 德伯里：《人文地理：文化、社会与空间》，王民等译，北
京师范大学出版社 1988 年版。

［美］施坚雅：《中国农村的市场和社会结构》，史建云、徐秀丽译，中
国社会科学出版社 1998 年版。

［美］施坚雅主编：《中华帝国晚期的城市》，叶光庭、陈桥驿译，中华
书局 2000 年版。

[美] 凯文·林奇：《城市形态》，林庆怡等译，华夏出版社 2001 年版。

期刊论文

新甘肃杂志社记者：《青海回民教育现状》，《新甘肃》1932 年创刊号。

黎小苏：《青海喇嘛教寺院》，《新亚西亚》1933 年第 5 卷第 4 期。

金绪尧：《宁夏同心城穆民概况》，《月华》1933 年第 5 卷第 24 期。

魏崇阳：《西北巡礼》，《新亚细亚》1934 年第 8 卷第 5 期。

梁敬錞：《宁夏輶轩录》，《东方杂志》1934 年第 31 卷第 10 号。

文郁：《青海省宗教的调查》，《海泽》1934 年第 6、7 期。

罗麟藻：《毛业与西北》，《开发西北》1934 年 5 月第 2 卷第 5 期。

张元彬：《一蹶不振的青海羊毛事业》，《新青海》1933 年 9 月第 1 卷第 9 期。

自强：《中国羊毛之探讨》，《新青海》1934 年 10 月第 2 卷第 10 期。

王自强：《中国羊毛之探讨（续）》，《新青海》1934 年 11 月第 2 卷第 11 期。

自强：《中国羊毛之探讨（续）》（附表），《新青海》1934 年 12 月第 2 卷第 12 期。

田生兰：《建设新青海刍议》，《新青海》1935 年 1 月第 1 卷第 4 期。

田生兰：《建设新青海刍议（续）》，《新青海》1935 年 1 月第 1 卷第 5 期。

董廷楷：《从废墟中再建新青海》，《新青海》1935 年 3 月第 3 卷第 9 期。

张其昀、任美锷：《甘肃省人文地理志》，《资源委员会季刊》1942 年第 2 卷第 1 期（西北专号一）。

马如龙：《宁夏省近年来之经济建设》，《实业部月刊》1937 年第 2 卷第 2 期。

李屏唐：《兰州羊毛市场之调查》，《贸易月刊》1943 年 3 月第 4 卷第 8 期。

陈鸿胪：《论甘肃的贸易》，《甘肃贸易季刊》1943 年第 4 期。

止戈：《西宁一瞥》，《旅行杂志》1945 年第 19 卷第 3 期。

马兹廓：《穆斯林在临夏》，《西北通讯》1948 年第 3 卷第 1 期。

马龙:《伊斯兰在宁夏》,《西北通讯》1948 年第 2 卷第 8—9 期。

张煜:《解放前的天水银行》,《天水文史资料》1989 年第 3 辑。

窦建孝:《猪羊市的变迁》,《天水文史资料》1991 年第 5 辑。

刘继云:《旧银川的八大商号》,《宁夏文史资料选辑》1986 年第 12 期。

苗子安等口述,刘继云、徐世雄整理:《宁夏八大商号》,《宁夏文史资料》第 20 辑《宁夏老字号》,宁夏人民出版社 1997 年。

刘继云:《旧银川的八大商号》,《宁夏文史资料选辑》1986 年第 12 辑。

李凤藻:《解放前的宁夏商业》,《宁夏文史资料选辑》1999 年第 22 辑。

吴成等口述,刘策、高树瑜整理:《银川毯坊》,《宁夏文史资料》第 20 辑《宁夏老字号》,宁夏人民出版社 1997 年版。

刘士勋:《毡坊和纸坊》,《宁夏文史资料》第 20 辑《宁夏老字号》,宁夏人民出版社 1997 年版。

刘廷栋:《外国洋行在石嘴山》,《宁夏文史资料》第 20 辑《宁夏老字号》,宁夏人民出版社 1997 年版。

曹吉寿:《银川私营工商业简史》,《银川文史资料》1990 年第 5 辑。

赵景亨、吉茂林:《原兰州私营商业简况》,《兰州文史资料选辑》1985 年第 3 辑。

马永真:《兰州回族发展历史》,《兰州文史资料选辑》1988 年第 9 辑。

王化机:《西北公路局概略》,《甘肃文史资料选辑》1983 年第 14 辑。

赵世英:《兰州旧城兴废纪略》,《城关文史资料选辑》1993 年第 4 辑。

侯仁之:《城市历史地理的研究与城市规划》,《地理学报》1979 年第 4 期。

何凡能等:《中国清代城镇用地面积估算及其比较研究》,《地理学报》2004 年第 6 期。

姜芃:《城市史研究中的都市——地区理论》,《史学理论研究》1997 年第 4 期。

曾传辉:《中国的民间信仰是不是宗教?》,《中国社会科学报》2014 年 1 月 20 日。

李陇堂、赵小勇：《影响宁夏城市（镇）形成和分布的地貌因素》，《宁夏大学学报》（自然科学版）1999 年第 20 卷第 2 期。

李陇堂、米文宝：《宁夏城（市）镇地貌初步分析》，《宁夏大学学报》（自然科学版）1995 年第 16 卷第 3 期。

鲜肖威：《历史上兰州东平原的黄河河道变迁》，《兰州学刊》1982 年第 1 期。

梁吉义：《解决黄河断流问题的系统整体方略》，《中国软科学》1999 年第 9 期。

朱春全：《生态位态势理论与扩充假说》，《生态学报》1993 年第 3 期。

胡建东：《近代吴忠商业述论》，《宁夏大学学报》1996 年第 2 期。

谷凯：《城市形态的理论与方法——探索全面理性的研究框架》，《城市研究》2001 年第 12 期。

石崧：《城市空间结构演变的动力机制分析》，《城市规划汇刊》2004 年第 1 期。

赵世英：《兰州旧城兴废始末探识》，《兰州学刊》1988 年第 5 期。

付永正、王继光：《清代庄浪满城述论》，《甘肃联合大学学报》2007 年第 1 期。

路向东：《同治以前陕甘回民聚落分布与数据库建设》，《西北民族研究》2012 年第 4 期。

曹树基：《清代北方人口研究——兼与施坚雅商榷》，《中国人口科学》2001 年第 4 期。

赵珍：《那彦成整饬青海述略》，《清史研究》1997 年第 3 期。

赵珍：《清代喇嘛衣单口粮述略》，《攀登》1991 年第 5 期。

赵珍：《清代黄河上游地区民族格局演变浅探》，《青海民族研究》1997 年第 4 期。

［美］詹姆斯·艾·米尔沃德：《1880 年—1909 年回族商人与中国边境地区的羊毛贸易》，李占魁译，《甘肃民族研究》1989 年第 4 期。

［加］马昂主（A. M. Marton）：《区域经济发展与城乡联系——研究亚洲发展中地区空间经济转变的新理论框架》，《城市问题》1993 年第 5 期。

Samuel P. Hays, "From the History of the City to the History of the Urbanized Society," *Journal of Urban History*, 1993, 19 (August) .

Martin V. Melsi, "The Place of the City in Environmental History," *Environmental History Review*, 1993, 18 (Spring) .

Joel A. Tarr, ed. , *Devastation and Renewal: An Enviromental History of Pittsburgh and Its Region*, Pittsburgh: University of Pittsburgh Press, 2003.

＊书中图片未注明出处者，均源自网络。

后　记

在黄河上游的湟水河畔，我渡过了人生的近 40 个春秋。感受了这里独特自然和人文环境的滋育，点滴报恩之情也深深的烙在了个人的学术研究理路上。或许就是常年置身和游走于此处山水之间的缘故，对这里所怀有的感性认识更浓烈。如果说还有些许理性判断的话，显见的就是多年来研究和教学上成果的大部分，也是围绕着西北自然和人文历史展开的。就学术专著而言，有十年前的《清代西北生态变迁研究》(2005)，当下付梓的书稿，算是第二部。

2009 年，笔者以"清代至民国黄河上游区域城市研究"为题，申报了国家社科基金项目，获得资助。期间，手头同时在做并完成的还有学校科学研究基金，即首批"明德学者"资助的《资源、环境与国家权力——清代围场和研究》(2012)。另因父亲生病亡故，心绪沉重。由是，本项目只得搁置拖期。经申请批准，延期一年，于 2014 年底完成并申报结项。去年，经国家社科规划办组织的专家匿名评审，获得良好等级。继之，又顺利获到学校"统筹推进世界一流大学和一流学科建设"专项经费的资助，由中国社会科学出版社出版。

书稿即将面世。尽管心里惴惴不安，可是木已成舟。真心地说，对于年过半百的我而言，还是很在乎花费了心血的成果能够在理论方法、重构史实方面有所贡献，经得起检验。但囿于个人学识水平，不足之处、不尽人意的地方，一定不少。敬请方家指正，读者见谅。

作为社科基金项目的结项成果，在前期的撰写过程中，我的硕士生段淑强付出了辛劳。其时，正逢淑强在准备硕士学位论文的选题，便以宁夏地区的城市为中心，着手资料搜集整理，且最终完成了学位论文。这是首先要感谢和说明的。还要特别感谢出版社的郭沂纹、耿晓明师友

后　记

编辑本书所给予的帮助和花费的心血！我的博士生余瑞华、硕士生王健，帮忙核对了部分方志资料，还有来自未能一一列名的师长学友对该论题的完成所给予的贡献和帮助，谨此一并致谢！

十分感谢我的导师戴逸教授为拙著作序！感谢老师一直以来的教诲和指导！

　　　　　　　　　　　　　　赵　珍
　　　　　　　　庚申年初夏识于北京世纪城时雨园